云南省社会科学院学术名家文集

何耀华文集

（第三编）

何耀华 ◎ 著

中国社会科学出版社

图书在版编目（CIP）数据

何耀华文集/何耀华著 . —北京：中国社会科学出版社，2017.8
ISBN 978 - 7 - 5203 - 0827 - 4

Ⅰ.①何…　Ⅱ.①何…　Ⅲ.①社会科学—文集
Ⅳ.①C53

中国版本图书馆 CIP 数据核字（2017）第 194310 号

出 版 人　赵剑英
责任编辑　郭晓鸿
特约编辑　席建海
责任校对　韩海超
责任印制　戴　宽

出　　　版　中国社会科学出版社
社　　　址　北京鼓楼西大街甲 158 号
邮　　　编　100720
网　　　址　http://www.csspw.cn
发 行 部　010 - 84083685
门 市 部　010 - 84029450
经　　　销　新华书店及其他书店

印刷装订　北京君升印刷有限公司
版　　　次　2017 年 8 月第 1 版
印　　　次　2017 年 8 月第 1 次印刷

开　　　本　710 × 1000　1/16
印　　　张　125.25
字　　　数　1648 千字
定　　　价　538.00 元(全五编)

目　录

第三编　藏学研究

关于建立和发展中国的马克思主义藏学问题 …………………… 875

论藏区的远古文化遗存 …………………………………………… 879

古代羌人与青藏和川西土著居民的融合 ………………………… 899

早期吐蕃史事考 …………………………………………………… 928

论松赞干布的统一事业 …………………………………………… 947

论文成公主入藏 …………………………………………………… 960

论金城公主入藏 …………………………………………………… 976

西北吐蕃诸部与五代、宋朝的历史关系 ………………………… 995

康巴、"东蛮"与宋朝的历史关系 ……………………………… 1020

川西南藏族历史初探 ……………………………………………… 1038

多须人的起源及其他 ……………………………………………… 1043

浅析纳木依人的本教 ……………………………………………… 1045

四川冕宁县藏族社会历史调查报告 ……………………………… 1054

喜读《西藏研究》创刊号 ……………………………………… 1122

香格里拉藏族的传统环保观 …………………………………… 1125

印度东喜马拉雅民族与中国西南藏缅语民族的
　　历史渊源 …………………………………………………… 1129

中印边境人种文化的亲族关系 ………………………………… 1141

中甸（香格里拉）藏区考察纪实 ……………………………… 1159

边区藏民甜蜜的家——中甸（香格里拉）
　　——台湾《大地》杂志特约稿 …………………………… 1175

《云南藏族》电视纪录片解说词 ……………………………… 1200

藏学研究

第三编

关于建立和发展中国的马克思主义
藏学问题

按：1986 年 7 月，中国西南民族研究学会、西藏师范学院、西藏自治区民委、西藏社会科学院筹备组联合召开全国首次藏族研究学术讨论会。在这次会议筹备期间，中国社会科学院、国家民委、全国人大民委从各方面给予了大力的支持。出席这次会议的代表共 131 人。来自西藏、青海、四川、甘肃、云南、内蒙古、贵州、广西、广东、辽宁、湖北、北京等 12 个省、市、自治区，包括藏、汉、满、壮、回、彝、苗、布依、侗、土家、白、纳西等 12 种民族成分，其中来自西藏和全国各地的藏族学者 51 人，占代表总数的 40%。除中央及有关省、市、自治区科研单位和民委的代表之外，还有大专院校、新闻出版单位的代表及宗教界的知名学者。全国这么多学者来到拉萨欢聚一堂，讨论藏族学术问题，在我国还是第一次。此文是我提交给会议的文稿。

建立和发展马克思主义的藏学，是我国社会科学工作者肩负的一项光荣而迫切的任务。马克思主义藏学就是以马列主义、毛泽东思想的立场、观点、方法为指导方针，研究藏族的历史和现状，进一步从神学史观的桎梏中解放出来，以唯物史观为武器揭示西藏民族的起源、形成和发展的规律，研究西藏民族在缔造我们伟大祖国中的历史地位、作用和贡献，研究西藏民族的政治、经济、文化，包括语言、科学、文学艺术和宗教等，当前特别要注意研究西藏"四化"建设中提出的重大理论问题和实际问题，为建设团结、富裕、文明的社会主义新西藏服务。

不言而喻，这里提出的要建立和发展的马克思主义的藏学，不论在指导方针、目的任务以及研究方法等方面，都是和西方的所谓"藏学"有根本区别的。近年来，国际上出现了一股"藏学"热，美国、法国、英国、日本、匈牙利、苏联、意大利、丹麦、捷克、东德、蒙古、波兰等 14 个国家，1976 年在匈牙利召开了一次学术会议，会上发表了关于"藏学"的报告和论文 40 篇。1977 年 6 月，瑞士苏黎世大学发表关于召开一次青年"藏学家"讨论会。有瑞士、西德、奥地利、意大利、英国、瑞典、挪威、美国、丹麦等十几个国家的代表参加，又发表了一系列的报告和论文。瑞士苏黎世大学的民族博物馆被认为是西方的"藏学研究中心"。日内瓦还成立了一个"高级西藏中心"。有 20 多个国家先后建立了关于西藏的研究机构，这些研究机构创办各种刊物，发表了不少研究西藏的文章，这些刊物除个别对我国较友好外，大多数鼓吹"西藏独立"，对我国政策进行不同程度的攻击和歪曲。外国许多知名人士和群众，由于对西藏的历史、现状和我国政策缺乏了解，很容易被欺骗和蒙蔽。当然，在对待国外"藏学"问题上，我们应当划清政治和学术的界限，把真正从事藏学研究的外国学者同那些打着研究"藏学"的旗号，图谋破坏我国的统一和藏族与汉族及其他民族的团结的人严格区别开来，采取不同的对待方针。因此，加强对外宣传，及时揭露和批驳那些别有用心的人的反动谬论，正确开展国际学术斗争，以维护我们国家的统一和民族的团结，是一项十分迫切的重要的政治任务。

众所周知，藏族是我国具有悠久历史和光辉灿烂文化遗产的民族之一。与其他许多民族一样，在伟大祖国的缔造与发展过程中，尽了自己的光荣职责。远在 7 世纪，西藏的吐蕃王朝和唐朝就建立了密切的关系，13 世纪元朝统一了中国，也统一了西藏地方，西藏正式归入中国版图，成为中国领土不可分割的一部分，西藏民族加入了中华民族的大家庭。在以后的发展过程中，西藏各族人民和汉族以及其他兄弟民族间的友好关系是主流，西藏地方同历代中央政权的关系也是密切的。但在一定的历史条件下，也出现过曲折，甚至关系不正常的情况，这种历史现象，也曾出现于许多国家的发展过程中。应当怎样看待这种历史现象呢？应该从我国包括西藏当时总的社会状况、生活环境中去探索其本质原因。在我国处于封建社会的时期，地域之间交通闭塞，除汉族之外，在北方和有些地方都曾经多次出现由其他较强民族建立的中央政权和地方政权。从这些总的社会状况来考察分析，中国历史上经常出现封建割据也就不足为怪了。鸦片战争以后，帝国主义侵入我国，也逐步侵入西藏地方，并进行了各种欺骗和挑拨，在西藏豢养出一小撮分裂主义分子。20 世纪初叶出现的一股西藏"独立"的逆流，就是帝国主义侵略的产物，这才是问题的本质。在历史已进入 20 世纪 80 年代的今天，如果再把历代中央政府同西藏地方的关系说成"施主"和"被供养者"的关系，并以此鼓吹"西藏独立"，那就是有意无意地歪曲历史的本来面目，重唱帝国主义和分裂主义分子的老调，违背了西藏各族人民的根本利益和意志。深入开展藏族的研究，建立和发展马克思主义藏学，对于巩固祖国的统一，加强民族的团结，发展藏族地区的经济文化，从不同的方面采取不同的方法，进行爱国主义教育，都具有十分重要的意义。

这次学术讨论会，应在坚持四项基本原则的基础上，贯彻执行党的"百花齐放，百家争鸣"的方针，让不同的学术流派在学术的百花园中各自去争芳竞艳。学术上的不同流派和见解是客观存在的，让大家充分发表意见，从不同的角度和侧面去探讨，将有助于对问题从纵向横向方面进行深入的研究。对于在学术讨论中出现的某些片面性甚至错误，也是很难避免的客观事实，不必大惊小怪。

　　当前，在党中央的领导之下，我国各族人民正在掀起学习《邓小平文选》的热潮，进一步贯彻党的十一届三中全会和"十二大"确定的方针、路线和政策。万众一心地向社会主义的四个现代化进军，这给马克思主义藏学的建立和发展提供了极其有利的条件。藏族和其他民族研究藏学的同志们的目标是一致的，不要把学术上的不同见解，引向民族关系方面。希望大家在这次学术讨论会中认真学习邓小平同志的著作，用党的十一届三中全会和"十二大"的精神作为指导，深入探讨马克思主义藏学的内容、任务和方法，把这次会议开成一个建立和发展马总思主义藏学的讨论、动员会，把这次讨论会开成一次藏族干部和学者同汉族及其他各民族研究藏族的干部和学者互相学习、共同提高的团结的大会。马克思主义藏学是我国社会科学百花园中的一枝鲜艳的鲜花。这次会议必将进一步把藏学者和全国致力于藏民族研究的其他各族学者们团结和组织起来，通过共同的努力，使这枝鲜花结出丰硕的果实。

1983 年 7 月 21 日于拉萨

论藏区的远古文化遗存

藏族历史悠久，文化灿烂，富有革命斗争传统，是我们伟大祖国民族大家庭中的一个光荣成员。考古学的材料证明：从远古时代开始，藏族的祖先就劳动、生息、繁衍在今青藏和川西高原地带，并与祖国内地各民族的先民，结成一个共同发展的整体。研究藏区的古文化遗存，对于认识这个整体形成及其发展的规律，具有重要的意义。

一　青藏高原是一个重要的人类发祥地

青藏高原是藏族的主要分布地。平均海拔四千多米，有"世界屋脊"或"世界第三极"之称，这里适不适宜远古人类居住，是不是人类的一个重要的发祥地，一直是科学家们着力探索的问题之一。

对这个问题做出肯定回答的首先是考古资料。新中国成立以来，我国考古学界不但在青海藏区发现了旧石器时代的遗存，在川边藏区发现了新石器时代的遗址，而且还在西藏的定日、黑河、申扎、双湖、阿里发现了旧石器；在聂拉木、申扎、双湖发现了中石器；在林芝、墨脱、昌都、拉萨发现了新石器时代的遗址和遗物。这些发现说明：青藏高原曾是猿人、古人、新人的乐园，是一个重要的人类发祥地，是孕育我国各民族先民的摇篮之一。

其次是民间传说资料。藏族人民传说，在遥远的古代，喜马拉雅山地区是一片无边无际的大海，海涛卷起波浪，搏击着长满松柏、铁杉和棕榈的海岸，发出"哗哗"的响声。岸边长满奇花异草，斑鹿、羚羊、犀牛、野象、兔子、杜鹃、画眉、百灵鸟等应有尽有。一天，海里突然出现一头巨大的五头毒龙，搅起万丈的海浪，摧毁了花草树木，所有飞禽走兽遭到了灾难性的袭击。正当它们走投无路的时候，大海的上空突然飘来五朵彩云，变成五部慧空行母，降服了五头毒龙，大地风平浪静，到处充满生机。飞禽走兽们求仙女留在凡间为众生谋利，于是五仙女喝令大海退去，东边变成茂密的森林，西边变成万顷良田，南边是花草茂盛的花园，北边是无边无际的牧场。那五位仙女，变成今天喜马拉雅山祥寿、翠颜、贞慧、冠咏、施仁五个仙女峰，屹立在西南部边缘上，守卫着这幸福的乐园。那为首的翠颜仙女峰便是珠穆朗玛峰。[①] 这个传说当然不尽可信，但也不能认为它毫无参考价值。拨开神话色彩，我们发现它具有反映历史真实的某些客观性。如它在叙述松柏、铁杉、棕榈及众多飞禽走兽在大海岸边出现的时候，并没有提到有人类共生，而在大海退去之后，才出现了与人类有关的良田、牧场。这是符合生物发展规律的。地质学资料认为，裸子植物——松柏、银杏等出现于古生代二叠纪，繁盛于中生代侏罗纪；哺乳类动物出现于中生代三叠纪，鸟类出现于中生代侏罗纪，至新生代第三纪，植物、动物逐渐接近现代，而人类出现于其后的新生代第四纪，因此，这个传说是可以帮助我们认识青藏高原曾是人类发祥地的这个历史真实的。可以这样说，传说中提到的人类乐园，就是我们所说的孕育人类的摇篮，青藏高原发现的石器时代文化，就是在这个摇篮中发展起来的人们的创造。

再次是地质资料，我国科学工作者多年进行的综合科学考察证明，在几十亿年前的元古代，青藏高原确实是一片浩瀚的海洋。从

---

① 参见赤烈曲扎《西藏风土志》，西藏人民出版社 1982 年版。

在昌都达马拉山两侧挖掘到的蜥脚类等第三类恐龙化石，在喜马拉雅山北坡吉隆县、聂拉木县和念青唐古拉山区比如县发现的三趾马化石以及丰富的白垩系、第三系海相、陆相植物化石来看，在距今一亿六千万年到一亿四千万年的侏罗纪早期和中期，它的东部昌都一带还处于浅海低陆的湿热环境，到上新世的二百五十万年以前，青藏藏区才逐渐上升为陆地，但地势并不高，自然景观接近亚热带类型。① 现今青藏高原的地理特征，是在漫长的历史时期中不断形成的。这就是说，在青藏高原形成的过程中，曾有过适宜古人类生息、繁衍的极为优良的自然环境，曾有过孕育人类和产生古代文明的重要时代。

最后是古人类学资料。迄今为止，古人类学家尚未在青藏和川西高原地区发现可能演变为人类的古猿化石及古人类化石，但是在它的毗连或邻近地区却有足以说明问题的此类发现。在我国云南省的开远小龙潭和禄丰县境内，在喜马拉雅山以南的印度北部的西瓦立克山区，都有"拉玛猿"（Rama Pithccus）化石的发现，这种古猿被公认为是最接近人类的古猿，是人类的直系祖先。其生存于一千五百万年至一千万年以前，形似黑猩猩，面部短促，下腭拱出，牙有某些人齿的特点，能下地行走，主要活动于亚洲南部和非洲东部。大致属于亚洲南部的西藏高原，有这种古猿生存当是不成问题的。应该指出，拉玛猿还不是人，因为它们还不会制造工具。会不会劳动是猿与人的分界线，而猿演变为人类，就是"从制造工具开始的"②。古猿发展为

---

① 地质学家将地球的发展分为太古代、元古代、古生代、中生代、新生代等五个不同的发展阶段。代下为纪，如元古代下有震旦纪，古生代下有寒武纪、奥陶纪、志留纪、泥留纪、石炭纪、二叠纪，中生代下有三叠纪、侏罗纪、白垩纪，新生代下有第三纪、第四纪。纪下有世，如第三纪有古新世（距今七千万年）、始新世（距今六千万年）、渐新世（距今四千万年）、中新世（距今二千五百万年）、上新世（距今一千二百万年），第四纪下有更新世（距今三百万年）、全新世（距今一万年）。人类出现在第四纪。旧石器时代以人类出现作为标志，也开始于新生代第四纪。

② ［德］恩格斯：《自然辩证法》，人民出版社 1957 年版，第 138、142 页。

会制造及使用工具的人，在体质特征上经历了猿人、古人和新人三个不同阶段，这三个阶段的人类化石，在我国青藏高原邻近地区都有出土。如 1965 年 5 月，在云南元谋发现两枚猿人的牙齿化石，形态和北京猿人的同类遗骸近似，都属于直立猿人的类型，故被定名为"直立猿人元谋亚种"，简称"元谋人"①，其生存年代大约在距今一百七十万年前；1963 年、1964 年，在陕西蓝田泄湖镇陈家窝村及其附近公王岭的红色土中，出土猿人的下颌骨、头盖骨、面骨及牙齿化石，体质形态与元谋人一样，都比北京猿人更为原始，其生存年代为距今五十万至六十万年前。被定名为"蓝田中国猿人"，简称"蓝田人"②，古人的化石于 1922 年出土于内蒙古伊克昭盟的乌审旗和审旗滴哨沟，被定名为"河套人"③，新人化石发现于北京周口店龙骨顶部的山顶洞及四川资阳等地，被称为"山顶洞人"及"资阳人"，其体质形态已没有"猿"的特征，同现代人无显著区别。其生存年代大约距今一万八千年。④ 这些人类化石的出土地，从宏观上看，都属青藏高原的毗连地区，从微观上说，都距青藏高原较远，我国学术界历来的看法认为，黄河流域及华南地区，是这些人类的发祥地。西藏境内发现的大量的旧石器、细石器（中石器）和新石器时代的遗存，是猿人、古人及新人留下的遗物，如果只承认黄河流域及华南地区是我国各族祖先的发祥地，那么，在西藏等藏区发现的文化遗存，只能是从祖国内地迁去的人留下的，这种可能性当然存在，但是它不能排除青藏高原本身就是人类的一个重要发祥地，那里的文化遗存是当地孕

---

① 参见胡承志《云南元谋发现猿人牙齿化石》，《地质学报》1973 年第 1 期；石兴永、周国兴《元谋人及其文化》，《文物》1978 年第 10 期。

② 吴汝康：《陕西蓝田发现的猿人下颌骨化石》，《古脊椎动物与古人类》1964 年第 10 期；吴新智、袁振新：《陕西蓝田公王岭猿人地点 1965 年发掘报告》，《古脊椎动物与古人类》1966 年第 1 期。

③ 贾兰坡：《河套人》，龙门联合书店 1951 年版；吴汝康：《河套人类顶骨化石和股骨化石》，《古脊椎动物学报》1958 年第 4 期。

④ 贾兰坡：《山顶洞人》，龙门联合书店 1951 年版；裴文中、吴汝康：《资阳人》，科学出版社 1957 年版。

育的人类遗物的可能性，也不能排除青藏高原孕育的人类迁到祖国内地，并在华北、华南等地留下文化遗存的可能性。因此，青藏高原是人类的一个重要发祥地的结论，是能够成立的。

二 青藏藏区的远古文化

（一）黑河、霍霍西里、申扎、双湖等地的旧石器

1956年7月和8月，我国地质学家在西藏的黑河、青海玉树藏族自治州境内的霍霍西里、托托河沿及格尔木等地，发现了十数件打击石器。石器大多分布在河谷两岸阶地的非原生层位的地表上，未见有磨光石器及陶片等遗物。

石器地点的海拔除格尔木的三岔口为3500米以外，其他三处（黑河、霍霍西里、托托河沿）都在4300米以上。在黑河采到石器2件，其中一件似有人工痕迹，另一件是长方形的石髓石核，长度为15毫米，发现于黑河西约二公里的山谷河岸上。在托托河沿采到石器2件，其中一件为黄色石髓制成的半圆形刮削器，长度为25毫米，由单面修琢而成，发现地点在托托河沿（乌兰木仑）之北约10公里的红色砂岩河岸上。在霍霍西里采到石器5件，皆有打制痕迹，多半是用河光石制成。其中砾石工具4件，仅在砾石之一端向一面加工，其余部分不加修整，另一件可能是石核，除去一大部分保留自然面外，其余部分都有打击的痕迹。另一件为石片工具，一面保留有自然磨蚀面，但四周都有向一面打制修整的痕迹，边沿呈弯曲形。发现地点在距霍霍西里南约20公里的曲水河河岸上。三岔口石器为石英岩石器，其一端有一面加工的痕迹，刃边呈锯齿形。发现地点距格尔木西南约

98 公里。①

  1976 年，中国科学院青藏高原综合科学考察队在藏北高原申扎境内的珠洛勒、卢令和双湖境内的玛尼、绥绍拉等五处地点，采集到石片石器 14 件。特点是石片厚大，质料全部为角岩，多由狭长的石片或宽大于长的石片所制成，不少的石片上还保留着局部的砾石面。台面事先经过修整，是从石核上用直接打法制成。石器的修整比较细致，一般都从劈裂面向背面沿着边缘锤击加工，但在局部需要的地方也采取交互修整的方法。对于形状适当或局部锋刃合乎要求的石片，则往往不经加工而直接拿来使用。石器的器形可分为长刮器（6 件）、圆头刮器（5 件）、双边刮器（1 件）和尖状器（2 件）4 种。长刮器用厚背或厚脊的石片制成，在一长边加工成锋刃或遗有使用的痕迹；圆头刮器用厚脊的长条形或方形石片，沿两缘加工将一端修成弧形的刃缘；双边刮器为长条形，仅在两缘加工成刃缘，尖状器作隆脊的椭圆叶状，沿两缘修成钝尖，有的尖端交互修整，两缘加工也比较细致；有的两缘及尖端俱未加工，但遗有明显的使用痕迹。②

  另外，在藏南定日县的苏热地方，也发现了与申扎、双湖旧石器特点相同的旧石器。③

  上述旧石器的发现，说明从远古时代开始，青藏高原就有人类居住，他们生活在河流的沿岸，或有成片沼泽地分布的地方，逐水草而居，以极简单的石制工具来进行采集和渔猎。在漫长的历史时期中，由于太阳光、温度、空气湿度、食物及与自然作斗争方式等的不同影响，制造上述旧石器的人们逐渐形成为不同于欧罗巴、尼格罗人种的蒙古人种。就人种的共源和共同的特征来说，青藏藏区与祖国内地具

---

① 参见邱中郎《青藏高原旧石器的发现》，《古脊椎动物学报》1958 年第 2、3 期合刊。

② 参见安志敏、尹泽生、李炳元《藏北申扎双湖的旧石器和细石器》，《考古》1979年第 6 期。

③ 参见张森水《西藏定日发现的旧石器》，《珠穆朗玛峰地区科学考察报告——第四纪地质》，1976 年，第 105—109 页。

有天然的联系。

就上述旧石器的特征来说，它们与华北、华南的旧石器具有同一个系统的风格。我国考古工作者的研究证实，藏北申扎、双湖的旧石器，"同华北旧石器时代晚期遗存有着密切的联系。例如椭圆形的长刮器、长条形圆头器和尖状器等，均与宁夏水洞沟遗址出土的遗物相近似或基本一致"①。同时，相似的器形也见于河北阳原虎头梁②和山西沁水下川遗址③。类似的椭圆形长刮器还见于云南宜良板桥遗址。④根据这些特点表明，它们同华北和华南的旧石器文化有着不可分割的联系。⑤ 相反，我国考古学家以申扎、双湖的旧石器与巴基斯坦的梭安（Soan）文化和印度的聂瓦斯（Nevasian）文化相比较，则发现它们之间"有显著的不同，说明它们分别属于不同的文化系统，而没有什么必然的联系"⑥。另外，霍霍西里发现的四件砾石工具，加工比较简单，其做法与北京猿人的做法相似，即只是将砾石的边缘打击成刃即使用，有的只向砾石的一面打击。石片工具的做法亦与之类似，有简单的第二步加工，但不能打成一定的形状；二者都有打制痕迹，又有简单修整的痕迹。三岔口发现刃边呈锯齿形的石器，霍霍西里发现刃边呈弯曲状的石器，这两种器形的石器在宁夏水洞沟及陕西西北部的萨拉苏河（红柳河）两遗址为代表的河套文化中亦有发现。以上的

---

① 参见 M. Boule H. Breuil, E. licent et P. Teilhard, Le Paleol Uhique de La Chille. Fig. 30, 5、6，Fig. 42，3，pl. XXIII，1—6、8，pl. XXV，1、3，1928；贾兰坡、盖培、李炎贤《水洞沟石器时代遗址的新材料》，《古脊椎动物与古人类》1970 年第 1 期。

② 参见盖培、卫奇《虎头梁旧石器时代晚期遗址的发现》，《古脊椎动物与古人类》1977 年第 4 期。

③ 参见王建、王向前、陈英哲《下川文化——山西下川遗址调查报告》，《考古学报》1978 年第 3 期。

④ 参见裴文中、周明镇《宜良发现之旧石器》，《古脊椎动物与古人类》1961 年第 2 期。

⑤ 参见安志敏、尹泽生、李炳元《藏北申扎双湖的旧石器和细石器》，《考古》1979 年第 6 期。

⑥ H. D. Sanhlia, Prehistory and Protobisory in Hdia Arle Pahstan. pp. 1—124，1962，转引自安志敏、尹泽生、李炳元《藏北申扎双湖的旧石器和细石器》，《考古》1979 年第 6 期。

共同特点说明，青藏藏区自远古开始就不是孤立发展的，而是与华北、华南形成了一个共同发展的整体，以致形成了近似于一种风格的文化。

（二）聂拉木、申扎、双湖等地的中石器

中石器文化是旧石器向新石器文化过渡阶段的文化。距今一万五千年至七八千年。其标志是石器制作细化，细石器是主要的石器，并有弓箭的发明和使用。中石器时代，由于弓箭的发明和使用，人类从事生产的能力扩大，不再主要依靠采集天然的生活资料来生活，随着真正的生产劳动时代的到来，各氏族部落之间的相互联系加强了，影响增多了，交往的面也扩大了。因此，对中石器时代遗存的研究，对于了解藏区与祖国内地的关系，比旧石器时代的意义更大。

西藏地区的首批中石器发现于 1966 年七八月间，发现者为我国珠穆朗玛峰地区综合考察队，发现地点在西藏与尼泊尔交界的聂拉木县，其中一个点在海拔 4300 米高的亚里村南，另一个点在海拔 4900 米高的羊圈东南。共采集到石核、石叶等细石器 30 件，其制作原料有燧石、玉髓、水晶等，石核多呈锥形，留有间接打击法打下石叶的疤痕。小石叶细长而薄，两边近于平行，有的边缘有使用痕迹，石片较小，作长条形，台面一端常比石片尾部窄，也有呈三角形和不规则的。在亚里发现的圆头刮削器，系在石片上单面加工而成，前端修理成一弧形刃，右侧缘呈锯齿状，中间保留着石皮。在羊圈发现的一件石片刮器，两侧边缘都有垂直加工的痕迹。[①]

1976 年，中国科学院青藏高原综合科学考察队在藏北申扎、双湖发现旧石器遗物的同时，采集到细石器 156 件。据采集者研究，这些

---

① 参见戴尔俭《西藏聂拉木县发现的石器》，《考古》1972 年第 1 期。关于沙苑文化，请参见安志敏、吴汝康《陕西朝邑大荔沙苑地区的石器时代遗存》，《考古学报》1957 年第 3 号。

细石器皆属于典型的细石器，有明显的共同点，为同一文化系统，时代也约略相当。其质料主要是火石、燧石、凝灰岩、碧玉和玉髓等，器形可分为石核、石片和刮削器三大类。石核属于典型的细石核范畴，数量最多，共94件，形制可分为楔形、锥形、柱形三类。楔形作扁体，由一侧剥片，另一侧保持刃缘。其中一式呈扁块状，台面平坦或呈斜坡状，制作时选用砾石直接打成扁平块状的楔形石坯，然后沿较厚的一侧用压制法连续剥片，遗有并排的条状疤痕，另一式作片状。制作时选用石片修成坯体，台面一种平坦作斜坡状，另一种则是从单面把台面修成陡坡状，然后沿一侧向下剥片，这种工艺技术见于河北阳原虎头梁遗址。锥形石核基本作圆锥形，有带侧翼的圆锥形、半圆锥形、斜面圆锥形、三角锥形等五种式样。柱形石核作圆形或半圆形的棱柱状，形制和底端有所变化。分棱柱形、带侧翼的棱柱形、半柱形三种式样。石片分为细石核石片、石叶、石片三类。石片一般短而宽，片身较厚，而形状不甚规整，打击前大部分的台面都经过修整。小形石片刃缘上遗有使用的痕迹。刮削器经过加工的可分为长刮器、短刮器、圆刮器、双边刮器、复刃刮器五类。[①]

聂拉木、申扎、双湖以及阿里地区的细石器具有共同的性质，未发现有陶器和磨制的石器共存。聂拉木发现的圆头刮削器很类似旧石器时代中晚期遗址中所见的刮削器。考古学家们进行比较研究，认为聂拉木的石器与陕西朝邑、大荔间的"沙苑文化"有很多相似之处[②]，藏北申扎、双湖的细石器，"同我国华北及北方地区的许多遗存十分相像"。如其细石核石器的"基本特点是先修成带侧翼的石坯，然后沿一侧向下剥片，在选用石料上有块状与片状之分，除了平坦的

---

① 参见安志敏、尹泽生、李炳元《藏北申扎双湖的旧石器和细石器》，《考古》1979年第6期。

② 参见戴尔俭《西藏聂拉木县发现的石器》，《考古》1972年第1期。关于沙苑文化，请参见安志敏、吴汝康《陕西朝邑大荔沙苑地区的石器时代遗存》，《考古学报》1957年第3号。

台面以外，有的还修成陡坡形。这种细石核在我国有比较广泛的分布，具有比较原始的性质，从旧石器时代晚期到新石器时代都有遗存"①。这些看法是合乎实际的。具体考察一下我国境内的中石器及新石器遗址中发现的细石器，我们发现在黑龙江省哈尔滨市西南的顾乡屯遗址中，就有类似聂拉木和申扎等地的石核刮削器、圆头刮削器和石片刮器。在新疆维吾尔自治区哈密西约八十公里的三道岭子、七角井子、柴俄堡、辛格尔、罗布诺尔及且末等处以狩猎和畜牧生产为经济来源的细石器文化遗址中，也有同样的遗存。这些遗址中的石核器亦呈锥形，石片等的制作法及器形也很类似。大家知道，石器工具的共同特点，是在彼此有联系的氏族、部落的交往和接触中形成的。上述情况说明，自旧石器时代开始的青藏藏区与祖国内地的联系，在中石器时代进一步发展和加强起来。考古学家们认为："西藏高原的细石器出现较晚，又缺乏更原始的器形，当是承袭了源自华北的细石器传统，而发展成具有地区特点的文化遗存。"② 这个看法是有一定道理的。但是，也不能排除藏区的细石器文化，传播到中原地区，从而使那里的同类文化具有西藏细石器文化特点的可能性。因为藏区文化是自古相承发展的，藏区的原始人类在与自然作斗争的过程中也是不断进步的。

（三）林芝、墨脱地区的新石器时代文化

我国新石器时代文化，有细石器文化（伴有陶器和磨制石器）、彩陶文化、黑陶文化、印纹硬陶文化四大系统，各种不同系统的文化，除反映年代的不同和经济发展水平的不同与氏族部落特点的不同

---

① 安志敏、尹泽生、李炳元：《藏北申扎双湖的旧石器和细石器》，《考古》1979 年第 6 期。并参见安志敏《海拉尔的中石器遗存——兼论细石器的起源和传统》，《考古学报》1978 年第 3 期。

② 安志敏、尹泽生、李炳元：《藏北申扎双湖的旧石器和细石器》，《考古》1979 年第 6 期。

之外，尚可从中发现它们之间的相互关系。因此对藏区新石器文化与内地不同系统的新石器文化的比较研究，亦可以进一步帮助我们认识藏区与祖国内地关系的特点和发展规律。

1974 年 11 月至 1975 年 2 月，中央民族学院的考古学工作者，先后在西藏林芝县的云星、居木、加拉马、红光和拉萨市郊的纳金等地，发现了新石器时代的遗址、墓葬和文化遗物。1973 年、1976 年和 1985 年，考古工作者又在西藏墨脱县境内发现新石器时代的器物。根据有关研究报告，这些遗址、遗物的特点如下。

云星遗址位于林芝县雅鲁藏布江北侧和尼洋河东侧云星公社西面的崖坡边缘，距崖坡下的公路面高约 15 米。遗址的北壁断面上可以看到文化层。正北壁的东部，距地表深 1 米左右，有一薄层灰土，宽约 0.9 米，厚仅 1—3 厘米，为炭灰堆积。在北壁的西部，距崖边4—5 米处，距地皮深 1.1 米左右，为一灰土层，宽约 1.1 米，厚 0—0.2 米，此层中部宽约 0.5 米为灰土，土质松软，其中含有大量陶器碎片、石器，以及经火烧过的动物残骨、石块和炭屑等。从灰土露头处向内深约 0.35 米的范围内，出土陶片百余片和石器 6 件。在灰土的两边为红烧土堆积，未见遗物。灰土层以下为沙石层，最下层是岩石层。居木遗址位于尼洋河西岸居木公社一、二队的村后山坡上。文化层距地表深 0.9—1.5 米。上为腐殖层，上为砂石土，其间夹有灰土层。文化层中采集到陶器残片和残石器。加拉马遗址位于尼洋河东岸约五华里的山顶加拉马公社二队西南侧山坡台地上。地表和麦地水沟边散布有夹砂褐陶片。红光遗址在尼洋河东岸约两里的红光公社所在山头及尼洋河与雅鲁藏布江汇合处的北岸山坡台地上。地皮有夹砂褐陶、红陶等遗物。

上述诸遗址发现的石器有盘状器、刀、凿、穿孔石器、敲砸器，网坠和打制的石英岩小石片等。盘状器系利用从砾石上打下的石片，于周边加工而成。由单面向背面加工，局部保存原石皮，刃部略经使用，微有崩落痕迹，直径 6—6.8 厘米，厚 1.9 厘米。石皮厚端的斜面保持原石皮，可供手把握，其较薄部分由两面交互加工而成圆形，遗有明显的砍砸使用的痕迹，属于典型的盘状器，直径 9.5 厘米，厚 3.7 厘米。石刀由板岩石片磨成，制作粗糙，单面刃，凹背弧刃，或平背凹刃，有由两面对钻的穿孔。长 6.2 厘米，背残宽 4.3 厘米。凿细长条形，横剖面呈长方形，刃部稍残，器身两面琢打，由两面磨成刃部，与器身有明显界限，长 12 厘米，宽 3.6 厘米。穿孔石器系磨制，扁平近椭圆形，近顶端有一直穿的圆孔，制作粗糙，为网坠一类工具，长 6.9 厘米。敲砸器是用从砾石打下的石块制成的，略呈半球形，均由破裂面向背面加工。有的台面经过修整，或系用以剥落石片的石核，周缘局部保存原石皮。台面的大部分边缘经过细致的加工，核体上遗有清晰的石片疤。直径 7.9—8.4 厘米，厚 5.7 厘米。网坠皆用扁平砾石，将两侧打制成缺口。

从采集的陶器口沿残片辨认，陶器的形主要有碗（钵）、罐（瓮）、盖（盘）等三类。碗（钵）有圆唇和方唇两种。罐（瓮）有直口、大口、外折或外卷沿、小口矮领和带耳罐五种。盖（盘）有圆唇和方唇两种。陶器的陶质有泥质和夹砂两类。泥质陶较少，陶土似未经细致淘洗，一般含有细砂和云母屑，质地较粗。陶色较均匀，以褐色为主，红陶和黑陶很少，黑陶只表面呈黑色，胎是褐色的，表面磨光，同典型的黑陶颇为一致。制法为手制。器表都经抹平或磨光，但不精细，稍显光泽。陶片中多数是夹砂陶。陶土中除掺有细砂粒外，还含有多量的云母屑，器表闪闪有光泽。质地一般较粗硬，疏松的较少。夹砂陶中绝大多数是褐陶，红、灰陶极少。制法不均匀，褐陶往往间杂有红、灰色。制法为手制，器表都经抹平。除素面外，一部分压印绳纹，在器物颈部多为横向拍印，肩至腹部有竖行、斜行或交错拍印的。个别的在器内壁也拍印绳纹。一般在拍印绳纹后，又经刮抹修整，纹饰不很清晰，有的仅稀疏可见。此外，有划纹和环绕器身一周或平行数周的附加尖脊宽带纹。另外，还有锯齿纹。①

墨脱县的新石器遗物一是一件磨制的石锛，发现于该县马尼翁卫生所 300 米外的小溪旁，石质为墨绿色，杂有淡绿斑点，质料坚硬。锛身扁平略呈梯形，刃都锋利，作弧形凸出，磨制精制，正面右侧有一条线沟。锛的顶端和刃部略有崩落，当系使用的结果，长 8.5 厘米、宽 3.9 厘米、厚 1.1 厘米。② 另一是其数为 16 件的各种石器，其中磨光的石纺轮，中有两面钻通的小孔，通体磨光的石锛，顶有长期敲砸的痕迹，石凿、石斧亦为通体磨光。这些石器为民族学工作者从该县门巴族、珞巴族群众手中征集而得，都是收藏者在开荒种地时拾到的。石器地点俱在雅鲁藏布江两岸的河谷台地上。石器地点还发现了一些陶片，均为夹砂灰陶和夹砂红陶，饰有绳纹和刻文等。发现者的研究表明，这批遗物与林芝地区的新石器文化同属于一个文化系统，但时间更晚。③

上述石器遗物的制作比较高超，能够采用裁断、琢打、砥磨、钻孔等技术，陶器的制作也比较先进，纹饰种类多。从石器的制作技术和陶器的器形和纹饰来看，林芝、墨脱的新石器文化受齐家文化和龙山文化的影响大，我国考古学者经过比较研究，认为它们"同黄河上游新石器时代晚期文化有着密切的联系。石制工具中像打制的盘状器、敲砸器和磨制的刀、凿等，在甘肃、青海一带齐家文化遗址中都是比较常见的器物。而陶器的质料、纹饰和器形也都和齐家文化近似，特别是这里发现的磨光黑陶残片见于齐家文化，它们又同中原的龙山文化关系密切。这些现象充分证明了，从远古以来，西藏地区就和中原地区有着密切的文化联系"④。

---

① 参见王恒杰《西藏自治区林芝县发现的新石器时代遗址》，《考古》1975 年第 5 期。
② 参见新安《西藏墨脱县马尼翁发现磨制石锛》，《考古》1975 年第 5 期。
③ 参见尚坚、江华、兆林《西藏墨脱县又发现一批新石器时代遗物》，《考古》1978 年第 2 期。
④ 王恒杰：《西藏自治区林芝县发现的新石器时代遗址》，《考古》1975 年第 5 期。

（四）昌都卡若和拉萨的新石器文化

1978 年 5 月至 8 月，西藏自治区文物管理委员会，对西藏昌都城东南约十二公里的卡若新石器时代遗址进行试掘，掘出原始村落五座房屋的基址和一条面铺石块的路，以及各种石器、骨器、陶器和谷物。

这个遗址的面积约一万平方米，地层堆积共四层，第一层为后期覆盖层，第二、第三、第四层均为新石器时代文化层。第二层为第一文化层，灰褐色土中夹杂零星红烧土块和炭渣。发现石铺路一条，房基一座以及石墙倒塌的堆积和砾石堆积，砾石堆中有较多的穿孔石器，出土陶器、石器、骨器等。第三层即第二文化层，红烧土中夹杂木炭和灰烬，出土陶、石、骨等器。第四层为第三文化层，黄褐色土并夹杂较多的炭渣和灰烬。发现半地穴式房子一座。第四层下是原生土。遗址中发现的房屋形式为半地穴式、地面建筑和石砌建筑。半地穴式出土于第四层中。房内居住面中部为灶坑，口大底小，坑口直径46 厘米，灶深 26 厘米，坑口部用长方形石块坚砌而成。灶内和周围遍布木炭和灰烬。估计是木骨泥墙建筑。出土陶片若干，石凿一件，磨制骨棒一件。地面建筑共发现三座，属第三层。房内无明显的灶坑，只在房内居住面西边，发现呈三角形排列的三块卵石，卵石有明显的烧裂痕，周围有木炭灰烬。出土的陶片可复原成陶罐、陶盆。出土的石器有石斧、石锛等。石砌建筑是用卵石据穴壁由下而上垒砌而成。现存残墙高 1 米，厚 20—30 厘米，墙缝内还保留黄褐色泥土，估计是黄泥抹缝。出土物为复原陶罐一件、陶盆两件、陶钵一件和石刀一件，磨刻石器一件。

整个遗址出土石器五百多件，其中打制石器为多，大都是打击下来的石片或石核直接用刮削和砍砸，也有经二次加工后再使用的。器形有各种类型刮削器、砍砸器等，也有采用天然砾石直接使用的，有斧形器、棒形器等。打制石器有椭圆形、长条形刮削器，盘状器，砍砸器。磨制石器数量少，但石质坚硬，磨制精细。器形计有斧、锛、刀、凿及穿孔石器等。这些石器的质料，初步鉴定有燧石、石英、砂岩、板岩、角页岩、花岗岩、辉绿岩、火成岩等。磨制石器有石斧（分长条形、断面呈椭圆形、梯形直刃、平顶）、石刀（大部为两面对穿孔石刀）、石锛、石凿、穿孔石器。细石器石核多用间接打击法剥片后形成。有锥状、柱状、扁体、尖状等形，石叶有单凸脊、双凸平脊等形。

陶器均为手制，多用泥条盘筑法、手捏法或模制法。质地主要有夹砂陶，又分夹粗砂和夹细砂两种，泥质较少。陶色有红、黑、灰三种。烧陶火候较高，陶片硬度较大，纹饰丰富多样，但各文化层均以刻划纹为主。图案多为几何形、三角形、圆形或带形。刻划纹多分布在器物的腹部。附加堆纹多分布在器物的肩部和口颈部，一般为条状。粗细绳纹多在器物的底腹部。其次还有锯刺纹、圆点纹、圆圈纹。陶器的器形简单，制作粗糙。均为小平底，能看出器形的有罐、钵、盆三种。

骨角器有锥、针、匕、饰品等。骨锥通体磨光；骨针亦通体磨光。骨饰有四角穿孔骨饰、槽形骨饰、两端带缺口骨饰、穿孔骨饰、骨锛、骨管、爪子形骨器、刻道骨器、锯齿形骨器等。

遗址中还出土许多动物骨骼，据鉴定，动物种类有鼠、狐、猪、鹿、马鹿、牛、黄羊等。遗址的绝对年代距今四千年以上。[①]

从以上的遗址、遗物可以看出：昌都地区的远古居民已能建造木骨泥墙和石墙建筑的房屋，过着定居的生活；能制造多种多样的骨饰，已有艺术的爱好。发掘者认为，遗址中出土的石器特征和华北地区属于同一系统，房屋建筑形式也与中原原始文化相似。从有大型村落，居住土木结构房屋，房屋建于地上或地下，彩陶为陶器的主要特

---

① 参见西藏自治区文物管理委员会《西藏昌都卡若遗址试掘简报》，《文物》1979 年第 9 期。

征，陶器上有刻符等来看，卡若文化属于仰韶文化系统。也就是说，至迟四千多年以前，昌都地区的居民，就与黄河中游黄土高原地区及河南、山西、陕西的居民有密切的文化联系了。云南德钦戈登村遗址、滇西白羊村遗址、忙怀遗址、元谋大墩子遗址，川北岷江上游的建山寨遗址，洮河、大夏河流域的马厂文化遗址……都属于仰韶文化的类型。昌都地区为甘肃通往滇西的必经之路，卡若文化有上述诸遗址的文化特征，是西藏古代居民与上述地区居民密切交往并形成一个整体共同发展的必然结果。

据《史学年鉴》（1985 年）提供的资料，拉萨地区的新石器时代文化，发现于拉萨市的北郊，出土的遗物为一批石器、骨器和大量陶片。石器中有打制和磨制石器，其中一件为磨制得光洁美观的粗玉斧；另一件是一根长约 7 厘米、直径 3 毫米的乳白色骨针。陶片中有刻着线条流畅的菱形图案的，是西藏首次发现。经考证，这一新石器文化遗址距今大约三千年。这批遗物的发现具有重大的意义。它说明在西藏的整个地区，包括东、南、西、北、中各地，都有史前文化遗物的发现。如果说在拉萨早先发现的零星新石器时代遗物还不足以说明当地早在数千年以前就有藏族先民分布的话，那么，在拉萨北郊出土的大量遗物，则足以说明这样的问题。从粗玉斧的制作水平和乳白色骨针及有线条流畅的菱形图案的陶器制作水平来看，藏族先民新石器时期创造的文化，与祖国内地同期的文化有相近的水平，或者可以说在一些方面还超出了内地的水平。

三　川边藏区的古文化遗存

今四川阿坝、甘孜两个藏族自治州和凉山彝族自治州，自古有藏族先民居住。1964 年 3 月，四川大学考古工作者在阿坝州的理县、汶川县发现新石器时代的遗址、遗物，1982 年 6 月，笔者与川大考古专业的部分师生，在考察凉山州冕宁县安宁河畔的三分屯石器地点，拾到若干新石器时代的遗物。

理县境内发现石器的地点有朴头村、大歧寨、小歧寨、龙袍寨、子达寨、建山寨等六处。这些村落皆在杂谷脑河沿岸的台地上。建山寨具有新石器时代遗址的特征，位于原理县县治薛城东约 5 公里的山上。寨子附近有高约 5.5 米的梯地断崖，露出厚约 1 米的灰层，发掘者从中拾到石器和大量的陶片。在该处 22.5—24.6 厘米的地皮下，发现厚 0.4—2 米的灰黄土层，其中含陶片、石器、炭屑和烧土等，但未发现有晚期或近代遗物。灰黄土层下为炭灰烧土堆积层，在厚约 1 米，长约 8 米的灰土内有叠压十分整齐的炭灰和烧土，黑炭屑有 8 层，有的可看到有直径约 5 厘米以上的木炭块。文化层中获得石器 17 件、陶片 391 件，穿孔具及烧骨、石器残片若干。石器器形有斧、锛、凿和环四种，多用千枚岩磨制，制作精细。石斧一件长 9 厘米，圆刃不对称，一件残长 10 厘米，锋刃圆突；石锛长 11—12.5 厘米，石凿有圭形凿三件，尖头凿、斧形凿各一件，石环用千枚岩或大理石磨制，有宽窄两种。陶片的质地可分为泥质灰陶、夹砂灰陶、泥质红陶和彩陶四种。泥质灰陶火候较高，数量最多，质粗，有的胎多孔，色灰黑，以素面磨光为主，有的表面留有交错绳纹及斜行绳纹的痕迹，有的饰有附加堆纹。有的泥质较细，灰色，打磨光滑，或饰有一层黑色陶衣。夹砂灰陶火候不高，质粗多孔，夹有大量片岩、页岩石子，纹饰均为绳纹加一至数圈附加堆纹，也有圆窝纹。泥质红陶质较细，因火候关系，呈斑驳的灰色，手制，内壁有明显的泥条盘筑痕迹。彩陶质极细，火候高，胎色呈红、黑彩，手制，花纹由平行线和弧线等组成。陶器器形可辨的有碗、瓶、罐等数种。

汶川县的新石器时代遗存发现于威州镇后山姜维城的台地

上。遗物有磨光残石器一件，彩陶片六块，泥质红陶二十七块。泥质灰陶和夹砂灰陶都有细绳纹和附加堆纹，遗物性质与建山寨同。①

冕宁三分屯石器地点距冕宁县城约 3 公里，地处安宁河畔，笔者与川大考古专业师生在那里掘拾到石斧、石刀、陶纺轮、陶片等遗物。石刀呈梯形，中有钻孔，石斧长约 10 厘米，宽 6 厘米。陶器质地为夹砂红陶和夹砂灰陶。器形可还原者有单耳小罐、有孔圈足杯。陶片纹饰为叶脉纹。石器地点未发现有晚期遗物，石器、陶器残片皆从沙土中挖出，也有从地表直接拾到的。② 从磨制石斧、石刀技术和陶片的质地等观察，可以认定它们为新石器时代晚期的遗物。从陶器的纹饰、质地等来看，这些遗物可能与理县、汶川的遗存同属于一个文化系统。

理县、汶川遗存，以建山寨遗址出土的石器、陶器为代表，特点是石斧、石锛通体磨光，狭长平薄，形态规整，这与昌都卡若文化的同类器物近似，与华北地区的原始文化同属于一个系统。其陶器有类似于甘肃仰韶文化的彩陶，其彩陶所具有的质细、火候高、黑彩等特点，又与甘肃马家窑文化的同类遗存大体一致，纹饰的风格也近似，这说明早在新石器时代，川边藏区与西藏东部地区就有密切的联系，同时也与甘青地区及华北等祖国内地形成一个共同发展的整体。

---

① 参见四川大学历史系考古教研组《四川理县汶川县考古调查简报》（林向、童恩正执笔），《考古》1965 年第 12 期。

② 冕宁三分屯石器、陶器的这次发现，至今尚未整理公开发表。对该石器地点的考察，是由 1982 年 6 月中国西南民族研究学会组织的雅砻江流域民族综合科学考察队冕宁分队进行的，笔者以考察队副队长和冕宁分队队长的身份参加了这次实地考察。参加本分队的川大考古专业的师生，在沙土中掘出石器、陶片等遗物，笔者亦亲自拾到石器和陶器碎片，所获遗物皆交由川大考古专业的师生研究和保存。

四 藏区古文化遗存的历史意义

青藏、川藏藏区石器时代遗存的发现，在藏族历史和中国历史研究上具有重要的意义。

一些历史学家、古人类学家、考古学家曾经认为，由于自然条件严酷，青藏、川藏藏区不适宜古代人类居住，这里的民族是后来从他地迁入的。有的别有用心的西方学者，甚至认为西藏的人种不是黄种人，而是从西方迁来的异种人，其理由是他们在西藏人中找到了一种"高个子，长四肢，钩鼻子和长头"的人。这种人"主要见于北部和东部的牧民，也见于贵族家庭中，这可能和巴克斯顿（Buxton）描写的极古的高头颅种族有关，这和他所称的黄种人是完全不同的"。这个别有用心的学者还说："以科学的准确性来说，西藏人不能被称为中国人。中国人两千年来也把他们当作另外的种族。"① 众所周知，西藏藏族和整个藏族的人种是蒙古人种，语言属汉藏语系藏缅语族藏语支。否认藏族是黄种人完全是徒劳的，否认藏族是中国人也是站不住脚的。西藏石器时代的遗存证明：这里的人种根本不是从什么西方迁来的非蒙古人种；他们创造的文化是中国文化宝库中一个光彩夺目的组成部分，他们的居地是中华民族的摇篮之一，他们是地地道道的中国人的祖先。

藏区石器时代遗存和祖国华北、华南的同类遗存共同性多，差异性小，共同性说明它们与祖国内地的远古文化有不可分割的联系，都属于同一个发展的整体。它们之间存在的某些差异只表明它们是属于同一发展整体内的不同地方的文化遗存。有些学者

---

① ［英］黎吉生（H. E. Richardson）：《西藏简史》第一章《种族》一节，李有义译，中国社会科学院民族研究所 1979 年印（内部参考）。

指出，西藏高原的古文化遗存与南亚次大陆的古文化遗存属于两个完全不同的系统。以细石器来说，印度及整个南亚次大陆广泛分布的细石器主要为梯形、三角形的石刃，与西藏境内的非几何形的细石器迥然不同。两者大体以喜马拉雅山为界。[①] 这自古以来存在的两个不同文化系统的区别，是由于居住在不同地域的人们，长期受不同自然条件的影响，以及他们与自然作斗争的方式的不同而形成的。西藏作为中华人民共和国领土不可分割的一部分，是由藏族先民和祖国各民族先民自远古以来的共同发展所决定的。也许人们会问：既然藏族先民与祖国内地汉族等民族的先民亘古以来就形成了共同发展的关系，为什么藏族的社会经济发展水平，还会落后于汉族等民族的发展水平呢？这有几个原因，一是受地质发展的影响，在青藏高原沧海变桑田的历史过程中，自第四纪青藏高原隆起以来，青藏高原的地面不断上升，直至目前，珠穆朗玛峰还在以每年一二厘米的速度上升着，这使高原的气候不断变干变冷，自然环境发生了不利于经济发展的变化，因而使藏区的经济发展落后于内地的水平；二是自藏区进入阶级社会以后，藏族的统治阶级利用某些中原王朝无力顾及边疆的时机，对西藏，甚至整个藏区实行割据性的封闭式的统治，使藏族人民受内地先进经济文化影响的程度减弱，而受本民族统治阶级的剥削压迫加重，上述两方面的影响都使藏族经济文化的发展受到阻碍；三是中央王朝的民族压迫政策，包括历史上封建王朝对藏族实行的军事征讨，使藏族的经济文化发展受到挫折。因此，不能以历史上藏族社会经济发展水平相对落后于汉族等民族，就否定藏族自远古以来就与祖国其他各民族形成共同发展的历史特点。

（原载《思想战线》1986 年第 4 期）

[①]　参见安志敏、尹泽生、李炳元《藏北申扎双湖的旧石器和细石器》，《考古》1979年第 6 期。

古代羌人与青藏和川西
土著居民的融合

一　羌人的经济文化特点

　　羌人是我国古代西北、西南、西域等地区一个支系繁多，分布广泛，经济、文化发展不平衡的族群。《殷墟卜辞》有北羌、马羌对商朝臣服的记录，说明羌人早在夏、商时期就已出现。[①]

　　羌人有一个不同于异民族的特点，就是对死者实行火葬。

　　《墨子》卷六《节葬下》说："秦之西有仪渠之国者，其亲戚死，聚柴薪而焚之，熏上谓之登遐，然后成为孝子。"（按：仪渠是《后汉书·西羌传》记述的一个著名的羌部，其地在今甘肃东部之庆阳、固原一带）又《荀子》卷十九《大略篇》说："氐羌之虏也，不忧其系垒也，而忧其不焚也。"（《吕氏春秋》卷十四所说同此）《旧唐书·党项羌传》说："死者焚尸，名曰火葬。"这些记载说明，是否实行火葬是判定古代民族是否属于羌人的一个重要的定性依据。

　　披发是羌人的另一个文化生活特征。《后汉书·西羌传》说：羌酋长"无弋爱剑者……与劓（截鼻）女遇于野，遂成夫妇，女耻其

---

① 参见陈梦家《殷墟卜辞综述》，中华书局1988年版，第227页。

状，被发覆面，羌人因以为俗"。可以说，是否披发，是识别古代民族是否属于羌人的另一个重要的定性依据。

根据考古学家提供的地下发掘资料，甘肃临洮寺洼文化遗址中曾有收藏骨灰的陶罐出土，且陶罐是以当地寺洼陶土烧制而成的。[①] 在此发现之后，新疆帕米尔高原塔什库尔干的塔吉克族自治县的香保保古墓区，亦有火葬墓出土，数量达 19 座之多。[②] 火葬的形式有在墓室中直接火化和先行火化后将骨灰埋入墓穴两种。前者在墓室中有大量的木炭、骨灰遗迹和未烧尽的骨头碎块。从发现火葬墓的地域看，东起临洮，西至帕米尔的广大地区，历史上都是西域古羌人的分布地。

在这个广大的地域中，曾有甘肃临洮马家窑文化（距今四千多年）、广通齐家文化（距今三千多年）、临洮辛店文化、青海湟中县的卡约文化、大通县的上孙家寨文化、柴达木境内的诺木洪文化等古文化的遗物出土，这些文化反映了羌人的经济特点。马家窑文化属于仰韶文化系统，被称为甘肃仰韶文化，其地域是以洮河、大夏河、湟水流域为中心向四周发展。按其特点可再分为马家窑型、半山型和马厂型。马家窑文化的经济以农业生产为主，兼以饲养家畜、狩猎和采集。生产工具以磨制石器为主，并有少量细石器。住屋为半地穴式，有圆形和方形土屋，屋中皆有"灶址"，附近有储存东西的窖穴。陶器多彩绘，各具风格。齐家文化是对马家窑文化的继承和发展。其出土的生产工具为磨制石器，有斧、铲、刀、镰、石纺轮等。陶纺轮和骨针也有大量发现。陶器的形式与中原地区的一致，但制作粗糙，说明它不是由内地居民而是由当地原住民制造的，但受了内地的影响。房屋多为方形半地穴式，中间有圆形"灶址"，门道多向南。居民亦以农业为主，兼饲养猪、狗、牛、羊。粟是主要的食物。根据甘肃秦

---

① 参见夏鼐《临洮寺洼山发掘记》，《考古学论文集》，科学出版社 1961 年版，第26 页。

② 参见陈戈《帕米尔高原古墓》，《考古学报》1981 年第 2 期。

安县大地湾庙底沟出土的彩陶瓶上有披发的人头像，马厂型青海柳湾出土的彩陶壶上的人像发式亦为披发①等等，我认为甘、青仰韶文化是羌人为主创造的文化。

但需要进一步讨论的问题是，甘、青仰韶文化与内地的仰韶文化②一样，有个共同的经济特点，就是以农业为主要产业。而许慎《说文解字》云："羌，西戎牧羊人也，从人从羊。"《太平御览》卷七九四引《风俗通义》说："羌，本西戎卑贱者也，主牧羊，故'羌'，从羊、人，因以为号。"一般认为羌人是游牧族群，说甘、青仰韶文化与羌人有关，且不是讲不通吗？但这是不成问题的，"氐羌在起源时代，是原始的农业各部落，到青铜时代才发展为游牧部落的，他们成为游牧民族是在中原已建立夏、商王朝的时期，考古学资料证明，我国所有的新石器时代文化，除北部草原发现的以外，都是以农业为主的文化，只是在青铜文化有所发展，生产力水平进一步提高后，当地各部落才突破自然的限制，来到广大草原上发展畜牧业，成为游牧民族"③。

二 青海、西藏和川西地区的羌部

青海、西藏和川西地区有古羌人分布，先秦、汉唐时期即有记载。

（一）发羌与唐旄

《后汉书·西羌传》说："忍季父卬畏秦之威，将其种人附落而南，出赐支河曲西数千里，与众羌绝远，不复交通。"当时西徙的

---

① 参见冉光荣、李绍明、周锡银《羌族史》，四川民族出版社1985年版，第9页；张朋川《甘肃出土的几件仰韶文化人像陶塑》，《文物》1979年第11期。

② 仰韶在河南省渑池县，"仰韶文化"指我国中原黄河流域所发现的以彩陶为特征的新石器时代文化。

③ 王钟翰：《中国民族史》，中国社会科学出版社1994年版，第122—123页。

羌人，一部分进入藏北及雅鲁藏布江流域，与当地吐蕃先民融合。《新唐书·吐蕃传》说："吐蕃本西羌属，盖百有五十种，散处河、湟、江、岷间，有发羌、唐旄等……居析支水西，祖曰鹘提勃悉野，健武多智，稍并诸羌，据其地。" "发羌"之"发"，古音"博"，一些史家认为，"发"即"吐蕃"之"蕃"。根据西藏的传说，在公元前10世纪，西藏高原即有羌人与原住民共居，东部的称"戎"（今日四川西部的藏族仍称"戎"，即嘉绒），北部的叫"羌"，西部的叫"堆"，南部、中部的叫"博"或"伯特"。随着历史的演进，各个历史时期迁入西藏及其附近地区的羌人，逐渐与原住民融合于吐蕃先民中。

（二）白兰羌

《北史·白兰传》说："白兰者，羌之别种也。……其地东北接吐谷浑，西北利摸徒，南界那鄂。……其风俗与宕昌略同。"杜佑《通典》卷一九六《边防十五》云："白兰，羌之别种，周（指宇文周）时兴焉。"《隋书·吐谷浑传》记载，白兰国，系因其境内有白兰山而得名。据顾祖禹《读史方舆纪要》卷六十五《陕西十四》记载："白兰山在吐谷浑西南。慕容廆庶兄吐谷浑国于洮水之西，南极白兰。其后每彼侵伐，辄保白兰以自固。又西南，即白罗川。刘宋元嘉二十九年（452年），吐谷浑王拾寅始居伏罗川，盖未离白兰之险也。"

白兰的地理位置，除上述记载外，还可根据下述三点进行考证：其一，《北史·宕昌传》说白兰"风俗与宕昌略同"，白兰当距宕昌（地在今甘肃临潭、岷县南部）不远；其二，吐谷浑立国于今青海境内，白兰在其南；其三，据《隋书·附国传》记载，白兰为其东北连山绵亘数千里的众羌部之一。从上述各点看，白兰当以在今青海果洛藏族自治州境内为宜。

（三）可兰羌

《北史·吐谷浑传》云："白兰山西北，又有可兰国，风俗亦同。目不识五色，耳不闻五声，是夷蛮戎狄之中丑类也。"顾颉刚说，"可兰"无考，其音与"喀喇"极似，疑可兰在今巴颜喀喇山西脉巴颜喀拉得里本山一带。[①] 其所谓"目不识五色，耳不闻五声"，说明可兰羌比河曲、白兰诸羌社会经济发展更为落后，与外界之交往更为闭塞。因此，可兰所居之地，当比巴颜喀喇山西脉之巴颜喀拉得里本山更西，疑在今青海玉树藏族自治州一带。

（四）女国羌

此女国指西女国。《北史·吐谷浑传》云："白兰西南二千五百里，隔大岭，又度四十里海，有女王国。"

如上文所述，白兰之中心拟在今青海果洛藏族自治州境，其西南2500里，约当今西藏冈底斯山以北地区。所谓大岭，应指冈底斯山。所谓四十里海，疑指唐玄奘《大唐西域记》中的"西天瑶池"——玛珐木措湖。此湖被称为圣湖，湖水由冈底斯山冰雪融化而来，碧透清澈，佛教徒们称它是佛祖赐给人类的甘露。它自古有传说，闻名远近。故《北史》作者将其作为"大海"而加以著录。

《隋书·女国传》说：

（其地处）葱岭之南，其国代以女为王，王姓苏毗，字末羯，在位二十年，女王之夫号曰金聚，不知政事。国内丈夫唯以征伐为务。山上为城，方五六里，人有万家。王居九层之楼，侍女数百人。五日一听朝。复有小女王，共知国政。其俗贵妇人轻丈夫

---

① 顾颉刚：《从古籍中探索我国的西部民族——羌族》，《社会科学战线》1980 年第 1 期。"巴颜喀喇山"后改称"巴颜喀拉山"。

而性不妒忌，男女皆以彩色涂面，一日之中或数度变改之。人皆被发，以皮为鞋。课税无常。气候多寒，以射猎为业。出输石、朱砂、麝香、牦牛、骏马、蜀马。尤多盐，恒将盐向天竺兴贩，其利数倍。亦数与天竺及党项战争。其女王死，国中则厚敛金钱，求死者族中之贤女二人，一为女王，次为小王。贵人死，剥取皮，以金屑和骨肉，置于瓶内而埋之，经一年，又以其皮内于铁器埋之。俗事阿修罗神，又有树神，岁初以人祭，或用猕猴，祭毕入山祝之。有一鸟如雌雉，来集堂上，破其腹而视之，有粟则年奉，沙石则有灾，谓之鸟卜。开皇六年，遣使朝贡。

又《通典》卷一九三云：

> 在葱岭之南，男子皆被发，妇人辫发而萦之。……女子贵者，则多有侍男；男子不得有侍女。虽贱庶之女，尽为家长，有数夫焉，生子皆从母姓。

葱岭为帕米尔高原，其南之女国，亦以在今阿里地区为适当。在阿里地区札达县境内，象泉河南岸的泽布兰，有一座高三百余米的黄土山，发现了古王国——古格王国的城垣和宫殿的残迹。这个遗址包括七座土砌成的碉堡，三排十余米高的佛塔，三百多孔洞窟，三百余间房子组成的喇嘛庙。宫室依山叠砌，残迹直指晴空，由地面到山顶，建筑群高达三百米。建筑群内有四通八达的通道，外有黄土垒成的城墙，从残墙上可以看到许多石刻的佛像。① 尽管这个建筑群出现的时间晚，是 10 世纪到 16 世纪不断扩建起来的，但它的前身可能和女国有关系。女国“山上为城，方五六里，人有万家”，此城可能就发展演变为后来的古格王国城。

《大唐西域记》卷四《婆罗吸摩补罗国》云：“此国境北大雪山

---

① 参见赤烈曲扎《西藏风土志》，西藏人民出版社 1982 年版，第 131—134 页。

中，有苏伐剌拿瞿呾罗国，唐言金氏，土出黄金，故以名焉，东西长，南北狭，即东女国也。……东接吐蕃国，北接于阗国，西接三波诃多。"（按：此所言之"东女国"，实为女国或西女国之误）岑仲勉先生说："婆罗吸摩补罗，经肯宁汉（Cunninghan）氏考定为印度西北之 Ganhwal 及 Kumaun，依此求之，东女应在冈底斯山脉附近，界阿里、后藏之间。"① 这个说法是有价值的。"苏伐剌拿瞿呾罗国"，当即西女国。至于东女国之位置，《旧唐书·东女国传》已有明确记载："东女国，西羌之别种……东与茂州（今四川茂县）、党项接，东南与雅州接。"（亦见《新唐书·东女国传》）

另外，《新唐书·苏毗传》说："苏毗本西羌族，为吐蕃所并，号孙波，在诸部最大。"在与吐蕃抗争的过程中，孙波的重心可能东移至藏北。

（五）附国羌

《隋书·附国传》说：

> 附国者，蜀郡西北二千余里，即汉之西南夷也……附国王字宜缯，其国南北八百里，东西千五百里。无城栅，近川谷，傍山险。俗好复仇，故垒石为石巢而居，以避其患。其石巢高至十余丈，下至五六丈，每级丈余，以木隔之，基方三四步，石巢上方二三步，状似浮图，于下级开小门，从内上通，夜必关闭，以防贼盗。国有二万余家。号令自王出。……附国南有薄缘夷，风俗亦同，西有女国。其东北连山绵亘数千里，接于党项，往往有羌、大小左封、昔卫、葛延、白狗、向人、望族、林台、春桑、利豆、迷桑、婢药、大硖、白兰、北利、摸徒、那鄂、当迷、渠

---

① 岑仲勉：《〈隋书〉之吐蕃——附国》，《中外史地考证》上册，中华书局1962年版，第266页。

步、桑悟、千碉，并在深山穷谷，无大君长，其风俗略同于党项，或役属吐谷浑，或附附国，大业中来朝贡，缘西南边置诸道总管以遥管之。

附国之地域，史家众说纷纭。丁谦《隋书四夷传考证》云："附国部境，盖在四川打箭炉边外，明正宣慰司所属各土司地。"打箭炉为今康定。明正宣慰司，又称明正土司，是明代长河西鱼通宁远宣慰司的简称。① 其所属各土千户、土百户，在今康定、九龙、丹巴、乾宁县境内；若此四县为附国之所在，那嘉良夷为"其东部所居种姓……土俗与附国同"（《隋书·附国传》）的话就无法解释，因康定以东之雅安地区，为汉族区域。顾颉刚《从古籍中探索我国的西部民族——羌族》谓："附国所在，从'嘉良有水阔六七十丈，附国有水阔百余丈，并南流'的话来看，知道必是流经四川西部及云南境内的横断山脉的大水。附国既去蜀郡西北 2000 余里，可见这二水必为雅砻江与金沙江，都是长江的上源。由此可知，附国应在邛崃山之西，宁静山之东，巴颜喀喇山之南。"② 这个区域，虽包括今康定以西整个甘孜藏族自治州的地域，但邛崃山以东为汉族地区，按此说，附国之东，有嘉良夷，等于说邛崃山以东的汉族地区为嘉良夷之分布地，这显然是不妥当的。《新唐书·地理志》载东嘉梁、西嘉梁属雅州都督府。又《新唐书·两爨蛮传》说："雅州西……五百里外有……东嘉梁、西嘉梁十三部落。"雅州府治为今雅安，东、西嘉梁在今大小金

---

① 明正宣慰司，清康熙五年（1666 年）内附。雍正七年（1729 年）改置打箭炉厅。光绪三十一年（1905 年）升为打箭炉直隶厅。光绪三十四年（1908 年）改升为康定府。明正宣慰司所属俄洛、八鸟笼、木辖、吉曾卜桑阿笼、木噶、格洼卞、呷那工弄、瓦七、恶热、索窝笼、扒桑等土户，皆在今康定县境内；湾坝土千户、甲珥土百户、八哩笼土百户、沙卡土百户，在今九龙县境内；上渣坝恶迭、上渣坝卓泥、中渣坝热错、中渣坝瀑沱、下渣坝洼业石等土百户，在今乾宁县境内；鲁密东谷等 17 个土百户，在今丹巴县境内。以上各县，皆属今四川甘孜藏族自治州。

② 顾颉刚：《从古籍中探索我国的西部民族——羌族》，《社会科学战线》1980 年第 1 期。

川一带无疑。马长寿认为，住居于康定、炉定、丹巴、靖化、懋功、理番、汶川等县之嘉绒，即古之嘉良夷①，此言甚是。丁辅《史上羌民之记载分析》说："附国地位约在西康之西部，西藏之东部波巴区及雅鲁藏布之折曲处也。"② 此说比之上述诸说，有近于实际之地方，但其中所谓西康之西部，仍为嘉良夷（嘉绒藏族）的分布地，不可能是附国之地域。

岑仲勉《〈隋书〉之吐蕃——附国》，从六个方面考证附国之地域即唐吐蕃之地域，将附国之所在定为整个前藏，我认为这是一个很值得重视的说法。

《隋书·附国传》言附国之四至，"有嘉良夷，即其东部所居种姓"，嘉良夷如上所说，为居于康定、炉定、丹巴、靖化、懋功、理番、汶川等县之嘉绒藏族，其西为附国，故附国拟在今前藏东部。又"东北连山绵亘数千里，接于党项"，《隋书》卷八十三《党项传》云："其中有宕昌、白狼……东接临洮、西平，西拒叶护，南北数千里，处山谷间。"临洮在今岷县西，西平在今西宁稍东，叶护为西域。这个地域，包括今青海南部的一部分，南达四川之西北。由是观之，东北与之相接的附国，亦拟在今前藏。又"西有女国"，如上节所述，女国在今阿里至藏北地区，故其东之附国，亦以居前藏为宜。又"附国南有薄缘夷"，岑仲勉考证说："薄有泊（《切韵》bak）、蒲（《切韵》buo）两音，缘与绿形近易误，今假定'薄缘'为'薄绿'之讹……今西藏尚通用以指不丹。"附国在不丹之北，地亦拟在今西藏。

但问题是，有的学者不同意附国地在今西藏的说法，认为隋之附国非吐蕃，其地在今青海东南部至四川西北部。根据之一是阎立本的《西域图》有关于附国的画像。《西域图》成画于唐贞观初，是各国进贡时阎立本给各国国王及侍从画的像。这说明唐贞观初，附国还未

---

① 《说文月刊》第 4 卷，第 625—626 页。
② 《边政公论》第 3 卷第 5 期，第 23 页。

亡于吐蕃。根据之二是唐贞观中阎立本所画之《王会图》中有这样一段记录： "鸿胪导客，次序而列，凡国之异，各依其方。东首三韩……西首以吐蕃……其南首以交趾……而板楯、尾濮、西焚、附国、榕等次之……"① 这说明附国与吐蕃是两个同时并存的少数民族政权。青海东南部至四川西北部，历来是部落林立的地方，从未见有明确的如像附国那样的少数民族政权的记载，亦未有任何能够说明问题的遗址、遗迹发现。根据这个地区的自然条件，要形成这样的政权也是不大可能的。阎立本《西域图》《王会图》中与吐蕃同时提到的附国，当是对尚残存在前藏一部分地区还未被新兴的吐蕃兼并的附国的记录。

　　附国居民的族属是否与羌有关？这是一个需要讨论的问题。《隋书·附国传》说：嘉良夷 "土俗与附国同"，反之，亦即附国土俗与嘉良夷同，而嘉良夷为羌，《资治通鉴》已有记载，"唐贞元九年"条称 "剑南西山诸羌"。胡三省注云："自彭州导江县西北蚕崖关，历维、茂，至当、悉诸州，皆西山也。"导江县治在今灌县导江铺，维州治在今理县，茂州治在今茂汶羌族自治县，悉州治在今黑水县色尔古，当州治在今若尔盖县下包座。这个区域，为今阿坝藏族自治州全境。在这里，唐代居住着八个羌人部落，其中哥邻为最大，今之汶川、理县、马尔康、小金、金川、壤塘、甘孜州的丹巴以及雅安市的宝兴诸县，约有十一万居民还保留着 "哥邻" 的自称。今自称为 "博" 的藏人，称 "哥邻" 为 "嘉戎"②，而 "嘉戎" 即嘉良。又《隋书·苏孝慈传附苏沙罗传》云：开皇八年 "冉马龙羌作乱，攻汶山、金川二镇，沙罗率兵击破之"。冉马龙羌，即嘉良夷，嘉良夷即为羌，那附国居民的族属与羌有关，这当然不成问题。《卫藏通志》卷十五《部落》云："西南部落，自打箭炉（康定）至藏地，大抵皆

---

① 汤开建：《〈隋书〉之附国非吐蕃》，《思想战线》1986 年第 4 期。
② 冉光荣、李绍明、周锡银：《羌族史》，四川民族出版社 1985 年版，第 175 页。

吐蕃别种，散处其间，各立其长，各子其民，不相属也。"也就是说，这一广大地区的居民族属一致。因吐蕃是西羌之别种，所以附国与嘉良夷都为羌或与羌有关是无问题的。

（六）羊同羌

《唐会要》卷九十九《大羊同国》说："大羊同，东接吐蕃，西接小羊同，北直于阗，东西千里，胜兵八九万，辫发毡裘，畜牧为业。……其王姓姜葛，有四大臣，分掌国事……贞观五年（631年）十二月，朝贡使至。十五年（641年）闻中国威仪之盛，乃遣使朝贡。太宗嘉其远来，以礼答慰焉。"《新唐书·吐蕃传》说："初，剑南度茂州（今茂汶）之西筑安戎城，以逼其鄙，俄为生羌导虏（指吐蕃）取之以守，因并西洱河（云南大理洱海）诸蛮，尽臣羊同、党项诸羌。"

羊同羌的地理位置，东接吐蕃，北直于阗，东北疑接党项，其先于吐蕃三年遣使到长安朝贡，因此，其地理位置当在比吐蕃更易于与唐朝交往的地方，这样的位置，以在今天西藏的羌塘一带（藏语意为北方高原）为宜。羌塘草原面积约占西藏总面积的1/2，约60万平方公里，盛产牦牛和野生牦牛，平均海拔在4500米以上，是一个天然的牧场，羊同"畜牧为业"，可能与这个自然条件有关。又羌塘是西藏与内地交通的一个要道。《新唐书·地理志》"鄯州鄯城"条载，唐代从西宁到吐蕃共有23个驿站，羌塘的那曲就是其中之一。因此说羊同位于羌塘是适宜的。冉光荣、李绍明、周锡银的《羌族史》认为："羊同在今西藏西部的阿里地区，故地近西域，能够向各国购置武器，兵力颇盛。"此可备为一说。又王忠《新唐书吐蕃传笺证》说："羊同，藏语为Zan—Zun，今读如象雄。《通典》卷一九《边防六·大羊同》云：'大羊同东接吐蕃，西接小羊同，北直于阗。'《敦煌遗书》第一集《慧超往天竺国传》云：'迦叶弥罗国东北，隔山十五日程，即是大勃律国、扬同国、娑播慈国，此三国并属吐蕃所管。'《五部遗教》云:'象雄……东部以麻庞雍措与藏为界。'又《道典》云:'大羊同东西千余里。'合以上材料观之,羊同、扬同、象雄当即一地,因大勃律之东、麻庞雍措之西仅千余里,不容有羊同、象雄二国。"将羊同视为象雄,这又为一说。各种不同的说法,有待今后史家做进一步的考证。

(七) 旄牛羌

《后汉书·西羌传》说:"至爱剑曾孙忍时,秦献公(前 384—前 362 年)初立,欲复穆公之迹,兵临渭首,灭狄獂戎。忍季父卯畏秦之威,将其种人附落而南,出赐支河曲西数千里,与众羌绝远,不复交通。其后子孙分别,各自为种,任随所之。或为牦牛种,越嶲羌是也;或为白马种,广汉羌是也;或为参狼种,武都羌是也。"又说:"自爱剑后,子孙支分凡百五十种。其九种在赐支河曲以西,及在蜀、汉徼北,前史不载口数。唯参狼在武都,胜兵数千人。其五十二种衰少,不能自立,分散为附落,或绝灭无后,或引而远去。其八十九种,唯钟最强,胜兵十余万。其余大者万余人,小者数千人,更相钞盗,盛衰无常,无虑顺帝(126—144 年)时胜兵合可二十万人。发羌、唐旄等绝远,未尝往来。牦牛、白马羌在蜀汉,其种别名号,皆不可纪知也。"

旄牛羌(也作牦牛羌)主要分布在故旄牛县(也作牦牛县,今四川汉源)。此县原属汉武帝元鼎六年(前 111 年)所设的沈黎郡,郡治在今汉源清溪,《后汉书》卷八十六《南蛮西南夷列传》说:"天汉四年(前 97 年),罢沈黎,置两部都尉,治旄牛,主外羌;一治青衣(今四川芦山县),主汉民。"(亦见《华阳国志·蜀志》)所谓外羌,即旄牛羌。旄牛羌分布之南界达于今西昌,乃至滇西北地区。由于越嶲(西昌)地区有旄牛羌杂居,故《后汉书·西羌传》又将"牦牛种"的羌人称为"越嶲羌"。这部分羌人在后来的发展中一部分融合于彝族，一部分融合于汉族，一部分发展为今川西南地区的藏族，分散在滇西北的一部分则发展为普米族。①

旄牛羌地区尚有不同名号的羌人部落，如李泰《括地志》云："笮州本西蜀徼外，曰猫羌。"所谓笮州，即羌人之所居地。《史记·西南夷列传》说："南越破后，及汉诛且兰、邛君，并杀笮侯，冉马龙皆振恐，请臣置吏。乃以邛都为越嶲郡，笮都为沈黎郡，冉马龙为汶山郡，广汉西白马为武都郡。"由此观之，猫羌即笮人，其地在沈黎郡（今四川汉源清溪），与旄牛羌杂居。

（八）白马羌

亦称广汉羌，分布在今甘肃、四川交界的地区，东汉曾在这一带置广汉属国，故称广汉羌。这一带地区主要居民为氐人。《史记·西南夷列传》说："冉马龙以东北，君长以什数，白马最大，皆氐类也。"白马羌是与氐人杂居的一支羌人，其后裔疑为今四川平武县的白马藏人。

（九）嘉良夷

《隋书·附国传》说：

> 有嘉良夷，即其（指附国）东部所居种姓，自相率领，土俗与附国同，言语少殊，不相统一，其人并无姓氏。……嘉良夷政令系之酋帅，重罪者死，轻罪罚牛。人皆轻捷，便于击剑。漆皮为牟甲。弓长六尺，以竹为弦。妻其群母及嫂。儿弟死，父兄亦纳其妻。好歌舞鼓簧，吹长笛。有死者无服制，置尸高床之上，沐浴衣服，被以牟甲，覆以兽皮，子孙不哭，带甲舞剑而呼云："我父为鬼所取，我欲报冤杀鬼。"自余亲戚哭三声而止。妇人

---

① 参见何耀华《川西南藏族史初探》，《思想战线》1985 年第 4 期。

哭，必以两手掩面。死家杀牛，亲属以猪酒相遗，共饮啖而瘗之。死后十年而大葬，其葬必集亲宾，杀马动至数十匹，立其祖父神而事之。其俗以皮为帽，形圆如钵，或带幂䍠。衣多毛毼皮裘，全剥牛脚皮为靴。项系铁锁，手贯铁钏。王与酋帅金为首饰，胸前悬一金花，径三寸。其土高，气候凉，多风，少雨。土宜小麦、青稞。山出金、银。多白雉。水有嘉鱼，长四尺而鳞细。大业四年（608 年），其王遣使素福等八人入朝。明年，又遣其弟子宜林率嘉良夷六十人朝贡，欲献良马，以路险不通，请开山道以修贡职。……嘉良有水阔六七十丈，附国有水阔百余丈，并南流，用皮为舟而济。

如上文所述，嘉良夷主要分布在今四川阿坝藏族自治州及甘孜藏族自治州的一部分地域，是今嘉绒（亦作嘉戎）藏族的先民。据调查，他们自称嘉绒娃，方言为嘉绒语或绒语，普遍称四土话或索磨话，是藏语方言的一种。嘉绒藏族依居住地点不同而称呼有异，如汶川原瓦寺土司所属部分，自称德利布（藏语谓汶川为德利），即德利人；四土的则自称为垄巴或垄巴布，即垄巴人；理县五屯的则自称为嘉卡布，即嘉卡人。[①]

三　古羌人向西藏区的迁徙

至少在距今三四千年前的新石器时代，由于畜牧、狩猎、采集乃至发展农业的需要，河湟羌人就开始了向西、向南及西南地区的迁徙。西藏林芝新石器时代文化遗址中出土的具有齐家文化

---

① 参见西南民族学院民族研究所《嘉绒藏族调查材料》，1984 年。

特点的磨制石器（刀、凿）及陶器残片，昌都卡若文化遗址中出土的具有仰韶文化特点的石器、陶器和古村落遗址，都是这种迁徙的证明。

周、秦时期，由于内地王朝不断征伐，甘、青地区的羌继续向西、向南及西南迁徙，而且比史前时期更为频繁。《史记·秦本纪》说："秦穆公（前659—前621年）用由余谋伐戎王，益国二十，开地千里，遂霸西戎。"戎即羌戎，指甘、青地区的羌人。在秦穆公称霸西戎的过程中，虽不见羌人迁徙的记载，但有羌人被迫远迁是可以肯定的。这可以从秦献公时的西征得到证明。《后汉书·西羌传》说："至爰剑曾孙忍时，秦献公（前384—前362年）初立，欲复穆公之迹（指秦穆公称霸西戎），兵临渭首，灭狄源戎。忍季父卬畏秦之威，将其种人附落而南，出赐支河曲（今青海省东南部黄河曲流处）西数千里（应为今西藏境内），与众羌绝远，不复交通。其后子孙分别，各自为种，任随所之。或为牦牛种，越嶲羌是也；或为白马种，广汉羌是也；或为参狼种，武都羌是也。忍及弟舞独留湟中，并多娶妻妇，忍生九子为九种，舞生十七子为十七种，羌之兴盛从此起矣。"又说："自爰剑后，子孙支分凡百五十种，其九种在赐支河首以西，及在蜀、汉徼北，前史不载口数。唯参狼在武都（今甘肃省南部武都地区），胜兵数千人。其五十二种衰少，不能自立。分散为附落，或绝灭无后，或引而远去。其八十九种，唯钟最强，胜兵十余万。其余大者万余人，小者数千人，更相钞盗，盛衰无常，无虑顺帝时胜兵合可二十万人。发羌、唐旄等绝远，未尝往来。牦牛（分布在四川汉源县，汉武帝置越郡，又称其为越嶲羌）、白马羌（分布在四川茂县、汶川县一带，又称广汉羌）在蜀汉，其种别名号，皆不可纪知也。"

"发羌""唐旄"是远徙至今西藏境内的羌人部落。《新唐书·吐蕃传》以其为吐蕃之先："吐蕃本西羌属，盖百有五十种，散处河、湟、江、岷间，有发羌、唐旄等，然未始与中国通。居析支水西，祖曰鹘提勃悉野，健武多智，稍并诸羌，据其地。蕃、发（古音播）声近，故其子孙曰吐蕃，而姓勃窣野。”“发羌”“唐旄”徙居今之藏地，当与原住民（早期徙入的羌人与西藏原住民的融合体）融合再发展为吐蕃，因此，将吐蕃直接作为发羌的后裔是不妥当的，而不承认二者之间有融合关系亦是不正确的。

“发羌”“唐旄”移居西藏的年代，史无明确之记载。唯“忍”是爱剑的曾孙，忍季父卬将其种人附落而南，是在秦献公（前384—前362年）时，“发羌”“唐旄”迁入西藏，疑就在这个时候。不过在此后漫长的历史中，还不断有羌人迁入西藏。如《后汉书·西羌传》言，东汉和帝永元十三年（101年），迷唐羌“种众不满千人，远逾赐支河首（黄河源头），依发羌居”。马长寿在其《氐与羌》一文中说：“以此知发羌在河曲以西的黄河发源处。黄河发源处在青海省中部，西南距西藏数千里，如何能把青海黄河河首的发羌与西藏吐蕃王系的起源地拉扯在一起呢？故发羌为吐蕃的祖源之说，绝不可信。”这个看法是值得商榷的，因为“远逾赐支河首”，并不在赐支河首，而是越过赐支河首而达于西藏。

西藏自古有人类居住，已被在藏北等地发现的旧石器时代的遗物所证明。① 新石器时代从甘、青地区迁入的羌人，融入当地的原住民而成为吐蕃先民。商、周以后迁入藏地的羌人，继续与当地吐蕃先民发生融合，繁衍出吐蕃族。

---

① 参见何耀华《从远古文化遗存看藏区与祖国内地的关系》，《思想战线》1986年第4期。

四　羌、蕃文化的共同特点

　　古羌人与吐蕃族在物质文化和精神文化上有许多共同的特点，说明古羌人与藏区土著居民融合之后，尚有许多固有的特点在融合体中保留下来。这些特点主要有下列诸点。

（一）　以猕猴为始祖

　　《北史·党项传》说："党项羌者，三苗之后也。其种有宕昌、白狼，皆出自猕猴种。"直至今日，西藏之藏族，还传说他们的祖先是猕猴。在雅鲁藏布江畔山南泽当地方的贡波惹山上，有个远近闻名的岩洞，洞深处上方岩壁上雕刻有一尺把高的猴子像。洞方圆不过一丈，洞口挂着经幡，洞壁上贴着经文。猴像前是千百年来藏族人民烧香祷告而熏黑的岩石和残留下来的灰烬。传说在远古的洪荒时代，这个洞里住着一只母猕猴，它饱赏大自然的景色，吃着菩提树上的鲜果，只因缺乏伴侣而寂寞。天神帕巴见日色知道了母猴的心意，便化身成人来与之成亲，繁衍了西藏的人类。母猴所生下的小猴玩耍的坝子，被名为"泽当"（意为玩耍的坝子），成为西藏的第一个地名。[①]这个传说还见于藏文史书《西藏王统记》，但其情节略有差异。《西藏王统记》记载：那普陀山上的观世音菩萨，给一只神变来的猕猴授了戒律，命它从南海来到雪域高原修行。这只猴子来到雅砻河谷的山洞中，潜修慈悲菩提心。正当它在认真修行的时候，山中来了一个女魔，施尽淫欲之计，并且直截了当地提出来：我们两个结合吧！起初，那猕猴答道：我乃是观世音菩萨的徒弟，受命来此修行，如果与

---

　　① 参见赵家烈《泽当传说和古迹小谈》，《民族团结》1963 年第 2、3 期。

你结合，岂不破了我的戒律！那女魔便又娇滴滴地说道：你若不和我结合，那我就只有自尽了。后来又说，如果我们成不了亲，那日后我必定成为妖魔的老婆，将要杀害千万生灵，并生下无数魔子魔孙。那时，雪域高原都是魔鬼的世界，更要残害许多生灵。所以希望你答应我的要求。那猕猴因为是菩萨降世，听了这番话，心中自念道：我若与她结成夫妻，就得破戒，我若不与她结合，又会造成大的罪恶。于是，它便到普陀山找那观世音菩萨，请示该怎么办。那观世音想了想，开口说道：这是上天之意，是个吉祥之兆。你能与她结合，在此雪域繁衍人类，是莫大的喜事。作为一个菩萨，理当见善而勇为，速去与魔女结成夫妻吧。猕猴便与魔女结成伴侣，后来这对夫妻生下六只小猴。那菩萨化身的猕猴，将它们送到果树林中，让它们各自寻食生活。三年以后，六只小猕猴繁殖了五百只，树林中的果子即将吃光。众小猴嚷道：我们将来吃什么呢？它们一个个摊着双手，模样十分凄惨。那猕猴见此情景，不得不去请示观世音菩萨。菩萨要猕猴从须弥山中，取天生的五谷种子，向大地撒去。于是大地长满各种谷物。众猴子因得到充足的食物，尾巴慢慢地变短了，也能说话了，逐渐变成了人，这就是雪域上的先民。① 这个猕猴变人的故事，还搬上了布达拉宫、罗布林卡的壁画。这个传说当与羌人自称猕猴种的说法有直源关系，只是在羌人入藏以后，被染上了宗教色彩。

（二）天神授王权

春秋秦国共公时（前 608—前 605 年）羌人爰剑被秦所俘，沦为奴隶，后来逃归河湟赐支，各羌部落认为他得到了天神授佑，才大难不死，共推他为首领，当时"河湟间少五谷，多禽兽，以射猎为事。爰剑教之田畜，遂见敬信，庐落种人依之者日益众，羌谓奴为无弋，以爰剑尝为奴隶，故因名之，其后世世为豪"。吐蕃苯教早期文献《修行分

---

① 此传说见赤烈曲扎《西藏风土志》，西藏人民出版社 1982 年版，第 8—9 页。

神》中说，栗赤赞普（又译作聂赤赞普）由天神下凡而为人主。《敦煌本吐蕃历史文书》说："神自天降，于降神广阔天庭之上，住有雅布拉拉底楚，其子中除三兄三弟外，尚有赤顿次，共为七子。赤顿次之子即赤·栗赤赞普，来做雅隆隘地之王，降临雅隆地方。"

（三）垒石为屋

《后汉书·西南夷列传》说："冉马龙羌众皆依山居止，垒石为室，高者至十余丈，为邛笼。"唐人李贤注说："邛笼，碉也。"顾炎武《天下郡国利病书》说："威、茂，古冉马龙地，垒石为碉以居，如浮图数重，门内以楄木上下，货藏于上，人居其中，畜圈于下，高至二三丈者谓之鸡笼，十余丈者谓之碉。"今四川茂汶、汶川、理县、黑水、松潘等地的羌族，直到现代依然建盖这种垒石而成的碉楼。杂谷河流域、黑水流域及其间的三溪十八寨、黑钵寨、黑虎寨等，众碉林立，高十余丈的石碉，在这个地区比比皆是。一般呈四角形、六角形、八角形，下宽上窄，呈棱台状，下墙厚一米左右。顶部覆瓦或木板，有六七层至十三四层高，以极不规则的卵石或乱石建成，不用石灰而只用黏土泥巴接缝。在堆砌技术上难度极大，但羌民可信手砌成笔直光滑达十余丈高的房墙，历经百年以上风雨、地震和枪弹的袭击而不倾塌，这在少数民族建筑艺术史上是一种奇迹。稽考史籍，可知其风格是自古羌人沿袭下来的。《隋书·附国传》说：附国人"俗好复仇，故垒石为石巢而居，以避其患。其石巢高至十余丈，下至五六丈，每级丈余，以木隔之，基方三四步，石巢上方二三步，状似浮图，于下级开小门，从内上通，夜必关闭，以防贼盗"。丁谦《隋书·四夷传考证》云"垒石为石巢，详其形制"，即《后汉书·冉驰传》所谓邛笼，《新唐书·骠国传》所谓马龙舍也，今俗称碉房，凡川西诸土司（指嘉绒藏族）直至西藏人民所居，皆同此制。石巢即碉之转音，多周即碉之本字。在昌都卡若新石器时代遗址中，发现用卵石据穴壁由下而上垒砌而成的石墙，墙壁内还保留有黄褐色泥土，系以黄泥抹缝，这种石墙与茂汶等地羌族的石砌建筑相同，说明早在新石器时代，就有羌人徙入藏地。"附国垒石为石巢"的习俗，当是古羌人留下的遗风。这种遗风，一直在藏族中保存着。《新唐书·吐蕃传》云："屋皆平上，高至数丈。"这种房子都是垒石而成，形式类碉。《西藏图考》卷六云："西藏多碉楼，间有平房……山碉房曰纵，则其碟巴头人据险之所。"所谓"碉楼"，即垒石而成的高层建筑。在拉萨至距泽当约三十华里的乃东县颇章区的一座山旁，有一间共有九层的房子——雍布拉康，被称为西藏的第一座房子。其特点便是碉房，房子中间用石块建筑的那一部分，是初建时留下来的。这座房子保留了羌人"垒石为室"的风格。今藏族农民的住房，一般都是用石块砌成的平顶碉房。如同今川西羌族的住房一样，底层关养牲畜，楼上住人。贵族领主的房子，一般为三至五层，用石垒墙，木头做柱。二、三层住人，底层做库房。

（四）以父（母）名中的某一个字作为子辈名字中的一部分

《后汉书·西羌传》载，烧当羌烧当的玄孙滇良，有子名滇吾、滇岸；滇吾有三子名东吾、迷吾、号吾；东吾有子东号，迷吾有子迷唐。又如滇零羌，滇零有子名零昌。藏族历史上亦有这样取名的习俗。如吐蕃第一位赞普栗赤赞普的后代穆赤赞普、顶赤赞普、索赤赞普、默赤赞普、达赤赞普、舍赤赞普，都是取母系名字中的一个字作为本名的一部分。又母叫朗穆穆，子名便叫穆赤；母名萨顶顶，子名便叫顶赤；母名索圹圹，子名便叫索赤；母名达季·拉谟迦谟，子名便叫达赤；母名垛默默，子名便叫默赤；母名舍季拉谟，子名便叫舍赤。① 又如萨朗圣得赞普之子叫得梵朗兄赞，得梵朗兄赞之子叫舍洛朗得，舍洛朗得之子叫舍洛波得，舍洛波得之子叫得洛朗，得洛朗之

---

① 参见第五世达赖喇嘛《西藏王臣记》，郭和卿译，民族出版社 1983 年版，第 14 页。

子叫得洛波，得洛波之子叫得嘉波，得嘉波之子叫得真赞。这种取名法与烧当羌、滇零羌后裔的取名法如出一辙，无疑是早期迁入吐蕃先民地的古羌人习俗的遗留。

（五）重诅盟

郑玄注《周礼》云："大事曰盟，小事曰诅。"《后汉书·西羌传》说："元康三年（前63年），先零乃与诸羌大共盟誓，将欲寇边。"又《后汉书·西羌传》说：东汉和帝永元四年（92年），迷唐反叛，与诸种共生屠裂（田）氾等，"以血盟诅，复寇金城塞"。这种重诅盟之俗，在羌人融合于藏区原住民之后，一直在藏族中保留下来。《旧唐书·吐蕃传》说：其王（赞普）"与其臣下一年一小盟，刑羊、狗、猕猴，先折其足而杀之，继裂其肠而屠之，令巫者告于天地、山川、日月、星辰之神，云：'若心迁变，怀奸反覆，神明鉴之，同于羊、狗。'三年一大盟，夜于坛土单之上，与众陈设肴馔，杀犬、马、牛、驴以为牲，咒曰：'尔等咸须同心勠力，共保我家，惟天神、地祇，共知尔志，有负此盟，使尔身体屠裂，同于此牲'。"（《新唐书·吐蕃传》略同）

（六）"重兵死，恶病终"

《后汉书·邓训传》说："羌胡俗耻病死，每病临困，辄以刃自刺。训闻有困疾者，辄拘持缚束，不与兵刃，使医药疗之，愈者非一，小大莫不感悦。"同书《西羌传》说："以战死为吉利，病终为不祥。"又袁宏《后汉纪》卷九云，羌人为兵，"长于山谷，短于平地。男子兵死有名，且以为吉；病终谓之劣，又以为不祥"。《旧唐书·吐蕃传》说：其俗"重兵死，恶病终。累代战殁，以为甲门。临阵败北者，悬狐尾于其首，表其似狐之怯，稠人广众，必以徇焉，其俗耻之，以为次死"。

（七）喜居毡帐

《后汉书·西羌传》说："安帝永初元年（107 年）夏，遣骑都尉王弘发金城、陇西、汉阳羌数百千骑征西域，弘迫促发遣，群羌惧远屯不还，行到酒泉，多有散叛。诸郡各发兵徼遮，或覆其庐落。"又同书《邓训传》："掩击迷唐庐落大豪，多所斩获。"迷唐"远徙庐落，西行千余里"。《资治通鉴》胡注谓："庐，穹庐。落，居也。"马长寿氏认为，"穹庐即帐幕，以皮毛为之。穹庐正是塞外羌民的居处。居于同一穹庐内者，称为一落，犹如汉人之一户"①，所说是也。吐蕃居民亦有居庐帐之俗。《新唐书·吐蕃传》云："有城郭庐舍不肯处，联毳帐以居，号大拂庐，容数百人……部人处小拂庐。"《旧唐书·吐蕃传》言"拂庐"为"毡帐"。藏文《萨斯迦世系史》云："帐籍者，以六口之家为准，即夫妇、子女二人，婢仆各一人，并须有马、驴各一及牛羊和可播一定数量种子之地，如此则为一小帐。"②这种"小帐"，即部人所居的"小拂庐"，亦即羌人之"穹庐"。

（八）妇人辫发萦后

羌人俗披发，如爰剑之妻剕女，"耻其状，被发覆面"。后因受吐谷浑鲜卑人的影响而改为辫发。吐蕃妇女的发式亦为辫发。《新唐书·吐蕃传》说："妇人辫发而萦之。"

（九）笃信巫教

古羌人认为万物有灵，世界由神灵主宰，鬼是祟祸于人的根源。郦道元《水经注》卷二《河水篇》说，"彼羌目鬼曰唐迷"，即羌语谓鬼为"唐迷"。由于信仰鬼神，巫卜盛行。《西夏纪事本末·元昊潜

① 马长寿：《氐与羌》，上海人民出版社 1984 年版，第 208—209 页。
② 《西藏地方历史资料选辑》，生活·读书·新知三联书店 1963 年版，第 46 页。

逆》称:"西夏旧俗,凡出兵先卜,卜有四:一炙勃焦。以艾灼羊髀骨,卜师谓之厮乩,视其兆,谓之死跋焦。其法,兆之上为神明,近脊处为坐位,坐位者,主位也;近旁处为客位。盖西戎(指羌戎)之俗,所居正寝常留中一间以奉鬼神,不敢居,谓之神明,主人乃坐其傍,以此占主客胜负。二擗竹。擗竹于地以求数,若揲蓍然。三咒羊。先咒粟以食羊,羊食其粟则自摇其首,其夜牵羊焚香祷之,又焚谷火于野。次晨屠羊视其五脏,羊肠胃通则吉,羊心有血则败,谓之生跋焦。四矢击弦。听其声知胜负及敌至之期。"《元史·张庭瑞传》记载碉门羌酋长,以卜作抉择之事:"碉门羌与妇人老幼入市,争价杀人。碉门鱼通司系其人。羌酋怒,断绳桥,谋入劫之。鱼通司来告急,左丞汪惟正问计,庭瑞曰:'羌俗暴悍,以斗杀为勇。……宜遣使往谕祸福……'遂从数骑,抵羌界……其酋长弃枪弩罗拜曰:'我近者生裂羊脾卜之,视肉之文理何如,则吉其兆。'曰:'有白马将军来,可不劳兵而罢。今公马果白,敢不从命。'乃论杀人者,余尽纵遣之。"古羌人信奉巫教的习俗,在今川西北羌族中大约还可以窥见它的全貌:茂汶、汶川、理县、松潘等地的羌族(渊源于古羌人),普遍信仰多神崇拜为内容的巫教。这种巫教是古代羌人巫教的一种遗留。据旧日的调查,天、地、太阳、树、火、青苗、门、锅庄、柱头、白石头……都是他们崇拜的对象。石匠、铁匠、木匠等也被列为神灵而加以供奉。羌族地区各村寨供奉的神和祭仪是不相同的,但在诸神中,羌族最崇拜的有五个,即天神(莫伯呀)、地神(树卜)、山神(拆格西)、山神娘娘(西)、关圣帝君(西窝)。这些神全无塑像,也没有写什么神位,只在每家屋子最高的屋顶上,立五块白石(乳白色的石英石)以代表五神(有的认为白石只代表天神,是神中最高的一个)。有些家虽未立这五块白石,但祭祀时需以五小堆小砖涂以石灰以代之。白石只在屋脊上或山顶神林中才代表神。传说古代羌人和戈鸡人战争,不能取胜,神人于梦中导示羌人以白石为武器即可战胜，结果验之。为报答这个神人，但不知其形象，故以白石为代表而世代祭献白石。除上述五神之外，每户还有十三个家神：历代祖先神（莫初）、护家神（亦吉）、管死人阴魂神（玉莫）、男智慧神（羌语称西斯笃，专门帮助端公和工匠等手艺人记忆事物）、女智慧神（羌语称西，职责与西斯笃同）、保佑男子工作神（密怕露）、保佑妇女工作神（西怕露）、牲畜神（吸息系）、管活人灵魂神（斯卓吉）、门神（勒额都都）、火神（莫古依稀）、男祖宗神（活叶依稀）、女祖宗神（迟依稀）。最后三个神以锅庄上的铁三脚的三只脚为代表。昔日每当初一、十五，羌民在家烧香敬拜这十几个神。前十二个在烧香拜后要插旗。五个主要神由端公主祭。端公，羌语称为"释比"或"阿爸许"（爷爷），是代表人和鬼神发生关系的一种巫师。

传说端公的始祖叫阿伯锡勒释比。锡勒古时去西天取经回来，过了通天河之后，在一块大石板上躺着睡觉，醒来发觉经书已被羊吃掉，于是大哭，恰逢孙悟空路过此处，问明情由之后，叫锡勒将那吃经书的白羊购来杀死，用羊皮制鼓，吃下羊肉，然后一面击敲一面念记经典。结果锡勒能念出全部经典。孙悟空从大石板上将锡勒拉到背上，一个筋斗将他送回了家，但孙悟空不久即死，锡勒哀哭道："大圣啊！大圣啊！你是我的救命恩人，正想报答你而你却死了。你生时为我恩人，死而为神，从今以后，我只有用你的皮子做一顶帽子，戴在头上，念念不忘，把你的头用纸裹起，每次还愿祭神之时就戴上皮帽，带着你的头，请你也领受一份香烛钱财。我们端公将如此世世代代报答你。"因此，羌族的端公没有经书，祭神时头戴皮帽、供猴头和敲击羊皮鼓。皮帽，羌语称"休匹儿"，以金线猴皮制成（传说孙悟空是金线猴），上饰海螺、铜镜等。猴尾作帽之三尖尾。此帽只在祭神还愿时戴，赶鬼时并不用。猴头，是以金线猴之头用白纸包裹，内有金屑、木片、水银、柴灰、泥土各少许，意为金、木、水、火、土，代表猴之五脏。羊皮鼓，羌语称"日卜"，鼓之直径为二尺，单面绷皮，另一面为一横木条，以便抓握。打羊皮鼓之意是打了才能记住和念出经句。除上述法物之外，端公还有竹帽（赶鬼时用）、神棍（克利米娃子）、师刀等法器。端公在羌族社会中专负治病、祭神、驱鬼、还愿等责。昔日凡遇疾病，羌民不用药，只延端公祭神驱鬼。其主要的驱鬼法术有：（1）踩红锅。施于病情危急时，作法时将一口大铁锅烧至红热，端公在上面跳舞唱经，病人由人扶着也上去站一下。（2）踩犁铧头。施于肚痛、胃痛等病发生时，作法时将铁犁铧头烧至红热，端公踩上去跳，然后再到病人腹部上去作舞。（3）送茅草人。施于病人久病不愈、不死不活时，作法时扎草人鬼一个，念经后抛于十字路口，使其给病人替死还魂，渡过难关。除驱鬼之外，端公有替人还愿之责。还愿有两种，一种是为众人还愿，另一种是为私人还愿。前者的目的是祷求人口清吉、牲畜平安、庄稼丰收、天下太平。后者或是因为儿女稀少，生得一子恐其不长命而对神许下愿心，待长到十二岁时还愿，或因病而对神许愿，病愈后还愿。为众人还愿需进行浇水仪式。方法是以五羊并排，同时向羊身上浇水，第一只将水抖下的羊献给天神；第二只抖下的献给地神；第三只抖下的献给山神；第四只抖下的献给山神娘娘；第五只抖下的献给关圣帝君。如果水抖不下来，就表示神不接受，端公需跪下祷告，再继续浇水，直至抖下为止。占卜是端公一项经常的工作，有羊骨卜、鸡蛋卜、羊毛线卜及白狗卜等。羊骨卜多用来卜病因，卜运气，卜外行人之祸福。鸡蛋卜则主要用于卜病因。端公是只限于男性的一种职业，由师徒制度产生，开始学习的年龄一般是十四五岁。学习的时间需三四年。拜师需先给师父猪肉十斤、米一斗，并"许愿"，目的是求神保佑健康与智慧。出师时还愿，称为"解卦"。学习期间，徒弟仍住在自己家中，平时做田间劳动，晚上或雨天才到师父家去学习。因为没有经书，学习全靠师父口授。师父念一遍经，徒弟一句一句地记在心里，背熟后再教新的。至于仪式、法事、法术随时带徒弟去见习。所学的经共十六部:《息》《笛》是开堂经,不论何种法事都要用;《麦尾细》《罗细》《戴细》这三种是还愿用的;《细》《雷口》《枯巴斯》《迟斯拍牙》《莫吉卓》《索》是做大还愿用的;《薄》《壳》《吉》《村括》《触》是赶鬼送鬼用的。这十六部经书能背并熟习法事之后就可解卦了。此时徒弟需送师父礼品,此后即正式称为端公了。端公不脱离生产,但作法时酬金较高。如踩红锅一次,报酬为苞谷一斗一升,布五尺,公鸡一只,猪膘四两。[①]

关于藏族原始宗教的情况,《旧唐书·吐蕃传》记:"多事羱羝之神,人信巫觋。"《新唐书·吐蕃传》载:"其俗,重鬼右巫,事羱羝为大神。"(按:羱,指山羊;羝,牡羊也)以羱羝为大神,是自然崇拜或图腾崇拜的象征,"重鬼右巫",是鬼魂崇拜的表现,说明在 7 世纪佛教传入吐蕃之前,吐蕃信仰的是原始宗教。在这种宗教意识形态的束缚之下,吐蕃统治者曾利用原始宗教作为统治人民的工具,即便是处理君臣之间的关系亦是如此。"其君臣自为友,五六人曰共命。君死,皆自杀以殉。"(《旧唐书·吐蕃传》)这是用宿命论观点维持君臣关系之表现。吐蕃信仰的巫教,俗称苯教。据五世达赖时摄政佛海所著的《白玻璃集》记载:苯教的发源地为西藏象雄地方。教祖名"辛饶",是一个具有通鬼神本领的人。苯教有三大派别:笃苯、迦苯、觉苯。笃苯以禳祓鬼怪为宗旨。传说赤德赞普时,卫之翁雪纹有汝辛之童子年十三,为鬼所祟,引其遍历西藏地区,约十三载。至二十六岁时,始进入人间,仗彼非人之力,故倡说彼彼等地有彼彼鬼神作如是祸福,应当供祀或作禳祓等法术,始能有效。故此派以禳祓作为自己的特点。迦苯则是以巫术取胜;觉苯被称为翻译的苯教。西藏苯教有三百六十种禳祓法、三十六种送葬法、八十一种镇伏法等巫法。这些巫法的内容和信仰的特点与古羌人遗留在川西羌族社会中的巫教作法没有多少本质的差异,可以认为是古羌人的巫教在吐蕃社会中的遗留。

---

① 参见胡鉴民《羌民的信仰与习为》,《边疆研究论丛》,1941 年。

（十）涂面

《后汉书·西羌传》谓羌豪无弋爱剑"与劓女遇于野，遂成夫妇"。劓，李贤注为截鼻，马长寿氏以为系指鼻上刻有花纹，而这实际上是涂面的一种，或与涂面的习俗有关。《新唐书·吐蕃传》云：其俗"以赭面为好"。据说，文成公主至吐蕃后，恶其赭面，弄赞令国中权且罢之。而实未罢。唐建中四年（783 年），泾原兵变，刘文喜求救于吐蕃，吐蕃游骑升高招泾人，泾人曰："安能以赭面为异俗乎！"这说明直至建中之时，吐蕃赭面依然如故。

从上述诸点可以看出，吐蕃人与古羌人有相互融合为一的关系。因此，古羌人的许多特点，大都可以在吐蕃人中找到。

五 古羌人非古藏人

学术界有一种比较常见的观点，认为古羌人即古藏人。这个观点源于《新唐书·吐蕃传》之"吐蕃本西羌属"及"'蕃'（指吐蕃）、'发'（音播，指发羌）声近，故其子孙曰吐蕃"的记载。由于藏族是古羌人与藏区原住民（吐蕃先民）融合而形成的新族，说吐蕃与古羌人有相融关系是符合历史事实的，但是，把古羌人等同于古藏人那就与历史实际相悖了。

这是因为，尽管藏族先民吐蕃人保留了许多古羌人的文化特征，但他们毕竟不是一个民族。吐蕃族中的另外一些特点，在古羌人中是根本找不到的。这些不同特点多根源于藏区原住民的文化特征，一部分是在与古羌人的融合过程中新近形成的。它们主要有以下几点。

第一，藏族的葬制不是羌人实行的火葬。《旧唐书·吐蕃传》说：

"其赞普死，以人殉葬，衣服珍玩及尝所乘马弓剑之类，皆悉埋之。仍于墓上起大室，立土堆，插杂木为祠祭之所。"又《新唐书·吐蕃传》云："其死，葬为冢。"现今西藏琼结县的藏王墓，就是赞普之冢。据说，从一千五百多年前的止贡赞普起，就开始实行墓葬。止贡是第七代赞普，被其臣罗昂达孜射死。罗昂达孜将止贡的女儿强占为妻，并将其三个儿子撵到工布、波密一带，自立为首领。后来止贡的次子夹赤兴兵打败了罗昂达孜，夺回王位，为其父隆重行葬，立了陵墓。这个传说不一定完全合乎历史事实，但我们可从它看出两点：其一，早期的藏族先民是不行墓葬的；其二，墓葬是王位斗争的产物，而不是传统的或固有的葬法。因此，墓葬在藏族历史上并不是通行的葬法。这种葬法一直受到人们的鄙视，如实行土葬的死者，不是得了麻风、炭疽、天花等传染病，就是强盗、杀人放火犯及被刀砍死的人，法律不允许这些人实行天葬或水葬，只许挖坑将其埋没，以使其灭根绝种。死者的亲属无不以此为不光彩和遗憾。藏族固有的葬法是天葬①，且直到现在依然如此。其法是在葬场附近烧起松柏香堆，招鹭鹰飞来寻食。这种葬法当根源于藏区原住民的传统葬法。古羌人的葬制则是火葬。《吕氏春秋·义赏》篇说："氐羌之民，其虏也，不忧其系累，而忧其死不焚也。"《太平御览》引《庄子·逸篇》谓："羌人死，燔而扬其灰。"古羌人徙入藏区，在与土著融合的过程中，其焚尸的习俗没有取代原住民的天葬俗，所以藏族至今主要仍实行天葬，而火葬只在极少数达官贵人中施行。

第二，藏语和羌语是汉藏语系藏缅语族的两个不同语支。依谱系法分出的最大语言系属由具有共同历史来源的语言组成，在基本词汇和语法结构的形式上有一定规律的语言对立关系。藏语和羌语为同一个语系，说明它们具有共源关系。它们同属于一个语族，又说明它们

---

① 在无鹰飞来的藏南深谷地区是实行水葬。藏区的乞丐及鳏、寡、孤、独等经济不济的人亦行水葬。

的语言亲属关系很近。尽管如此，但它们仍是两种不同的语言，属于两个不同的语支，这说明古羌族和吐蕃族是两个不同的民族。藏语是以藏区原住民的语言为基础发展而来的。

第三，文化心理素质不同。藏区古代居民与羌人融合而形成的吐蕃族，其文化心理素质与古羌人不同，这使它比羌人更易于接受佛教的思想意识，因此，7 世纪藏族形成之后，佛教传入吐蕃，很快就在藏族人民中生了根，经过不断的藏化，佛教最后形成别具特色的藏传佛教。13 世纪后期，在元朝中央的扶持下，喇嘛教掌握了西藏的地方政权，藏族人民的宗教意识进一步增强。而羌族的情况却不是这样，其宗教信仰一直停留在相信万物有灵的发展阶段，其崇拜对象一直是石神、羊神、牛神、山神、火神、水神一类的东西，其宗教仪式也一直是原始时代遗留下来的巫术形式。

概括本文的论述，我认为藏族是由古羌人与藏区的原住民不断融合而形成的。但古代藏族不等于古代的羌族；它也不是单纯由藏区的原住民发展而来的。由于古代西北地区的羌族是"三苗"等内地民族与西北原住民的融合体，所以就古代藏族的族源来说，它包括了祖国内地民族的成分。

（原载《中国藏学》1988 年第 3 期，现稿已做了增删修订）

早期吐蕃史事考

    本文认为，吐蕃是一个具有漫长历史源流的古老部落，"蕃"是古代藏族的自称和汉族对藏族的他称。他们自称为"蕃"，是由于他们自古以来尊崇和信仰苯教，"蕃"是"苯"的音转。汉族称他们为"蕃"，是因为他们是古代西迁的"发羌"的后裔，"蕃"是"发"的同音异写字。早期吐蕃王朝实行王位继承制，自栗赤赞普至囊日松赞，王权共沿袭了三十二代，历代赞普均以苯教作为王权的护持。早期吐蕃出现过好几位政治家、思想家和贤者，他们创造的业绩为中华民族增添了光彩。汉族人民吸收各少数民族智慧而创造的先进文化，对少数民族具有无比的影响力和凝聚力，这种文化是维系中华各民族血肉不可分割的相互关系的一根牢不可破的纽带，早期吐蕃和祖国内地存在的血肉不可分割的关系就是这根纽带维系的结果。

    旧石器、新石器时代遗物的大量发现，证明西藏自古就有人类居住。据说公元前 1 世纪至公元 7 世纪，吐蕃诸王在位，制栉炭，创蓄水灌溉之术，新畜骡，矿业发达。[①] 然而，由于缺乏文献记载，人们对 7 世纪松赞干布统一西藏以前的早期吐蕃王朝史多有荒邈无稽之感。廓清这段历史，是我国少数民族史学家的一项重要任务。

---

    ① 参见 Sir Charles Bell《西藏之过去与现在》，宫廷璋译，竺可桢、向达校，商务印书馆 1930 年版。

一 "吐蕃"名称的由来

对"吐蕃"一名的解释,史家历来有分歧。《旧唐书·吐蕃传》说:"吐蕃在长安之西八千里,本汉西羌之地也。其种落莫知所出也,或云南凉秃发利鹿孤之后也。利鹿孤有子曰樊尼,及利鹿孤卒,樊尼尚幼,弟辱檀嗣位,以樊尼为安西将军。后魏神瑞元年(414年),辱檀为西秦乞佛炽盘所灭,樊尼招集余众,以投沮渠蒙逊,蒙逊以为临松太守。及蒙逊灭,樊尼乃率众西奔,济黄河,逾积石,于羌中建国,开地千里。樊尼威惠夙著,为群羌所怀,皆抚以恩信,归之如市,遂改姓为宰勃野,以秃发为国号,语讹谓之吐蕃。"《宋史》卷四九二《吐蕃传》载与此同。《新唐书·吐蕃传》持另一种不同的说法:"吐蕃本西羌属,盖百有五十种,散处河、湟、江、岷间,有发羌、唐旄等,然未始与中国通。居析支水西。祖曰鹘提勃悉野,健武多智,稍并诸羌,据其地。蕃、发(古音播)声近,故其子孙曰吐蕃,而姓勃宰野。"以上两条史料有一个共同之处,就是认为鹘提勃悉野是吐蕃的始祖。不同的是,《旧唐书》以鹘提勃悉野为南凉秃发利鹿孤之子樊尼;而《新唐书》则说他是"发羌"的始祖。"发羌"徙赐支河曲西数千里(指今西藏地区),与众羌绝远,不复交通之史事,见于《后汉书·西羌传》。这部分羌人与西藏的原住民融合,在较早时期建立王国,名为"吐蕃"是可能的。"发""蕃"为双声字,古时可通转,故"蕃"的称谓源自"发羌"之"发"的说法比较可信,《新唐书》之说具有史料价值。《旧唐书》以"或云"表述之,系根据传闻而推论,其说不可信。

　　除上述汉文文献的两种解释之外，还有以下几种不同的说法需要加以讨论。

　　第一，藏文史学著作《白史》的作者根敦琼培①认为，"博"（Bod）是藏族的自称，"蕃"的含义等同于"博"，之所以称为"博"，是因为古代藏族信仰苯教，"博"或"蕃"都是由"苯教"BonPo 的 Bon 这个音转化而来的。根敦琼培说："在囊日松赞以前，此整个藏区，唯有'永仲苯'之教派，故通称彼名，亦不为奇，如汉人昔时呼西藏为'博吉域'亦因'博''苯'字音相近也。如往昔之名词中'答''那'二字音亦多互用，如'赞波'（以前译为赞普），与'则波''屈波''群波'等可以互用，则'苯''博'二字，亦可能互相换用也。蒙古有盛行'苯教'之地区，亦名'博'或'波'。亦如迦湿弥罗（克什米尔）盛行伊斯兰教，因称伊斯兰教为迦湿弥罗教。"从吐蕃民族形成的二元性，即古羌人与西藏原住民的融合来考虑，说"蕃""博"的称谓出自土著居民固有信仰的苯教之"苯"，亦是有说服力的，它与《新唐书·吐蕃传》关于"蕃"的解释具有同样的史料价值。

　　第二，印度一名叫香喀拉巴底的班智达，在释迦佛去世后一百年写的一封信中说，"博"（Bod）一词的意思为"逃跑"，因为印度一个叫如巴底（Rupati）的高若瓦国王，与他的从者在和班达瓦人的一次大战中失败逃来西藏，藏人是这些逃来者的后裔，故称藏人为"博"或"蕃"。这一说法后来为许多佛教藏文著作，如慧铠论师的《超神殊胜赞释》《布顿佛教史》《贤者喜宴》《青史》等引用。《超神殊胜赞释》说："从前（佛未出世前），印度五个般纽王子在与十二军部众交战时，有一个叫如巴底的国王，率一千士卒男扮女装逃至

──────────
　　① 根敦琼培（1903—1951），在印度旅居甚久，学识渊博，是有名的藏族历史学家。所著《白史》根据敦煌古藏文等史料写成，是一部颇有价值的藏文史学著作。1954 年由法尊大师译成汉文，1963 年由王沂暖教授根据大师译稿的抄本，对照藏文校对，校对稿由西北民族学院研究所以藏汉文对照的形式付印，作为该所资料丛刊之七内部出版。

雪域西藏，以后便发展为西藏之民族，称为‘蕃’（Bod）。”廓诺·
迅鲁伯①引协饶果洽（智铠）的话说："释迦牟尼未出世以前，争劫
最初时间中，嘉色五子歼灭十八支军团或说十二支军团时，如巴底王
和一支军团交战失败，伪着妇女装而逃到雪山丛中居住，而发展出的
种族，即现今所称的藏族。"② 类似的说法还见于小萨囊彻辰的《蒙
古源流》和丁谦的《新唐书吐蕃传地理考证》引小萨囊彻辰说："沙
嘉沙斡哩，乃乌迪雅纳汗之孙，班达巴汗之第五子，与十八万仇众战
斗被击创，幼子噜巴迪败走至雪山地方，遂为土伯特之雅尔隆氏。"③
丁谦说："考《蒙古源流》载中印度额勒特珂克国乌迪雅纳汗为邻部
所灭，弃国东走雪山，至雅尔隆赞塘，遂为雅尔隆氏。迨其季子生有
异表，为众所推战胜四方，始为八十八万土伯特国王，是为尼雅赤赞
博汗……史家不知源流，妄以发羌、唐旄及秃发氏为后裔，推测而附
会之，皆无稽之说，不足征信。额勒特珂克为古印度国，其国都城即
今英属西北部阿剌哈巴城。雪山今称喜马拉雅山。雅尔隆赞塘在前藏
拉萨南三百余里。"④ 清《续文献通考》卷三三〇对这样的说法作了
著录："近人谓中印度别部之主乌迪雅纳为邻部所攻，东北逾须弥
山，止于藏江南境，为吐蕃之祖。"据说在 11 世纪访问西藏的印度
班智达阿底峡，在大昭寺发现一条石柱，上面刻着一段文字，是按
7 世纪松赞干布的传统写的，这段文字亦倾向于香喀拉巴底之说。

　　以上说法是"藏族起源于印度论"者的主要观点和依据。然而，
这些说法不过是佛教徒的附会或依这种附会而写成的。旧石器、中石

---

　　① （明）廓诺·迅鲁伯（1392—1481），藏族著名译师。1458 年著成《青史》，经郭
和卿译成汉文，西藏人民出版社 1985 年出版。本文所引资料，据西藏民族学院翻印本。
　　② （明）廓诺·迅鲁伯：《青史》，郭和卿译，西藏人民出版社 1985 年版，第 24 页。
争劫，郭和卿译本注：佛书说人世间的道德、财富、享受和安乐四者之中，只能具备其一
的时代，为斗争时，约为四十三万零两千年，释迦牟尼出世。
　　③ （清）萨囊彻辰：《蒙古源流》卷 1，道润梯步译校，内蒙古人民出版社 1981 年版，
第 14 页。
　　④ （清）丁谦：《新唐书吐蕃传地理考证》，《蓬莱轩地理学丛书》，民国四年（1915
年）刊行，第 7—8 页。

器、新石器时代遗物的大量出土，已使这些说法变成了空中的泡影。其实，早在石器时代遗物在青藏高原出土之前，佛教有关藏族"系猴与罗刹女之苗裔"的神话传说，就对藏族来自印度、"吐蕃"之意是来自"逃跑"的意思的种种说法提出了致命的挑战。萨迦高僧沈朗降村说："圣观自在菩萨，为一示化神变为猿猴，授具足戒，令往雪国西藏修行。此猴遵命至一黑岩洞中修道，彼修观大慈悲悯圣菩提心，且于甚深空性方生胜解时，忽有一业缘所使之石妖来至其处，作种种依恋表示。继而此石妖变为盛装妇人，谓猿猴云：我二者可结伉俪。猴云：我乃圣观自在菩萨之具戒弟子，若作汝夫，坏我律仪。石妖云：汝若不作我夫我当自尽。于是倒卧猴前。已而石妖复起，向猴作如是言：异哉嗟尔猕猴王，请听我语赐垂察。我以业力成妖种，情欲炽盛钟情汝。爱欲驱使恳求汝，设我与汝不成眷，后必随妖成伴侣，一日即可伤万灵，一夜即可食千生，若产无量妖魔子，则此雪国境土内，悉将变成罗刹鬼，所有生灵被魔吞，故请怜我发悲十悯。说如伤恸之词，眼内流泪。于是猴菩萨心里踌躇。若作彼夫，坏我律仪；若拒不娶，大有罪过。遂于刹那间来至布达拉山圣观自在菩萨前作启云：盛哉众主大慈悲，我护具戒如扩命。罗刹女魔怀欲想，说为诸多伤感词。纠缠于我思夺戒，将如何处能护之？请大悲主赐察照。如是自己。圣者示云：汝可作石妖之夫，时具忿怒母，并救度母二尊，亦自空中语云如是甚妙。于是圣者为猿猴山妖惠赐加持成为夫妇。"[①] 这个神话在西藏世代广泛流传，去掉佛教徒的附会，它说明西藏民族并非是"逃跑"来西藏的印度人的后裔。早在清代中叶，蒙古松巴法师，就在《汉、藏、蒙三族历史》一书中，引明代初年达格钦罗泽渥大师的话说："印度人、尼泊尔人、蒙古人、藏人在曩古的时代同时存在。""藏民自原始之初便已存在。"总而言之，说"博"（Bod），

---

① 沈朗降村：《西藏政教史鉴》第 7 章，任乃强译，《康导月刊》1943 年第 2—3 期。此传说还见于释法尊《西藏民族政教史》、李霖灿《西藏史》等书。

即"蕃"的称谓出自印度人"逃跑"至西藏的说法是荒诞无稽的。

第三，有一种说法认为，"博"或"蕃"系出自印度人对西藏人的 Bhotias 的称呼，而这一名称则是从梵文中西藏名称 Bhotia（布提亚）而来的。藏族历史学家根敦琼培曾对这种说法进行过有力的反驳，他说："印度人呼吾等名为'播扎'（按：即 Bhotia），此系昔时的读法，读'博'字时，将'波''答'二字读得显明……实际是将'博'字转变成梵语，非梵语转变为藏名也。"① 也就是说，梵语中的 Bhotia 是由藏族古老的自称"博"（Bod）传入印度后演变而成的，而非由 Bhotia 传入西藏后而演变为"博"（Bod）。

第四，日本学者寺木氏在其所著《西藏语文法·绪言》中说："西藏国号为博特友尔（Bod-Yul），即古所谓'博特'之国，或曰脱伯博特（Thub-Bod）。盖博特语源，出于梵语之博特费（Bodhi），为觉或佛陀转讹。博特友尔，意即佛陀之国，脱伯博特，则含牟尼佛陀之义。"② 这种看法是从藏族信仰佛教这一点来解释的。佛教真正传入西藏在 7 世纪，而西藏称之为"博"则在此之前数世纪，因此，这种说法也是不足为信的。

"蕃"称谓的来源既如上述，何以在"蕃"字之前又加一个"吐"字呢？多数学者认为"吐"为藏地本名的省称。丁谦说："吐蕃为唐代最强之国，本名土伯特，一作图伯特，又名唐古忒。按华人于外夷每称曰蕃。吐蕃者，土伯特蕃之省文也。"（《新唐书吐蕃传地理考证》）又日本藏学鼻祖青木文教认为："吐字是翻译西藏本名语义的中文，其原语 Bod 所表示的，乃是由'发吐'的语义中所选择出来的'吐'字的意思。'蕃'字是'吐'字的添加语，照着中文的普通语义，仅止于表示'野'或'未开化'的意思，仍然可以解释为

---

① 根敦琼培：《白史》，法尊大师译，王沂暖校，西北民族学院研究所印，1981 年，第 3 页。

② ［日］青木文教：《西藏文化的新研究》，张兴唐译，蒙藏委员会 1963 年，第 10 页。

'叫作吐的蕃人国'的意思。"台湾学者刘义棠认为：吐蕃"自认为其种出于猕猴，猴类不能人言，只会吐出极简单的呼声'钵！钵！钵！钵！'（Bod！Bod！Bod！Bod！），故其种自称为'钵人'（Bod-pa）。所以'钵'（Bod）字在其文字中，不但其意义作'呼声'解，而且也是猴语'钵！'（Bod）的一个形声字，因此，'钵'（Bod）字，在音译上为'蕃'，在意义上译'发声'或'吐'，故'吐蕃'二字，为音义两译之名。唐时对于边疆民族，如奚、雷、南诏……有时亦笼统地称为'蕃'人（虽然此'蕃'字不是'钵'［Bod］字的对音），为使此'蕃'之称，有别于'蕃'，特加一意译的'吐'字于其上，故曰'吐蕃'"①。以上诸说虽有一定参考价值，但说服力是不强的。姚薇元《藏族考说》说："吐蕃之吐，藏语读 ten，含有崇高之义，实即汉语'大'字，今沪语犹读'大'如吐。《唐书》所谓'吐蕃'，即'大发'（Great Bod）之异译也。盖此族在汉仅为诸羌中之一部落，故以'发羌'之名闻于中国，至唐时，已统一诸羌而建一大国，声势之盛不在于唐下，唐封之称'大唐'，彼对唐亦自尊为'大发'。唐人书作'吐蕃'，亦犹汉称荤粥为'匈奴'，魏呼柔然为'蠕蠕'之意耳。唐穆宗长庆元年（821 年）与吐蕃所立《会盟碑》文，称吐蕃为'大蕃'可为明证……《唐书》之'吐蕃'，蒙古语之'土伯特'，阿拉伯语之 Tubbot，英语之 Tibet，皆'大发'（古读杜拨）一名之译音或转呼也。"② 这一论断是迄今为止最有价值的。

概而言之，我认为"蕃"字在藏族历史上是一个专指古代藏族的专有名词，而不是指边疆少数民族的泛称。它的来源有二：一为"发羌"之"发"的音转；二为藏区原住民信仰的"苯教"之"苯"的音转"博"的同音异字。"吐"字的意义为"大"，是唐王朝加给"蕃"人的尊称。

---

① 刘义棠：《中国边疆民族史》，台湾中华书局 1969 年版，第 385—386 页。

② 《边政公论》（第 3 卷）1944 年，第 1 期。

二　7世纪以前的吐蕃王朝

传说西藏地区的原住民，在原始时代分属于白耶桑·登天绳、黑耶扣·稳如铁铸磐石、江赤·聪慧神灯、黑扣朱·狗尾草等四个不同的氏族。登天绳、磐石、神灯、狗尾草可能是他们崇拜的自然物或图腾物。经过漫长的原始公社阶段，各氏族纷纷进入阶级社会，相继出现二十五个小邦和十二个小邦。根据佛教文献的记载，佛认为藏区没有一位能统治全体众生的王，要想兴起佛教是很困难的。于是由圣观自在菩萨加持而诞生了一位王子。他是印度阿育王后裔玛申巴王的太子。因太子有异形，手指脚趾间有蹼，眼皮由下向上翻盖，如鸟雀然。其父以子非人形，认为不祥。故逐之西藏。由真塘之贡比拉山下降，为郊原牧人所见，询从何处来？太子以手指天，自此山下来。十二个放牧的苯教徒乃以为神自天降，遂肩回部中，拥之为王，称之为聂赤赞普（意为肩座王），他被认为是西藏的第一个藏王。《西藏纪年史》《新红史》《布顿佛教史》《松赞干布遗训》等藏文文献，对这个藏王的出现均有记载。《敦煌吐蕃古藏文文选》说，聂赤赞普是天神墀顿祉之子。墀顿祉与另外"天父六君"合为最初的七个天神。① 传说他修建了西藏的第一座宫殿雍布拉康（此房子今尚存，距泽当二十多公里，内有壁画），并用口说出了苯教的《辛氏之牟嘉法门》。

聂赤后六代王子世袭赞普的王位。他们是穆赤、顶赤、索赤、默赤、达赤、舍赤。以上七赞普死后都没有陵墓，而是由"登天之绳"上升虚空而消逝。他们被称为"天降七赤王"。从聂赤赞普的

---

① 《敦煌吐蕃古藏文文选》伯字 1286 号卷子，转引自班钦索南查巴《新红史》，黄颢译，西藏人民出版社 1985 年版，第 136 页。

传说及七赤王死后的结果来看，栗赤赞普及其余六赤王应是白耶桑·登天绳氏族的酋长。西藏佛教文献说栗赤是印度玛申巴王的"非人形"神怪之子，纯系附会。原始初民信仰天神等自然神灵，其部落酋长既是部落的领袖，又自命为神子，充任氏族、部落的祭司（宗教领袖），这在世界各民族历史上是具有规律性的历史现象。因此，有关栗赤赞普传说，去掉其神话色彩，是能反映历史真实的。这一传说告诉我们，吐蕃王族的历史是十分悠久的，王权是世袭的，赞普不仅信仰苯教（原始宗教），而且自命为天神之子，用君权神授思想维护王权。

第八代赞普名止贡。在争夺王位过程中，止贡被大臣罗昂达孜杀死。其子霞墀、聂墀及恰墀三人被驱往工布、隆波及波卧等地，政权被罗昂达孜所夺。罗昂达孜令止贡王妃牧马，命公主为小妃。由于止贡赞普割断了"登天之绳"，所以，他及其以后死的人都上不了天。他的尸体被装入大铜棺，用铁钉严密钉好后抛入河中，结果被一水妖之女奴捞鱼时获得而献给王妃。王妃得势后在工布地区为他建了陵墓，这就是西藏的第一个藏王陵。五世达赖的《西藏王臣记》说，止贡的陵墓建于青城阿塘（在雅砻河谷）。

传说止贡王妃与"雅拉香波山山神化身的一个人结合生了个儿子，名叫茹拉杰。此子成年后杀死罗昂达孜，往迎三兄，自波卧地区迎回恰墀，将其立为藏王，称布代贡杰，并建青昂达孜堡（即青瓦达孜宫殿，今旧址仍存），茹拉杰自任大臣"①。茹拉杰有非凡的才能，是吐蕃历史上七大贤者之第一贤者，布代贡杰重用他发展吐蕃经济。他教人们引水灌溉，用牛力开垦平原，以炭冶炼矿石，炼得金、银、铜、铁，并在水上架桥改善交通条件。② 当时的人"钻木为孔，制犁

---

① 班钦索南查巴：《新红史》，黄颢译，西藏人民出版社 1985 年版，第 16 页。
② 参见达仓宗班览桑布《汉藏文书》上册，陈庆英译，西藏人民出版社 1986 年版，第 96 页。

及牛轭……犁牛耦耕。由耕种而得谷物即始于此时"①。据说泽当附近的第一块撒拉地,就是他教人们开垦出来的。

布代贡杰之后,阿肖列、依肖列、代肖列、古菇列、仲杰列及托肖列等六人世袭王位,称为"六中列"。阿肖列重用一名叫拉布郭噶的人做大臣。此人是吐蕃七贤者之第二人。他首创以二牛一日所耕地为耕地的面积单位,以"推"为计算牲畜头数的单位,他教人们开辟灌溉的沟渠,引溪头流水至低处种植水田(载《贤者喜宴》)。"六中列"时建有达孜、桂孜、扬孜、赤孜、孜莫琼杰及墀孜崩杜等六座青昂孜堡。

"六中列"之后,萨朗圣得、得梵朗兄赞、舍洛朗得、舍洛波得、得洛朗、得洛波、得嘉波、得真赞等"八得王"继任赞普,继之为嘉多日隆赞、赤赞、赤扎绷赞、赤脱杰赞。以上共计二十七代。

第二十八代叫拉托托日年赞,《新唐书·吐蕃传》称其为拉土度。相传有一天他坐于温布拉卡(即雍布拉康)堡寨之顶部,自天空降落《宝箧经》《诸佛菩萨名称经》以及金塔等等,他称这些天降之物为"年波桑哇"(意为密要或"尊言秘宝"),并将其供奉起来,因此得享年为一百二十岁。《新红史》引聂巴的话说,因苯教崇拜苍天,故说诸神物是从天而降的。实际上是班智达洛森措及译师黎堤斯从印度携之而来的。因王不解文字之词义,乃将这些神物(佛经)留置下来,译师及班智达遂返回。② 聂巴是一位早期西藏的历史学者,他的说法反映了佛经最早输入西藏的史实。拉托托日年赞长寿可能是事实,但绝不是因为他虔诚供奉天降佛经的结果。吐蕃是一个长寿之民族,《新唐书·吐蕃传》说其部人"多老寿至百余岁者"。

拉托托日年赞后,经墀年松赞、仲年代如传至达日年斯。《新唐

---

① 巴卧·祖拉陈哇:《贤者喜宴》,黄颢译,中国社会科学民族研究所 1989 年版,第 8 页。

② 参见班钦索南查巴《新红史》,黄颢译,西藏人民出版社 1985 年版,第 17 页;廓诺·迅鲁伯:《青史》,郭和卿译,西藏人民出版社 1985 年版,第 26 页。

书·吐蕃传》称墀年松赞为揭利失诺，仲年代如为勃弄若，达日年斯为讵素若。《通典》曰："吐蕃赞普弄赞雄霸域，隋开皇中，其主论赞率弄赞都祥牁（今贵州西部）西匹播城已五十年矣。""其君长或在跋布川，或在逻娑川，有小城而不居。"匹播即跋布，因跋布川为地名，跋布川为雅鲁藏布江的梵语名，《水道提纲》卷二二说，此江即古之跋布川。匹播应在雅鲁藏布江流域。当时，在吐蕃北部的吉曲（今拉萨河）有一强大的部落苏毗，西部有羊同部。吐蕃与它们形成三足鼎立的形式。达日年斯为吞并苏毗，曾采取支持苏毗新贵族的政策。据说，苏毗王醒波结住在"布尔瓦"之"宇那"（地在今墨竹工卡东北，拉萨河之东），"有民三万"，因他暴虐无道，他的臣民仰慕吐蕃的达日年斯赞普，乃密谋归附于吐蕃。《白史》说："醒波结任干何事，皆倒行逆施，以善为恶，以恶为善。贤良亲爱者，虽善谏亦不听受，虚伪谄谀者，所言则一心专信。如是醒波结教法皆邪，政治患变。但醒波结所作之一切恶行，任随何人，若见而言说，即治以不敬罪。以是任何人亦不敢向彼有所议论也。如是，醒波结狂行于上，则民众叛离于下，彼此之间，互不信任。地方之政事，日益窳败。于是人民皆怨恨醒波结。其时有醒波结之大臣娘吉松那波者，启白于王曰：'大王对一切事皆倒行逆施，吾等之政已非政，法而不法，民生日困，政令日衰，且已破坏，王应知悔过。'醒波结不听彼谏，反斥之曰'此乃犯罪之言'，于是重怨娘吉松。娘吉松衔恨在心，亦效法醒波结作诸恶行，涂黑灭白，乘骡备鞍。醒波结大悦，将达贾窝地方、'宇耶饶四部'和'西垄雅'三处，皆归于醒波结之三万部中。从布尔瓦宫分界，三垄雅以下，皆赐给娘吉松为奴，（小贵族）娘曾古亦被赐给娘吉松为奴。娘吉松之妻跋曾莎役使娘曾古甚为傲慢，多作侮毁。曾古怒诉于醒波结曰：'我实不能作吉松之奴仆也。'醒波结曰：'更无有人更较娘吉松亲厚于我者，汝为彼奴，实无不可，即主母轻侮于汝，此亦主母之权利，并无过失也！'曾古大为不悦，失望心怨。尔时，跛多惹楚古与辛墀写敦贡相斗于陈比曾喀，'跛'为'辛'所杀。'跛'之兄长名庞多惹伊曹者，启白于王，谓'辛'杀其弟，请偿命债。醒波结反祖护辛墀写敦贡，任命其为内大臣以示宠信。并言'善者诛除不善，有何不可'。伊曹只怒而失望。二人回家时，伊曹在前，曾古在后。曾古因积愤在心，脱口喝道：'居住河之彼岸，藏布江之彼岸，人子则人子，实际乃天子（指吐蕃赞普达日年斯）。愿为明君使，愿得好鞍鞯。'伊曹在前闻之甚晰，听彼言，告曰：'曾古汝言最实，吾亦同感。'于是共发誓言。伊曹、曾古二人，同叛醒波结，投降于钦瓦达则城堡（吐蕃王宫）之赞普补贾达布宁赛（即达日年斯）。"① 二人潜入匹播城，与达日年斯秘密制订了灭醒波结的计划。但是，因达日年斯死，计划未执行。这条材料说明，达日年斯是一个政治上开明、深得周围各部倾慕的赞普。

第三十二代赞普是囊日松赞（又写作囊日论赞、论赞索、论赞弄囊、赞龙南）。他是达日年斯之子。其在位时，接受汉地的先进科学技术，使王国的政治、经济、文化获得了新的发展。他的王宫千堆万积亿伞宫是用黄牛乳汁拌和泥土建成的。他继承其父达日年斯的未竟事业，决意兼并苏毗、羊同。他促使娘曾古、跛伊曹、跛梅朗、跛布曹、依准波、切波那森等六人共立盟誓，"今后决定背弃醒波结，一心拥戴补贾（指吐蕃王），绝不怀三心二意，决心勇敢无畏、舍弃生命，遵从赞普垄赞（即囊日松赞）之命令，决定不受任何人引诱"。立誓后，娘曾古等六人约期而去。囊日松赞把国事托给弟弟论廓尔及母后东尊管理，亲率一万大军征讨醒波结。娘曾古与依准波二人在达巴夏以内探听消息（巡查），伊曹和那森二人接应赞普，吐蕃部队渡涉河流，折毁栅栏，攻毁宇那城堡，将醒波结杀死。芒波结松布逃往吐谷浑。帕克的绒瓦以下、廓卓拿以上，皆归属于赞普。……埃波之民众及跛伊曹等上赞波尊号，谓"政比天高，盔（喻权力）较山

---

① 根敦琼培：《白史》，法尊大师译，王沂暖校，西北民族学院研究所印，1981 年。

固"，囊日松赞之名即来源于此，吐蕃语"囊"意为天，"日"意为山。同时，娘、跋、侬三人，将醒波结之国土，献于赞普补贾。囊日松赞分赏有功：莎岗辛地方及梅卓地方一千五百户奴隶，赏给跋伊曹；宇吉松之补布城堡及一千五百户奴隶，赏给娘曾古；温地方之门喀农民三百户，赏给切波那森；叩那之农侬家兄弟一千五百户赏赐侬准波。并将娘、跋、侬、切波四人，任命为赞普之臣。除灭苏毗以外，琼波绷塞则刺杀了藏博（今后藏）王玛门，将藏博二万户献于赞普。赞普将此二万户赏赐给塞则，并以塞则为大臣。[1] 在兼并苏毗及藏博等部之后，吐蕃达波地方的贵族叛乱，囊日松赞命森廓弥勤去平叛，将达波之地全部收复。大臣娘多惹足论曾对囊日说："往昔背弃醒波结，投归补贾，国界东西扩张，南北延长。"《通典·吐蕃》也说："赞普弄赞雄霸西域，隋开皇中（581—600年），其主论赞率弄赞都牂舸西匹播城，已五十年矣。国界西南与婆罗门（印度）接。"论赞率弄赞即囊日松赞。岑中勉考证"大业四年（608年）吐蕃当国者，断为（弃宗）弄赞之父论赞索（即囊日松赞），是也"[2]。吐蕃大臣们曾经夸耀囊日松赞的功绩："往昔已经巍然高耸，如今更加高过苍穹。往昔已经宽阔广大，如今更加一望无边。"囊日松赞的统一事业，是依靠吐蕃内外的新贵族而实现的，他重用新贵族，将旧贵族手中的大片土地及土地上的奴户赏给他们，这不能不引起吐蕃旧贵族的反抗。629年，旧贵族用毒药将他毒死，使王国陷于内乱和分裂状态。囊日松赞的统一事业以失败而告终，但他"不愧是早期吐蕃一位具有历史功绩的赞普"，他为其子松赞干布的统一奠定了基础。

---

① 参见根敦琼培《白史》，法尊大师译，王沂暖校，西北民族学院研究所印，1981年。

② 岑仲勉：《〈隋书〉之吐蕃——附国》，《中外史地考证》上册，中华书局1962年版，第271页。

三 早期吐蕃的宗教

早期吐蕃的宗教为"苯教"（Bon），汉语译为苯、颇母、崩薄、苯颇等。从青藏地区出土的旧石器、新石器时代的遗物来看，其产生的时间可以上溯到距今四五千年以前的原始社会。苯教信仰的核心是万物有灵，或称为泛灵。其表示形式为图腾崇拜、自然崇拜、鬼神崇拜、祖先崇拜以及占卜、巫术、禁忌等。

《雍仲苯教史》说，藏族源自"六个黄色发光之卵"。《朗氏宗谱》说，朗氏家族出自"十八卵"，"卵"当是他们崇拜的一种图腾物。《旧唐书·吐蕃传》说：吐蕃"多事羱羝之神①，人信巫觋"，其赞普"与其臣下一年一小盟，刑羊、狗、猕猴，先折其足而杀之，继裂其肠而屠之，令巫者告于天地、山川、日月、星辰之神，云：'若心迁变，怀奸反覆，神明鉴之，同于羊、狗。'三年一大盟，夜于坛蝉之上，与众陈设肴馔，杀犬、马、牛、驴以为牲，咒曰：'尔等咸须同心戮力，共保我家，惟天神、地祇，共知尔志，有负此盟，使尔身体屠裂，同于此牲。'"《新唐书·吐蕃传》说："其俗重鬼右巫，事羱羝为大神。"又《册府元龟》说：其俗"好咒誓，诌鬼神"。传说"藏族先祖出自十三天的天神"②，栗赤赞普是天神墀顿祉之子，布代贡杰赞普是山神雅拉香波之子。上述材料中提到的所谓天地、日月、山川、星辰、源羝之神，反映了藏族先民的多神观念及其对自然的崇拜。

传说止贡赞普之时，祖先崇拜十分兴盛。其邻近的象雄、住侠两

---

① 源，山羊也；羝，牡羊也。"事羱羝为大神"，说明吐蕃存在对羊的自然崇拜。
② 《敦煌古藏文文选》，巴黎，1979 年影印本。

地，出现了以专搞丧葬法事为内容的"杜苯"。止贡为满足吐蕃人民进行丧葬法事的需要，专门派人去周边各部中延聘"杜苯"法师到吐蕃来传法术。土观·却吉尼玛说：当时蕃地"有凶煞为祟，蕃地苯教法师无法制治，乃从克什米尔、勃律、羊同等地邀请三大苯教法师前来，祓遣凶煞恶魔。其一人施行巫觋之术，修炼火神，骑于鼓上，飞行虚空，开取秘藏，鸟羽截铁，示现诸端法力；一人则以《周易》神示，取牲畜鲜血布置祭祀而求贞卜，以决祸福休咎；另一人则善为死者驱除凶煞，镇魔幽厉，精通各种通灵神媒之术"①。

苯教法师是所有崇拜祭祀的祭司，同时又是各种占卜与巫术的主持人。当时普遍流行的占卜法是鸟卜。《旧唐书》卷一九七"女国"条说："其俗每至十月，令巫者赍楮诣山中，散糟麦于空，大咒呼鸟，俄而有鸟如鸡，飞入巫者之怀，因剖腹而视之，每有一谷，来岁必登，若有霜雪，必多灾异，其俗信之，名为鸟卜。"吐蕃人以乌鸦为能够"传递仙人神旨"的神鸟，认为"它精于神灵秘法"，"无一不能通达"，因此，他们常用的鸟卜是以乌鸦的不同呼声来判断吉凶："咙咙（之声）表吉祥"，"嗒嗒（之声）表无恙"，"哑哑（之声）表事急"，"啅啅（之声）危难降"。②

自第一代栗赤赞普至第二十六代赞普，都以苯教作为王室治国的护持。苯教师在王朝和社会中占有重要的地位。赞普身边有一个"弧苯"的职位，由苯教师担任，承担为王室主祭、占卜、禳祓等项任务。下层苯教师为人占卜休咎、祈福禳灾、降神驱鬼、治病送死，很

---

① 土观·却吉尼玛：《宗派源流晶镜史·苯教》。土观·却吉尼玛是今甘肃天祝藏族自治县松林乡人，1737 年生，六岁被认定为今青海互助土族自治县佑宁土观呼图克图阿旺却吉嘉措的转世灵童，成为第三世土观活佛。土观呼图克图为甘青藏区八大驻京呼图克图之一，第一世土观活佛为罗桑拉丹。土观·却吉尼玛是我国著名佛学大师、宗教史学家，其《宗派源流晶镜史》成书于 1801 年，国内有刘立千汉译本，它叙述印度早期各种宗教及佛教、西藏佛教各教派及苯教、汉地道教的历史和教义。

② ［美］劳费尔：《论藏族鸟卜——伯希和藏文手卷第 3530 号的诠释及九世纪藏语语音学研究》，《通报》1914 年，转引自王尧、陈践《吐蕃的鸟卜研究——伯字 1045 号卷子译解》，《藏学研究文集》，民族出版社 1985 年版。

受人民的崇奉。按照苯教经典和民间传说，辛饶是苯教的祖师，实际上他只是一个著名的苯教法师，因苯教并不始于辛饶之时，作为一种原始宗教，它存在的时间已湮远。传说辛饶生于卫藏地区，十三岁时被魔鬼带去，至二十六岁始得返回人间，仗非人之力，故倡说彼彼等地有彼彼鬼神作如是祸福，应当供祀或作禳袚遣送之等法术。为此，他专司为人敬神、祝福、驱鬼、镇魔、禳袚等神职之事。西藏苯教在不断发展中形成杜苯（笃苯）、迦苯、觉苯三派，杜苯以供祀、禳袚鬼怪作为宗旨，以辛饶为祖师。迦苯是以进行巫术为特点的苯教。故此派是以巫觋之术取胜。觉苯的特点是以翻译为己任，将佛经大量译为苯经。

佛教何时传入吐蕃社会，是研究早期吐蕃宗教需要探究的问题。然而史家见仁见智，其说不一。其中有两说需要讨论：一是认为在栗赤赞普之时就传入了，理由是栗赤是释迦牟尼佛的第三十七传甲噶尔霞巴王子，他是佛教在西藏的第一世祖；第二是认为在拉托托日年赞（第二十八代赞普）时，拉托托日年赞得到了洛森措、黎堤斯自印度带来的佛物"年波桑哇"。在前面，我们已就栗赤赞普是不是从印度来的释迦牟尼的后代的问题进行了讨论，证明这是佛教徒的附会。至于拉托托日年赞时是否有佛教的真正传入，回答也是否定的。因当时的西藏没有文字，"结绳齿木为约"，虽有佛经的传入，但没有人能够释读，没有在社会中发挥作用。正如廓诺·迅鲁伯在《青史》中所说的那样，说"拉托托日年赞时是获得正法的起首，这是说那时仅有经函来到，还没有书写、念诵、讲说等事"①。直到松赞干布派吞弥桑布扎前往印度，在阿阇黎拉日巴生格（天才狮子）座前学习笈多字和梵语，学成回藏后，制出藏文，并译出《宝云经》，松赞干布作法主讲说了《观世音六字真言》《圣阎摩敌》（密宗无上瑜伽部中的一经典）及护法贡波和天女等许多法门，

---

① 廓诺·迅鲁伯：《青史》，郭和卿译，西藏人民出版社1985年版，第26页。

佛教才在西藏传播。因此，佛教之真正传入西藏，是在 7 世纪松赞
干布时代。

四　早期吐蕃及藏区各部与祖国内地的关系

早期吐蕃与祖国内地的关系，主要表现在政治、经济、文化的密
切交流方面。据《汉藏文书》记载，囊日松赞时，从汉地得到"五行
算六十种、医术（包括内科服药和外科手术的医术）以及饮料和食品
的做法"①。从汉文、藏文史籍的记载来看，吐蕃和内地的交流是频繁
的。吐蕃向汉地引进科学文化和生产技术，绝不仅仅是历算、医术和
饮料、食品的做法，更重要的是生产技术。囊日松赞时"于蔡邦山得
金，于格日岩得银，于成波崖得铜，于热嘎山得铁，于北方拉措湖得
盐。又将公母野牦牛驯养为公母牦牛。将公母鹿育成黄牛。将公母野
山羊驯养为绵羊，将公母獐驯化成山羊，将公母野骡驯化成马，将公
母狼驯化成犬。此时开垦土地而有农业。牧养牲畜之牧者亦产生于此
时"②。可以说，吐蕃农牧工业的发展，在囊日松赞时进入一个新的时
期。其发展的一个重要原因，除了吐蕃人民自身的创造之外，就是向
汉地学得了各种生产的技术和知识。

在政治上，囊日松赞王室和隋朝中央亦有正式的朝贡关系。《隋
书·附国传》记载：大业四年（608 年），"遣使素福等八人入朝。明
年，又遣其弟宜林率嘉良夷六十人朝贡，欲献良马，以路险不通，请

---

① 达仓宗班览桑布：《汉藏文书》上册，陈庆英译，西藏人民出版社 1986 年版，第
99 页。又见五世达赖《西藏王臣记》，郭和卿译，民族出版社 1983 年版，第 18 页；王沂暖
译：《西藏王统记》，商务印书馆 1957 年版，第 21 页。

② 阿底峡发掘：《柱间史——松赞干布遗训》，卢亚军译，甘肃人民出版社 1997 年
版，第 82 页。

开山道以修贡职，炀帝以劳人，不许"。根据岑仲勉的考证，派素福等人去朝贡的就是囊日松赞。

早期吐蕃王朝及藏区各部与中央王朝的关系密切，但见于记载较多的是与隋朝的关系。这与隋朝执行的民族政策是分不开的。开皇元年（581 年），隋高祖杨坚迫北周静帝让位，建立隋朝。同年，隋遣军进驻甘肃、青海交界地区，以防吐谷浑首领夸吕东进。在隋军与吐谷浑的战斗中，夸吕败而远遁。为巩固在战争中取得的成果，杨坚奉行"情存安养，欲令遂性"的民族政策，使边疆地区的政局很快得以安定。继开皇六年（586 年）白狼国献方物之后，地处后藏地区的女国也于六年"遣使朝贡"①。这是后藏地区藏族王国向中央王朝朝贡之最早的记录。开皇二十四年（605 年），杨坚去世，子杨广（隋炀帝）即位。西城诸蕃，多至张掖与汉交市，炀帝令裴矩掌其事。裴矩知炀帝方勤远略，有远征西域等地的计划，诸蕃胡来张掖者，乃以厚利诱令言其国俗及国内山川之险易，撰《西域图记》三卷，入朝奏之。其序言说："发自敦煌，至于西海，凡为三道，各有襟带。……其三道诸国，亦各自有路，南北交通。其东女国、南婆罗门国等，并随其所往，诸处得达。故知伊吾（今新疆哈密）、高昌（今新疆吐鲁番）、鄯善（今罗布泊附近）并西域之门户也，总凑敦煌，是其咽喉之地。"（《北史·裴矩传》）婆罗门国为印度。裴矩的调查记录说明，今后藏地区与西域三道有交通线联络。这条交通线是后藏地区在与祖国内地长期交往中形成的。

吐蕃东北数千里的山区中，分布着大小左封、昔卫、葛延、白狗、向人、望族、林台、春桑、利豆、迷桑、婢药、大碛、白兰、北利、摸徒、那鄂、当迷、渠步、桑悟、千碉等藏族部落，由于这些部落依附于附国（吐蕃），大业中亦遣使"来朝贡"，隋王朝"缘西南边置诸道总管以遥管之"（《隋书·附国传》）。隋文帝开皇三年（583

---

① 《隋书》卷八十三《西域·女国传》；《北史·隋本纪》记载此事发生在开皇四年。

年），曾以"当前郡县，倍多于古，或地无百里，数县并置；或户不满千，二郡分领……民少官多，十羊九牧"而改郡为州，以州统县，并于要冲之地设总管府。在四川设以管辖嘉良夷（四川藏族）的为会州总管府。大业三年（607 年），炀帝改州为郡，改会州总管府为汶山郡，此郡领汶山、北川、左封、通化、平康（今松潘县）、翼水（今茂汶西北）、翼针（茂汶校场）、通轨（今若尔盖县境）、江源（在今松潘县境）、交川等十县。上述大小左封等藏族部落，不少即在汶山郡的直接辖地之内。由于地理位置靠近汉区，这些部落与汉族及中央王朝的关系，较之吐蕃、女国等更为密切。

综合本文论述，我认为摈弃佛教和苯教传说中的神话色彩，可以看到下列三点：第一，吐蕃是一个具有漫长历史源流的古老部落。"蕃"（Bod）是古代藏族的自称和汉族对藏族的他称。他们之所以自称为"蕃"，是由于他们自古以来尊崇和信仰苯教，"蕃"是"苯"的音转。汉族之所以称他们为"蕃"，是因为认为他们是古代西迁的"发羌"的后裔，"蕃"是"发"的同音异写字。第二，早期吐蕃王朝实行王位继承制度，在王权继承上充满着激烈的斗争。自栗赤赞普至囊日松赞，王权一共沿袭了三十二代。历代赞普均以苯教作为王权的护持。早期吐蕃出现过达日年斯、囊日松赞、茹拉杰、拉布郭噶等等一些政治上开明，得到本王国和周边王国、部落拥戴和倾慕的政治家、思想家和贤者。和中国历史上的所有杰出人物一样，他们给我们留下了宝贵的精神财富，他们创造的业绩为中华民族增添了光彩。第三，汉族人民吸收各少数民族智慧而创造的先进文化，对少数民族具有无比的影响力和凝聚力。这种文化是维系中华各民族关系的一根纽带。早期吐蕃和祖国内地存在的血肉不可分割的关系，就是这根纽带维系的结果。

（原载《云南社会科学》1991 年第 3 期）

论松赞干布的统一事业

　　吐蕃对西藏的统一，始之于第三十一代赞普囊日松赞，而成之于其子松赞干布。松赞干布是藏族历史上一位伟大的政治人物，他统一西藏的卓著功绩是永具生命、永具光辉、永具影响力的，值得我们永远传颂。他的统一为藏民族的形成创造了历史条件，为藏民族经济社会的发展和文化的繁荣奠定了基础。

一　松赞干布之生平

　　松赞干布，又名墀松赞。《新唐书·吐蕃传》称其为弃宗弄赞、弃苏农、弗夜氏（又作不夜氏）。松赞是名字，为宗弄赞之异译，干布（大德之意）是尊称。其父囊日松赞是活动在今雅鲁藏布江中游雅隆河谷（今西藏山南地区穷结县境）的悉补野部落王统第三十一代赞普，母亲是蔡邦氏珠玛脱嘎。他出生在墨竹工卡加麻囊的强巴弥居林宫殿。据说，他出生时"肌肤洁白，相貌端庄，身躯比一般小孩大，且胜过他人，父母、君臣见到后都非常高兴。其生日宴庆极其隆重。王子发育成长，到了青年之时，已经是一位学识渊博、智慧超群、英勇智谋之人"①。他自幼受良好教育，精武功，为众饮服。对其赞誉，多见之于汉、藏文史籍。《旧唐书・吐蕃传》说：他"弱冠嗣位，性骁武多英略，其邻国羊同及诸羌并宾伏之"。《新唐书・吐蕃传》称："其为人慷慨才雄，常驱野马犀牛，驰刺之以为乐。西域诸国共臣之。"《白史》说：他"才智勇武""通达工艺、历算、武技"。佛教僧众称他为"出世天神""真正的人主""圣观自在菩萨幻现人形之化身大士"（《白史》）、"至尊观自在菩萨所化现的人王"（《西藏王臣记》）、"众藏王中示范王"（《甘丹秘籍》）。

关于松赞干布的生年，藏文史书多记为牛年生，但其牛年的干支为何，史家众说纷纭。有的说生于阴土牛年（乙丑），有的认为是阴火牛年（丁丑），还有后阴土牛年（乙丑）、后甲子阴火牛年（丁丑）、癸丑牛年等说。五世达赖和廓译师主张前甲子的阴土牛年（己丑），此为陈宣帝太建元年（569 年）。按此说，松赞干布至其去世的唐高宗永徽元年（650 年），享年 82 岁，他贞观十五年（641 年）同文成公主结婚，时年 72 岁，这不大可信。第二种阴火牛年（丁丑）说（见《西藏政教史鉴》），此为陈武帝永定元年（557 年），按此说，其享年 94 岁，84 岁才与文成公主结婚，结论更不可信。第三种后阴土牛年（己丑），即唐太宗贞观八年（629年）说（见 1937 年《藏文历书》），其享年 22 岁，7 岁与文成公主结婚，亦不可信。第四种后甲子阴火牛年（丁丑），即隋炀帝大业十三年（617 年）说，按此说松赞死时为 34 岁，其时，其子已死，由其孙继承王位，这不可能。王忠《新唐书吐蕃传笺纪》引德格布顿佛教史云："朗日松赞之王后哲蚌女支萨脱噶于阴火牛年生松赞干布"，认为此为隋炀帝大业十三年（617 年），其阴土牛年即位，为唐太宗贞观三年（629 年），此说与娘・龙玛色的《娘氏教法源

① 恰白・次旦平措、平措次仁、诺章・吴竖：《西藏通史》，西藏社会科学院、《中国西藏》杂志社、西藏古籍出版社 1996 年版，第 42 页。

流》、至尊·扎巴坚赞的《西藏王统记》、蔡巴·贡噶多吉的《红史》、巴俄·祖拉陈瓦的《贤者喜宴》等藏文史籍之观点一致，当为可信。第五种为隋炀帝开皇十三年的癸丑牛年（593 年）说，按此说，松赞干布死时为 58 岁，49 岁时与文成公主结婚。此说亦可作为进一步研究之参考。

二　松赞干布对苏毗、象雄等部的征服

松赞干布即位时，王权处于崩溃边缘，"父系庶民心怀怨恨，母系之庶民公开叛离，外戚象雄，牦牛苏毗、聂尼达波、工布、娘布均亦反叛"①。松赞干布首先采取平定内乱的措施，"对进毒为首者（毒死其父囊日松赞者）断然进行斩灭，令其绝嗣"②。对于威胁其王位的叛臣，则采取镇压及安抚的政策。《白史》载有这样一个事例：在囊日松赞灭醒波结的过程中，娘曾古以功受封。其子娘芒波结尚囊为赞普的内侍。松赞干布接位后，在一次宴会中，刺杀"藏博"（后藏）王玛门，将"藏博"二万户献给囊日赞普的琼波绷塞则，歌咏其将后藏献给赞普之功劳。娘芒波结尚囊曾致辩答，松赞大喜，遂升娘芒波结尚囊为大臣（宰相），并赐以银牌作为大臣之标志。琼波绷塞则不满，乃离间赞普与娘芒波结尚囊之关系。尚囊心未变，而其在赞普前谓其心变。赞普未罪责，而在尚囊面前则谓王罪责。结果导致尚囊对赞普的猜忌、不满和对抗。尚囊心想：琼波绷塞则系我之密友，所言为实，赞普有所命令时，绝不听从。其居布尔瓦城堡，亦不到王前述职。松赞为巩固王位，乃派尚囊之奴诱

---

① 《敦煌本吐蕃历史文书》，藏文铅印本，第 65 页。
② 同上书，第 66 页。

杀尚囊，并毁掉布尔瓦城堡。琼波绷塞则进一步策划杀害赞普。塞则智且勇，一人具备众艺，能"耳听三处会计，四处讼事，随听随断，并能同时与人对弈而获全胜。其望见一群鸽子飞过，即数之，鸽群飞回时复数之，谓缺少一鸽，必为鹞所害，使人察视，果如此"。为谋杀赞普，他派人对赞普说：昔父王囊日赞普时，我收后藏，献为属民，此后藏地，父王目未曾视，足未曾履。维愿赞普王子（松赞干布），目视足履，驾临敞居，我将于东巴墀崩官舍设宴庆祝。赞普允塞则所请，派大臣噶尔宇松（即禄东赞）先去墀绷官舍。噶尔发觉其密谋杀王，乃逃归奏于赞普。塞则发现噶尔逃走，畏罪而告其子俄惹琼曰：可将吾头献于赞普，遂自杀而死。松赞干布悉知此阴谋失败后，乃采取了安抚措施，并未像对毒死他父王的人那样，将其满门抄斩，令其绝嗣。而是采取让其子俄惹琼保存封邑及众奴隶如旧的政策。使王室得以安定。①

在平定内乱的基础上，他对全藏实施统一的战略。一是以计征服松巴，使为属民，并亲临，未用一兵，使阿夏（蒙古族）献给赋税，变为属民。二是征服北面的苏毗和西面的象雄。苏毗的旧贵族盘踞在青海玉树藏族自治州至藏北地区，趁囊日松赞被毒死之机，起兵攻打吐蕃。松赞干布派大臣尚囊统兵进征，《敦煌本吐蕃历史文书》说："娘芒波结尚囊发兵征讨苏毗诸部，有如种羊领群之方法，以舌剑唇枪服之，不失所有户数，全纳入治下为庶民。"② 松赞用招抚的办法，以定期向吐蕃纳税为条件，允许苏毗各部的贵族保存自己的领地。苏毗各部悦之，很快降服于吐蕃。同时，松赞干布还采用同样的办法，要北面的吐谷浑人向吐蕃纳税，将吐谷浑纳入吐蕃的治下。与苏毗连接的白兰、党项诸

---

① 此段史实根据根敦琼培（1903—1951）所著《白史》著录。根敦琼培在印旅居甚久，学识渊博，是著名的藏族历史学家。其所著《白史》根据敦煌古藏文等写成，是一部有重要价值的藏文史学专著。1954 年由法尊大师译成汉文，1963 年由王沂暖教授根据大师译稿抄本，对照藏文校对。校对稿由西北民族学院研究所以藏汉文对照的形式付印，作为该所资料丛刊之七内部出版。

② 《敦煌本吐蕃历史文书》，藏文铅印本，第 66 页。

部，皆畏威咸服。松赞干布的治域，很快就达到了今青海的南部。

象雄（又作香雄）藏语称俄日郭松，汉文史书称羊同（在今西藏阿里及羌塘西南）。囊日松赞时，曾臣服于吐蕃，且互为婚姻。囊日松赞被毒死后，象雄攻打吐蕃西境。松赞干布率兵亲征，迫使其再次臣服，并将他的妹妹赛玛伽尔许其王黎弥夏为妃。但象雄之叛意始终未消，一面与吐蕃联姻，一面密谋反叛，黎弥夏疏远赛玛伽尔，赛玛伽尔乃不管理黎的家务及后嗣，别居他地。松赞派补金赞芒琼往告曰："王妃如是倒行，国家必乱，不应如是也。"劝其妹改变态度，以谋求联姻的目的。芒琼到达琼隆城堡时，王妃已往马滂湖（今玛滂雍措）游泳戏水。芒琼来到湖边寻见，王妃问曰："兄长赞普现在心安否？"答曰："心安（身体健康之意）。"又问："芒琼心安否？"答曰："安乐。"王妃曰："芒琼，汝即同于兄长赞普，应受主人敬客礼。"受礼之后王妃歌唱："格帕巴中国，琼隆——土堡……"等歌词，隐喻要她的哥哥，立即出兵来攻象雄。芒琼作礼拜时，王妃曰："无有书信答复兄长赞普，闻说赞普心安，吾心甚慰。赞普所教，我当尽力而为。可将此物，献上赞普。"她以一件盖有印信之物交给芒琼。芒琼回告赞普此次出使经过。赞普启封其带来之物视之，乃是三十二块上等旧松耳石也。松赞思知，此为表示"吾等若敢进攻黎弥贾，可佩此松耳石。如不敢攻者，如同妇女，当戴巾帼也"。于是松赞干布发兵攻打象雄（羊同），将象雄一切皆归于吐蕃的统治。欢宴庆功之时，赞普墀松赞（松赞干布）歌曰：

呵！问君为何名，名为墀松赞，问臣为谁何？名东赞宇松。从此至，吾等君与臣，雅摩昔短小，今从唐到藏，雅摩昔窄狭，今从南至北，吾等君与臣，君不舍臣民，臣民不舍君。

噶尔宇松（禄东赞）以歌作答：

在上之君明，墀松赞。在下之臣贤，东赞宇松。凡国家增盛之因缘皆备。外在之国势，向四方发展，内在之福乐，美满而不衰。百姓黎民，高低平等。皆弃娇作，安闻乐往，过渡春秋。称赞贤良，恭敬勇士。法善致美，人咸康乐。

这两段歌词，反映了松赞干布及其臣民完成吐蕃统一大业后的稳定政局和吐蕃强大后向四方拓展的形势。

三 松赞干布巩固统一的改革措施

松赞干布完成对西藏各部的统一后，即采取了一系列旨在巩固统一的改革措施。

首先，迁都逻些。以逻些（今拉萨）为治理全藏的政治中心。迁都时间大约在 638 年（唐贞观七年）。宫殿建于今拉萨红山布达拉宫所在地。逻些地处拉萨河下游，地势平坦，农业经济比较发达，建都于此，对发展全吐蕃的政治、经济、文化有重要的意义。

其次，仿唐制建立新的政治、军事机构，强化奴隶制政权的职能。囊日松赞被毒死及各部的反叛，说明囊日松赞建立的吐蕃王朝，只不过是一个极不稳固的军事行政的联合体。在联合体内部，各部有自己的地域和军队，独立性很强。各部的贵族首领，表面上受吐蕃赞普的制约，而实际上并不认真执行赞普的王命。松赞干布力图从政治、军事上改变这种状况。他从行政组织上进行改革，建立了"如"的政治、军事行政单位，将全藏分为藏如、约（左）如、卫如、叶（右）如的四个"如"。每个"如"又分为上下两个"支如"。"如"下设千户府及下千户所。四"如"共设有三十一个千户府和四个下千户所。"如"的首领为元帅；"支如"的为大将、副将和判官。千户府设千户长。千户长下分别设五百户长、百户长、十户长。各级军事首长皆由王国政府任命。他们既统领武装，又主管民事。为防止形成地方割据势力，贵族首领必须异地任职。职务的高低论功过之大小。军队由兵马都元帅统领。军队的调动必须以赞普发下的金箭作为凭据。战争发生时派监事使对元帅、大将进行监督。各"如"的军队以服装、旗色、马色的不同而加以区别。赞普身边设有禁卫军，其力量足以对付各"如"的军队。这种严密的军事行政组织对维护和加强奴隶制政权，曾起过重要的作用。

王廷的统治机构，松赞干布亦仿照唐朝的制度加以改变。《新唐书·吐蕃传》说："其官有大相曰论、副相曰论莒莽（意为助理）各一人，亦号大论、小论（总管王朝政治事务）。都护一人，曰悉编掣逋（主管王朝外部事务）；又有内大相曰囊论掣逋，亦曰论莽热，副相曰囊论觅零逋，小相曰囊论充，各一人；又有整事大相曰喻寒波掣逋，副整事曰喻寒觅零逋，小整事曰喻寒波充（主管司法事务）。皆任国事，总号曰尚论掣逋突瞿。""大论"是在赞普之下总管王朝政务的首相。首相下又设宰相多人。见于《唐蕃会盟碑》的共九人，都加以"同平章事"的称号（意为参与诏令），如政同平章事沙门钵阐布允丹、兵马都元帅同平章事尚绮心儿、宰相同平章事□□热□、天下兵马副元帅同平章事（尚腊藏）、宰相同平章事论结赞巨热、宰相同平章事尚绮立赞窟宁悉当、宰相同平章事尚绮立热贪通、宰相同平章事论颊藏驽悉恭。除此以外，其他见于此碑的幕僚还有囊论（内相）琛尚颊热窟宁赞、纰论（外相）伽罗笃波属卢论赞热土公、悉南纰波（职事待考）琛尚热悉币、岸奔（负责财政度支）苏卢属劫罗末论矩立藏名摩、给事中（意为诏令承旨之官）勃阑伽论悉诺热合乾、资悉波折通（会计官，专司账册簿籍）额论悉诺昔乾窟、刑部尚书（司法官）明论结研历赞等。[①]1914 年劳费尔（B. Lallfer）在《吐蕃鸟卜》一文中评论："吐蕃政治

---

① 参见王尧《唐蕃会盟碑疏释》，《历史研究》1980 年第 4 期。

组织，完全与中国同，试观《唐蕃会盟碑》之吐蕃官号，悉仿中国，可以知之。"其说是也。吐蕃官制如此仿照唐典，说明吐蕃与唐朝的关系是何等的密切。吐蕃任命官吏，以王族、宦族为对象，其"俗不言姓，王族皆曰论，宦族皆曰尚"①。对于官职的品第，松赞干布以不同的原料制成区别官阶的章饰，称为告身，分为六等，各有大小二级，共十二级。最上为瑟瑟（翡翠），金，次之，金涂银，再次之，银，又次之，最下为铜、铁。② 一般平民为刻有波纹的白色木质告身。《贤者喜宴》云："告身以金玉为最贵，银与颇罗弥次之，铜、铁又次之，各分大小计六种十二级，以别贵贱焉。"据《白史》记载，松赞干布除尚囊之后，大贵族韦义策恐松赞怀疑他不忠，乃率子孙与松赞再立盟誓，宣布世世代代效忠于悉补野赞普（松赞干布），绝不生二心，松赞干布赐予他金字告身。

为维持奴隶制的统治秩序，松赞干布力行以法治国，他制定"十善法戒"和"十六条作人的法规"。违者受严厉制裁，"虽小罪必抉目，或刖、劓，以皮为鞭挞之……其狱窟地深数丈，内囚于中二三岁乃出"（《新唐书·吐蕃传》）。十善法戒，即身三善：不杀、不盗、不淫；语四善：不妄语、不恶口、不两舌、不绮语；意三善：不贪、不嗔、不邪见。十六条作人的法规为敬奉三宝、修行己法、孝敬父母、恭敬有德、尊高敬老、诚爱亲友、利济乡人、心须正直、效法上流、善用财食、有恩当报、斗秤无欺、心平无嫉、不听妇言、和言善语、任重量宽。他的善法、法规虽具有浓厚的宗教色彩，反映着奴隶主阶级的意识，但对于巩固和加强吐蕃王朝的统治，稳定社会，曾产生巨大的作用。松赞干布制定法律，划分

---

① 《通鉴》卷194"贞观八年十一月甲申"条。

② 松赞干布施行的告身等级如下：贡论上（大王、告身）；贡论中、囊论上（皆小王告身）；贡论下、囊论中、喻寒波上（皆大金告身）；囊论下、喻寒波中、噶论上（皆小金告身）；喻寒波下、噶论中（皆颇罗弥告身）；寺院经咒师、高级官吏（皆大银告身）；王廷御前侍卫、本教师、司马官、风水官、边鄙牧守（皆小银告身）；父民六部落（大铜告身）；千夫长、茹本（皆小铜告身）；勇士（铁告身）。

"桂"（武士）与"庸"（奴隶）等阶级，明令保护私有财产，维持奴隶主阶级的统治秩序。

再次，在经济上学习唐朝的均田制，将公田分配给穷苦庶民，并设立户口册，登记所有民户的户口和牲畜，以此确定赋税。对有碍于各地区经济交流的五花八门的度量衡制定，松赞干布实行统一。这既是推动经济发展的需要，又是王国政治统一的必然结果。他制定了藏历及度量衡标准法，《贤者喜宴》说："秤、斗、普、掬、钱、厘、豆，宣布为法二法典，取名度量衡标准法。"对粮食的衡量是 21 掬为 1 升，3.5 掬为 1 普，6 普为 1 藏升，20 升为 1 克。另一种计算方法是：3 掬为 1 普，7 普为 1 升，20 升为 1 克。称肉称酥油的标准是：2 大粒青稞、2 中粒青稞、2 小粒青稞等大小 6 粒青稞的重量为 1 厘，20 厘的重量为一钱，10 钱的重量为一两，4 两或 4 波为 1 秤，20 钱即 80 两为 1 克。金银的重量为 7 豆为 1 分，7 分为 1 线，10 钱为一两。长度为 12 指为 1 卡，2 卡为 1 肘，4 肘为 1 寻（平伸两臂之长度）。松赞干布命令：第二法典为度量衡标准法。[①] 度量衡的统一是当时全藏经济发展的需要，它促进了西藏农业、手工业、商品经济的发展。

最后，在文化上，松赞干布积极倡导藏文的创制。吐蕃在此之前无文字，"结绳齿木为约"。为创制藏文，松赞干布派吞弥桑布扎带达洛德冲等从者去印度北部的克什米尔学梵文和笈多字。其父名为吞弥阿莬迦达，故吞弥是其父名的一部分，桑布扎是他的名字。吞弥桑布扎离藏前，松赞干布赏给他一升沙金和给印度贝金协布纳拉钦王的慰问品。在遍访印度著名人士及游历印度大部分地区之后，吞弥桑布扎拜南印度婆罗门李勤为师，学习文字和各种知识。经过在印度七年的留学苦修，吞弥桑布扎成了一名赫赫有名的学者。他在一诗中描述了

---

① 恰白·次旦平措、平措次仁、诺章·吴坚：《西藏通史》，西藏社会科学院、《中国西藏》杂志社、西藏古籍出版社 1996 年版，第 63 页。

在印度学习的情况："有恩之臣吞弥我，艰难苦行去印度，炎热酷暑实难忍。著名学者李勤前，诚心诚意相待奉，奉献黄金贽见礼。消除疑心细传授，意义难寻之字母，精修词句元音字，印度字母五十个，定为藏文整三十。学者信念心中起，即刻掌握诸知识，现时欢喜最快乐。在此边鄙吐蕃地，我是最初的学者，我是消除黑暗灯。荣获王如日月敬，臣僚之中唯有我，对于雪域之人群，吞弥恩惠并非轻。"随他一起去印度的人都死在印度。他返藏后利用梵文知识，设计了三十个藏文字母（都是辅答），又设计了四个元音符号，加在字母的上下以拼写藏语。他奉命作《文法三十韵》，作为藏文的教科书。他翻译了托托日年赞时传来的那部秘经。关于他造字的说法，藏文史籍历来有不同的认识，布顿等说，藏字是吞弥依"拿迦罗"文系为蓝本而制造的。另一些学者认为是依照"兰查"（意为有色）、"瓦都"（意为旋转）两种字体为蓝本创造了"有头"（楷书）、"无头"（草书）两种文字。而"本教"徒则谓松赞以前已有文字，是由波斯之所谓"绷伊"（堆集文字）转变成"象雄"之老文，再转变为"门札"，渐次形成"有头""主玛"等字。松赞干布在没有派吞弥以前就用这种文字给尼泊尔国王写信求过婚，根据记载这封信是他亲笔写的。故藏文的创制应在松赞干布以前。世界各种文字的创制史说明，任何文字的创制，都不是一个人所能奏效的，必定是许多人共同完成的，而且也不是仅仅根据某种文字而产生出来的。因此，以上诸种说法都反映了一定的实际。但不论藏文是何时何人或某些人创造的，它的推广和发展都与松赞干布的大力提倡分不开。藏语分为卫藏、康、安多三个方言。卫藏和康方言有声调，安多方言则无。方言差别给不同地区的交往造成不便，而藏文的创制则有利于加强藏族人民的交往，促进各地区政治、经济、文化的发展。

四　松赞干布统一西藏的历史意义

　　松赞干布的统一结束了西藏诸部长期分立、兵戈相防的混乱局面，是藏族历史上划时代的里程碑，它为经济的发展、社会的进步和文化的繁荣开辟了新纪元。6 世纪中叶前，西藏小邦林立，各邦王子各据一城寨，各设家臣治理所部，各部纷争，社会经济发展受到严重阻碍。当时的重要小邦有羊同额巴觉阿里格奈舒、家臣穹波热桑结和东累麻姐二人。琳若的杰噶，有王名藏主脱噶，家臣东儒与囊二人。在努布的林贾，有王名努布主施巴，家臣梅乌与卓二人。琳若下部，有王名弄马基卓巧，家臣麦雅与周二人。机若的江湾，有王名机主芒波，家臣薛乌与苏格二人。额巴的擦松，有王名古直苏毗王，家臣二人，噶尔与年。巴若四部，有王名巴主克尔巴，家臣阿与都格二人。俄域的邦卡，有王名俄勒主辛章恰，家臣二人，俄与巴。额域的竹西，有王名额主拉章，家臣二人，色巴与妙业。鲁若的芽松，有王名纳巴之子森帝，家臣二人，琳与章。施布域的若摩公，有王名张王诺纳，家臣二人，舒乔与哲。在工拉周纳，有王名工主噶尔波，家臣噶尔巴与帕主二人。在琳域的打松，有王名琳穹朗甲，家臣俄如与扎格二人。达的竹西，有王名甲机卓格辛，家臣二人，婆姑与波格若。璨域的古域有王名璨主牛乌，家臣二人，当与定第。松域的牙松，有王名具既芒如笛，家臣二人，朗与喀木。卓摩那松，有王名杰色热弃，家臣绛热那。[①] 6 世纪中叶以后，吐蕃农业取代牧业而成为经济的主导产业，据《拉达克王世系》记载，当时的吐蕃"牧地与农田相接，串连湖泊、引水广作沟渠，以利灌，停蓄坡地之水以作池；将山间泉

---

　　① 　参见王忠《新唐书吐蕃传笺证》，科学出版社 1958 年版。

水引导外出"。农业经济的发展，一方面要求结束小邦分立的状态，另一方面又为实现统一奠定了基础和提供了保证，使统一成为可能。囊日松赞对苏毗、象雄等部的降伏，就是在这种经济形势下完成的。新旧奴隶主集团的斗争虽然使他的统一中途而废；苏毗、象雄等部的割据依旧，但统一是历史发展的必然趋势。松赞干布的统一也是在这种趋势下最终实现的。统一以后，全藏的经济、文化获得空前的发展，松赞干布设有专门管理商品贸易的五商者，即汉地茶商、突厥玉商、吐谷浑刀商、丹玛帛商、兰地盐商。还有三持者分管特殊物品：达氏掌管家畜、娘波掌管铁、卓氏掌管家禽。此外还有分管手工业的六匠者：噶尤为铁匠、噶茹为鞍匠、娑为弓匠、惹夏为剑匠、恰巴为铠甲师、充孜为天师（神师）。由于经济的快速发展和政治、军事实力的增强，《旧唐书·吐蕃传下》说："西戎之地，吐蕃是强。"

　　松赞干布的统一是藏民族形成的催生剂。在小邦林立的时代，各部落处于分散和闭塞的发展状态，经济、文化及人民思想的相互交流受到极大的限制，各部落人民难以形成共同的心理素质和文化特征，也很难有共同的经济生活。松赞干布的统一和改革使全藏人民有共同的地域，共同的文化心理素质，共同的民族文字，史实证明，藏民族共同体的形成与松赞干布的统一是分不开的。

　　松赞干布的统一使吐蕃开拓了与唐朝、天竺（今印度）、泥婆罗（今尼泊尔）等四邻的关系，吐蕃大量吸收邻国的优秀文化和先进的生产技术。贞观八年（634年），松赞干布遣使赴唐发展蕃唐关系。他遣贵族子弟赴长安入国学，请唐人掌其表疏，促进汉藏经济文化交流。他派贵族子弟赴印学习文字，翻译佛教经典，吸收印度的佛学、医学、历法、语言学、音乐、美术、舞蹈等领域的精华。他派使臣与泥婆罗通好，并在贞观十三年（639年）与泥婆罗王鸯输伐摩女尺尊公主联姻，积极吸纳泥婆罗的优秀文化和生产技术。统一使吐蕃由一个封闭的王国变为一个开放的王国，吐蕃优秀文化亦交流到邻近各国。吐蕃文化源远流长，绚丽多姿，历久而弥新，为亚洲古代文明增添了内容和光彩。

松赞干布是藏族历史上伟大的政治家、改革家。他对西藏的统一揭开了藏族历史的新篇章。他的旨在维护王国统一和社会安定，发展王国生产力和繁荣王国文化的改革政策，值得认真研究。他的改革精神永远值得后人学习和借鉴。应该指出，作为吐蕃奴隶主阶级的政治代表，他的历史局限性和阶级局限性是显而易见的，但是，他的闪光业绩大于他的负面影响。

论文成公主入藏

文成公主嫁吐蕃赞普松赞干布，实现唐、蕃和亲，在中国封建社会"和亲"史上占有极其重要之地位。

"和亲"一词，早见于《周礼》《礼记》《左传》等先秦之古籍，但其意义与西汉以后的不同。如《周礼》曰："五家相受相和亲"①，意为五家相亲相爱；又《礼记》曰："父子兄弟同听之，则莫不和亲"②，意为父子兄弟和睦相处。自西汉开始，"和亲"意为中央王朝将公主嫁给少数民族王国的君长。《史记·刘敬传》曰："（高祖）取家人子名为长公主，妻单于，使刘敬往结和亲约。"③

《后汉书·南匈奴传》言："单于不忘汉恩，追念先祖旧约，欲修和亲。"中央王朝之重视和亲，意在根除边患，稳定边疆，拓展疆土。如《汉书·郦朱、刘叔孙列传》云，刘敬对汉高祖说："陛下诚能以适长公主妻单于，厚奉遗之，彼知汉女送厚，蛮夷必慕，以为阏氏，生子必为太子，代单于。……冒顿在，固为子婿；死，外孙为单于。岂曾闻外孙敢与大父亢礼哉？可毋战以渐臣也。若陛下不能遣长公主，而令宗室及后宫诈称公主，彼亦知不肯贵近，无益也。"又《贞观政要·征伐》说："北狄风俗，多由内政，亦即生子，则我外孙，不侵中国，断可知矣。以此而言，边境足得三十年

---

① 《周礼注疏及补正》"周礼十二地官司徒"条，第12页。
② 《礼记集解》十，《乐记》十九，第946页。
③ 《史纪会注考证·刘敬叔孙通列传》，第9页。

来无事。"贞观十六年冬十月上谓侍臣曰："薛延陀屈强漠北,今御之止有二策,苟非发兵殄灭之,则与之婚姻以抚之耳,二者何从?"房玄龄对曰："中国新定,兵凶战危,臣以为和亲便。"上曰："然。朕为民父母,苟可利之,何爱一女。"(《资治通鉴·唐纪十二》"太宗贞观十六年"条)少数民族王国之求和亲,则意在谋经济上的厚赐及先进文化的引进。也有想以此来加强王室权势的。正如恩格斯所说:"结婚是一种政治的行为,是一种借新的联姻来扩大自己势力的机会。"① 权衡历代和亲政策的利弊,可以说这是一种有利于发展社会经济文化,发展民族之间团结友好关系的进步政策。文成公主之入藏,正说明了这一点。

一 文成公主入藏的历史背景

唐太宗李世民时,唐朝国势强盛,政治、经济、文化空前发展,是当时屈指可数的世界强国。其国土"东至于海,南极五岭,皆外户不闭,行旅不赍粮"(《资治通鉴·唐纪九》"太宗贞观四年"条)。唐之军事实力,为各国难以比肩。太宗为加强武备,曾亲引诸卫骑兵统将等习射于显得殿庭,要"兵士唯习兵马,庶使汝斗战,亦望汝前无横敌"(《旧唐书·太宗本纪》),太宗称:"今中国强,戎狄弱,以我徒兵一千,可击胡骑数万。"(《资治通鉴·唐纪十三》"太宗贞观十七年"条)"西北诸蕃,咸请上(李世民)为天可汗"(《旧唐书·太宗纪》),高昌、焉耆、龟兹、于阗、党项、白兰及西突厥可汗等部,漠北的薛延陀、回鹘及东部、东北部的奚、契丹、室韦等部之"绝域君长,皆来朝贡","九译重译于道"。对于唐朝之强盛,连盛

---

① 《马克思恩格斯选集》第 4 卷,人民出版社 1972 年版,第 74 页。

起的吐蕃亦不可否认，如《唐蕃会盟碑》背面刻文曰："东方之地曰唐，地极大海，日之所出，此王与蛮貊诸国迥异，教善德深，典籍丰阅，足以与吐蕃相颉颃。"① 各部君长仰慕唐朝的物质与精神文明，且图依仗唐朝以加强对内部的统治力量，于是纷纷向唐请嫁公主，贞观三年（629年），西突厥左贤王阿史那忠请婚，太宗以定襄县主宗室女为其妻。十年（630年），突厥处罗可汗的次子阿史那社尔率部内附，向唐请婚，太宗以皇妹南阳公主（衡阳长公主）妻之。十三年（639年）吐谷浑可汗诺曷钵入朝，请嫁公主，太宗许嫁宗室女弘化公主。各部皆以得大唐公主为荣。

当唐朝出现贞观盛世的时候，松赞干布统一西藏，吐蕃盛起。在大一统的吐蕃政权中，松赞干布有至高无上的王权，那勤日桑等一百大臣，负责其起居饮食；穷薄奔桑赞等一百大臣，为其镇守四方；吞弥桑布扎等一百大臣，为其管理政治、司法、治田、灌溉、教育等。他任命六个总督，统兵驻扎在卫藏、象雄（羊同）、苏毗、康（喀木）、安多及朱孤（突厥）。每位总督所统之军队各有不同的制服、不同的旗帜和不同毛色的马匹。《唐蕃会盟碑》背面刻文云："圣神赞普鹘提悉补野自天地浑成，入主人间，为大蕃之首领。……此威德无比雍仲之王威严煊赫，是故，南若门巴天竺，西若大食，北若突厥拔悉蜜等虽均可争胜于疆场，然对圣神赞普之强盛威势及公正法令，莫不畏服俯首，彼此灌汁而听命差遣也。"② 此言虽有夸张之意，但吐蕃是"西域诸国共臣"（《新唐书·吐蕃》）的强国则是不可否认的。为巩固统一局面，推进内部改革，吸取唐朝的先进文化，松赞干布竭力以文武两手兼用的方式向唐请婚，以实现娶文成公主为妻的愿望。唐太宗为减少边患、稳定边疆，决定将文成公主妻以松赞干布，以收羁縻之效。这件和亲事件的发生不是偶然的，可以说是由唐、蕃双方历史

① 王尧编著：《吐蕃金石录》，文物出版社1982年版，第43页。
② 同上。

发展的必然性所决定的；它是自汉代以来中央王朝对少数民族王国实施和亲政策的一个组成部分。

二 松赞干布向唐请婚之过程

贞观八年（634 年），松赞干布遣使朝贡。次年十二月，吐蕃又遣使贡方物。十二年（638 年）八月，唐太宗以使者冯德遐入藏进行抚慰。松赞干布大悦，厚礼相待。松赞干布在此时闻突厥及吐谷浑的可汗都纳唐朝公主为妻，"乃遣使随德遐入朝，多赍金宝，奉表求婚"（《旧唐书·吐蕃传》）。太宗没有立即答应。因吐蕃请婚是否有诚意，是否想真心归附，唐廷尚需观察。吐蕃使者还报："臣初至唐，唐待我甚厚，许尚公主，会吐谷浑王入朝，相离间，唐礼遂衰，亦不许婚。"（《资治通鉴》卷一九五，又见新、旧《唐书·吐蕃传》）松赞干布怒而与羊同联合，发兵击吐谷浑，吐谷浑不能支，遁于青海之上，以避其锋，其国人畜，并为吐蕃所掠。吐蕃进而攻破党项及白兰诸羌，松赞干布亲率兵二十余万，驻扎于大唐松州（今四川松潘）的西境，欲以战争手段强迫唐廷许婚。同时遣使贡金帛，说"来迎娶公主"。他对其属下言："若大国不嫁公主与我，即当入寇。"（《旧唐书·吐蕃传》）据《吐蕃王朝世系明鉴》（或译《西藏王统记》）记载："赞普致书唐主曰：若不许嫁公主，当亲提五万兵，夺尔唐国，杀尔，夺取公主。"唐廷置威胁于不顾，吐蕃于是攻松州。松州都督韩威见吐蕃兵入境，率领轻骑观察敌情，为吐蕃兵所败。属于松州都督府管辖的阔州刺史别丛卧施、诺州刺史把利步利以州叛归吐蕃。①

---

① 按：阔州，《通鉴》原作阁州。《通鉴》卷一九五胡注云："贞观五年，以党项降羌置羁縻州，有阔州、诺州，皆隶松州都督府，无阁州。"兹据改。阔州、诺州，皆在今四川阿坝藏族自治州境内。

太宗遣吏部尚书侯君集为当弥道行营大总管，右领军大将军执失思力为白兰道行军总管，左武卫将军牛进达为阔水道行军总管，右领军将军刘兰为洮河道行军部管，率步骑五万分四路攻击之。牛进达的先锋军夜袭其营，败其于松州城下，斩首千余级。松赞干布大惧，引兵退（《旧唐书·吐蕃传》卷一九六）。

松赞干布对唐炫耀武力，以战争索婚。受到唐、蕃人民的强烈反对。吐蕃人民反战情绪炽烈，大臣中上反战"谏不听而自缢者凡八辈"（《资治通鉴》卷一九五），在攻击松州败北及人民反战情绪高涨的压力下，松赞干布不得不考虑和平问题。他遣使到长安谢罪，复请婚，太宗许之。贞观十四年（640 年）十月，松赞干布派大论（宰相）禄东赞（又名噶尔）和智塞恭顿为正副使，以"黄金五千两"，及"它宝称是"的礼物，去长安纳聘。吐蕃官制，大论（宰相）的职位极高，"事无大小，必出于宰相，便宜行事"，大论禄东赞作为订婚使，说明吐蕃对与唐和亲的重视和诚意。唐朝为了把吐蕃置于自己的控制之下，并以吐蕃作为基地向南扩展，所以决定以宗室女"文成公主妻之"（《资治通鉴》卷一九五）。《西藏王臣记》认为，松赞干布曾亲赴唐廷请婚，且因他是观音菩萨之化身，所以唐太宗许嫁公主。"松赞干布从左眼放出光明，如同往昔变出转轮王与七宝等，来至中原太唐皇宫白色宝石门前，由变化之大臣宝以汉语曰：我乃大悲观音所化现之藏王，前来聘娶尔救度母所化现之文成公主。且要化迎供尔所赐送之释迦牟尼像，以及各种宝物。如不应允所求，我即进攻中原。如允所求，尔后汉藏和睦，不起争端。如此说后，中原之君臣人等心中甚是惧怕，遂答应藏王之要求，而命（文成）公主出嫁至西藏。"① 这种说法出于宗教徒的附会，是不足为信的。唐朝之许婚，完全是一种政治行为。

禄东赞为了完成请婚使命，实现唐、蕃友好，自愿留长安为人

---

① 参见庄学本《松赞干布请婚唐文成公主藏戏剧本本事》。

质，只让副使智塞恭顿一人返报赞普。他自贞观十四年十月到达长安至次年一月住长安，目睹中原的文明。他慕唐朝的政治、经济和文化，在长安为唐、蕃友好进行了卓绝的活动。唐朝敬佩他善于应对的才干和友好的态度，太宗于贞观十五年一月授予他右卫大将军的职衔，并"以琅邪公主外孙段氏妻之"。东赞辞曰："臣国中自有妇，父母所聘，不可弃也。且赞普未得谒公主，陪臣何敢先娶。"他这充满礼义的推辞，深得太宗和唐君臣们的称颂。西藏人民中间至今还流传着许多关于他在长安完成唐、蕃和亲使命的美丽动听的传说，其中之一是他圆满地解决了唐太宗给吐谷浑、契丹、回鹘、突厥等各部求婚使所出的四个难题，唐太宗以解决这些难题作为出嫁文成公主的条件。

第一个难题是，太宗拿出一块玲珑剔透的绿玉，向他们说："使臣中能用线穿起绿玉的，即以公主婚其国王。"突厥、吐谷浑等部的使臣，依次上殿去领取绿玉，用线穿，久之，没有一个能穿起的。吐蕃被唐朝卑视，禄东赞轮在最后，他领到绿玉，捉了一个蚂蚁，把线头黏在它脚上，玉上涂一些糖，蚂蚁闻着糖味，引线在玲珑曲折的绿玉孔中穿过，禄东赞很快就把线两端挽上一个结，上殿呈给唐皇。唐皇接到绿玉很是惊异，但是他不愿将公主嫁给藏王，所以他下令说："这次不算，改日再试。"

第二个难题是唐皇牵出五百匹母马，五百匹儿马，说道："能将此一千匹马的母子分别清楚的，即以公主嫁其国王。"各部使臣先去试验，他们拉着马都不知所措，一一下殿。最后又轮到禄东赞，他把五百匹母马先牵进槽去喂草，把五百匹儿马关在门外，母马喂饱，儿马饿了，禄东赞把栅门打开，五百匹儿马都奔进槽里，各自找它的母亲吃乳，这样一千匹母子马一一分清。唐皇心仍不愿，下令退朝"改期复试"。

第三个难题是拿出一捆光圆的棍棒，向各部的使臣说："这是最后一次试验，凡能分辨棍木头尾无误的，即以公主婚其国王。"各部使臣，均将棍木上下倒置，无法辨别。最后至禄东赞，他把棍棒都投下水去，木根较重都下沉，木梢较轻都上浮，一一分别无误。唐皇虽惊佩吐蕃使的聪明，但终因鄙视吐蕃已有成见，不愿将公主就此嫁给藏王，所以退朝时又宣布："三日后在后园挑选公主，凡被选的不问公主，或下女，均以所中者嫁其国王。"

第四个难题是识别公主。识别之日，唐皇先在宫中大张筵席，宴请各部使臣，山珍海味，名酒佳酿，罗列满桌，突厥等使臣都视酒如命，见此生平未见的美酒佳肴，就放怀痛饮，不觉东倒西歪都酩酊大醉，独吐蕃使禄东赞滴酒未饮，神志清爽。唐皇赐宴后，邀各使臣到后花园挑选公主。文成公主和民间美女三百人都盛装列队于花园中。突厥等使臣一见个个花容月貌，分不出谁是公主，谁是下女。禄东赞因其旅舍主妇是公主的梳头女佣，事先勾通，完全侦知公主的容貌装束。当时唐皇又给突厥、吐谷浑等部的使臣以优先挑选之权，但各使臣事先均无准备，而又喝得醉眼蒙眬，胡乱地挑去了四个下女。禄东赞见状，心中窃喜，即上前挑选，逐一观察，或系陶工，或系屠户，或系铁匠，或系樵夫，最后乃发现公主，容貌美丽，超异常人，额有朱砂痣，脸印莲花痕，口吐清香，常有绿蜂飞绕，与旅舍主妇所言吻合，遂将公主选中。公主被选，悲痛饮泣。太宗至此无法不嫁，只好择日将她嫁往吐蕃。①

嫁与不嫁并不取决于禄东赞对唐太宗所出难题的解决。但这样的传说反映了藏族人民对蕃、唐友好的珍重及对禄东赞促成藏汉族人民友好光辉业绩的赞颂。

关于松赞干布向唐请婚的年代，《旧唐书》《新唐书》《资治通鉴》《册府元龟》《通典》等文献都无明确记载，史家根据《旧唐书·吐蕃传》"贞观八年（634年），赞普弃宗弄赞始遣使朝贡。……

---

① 参见庄学本《松赞干布请婚唐文成公主藏戏剧本本事》。

太宗遣行人冯德遐往抚慰之。见德遐，大悦。闻突厥及吐谷浑皆尚公主，乃遣使随德遐入朝，多赍金宝，奉表请婚"的记载，认为请婚在突厥及吐谷浑"皆尚公主"之后。成问题的是，突厥及吐谷浑得尚公主在哪一年，之后又后至哪一年？《新唐书》云："突厥处罗可汗之次子……十年入朝，授左骁卫将军，处其部于灵州，诏尚衡阳长公主。"（《新唐书·阿史那社尔传》）又云："诏封诸曷钵河源郡王，号乌地也拨勒豆可汗，遣淮阳郡王道明持节册命，赐鼓，诺曷钵身入谢，遂请婚，献马牛羊万。比年入朝，乃以宗室女为弘化公主妻之。"（《新唐书·吐谷浑传》）《旧唐书·太宗记》载："十年十二月壬申，吐谷浑河源郡王慕容诺曷钵入朝。"因此，突厥、吐谷浑"得尚公主"，都在贞观十年（636 年）。藏文典籍云："臣噶（禄东赞）携王所赐，驱赶骡马，偕同大臣百人，于阳火猴年（丙申年）四月初八日胜曜之日，向中华进发。"① 阳火猴年即贞观十年，此年十二月，吐蕃使在长安与吐谷浑诺曷体相遇，知他与突厥可汗"得尚公主"是可能的。故吐蕃请婚与突厥、吐谷浑"得尚公主"皆为贞观十年之事。说其在闻突厥、吐谷浑得尚公主后，才向唐请婚，当误。王忠《新唐书吐蕃传笺证》说："诸蕃称太宗为天可汗，向唐求婚者非仅一国，吐蕃未必先闻突厥、吐谷浑得尚公主而后始入朝请婚。"② 所言是也。松赞干布第二次请婚，《资治通鉴·唐纪十一》"太宗贞观十二年"条，记为贞观十二年（638 年）："九月，辛亥……败吐蕃于松州城下，斩首千余级，弄赞惧，引兵退，遣使谢罪，因复请婚。上许之。"《旧唐书·太宗本纪》载："（十四年冬闰十月）丙辰，吐蕃遣使献黄金器千斤以求婚。"《资治通鉴》亦载："（贞观十四年冬闰十月）丙辰，吐蕃赞普遣其相禄东赞献金五千两及珍玩数百，以请婚，上许以文成公主

---

① 沈朗绛村：《西藏政教史鉴》第十三章《迎娶文成公主》，任乃强译，《康导月刊》（第三卷）1941 年第 8、9 期。

② 王忠：《新唐书吐蕃传笺证》，科学出版社 1958 年版，第 27 页。

妻之。"以上三条记载，可作如此的理解：吐蕃在贞观十二年第二次请婚，太宗许之，至贞观十四年，禄东赞携厚礼前往下聘。

三 文成公主入藏过程

《旧唐书·吐蕃传》记载："贞观十五年（641 年）一月，唐太宗令礼部尚书、江夏郡王李道宗主婚，持节送公主于吐蕃。弄赞率其部兵次柏海，亲迎于河源。见道宗，执子婿之礼甚恭。"江夏王李道宗系唐高祖从父兄子，新、旧《唐书》均有传，早年从高祖起兵。继而随太宗打天下，讨突厥，平吐谷浑，战功卓著，位望尊隆。在唐朝诸王中地位最高，有的史家认为文成公主可能就是他的女儿，以道宗主婚，说明唐廷对唐、蕃和亲的重视。

唐太宗以释迦佛像、珍宝、金玉书橱、三百六十卷经典、各种金玉饰物作为公主的嫁妆。又给她多种烹饪的食物、饮料、金鞍玉辔、狮子、凤凰、树木、宝器等花纹的锦缎垫被及卜筮、识别善恶的明鉴、营造与工技著作六十种、治四百零四种病的医方百种、诊断法五种、医疗器械六种、（医学）论著四种……作为礼品。又让她携带芜菁种子，以车载释迦佛像，以大队骡马载珍宝、绸帛、衣服及日常必需用具入吐蕃。[①] 关于唐王室给公主的嫁妆，汉文史籍多不见记载。藏文史籍则记载较多，如《西藏王臣记》说，公主向太宗说："若命儿出嫁西藏，儿请求赐我释迦牟尼佛像，又为镇守野地边荒之藏地，及所有凶恶之神魔鬼怪，故需要占卜、历法、星算等诸术之图书；并

---

① 琐南坚赞：《吐蕃王朝世系明鉴》，德格木刻本，转引自《西藏地方历史资料选辑》，生活·读书·新知三联书店 1963 年版，第 6 页。

请赐儿能满意愿之财物与用之不尽之珍宝等。"① 太宗允之。所给的数量达到了"不可思议"② 的地步。《蒙古源流笺证》云："（太宗）以公主平日供奉之释迦牟尼佛及元秘术等各经，观心如意十三史，复将种种宝玩锦绣财帛分给万万。"③ 送嫁的有一支精强的卫队和一个乐队，另有奶母、侍婢、官属、工匠等数十人。吐蕃迎娶的使节除禄东赞以外，还有大臣百人。

迎娶及送嫁的队伍于贞观十五年（641 年）正月十五日自京城长安西行，同年抵藏地。其路线是自长安至兰州再到龙支城（今青海民和县古鄯），西行 100 里至湟水县（今乐都），西行 120 里至鄯城（今西宁），西行 60 里至临蕃城（今镇海堡），西行 60 里至白水军绥戎城（在今湟源西南），西南行 60 里至定戎城，南行七里至天威军（石堡城），西行 20 里至赤岭（今日月山），入吐谷浑界。经尉迟川、王孝杰米栅 90 里至莫离驿（今海南州曲沟附近），经公主佛堂（今大河坝）大非川 280 里至那录驿（入吐蕃界）。经暖泉、烈漠 440 里至黄河（约当柏海），再 470 里至众龙驿（札木隆山口），渡西月河 210 里至多弥西界，经牦牛河过藤桥 100 里至列驿，经食堂、吐蕃村、截支桥 440 里至婆驿，渡大月河、罗桥经潭池、渔池 530 里至悉诺罗驿。经乞量宁水桥、大速水桥 320 里至鹘莽驿（当拉岭），经怒堪海 130 里至蛤不烂驿，60 里至突录济驿，经柳谷、莽布支庄及赞普祭神所 250 里至农歌驿，东南行 200 里至拉萨。自长安至拉萨共 5800 余里。（《新唐书·地理志》"鄯州鄯城"条注）

行前，唐太宗诏吐谷浑王（即河源王）诺曷钵在其境内为公主修建一座行馆，并要沿途准备马匹、牦牛、交通工具和食物。诺曷钵筑馆于今青海省海南自治州的大河坝附近，此馆遗址已无存，但这一带

---

① 五世达赖：《西藏王臣记》，郭和卿译，民族出版社 1983 年版，第 29 页。
② 沈朗绛村：《西藏政教史鉴》第十三章《迎娶文成公主》，任乃强译，《康导月刊》（第三卷）1941 年第 8、9 期，第 46 页。
③ （清）沈曾植笺证：《蒙古源流笺证》，张尔田校补，姚家埭沈氏藏板。

还被当地人民称为"公主佛堂"。公主至行馆时，诺曷钵和弘化公主在馆相迎，公主在那里留住月余以恢复旅途疲劳。据说，公主越海拔3520 米的赤岭时，曾短期停留，唐太宗遣使给她送来了黄金铸的日月宝镜各一面，赤岭因此被称为日月山（1981 年笔者过此山时，见山顶留有"日月山"的标记）。过了日月山，公主须弃轿乘马进入草原，她哭泣失声，留下了思念故土的泪水，哭声使天下江河皆东去，唯有一水向西流，传说这条河就是今天流入青海湖的倒淌河，而倒淌河的名称就来源于公主的西去。在青海玉树藏族自治州结古寺以南约二十五公里的巴塘有一山沟名曰南巴，山崖上有九座浮雕像，文成公主塑像高二丈居中坐在莲花狮子座上，两旁分上下两层排列八个宫女，分别执剑、瓶、花侍立。其雕刻系唐代风格，据当地传说，公主曾在此停留过一个时期，并教当地藏族人民种植。① 藏族人民为鼓舞公主入藏的勇气，创作了一首流传至今的民歌《唉马林儿》。歌中唱道："不要怕过宽大的草原，那里有一百匹好马欢迎你。不要怕过高大的雪山，有一百头驯良的牦牛欢迎你。不要怕涉深深的大河，有一百只马头船来欢迎你。"②

柏海为今扎陵湖和鄂陵湖，松赞干布率禁卫军按约来此亲迎公主。公主及二十五名侍婢衣着华丽，珠宝为饰。《旧唐书·吐蕃传》云：赞普见后"叹大国服饰礼仪之美，俯仰有愧沮之色。及与公主归国，谓所亲曰：'我父祖未有通婚上国者，今我得尚大唐公主，为幸实多。当为公主筑一城，以夸示后代。'"吐蕃习俗，喜以赭色涂面，为学习唐风，松赞干布"令国中权且罢之，自亦释毡裘，袭纨绮，渐慕华风。仍遣豪酋子弟，请入国学以习《诗》《书》。又请中国识文之人典其表疏（按：指请中原的儒士到吐蕃为他掌管文书奏章）"（《旧唐书·吐蕃传》）。

---

① 王忠：《新唐书吐蕃传笺证》，科学出版社 1958 年版，第 30 页。
② 一之：《文成公主与汉藏关系》，《思想战线》1980 年第 2 期。

四　文成公主入藏后的藏汉关系

文成公主入吐蕃之后，藏、汉族之间的关系进入了一个崭新的发展时期。

在政治上，松赞干布因娶文成公主，一直以唐朝的"子婿"自居，并称唐太宗为"天子"，尽臣礼及"子婿"之道。其主要表现如下。

据《旧唐书·吐蕃传》记载，贞观二十一年（647年）"太宗伐辽东（指高丽）还，（赞普）遣禄东赞来贺，奉表曰：'圣天子平定四方，日月所照之国，并为臣妾，而高丽恃远，阙于臣礼。天子自领百万，度辽致讨，隳城陷阵，指日凯旋。夷狄才闻陛下发驾，少进之间，已闻归国。雁飞迅速，不及陛下速疾。奴忝预子婿，喜百常夷（按：意为太宗的胜利，使他比其他民族的人更百倍地喜出望外）。夫鹅，犹雁也，故作金鹅奉献。'"他献给太宗的金鹅，高七尺，其中可以盛酒三斛。

同年（647年）十二月，龟兹王诃黎布失毕"浸失臣礼，侵渔邻国。上怒，戊寅，诏使持节昆丘道行军大总管左骁卫大将军阿使那社尔、副大总管左骁卫大将军契何力、安西都护郭孝恪等将兵击之，仍命铁勒十三州、突厥、吐蕃、吐谷浑等皆受命连兵进讨"（《资治通鉴》卷一九八；《册府元龟》卷九八五）。松赞干布服从唐廷的调遣，遣兵"逾玄菟而北临，步摇酋渠"，与"铁勒兵牧十有三部，突厥侯王十余万骑"，共讨龟兹王之不忠。

贞观二十二年（648 年），右卫率府长吏王玄策奉使至天竺①，诸国皆遣使入贡。遇中天竺王尸罗逸多卒，国中大乱，其臣阿罗那顺自立，发胡兵攻玄策。玄策领随从三十人与战，力弱不敌，悉数被擒。阿罗那借机尽掠诸国贡物。玄策伺机乘夜逃脱，至吐蕃西境，以书向吐蕃求援。吐蕃即遣精锐一千两百人，另知会泥婆罗派七千余骑赴阵。与阿罗那顺连战三日，大破之。吐蕃随遣使入唐献捷（《资治通鉴·唐纪十五》"太宗贞观二十二年五月"条；《册府元龟》卷九七三、卷九九五）阿罗那顺及其妃和王子都被俘，天竺响震，城邑聚落，降者五百八十余所。

贞观二十三年（649 年），唐太宗死，高宗即位，授弄赞（松赞干布）为驸马都尉②，封西海郡王，赐物二千段。松赞干布皆欣然接受，他致书唐臣司徒长孙无忌云："天子初即位，若臣下有不忠之心者，当勒兵以赴国除讨。并献金银珠宝十五种，请置太宗灵座之前。高宗嘉之，进封为賨王。赐杂彩三千段。"③ 高宗根据他的请求，给予蚕种，并派去造酒、碾、硙、纸、墨的许多工匠。驸马都尉、西海郡王、賨王皆为唐朝的官爵封号。"賨"系我国西南和南方一种少数民族的称谓，《华阳国志·巴志》说：巴国"其属有濮、賨、苴、共、奴、獽、夷、之蛮"。封松赞干布为"賨王"，说明高宗视吐蕃为唐朝国内的一个少数民族。永徽元年（650 年），松赞干布去世，高宗举哀于光化门，遣右武侯将军鲜于臣济持节赍玺书前往吊祭。自文成公主入藏至高宗龙朔三年（663 年）共 23 年（641—663 年），唐朝与吐蕃未

---

① 天竺国，或曰摩伽陀，或曰婆罗门，为今之印度。分东、西、南、北、中五部分，称为五天竺。中天竺居其余四天竺之中，都城曰荼和罗。其兵最强，四天竺皆臣之。

② 苏晋仁编《通鉴吐蕃史料》（西藏人民出版社 1982 年版，第 11 页）注云："汉武帝置三都尉：曰奉车都尉，曰驸马都尉，曰骑都尉。唐以骑都尉为勋官，驸马都尉以授尚主者，奉车都尉不复除受。"

③ 该文见于《旧唐书·吐蕃传》，亦见《新唐书·吐蕃传》；《通鉴》卷一九九；《册府元龟》卷九六四《外臣部·封册二》。又賨王，《册府元龟》卷九七四《外臣部·褒异》"永徽元年"条作"宝王"，当误。

发生过任何战争。

在经济上，公主入藏后吐蕃大量引入唐朝的物质生产技术，以改善吐蕃的经济状况。中原的丝绸、茶叶、农耕技术源源不断传入吐蕃。吐蕃则将马、牛、羊、骆驼、牦牛尾、獭褐、金器、银器、玉器、染药等大量输入中原。藏族传说，种植青稞、小麦、豌豆及使用水磨、养羊，以及造屋、织氆氇（用羊毛织粗呢）等的技术，都是公主及公主带去的大批工匠传给的。高宗永徽元年（650 年），松赞干布向唐朝直接"请蚕种及造酒、碾、硙、纸、墨之匠"，高宗允之。唐朝的冶金、农具制造、纺织、建筑、制陶、碾米、酿酒、造纸等技术进一步传入吐蕃。西藏山南地区的农民所说的"二牛抬杠"的耕作方法是文成公主所传去的；日喀则的铜匠自述其祖师为文成公主。木匠也称其技术系从文成公主那里学来的。纺织、刺绣都是文成公主所教的，永徽元年（650 年），松赞干布向高宗"请蚕种"，说明丝织业在西藏有了很大的发展，藏族自己想养蚕、缫丝、纺织。琐喃坚赞《吐蕃王朝世系明鉴》说："公主到了康地的白马乡，垦田种植，安设水磨……（公）主使乳变奶酪，从乳取酥油，制成甜食品。以丝工织，以草制绳索，以土作陶器。"文成公主入藏以前，吐蕃不知制陶技术，"其器屈木而韦底，或毡为盘，凝麨为碗，实羹酪并食之，手捧酒浆以饮"（《旧唐书·吐蕃传》）。学会制陶以后，这种情况才有了改变。在建筑方面，由于汉族工匠的土木建筑技术传入，吐蕃的建筑业有了很大的进步和发展。拉萨大昭寺的建筑风格，飞檐重阁，石狮装饰，与内地唐寺如出一辙。文成公主对大昭寺的建筑十分关心，她在寺前亲自栽植的几株柳树，被称为"唐柳"或"公主柳"。小昭寺为文成公主所建，其风格也是汉式的。

在文化上，文成公主入藏后中原文化大量流入西藏。除如前所述文成公主入藏时带去三百六十卷汉文经典，营造与工技著作六十种，治四百零四种病的医方百种，诊断法五种，（医学）论著四种等之外，中原的不少儒者被引聘入藏典其书疏。吐蕃的豪酋子弟被送入长安国学习《诗》《书》，《资治通鉴》卷一九五云："贞观十四年（640 年）二月丁丑，上幸国子监。……乃至高丽……吐蕃诸酋长亦遣子弟请入国学。"在松赞干布的倡导和带动之下，吐蕃人民学习唐朝文化蔚然成风，不少吐蕃人成了能通汉文、写汉诗的知识分子，其中大臣仲琮就是一个突出的代表。"仲琮年少时，尝充质入朝，诣太学生例读书，颇晓文字。"咸亨三年（672 年），奉松赞干布之命至京师长安朝贡，雄辩地回答高宗的问题，高宗"原赐而遣之"（《册府元龟》卷九六二）。文成公主带去的乐队，将五十余件弹拨乐器传入吐蕃，推动了藏乐的发展。文成公主带去的历法，对藏历的完善和发展有很大影响。早在公元前一百多年，西藏就有自己的历算法（苯教历法），山南地区发现古老的《纺线老人月算》，总结了古代藏族人民丰富的历算知识。藏族最初的历算是以月亮的圆缺、朔望来计算月份的。文成公主带去的历算书，使他们从以月的亮度改为以星辰的亮度来计算，如新年的确定是以鬼星的亮度、位置为标准。① 在汉族历法的影响下，藏历以五行分阴阳配天干，以十二生肖配地支，干支配合六十年为一轮。

文成公主是虔诚的佛教信徒，入藏时带去一尊释迦牟尼像。传说这像是由释迦佛亲自加持过的。这尊佛像在西藏至今被认为是最神圣的。藏族中有许多关于文成公主入藏后传播佛教的美好传说，说明她在传播佛教中起了主要的作用，所以西藏佛教受中原内地佛教的影响最大。文成公主被视为菩萨的化身。传说由于她精晓星算、风水等术，她依据中原的《八十种五行算观察法》细推观察，发现西藏的地形，犹如罗刹魔女仰卧的形状。根据她的观察和计算，松赞干布在所有恶劣风水的地面上建立了许多佛寺、佛塔、大自在天像、大鹏、白螺等来改变风水，使佛教随之在西藏兴盛起来。1982 年 10 月，笔者

---

① 参见曲烈赤扎《西藏风土志》，西藏人民出版社 1982 年版，第 152 页。

访拉萨大昭寺僧人，获悉大昭寺原是一个小湖，从泥婆罗来的赤尊公主要文成公主帮助她设计一寺来供奉她带来的金刚佛像，文成公主要她把庙建在这个小湖之上，赤尊公主以为这是汉后为她出的坏主意，乃告知松赞干布，不料松赞亦认为文成公主的建议是正确的。于是，吐蕃人用大批山羊搬运土石把湖填平，而后建成了"菩萨楚那祖拉康"（亦称"觉卧康"），即大昭寺（意为拉萨神变殿或显灵殿）。《西藏王臣记》说："在法王松赞干布二十五岁的那年，岁次癸丑（唐高宗永徽四年，653 年），建筑完神变寺的殿宇基础，但因未能照着事先文成公主所推算的那些解术来进行，以致所筑起的佛寺基础，又被鬼神捣毁。因此才又仔细地阅读文成公主所作出的各种推算做法的译文。松赞王听了那精细的算法，心中大喜！也就在吉学梁正地方名拔邦喀的磐石上，用红炉铁水灌凝大砖，而建筑起九层高的碉堡，四面都用铁链紧拴使其牢固，然后修法禳灾，修到第七天时，感得怙主三尊（观音、文殊、金刚手）从空中降临，说道：'藏王你所发的宏愿，当获成就，我是你的一切宏愿将不难获得成功的作证者。'说后，怙主三尊也就融入于岩石中去。……"这些传说出自佛教信徒之口，不可信。但是它告诉我们，文成公主在传播中原佛教中占有多么重要的地位。中原佛教在西藏曾经有过多么重要的影响。

总而言之，文成公主入藏，使吐蕃在政治、经济、文化、宗教等方面与中原地区进一步结合成为一个不可分割的共同整体。唐代诗人陈陶在《陇西行》中以"自从贵主和亲后，一半胡风似汉家"的诗句，咏出了松赞干布与文成公主联姻后藏、汉关系的历史特点和历史的真实性。

论金城公主人藏

　　继文成公主之后，金城公主嫁吐蕃赞普弃隶缩赞，以敦睦蕃、唐关系，为中国民族关系的发展立下了一块不朽的丰碑。正如金城公主所自言："奴奴降番，事缘和好。"她努力实现自己的诺言，在蕃、唐战火纷飞的年代，使双方的和平友好不断增进。她入藏时，"杂伎诸工悉从"，将汉族的先进生产技术进一步传入吐蕃。在藏期间，她弘扬汉学，请唐廷赐《毛诗》《礼记》《左传》《文选》等中夏文献，并组织力量翻译佛经。为振兴佛教，她要赞普接纳和阗（于阗）在塔里木盆地南缘躲避战乱之僧人，因当地酋长不敢收留，这批僧人无处藏身。赞普采纳了金城公主的建议，将这批僧人引至逻娑（拉萨），且建盖七大寺进行供养，为复兴吐蕃佛教注入了新的活力。她向玄宗上书，请准在赤岭（青海日月山）为唐、蕃立界碑，使吐蕃边境安宁，三年就出现"畜牧被野"的局面。由于蕃、唐重建友好关系，双方互市于赤岭，中原以丝绸、茶叶、生产工具等交换吐蕃的马、牛、羊、骆驼及金、银、玉器，使双方的经济文化交流进入空前的繁荣时期。李肇《唐国史补》说："常鲁公使西蕃，烹茶帐中，赞普问曰：'此为何物？'鲁公曰：'涤烦疗渴，所谓茶也。'赞普曰：'我此亦有。'遂命出之，以指曰：'此寿州（在安徽寿县）者，此舒州（在安徽潜山县）者，此顾渚（在浙江长兴县）者，此蕲门（在湖北蕲春县）

者，此昌明（在四川江油市）者，此淮湖（在湖南岳阳市）者。"①
赞普手中如此众多的内地名茶，就是由双方边境开市交换得来的。

一 金城公主入藏的历史背景

唐高宗永徽元年（650 年），松赞干布卒。唐、蕃之间的关系开始变化。因松赞干布子贡松贡赞早逝，乃以其孙芒松芒赞（又称墀芒论芒赞，汉文史籍作乞黎拔布）继位。芒松芒赞是时年幼，乃由大论禄东赞摄政。禄东赞创立了一年一次的君臣共集会议制度，集思广益地共商军政大事。他先后制定了牧场肉税及农业田赋征收法，与达罗哈国订立通商协议，委派补金赞芒琼（松赞干布统一象雄时差往象雄的送信者）为象雄地方官，并拟定宪法，使国力进一步强盛。禄东赞竭力推行向外扩张的政策，为攻打东部吐谷浑进行了全面的准备，他在吐谷浑阿夏地方（在今青海地区）住了八年。高宗显庆年间，吐蕃开始对唐进犯。显庆元年（656 年），禄东赞率兵十二万击白兰氏，苦战三日，吐蕃初败后胜，杀白兰千余人，屯军境上，以侵掠之。②四年（659 年），达延莽布支与唐将苏定方战于乌海之东岱（今青海冬给措纳湖）。达延莽布支为吐蕃大相，敦煌本《吐蕃历史文书·大事纪年》谓其在此役中战死，"以八万之众败于一千"。五年（660

---

① 《唐国史补》卷下"赞普妻名号"条。见上海古籍出版社 1987 年据台湾商务印书馆《影印文渊阁四库全书》第 1035 册子部 341 分册，第 451 页。当时，寿州盛产名茶"黄芽"，舒州盛产驰名中外的"舒绿茶"，顾渚山盛产作为贡品的"紫笋茶"，蕲门盛产贡品"团黄""台茶"，昌明盛产"兽目"，淮湖盛产"含膏"等，《唐国史补》记录当时名优茶品种已有 30 多种，此不赘述。

② 《册府元龟》卷 995《外臣部·交侵》第 12 册，中华书局 1960 年影印本，第 11687 页。

年），借口吐谷浑内附唐朝，禄东赞遣其子起政（尊业多布）将兵出击。[①] 但未能实现吞并东吐谷浑的愿望。[②] 龙朔三年（663 年），东吐谷浑大臣素和贵有罪，逃奔吐蕃，向吐蕃提供吐谷浑的虚实情报，吐蕃乃以精锐力量突袭吐谷浑。吐谷浑可汗诺曷钵与弘化公主率数千帐逃往凉州（今甘肃武威地区），要求徙居内地。唐高宗以凉州都督郑仁泰为青海道行军大总管，率右武卫将军独孤卿云及辛文陵等分屯凉、鄯（西宁地区）二州，禄东赞率吐蕃兵屯于青海，形成对峙局面。禄东赞遣大臣仲琮入朝，表陈吐谷浑之罪，请和亲，高宗未许。因高宗"儒仁无远略"，使吐蕃侵占土地以资强大的国策能以步步实现。麟德二年（665 年），吐蕃攻占于阗。乾封二年（667 年），"破生羌十二州"。是年禄东赞死，其家族继掌国政。禄东赞有五子：已故长子赞悉若栋木布、次子钦陵（噶尔赞娘东布）、三子赞婆（噶尔墀真赞卓）、四子悉多于、五子勃论。"子皆有才略。"禄东赞卒，钦陵代之，三弟将兵居外，邻国畏之。[③] 钦陵自乾封二年（667 年）至武后圣历二年（699 年）为吐蕃大论，主宰吐蕃王国三十二年。在此期间，吐蕃与唐朝发生过一系列的战争，重大的有大非川之战、青海之战、良非川之战、素罗汗山之战等。总章二年（669 年），唐恐吐蕃侵凉州，议徙吐谷浑部于凉州旁之南山。高宗与宰相姜恪、阎立本及将军契苾何力等商议先击吐蕃于不备，右相阎立本以"去岁饥歉，未可兴师"进行反对，将军契苾何力亦认为吐蕃远在西极，王师前往征讨，"兽窜山伏，捕逃无所得"，唯姜恪以"不救则灭"为理

---

① 《资治通鉴·唐纪》第 14 册"高宗显庆五年"条，齐思和标点本，中华书局 1963 年版，第 6321 页（以下书名简称《通鉴》，版本从略，只注页码）。

② 吐谷浑原居塞北，是鲜卑族慕容氏的一支。永嘉之末，西渡洮水，迁到甘青一带建国，凡 350 年。慕容世伏于开皇时与隋联姻，娶光化公主为妻。世伏死后，其弟伏允继位。唐初，伏允袭鄯州、凉州等地，唐太宗于贞观九年（635 年）以李靖率两路大军进逼吐谷浑，伏允败入于阗。其长子慕容顺率众附唐，以青海湖西岸的伏俟城为中心，成为东部吐谷浑，次子袭伏允位，留在鄯善，成为西部吐谷浑。西部吐谷浑降附吐蕃，慕容顺被封为"西平郡王"。慕容顺不久被其部属所杀，唐以其子诺曷钵袭位，封河源郡王。

③ 《通鉴》第 14 册"高宗咸亨元年（676 年）八月"条，第 6365 页。

由，力主出击，以保吐谷浑不致灭国，高宗未决之。① 咸亨元年（670年）四月，吐蕃陷西域十八州，又与于阗袭龟兹拨换城。安西四镇龟兹（库车）、于阗（和阗）、焉耆、疏勒（喀什）四镇并废。四镇是"丝绸之路"的通道，其被吐蕃攻占，不仅唐廷至中亚交通线被切断，而且使唐与西北地区暴露在吐蕃军的烽火之下。唐高宗不得不遣右卫大将军薛仁贵为逻娑道行军大总管，率同阿史那道真、郭待封将兵十余万讨之，以求恢复四镇的治权。军至大非川（今青海省海南藏族自治州恰卜恰西南切吉草原），薛仁贵要郭待封率兵二万人于大非岭上留守辎重，自率轻骑精锐倍道前行，以大破吐蕃兵于河口（积石河口），但郭待封以其作为副将为耻，不听薛仁贵之言，率辎重缓慢前进，结果遭到吐蕃二十余万兵力的伏击，尽弃辎重。薛仁贵退回大非川，论钦陵将兵四十余万击之，唐兵大败，死伤略尽。薛仁贵与钦陵议和，其与副将阿史那道真、郭待封皆被免官。吐蕃尽占领了东吐谷浑的故地，唐军退保鄯州。咸亨三年（672年），唐廷将诺曷钵及弘化公主徙于鄯州，但诺曷钵仍畏吐蕃，不安其居，乃改迁灵州（今宁夏回族自治区灵武县），并改称灵州为安乐州，唐以其为刺史。大非川一役之败北，唐朝国威军威大损，吐蕃则大振。

青海之战发生于仪凤三年（678年），是年李敬玄将兵八万与吐蕃论钦陵战于青海之上，工部尚书、右卫大将军刘审礼一马当先，将兵奋战于前沿，战危，李敬玄懦怯，按兵不救，当其听说刘审礼战殁（实为被俘，后病死在吐蕃），乃狼狈逃至承风岭阻泥沟，吐蕃大将跋地设屯兵高冈以压迫之，李敬玄不知所措，其左领军员外将军黑齿常之（百济降将）夜袭吐蕃之营，跋地设引兵而去。李敬玄得以收拾残部退还鄯州。高宗叹黑齿常之才略，授左武卫将军，赐金五百两，绢五百匹，以为河源军副使。此役之前，唐朝招猛士讨吐蕃，娄师德颇有学术，弱冠进士擢第，累补监察御史，应招猛士，随李敬玄军西

---

① 《通鉴》卷201，第14册"高宗总章二年（669年）九月丁丑"，第6359页。

讨，累有战功，唐军败绩后又收集散亡，重建军旅。高宗遣其出使吐蕃，吐蕃大将赞婆迎之于赤岭，师德向其宣传唐朝的政策，晓以祸福，赞婆十分高兴，数年之内双方没有发生战争。

调露元年（679 年）二月，高宗闻吐蕃赞普卒，嗣主未立，诏裴行俭乘机经略。行俭以"钦陵为政，大臣辑睦"，难有间隙而罢。时吐蕃国法严整，上下齐力，议事自下，能因人所利而行，故虽逢赞普易人，掌事大臣仍可把握政局。次年，唐、蕃间发生良非川之战。这年七月，赞婆与素和贵率众三万寇河源，屯兵于良非川（青海湟源一带），李敬玄时为河西镇抚大使，统兵与其战于湟川，唐军大败。黑齿常之时为河源军①副使，常之以精骑三千，夜捣其营，杀获二千余级，获羊马数万计，赞婆等单马而遁。高宗擢常之为河源军经略大使，常之设置烽戍七十余所，开屯田五千余顷，以加强对吐蕃的防御。黑齿常之在军七年，吐蕃深畏，"虏谋稍折"，未为唐朝边患。吐蕃虽在良非川之役中大败，但这个时期是它军事最为强盛的时期。《资治通鉴·唐纪十八》称："吐蕃尽据羊同、党项及诸羌之地，东接凉、松、茂、嶲等州，南邻天竺，西陷龟兹、疏勒等四镇，北抵突厥，地方万余里，诸胡之盛，莫与为比。"就在良非川战败的这一年，它在云南洱海地区尽并西洱河诸蛮。唐朝为防御吐蕃对川、滇地区的侵扰，于茂州（茂汶）西南筑安戎城，以断吐蕃通蛮之路。永隆元年（680 年），吐蕃以"生羌"为向导，攻陷此城，以兵据之。西洱河（今云南洱海）诸蛮皆降于吐蕃，迫使唐廷将在此地的据点姚州废置。

武后万岁通天元年（696 年），素罗汗山之役发生。此役发生之前，武后于垂拱元年（685 年）和永昌元年（689 年）两次命天官尚书、文昌右相韦待价征吐蕃。韦待价无将帅之才，在后一次征讨中，狼狈失据，士卒饥饿，多转死沟壑。垂拱四年（688 年），后欲发梁、

---

① 永隆元年（680 年），唐高宗于鄯州西南百余里的地方置河源军（在青海循化撒拉族自治县以西黄河沿岸），派兵屯田驻守，牵制吐蕃东进。见《通鉴》第 14 册，第 6395 页。

凤、巴、蜑，自雅州开山通道，出击诸羌，因袭吐蕃，但因工程过于浩大而罢。天授二年（691 年）命岑长倩讨吐蕃。长寿元年（692 年）二月，吐蕃党项部落万余人内附。五月，吐蕃酋长曷苏率部请降，事虽未成，却为唐之征讨创造了条件。唐以武威将军总管王孝杰与阿史那忠节大破吐蕃，克复龟兹（今库车）、于阗（今和田）、疏勒（今喀什）、碎叶（今焉耆）等四镇。更置安西都护府于龟兹，以汉兵三万镇守。证圣元年（695 年），论钦陵、赞婆攻临洮（今甘肃临潭县西南），王孝杰及娄师德于万岁通天元年（696 年）三月，与其大战于素罗汗山（此山在洮州界）。官军大败，王孝杰被免官为庶人，娄师德被贬为原州员外司马。是岁九月，吐蕃遣使请和亲。唐遣郭元振往察其宜。论钦陵求罢安西四镇戍兵，割十姓突厥（五姓咄陆、五姓弩失毕）之地，遣使随元振入唐以求。元振疏曰，今若直拒其善意，则为边患必深。为不使其为害甘、凉，当以其归我吐谷浑诸部及青海故地作为条件，将五俟斤部归给吐蕃，以此塞钦陵之口。元振又根据在吐蕃调查的实情说："吐蕃百姓疲于徭戍，早愿和亲，钦陵利于统兵专制，独不欲归款。若国家岁发和亲使，而钦陵常不从命，则彼国之人怨钦陵日深，望国恩日甚，设欲大举其徒，固亦难矣。斯亦离间之渐，可使其上下猜阻。祸乱内兴矣。"① 武后纳元振之疏，以计缓其罢兵割地之求，并派和亲使者入蕃。

圣历二年（699 年），赞普器弩悉弄二十八岁②，不满于噶尔家族论钦陵及其诸弟赞婆等专权，乃与大臣论岩谋诛之，于是发生藏族历史上"噶尔家族遭罪谴"③ 的重大事件：会论钦陵外出，赞普以将出猎为名，勒兵执杀论钦陵亲党二千余人，并遣使召论钦陵兄弟，论钦

---

① 《通鉴》卷 205 第 14 册《唐纪二十一》"则天后万岁通天元年"条，第 6509 页。
② 器弩悉弄，即墀都松，系芒松芒赞之子。调露元年（679 年）二月芒松芒赞卒，器弩悉弄立，是年八岁，至圣历二年（699 年），为二十八岁。
③ 王尧辑：《敦煌古藏文历史文书》藏汉文本，青海民族学院印本，1979 年。此事件载《通鉴》卷 206，第 26 页；新、旧《唐书·吐蕃传》。

陵等举兵不受命，赞普将兵讨之。论钦陵在宗喀（青海湟中）兵溃自杀。其亲信左右同日随其自杀者百余人。赞婆率所部千余人及其兄子莽布支降唐，唐不顾其为患中国三十余年之过，封其为辅国大将军、行右卫大将军、特进归德郡王，优赐甚厚，令领其部兵于洪源谷镇守。其死后，唐赠特进、安西大都护。论钦陵另一子弓仁，以所统吐谷浑七千帐来降，唐拜为左玉钤卫将军、酒泉郡公。

由于论钦陵秉政期间不断发动对唐朝的战争，吐蕃的社会经济遭到严重的破坏，吐蕃人民处于水深火热之中，内外矛盾激烈，除发生器弩悉弄剪除论钦陵等噶氏家族的事件外，属国及内部人民不断掀起反抗。永昌元年（689 年），先附于吐蕃的浪穹州傍时昔等二十五部降唐，唐以傍时昔为浪穹州刺史；长寿元年（692 年）二月，吐蕃党项部落万余人内附，分置十州。五月，吐蕃酋长曷苏帅部落请内附，曷苏事泄，为国人所擒，别部酋长昝捶率羌部八千余人内附，唐以其部落置莱川州；长安三年（703 年）吐蕃南境泥波罗等诸部皆叛，赞普器弩悉弄自将击之，卒于军中①；又据敦煌本《吐蕃历史文书》的记载，内部人民亦发生起义，此书编年史第 56 条说："及至蛇年（唐中宗神龙元年，705 年）……岱仁巴、农囊扎、开桂多囊等叛。"岱仁巴、农囊扎、开桂多囊是吐蕃人民起义的领袖。"吐蕃百姓疲于徭戍，早愿和亲。"吐蕃统治集团在内外交困的情况下，不得不再次向唐请婚。

蕃、唐友好是历史的主流，它是由藏、汉两族人民自古以来存在的血肉不可分割的经济和文化联系所决定的。论钦陵秉政的三十余年期间，尽管吐蕃统治阶级执行武力扩张政策，不断以战争手段蚕食唐朝的边境。吞并唐朝的属国和属地，唐朝统治阶级，亦图谋以战争来

---

① 《吐蕃历史文书》云："兔年（703 年），其年冬，赞普至绛域，攻下此地，龙年（704年），其年春，王子甲祖如（即弃隶缩赞）生，其年冬，赞普入治宫，即死于此地。"王忠《新唐书吐蕃传笺证》云："绛（降）域即爨域，今云南丽江一带，藏族称之为绛域。"据此，器弩悉弄死于南诏之地。

消灭它，但是，无论哪一方发动的战争，都不能从根本上破坏自古以来藏、汉之间密切的政治、经济、文化联系。即使是在吐蕃军事最为强大，进犯唐朝不断取得战绩的三十余年之中，蕃、唐双方的使臣往来依然频繁不断。吐蕃且数度向唐廷请求和亲：

> 显庆二年（657 年）十二月，吐蕃赞普遣使献金城，城上有狮子、象、驼马、原羝等，并有人骑，并献金瓮、金颇罗等。①
>
> 显庆三年（658 年）十月，庚申，吐蕃赞普来请婚。②
>
> 龙朔三年（663 年）五月，吐蕃与吐谷浑互相攻，各遣使上表论曲直，更来求援……吐蕃禄东赞屯青海，遣使者论仲琮入见，表陈吐谷浑之罪，且请和亲。上不许。遣左卫郎将刘文祥使于吐蕃，降玺书责让之。③
>
> 麟德二年（665 年）正月丁卯，吐蕃遣使入见，请复与吐谷浑和亲，仍求赤水地畜牧。④
>
> 咸亨三年（672 年），吐蕃遣仲琮来朝。先是，仲琮年少时，尝充质入朝，诣太学生例读书，颇晓文字。至是，帝召入赐宴，甚优礼之，问曰："汝国赞府孰与其祖为贤？"对曰："雄勇果断，不及其祖，然勤于听理，下不敢欺，亦令主也。但吐蕃土风寒苦，物产贫薄，所部逻娑川，唯有杨柳，人以为资，更无草木。乌海之南，盛夏积雪，冬则羊裘数重，暑月犹衣裘褐。赞府春夏每随水草，秋冬始入城隍，但施庐帐，又无屋宇。文物器用，岂当中夏万分之一！但其国法严整，上下齐力，议事则自下而起，因人所利而行之，斯所以能持久也。"帝曰："吐蕃与吐谷浑本是甥舅之国，素和贵叛主奔走，吐蕃纳之。信其间隔，侵逼浑国，

---

① 《册府元龟》卷 970 第 12 册《外臣部·朝贡三》，中华书局 1960 年影印本，第 11322 页。

② 《通鉴》卷 200 第 14 册，第 6310 页。

③ 《通鉴》卷 201 第 14 册，第 6335—6336 页。

④ 同上书，第 6343 页。

招其叛士，夺其土地。我遣薛仁贵等安辑慕容之众，吐蕃掩其不备，伏甲击破之；既又寇逼凉州，欲陷城堡，其故何也?"对曰："臣受命贡献而已，攻战之事，非臣所得预闻也。"帝厚赐而遣之。①

三年（672年）四月癸未，遣都水使者黄仁素使于吐蕃。②

上元二年（675年）正月辛未，吐蕃遣其大臣论吐浑弥来请和，且请与吐谷浑复修邻好，上不许。③

调露元年（679年）十月癸亥，吐蕃文成公主遗其大臣论塞调傍来告丧，并请和亲，上遣郎将宋令文诣吐蕃会赞普之葬。④

万岁通天元年（696年）九月，吐蕃复遣使和亲，太后遣右武卫胄曹参军贵乡郭元振往察其宜。⑤

战争期间如此频繁的使臣往还，数度向唐请求和亲，取决于蕃、唐友好的历史发展主流。论钦陵、赞婆等逆此主流，不断发动反唐战争，不是自取灭亡，就是最终不得不重新回到蕃、唐友好的道路上来。金城公主嫁入吐蕃，亦是由此主流所决定。与吐蕃和亲，发展相互间的友好关系，一直是唐朝的政策。仪凤三年（678年），高宗为谋求唐、蕃之好，曾博咨近臣。《资治通鉴》云："上以吐蕃为忧，悉召侍臣谋之，或欲和亲以息民；或欲严设守备，俟公私富实而讨之；或欲亟发兵击之。议竟不决，赐食而遣之。"⑥高宗未决以和亲，当是因吐蕃军力国势正膨胀，尚无和亲之客观条件。而思治求安，用和亲以制御，则是当时朝廷中的一主要思潮。随着战事和吐蕃内政的演

---

① 《册府元龟》卷962第12册《外臣部·才智》，中华书局1960年影印本，第11322页；《旧唐书》卷216第14册《吐蕃传》，第6076页。
② 《通鉴》卷202第14册，第6368—6369页。
③ 同上书，第6375页。
④ 同上书，第6393页。
⑤ 《通鉴》卷205第14册，第6508页。
⑥ 《通鉴》卷202第14册，第6386页。

变，武后在闻吐蕃请和亲之后，命郭元振"往察其宜"，使唐、蕃二度和亲提上议事日程。长安三年（703 年）四月，吐蕃遣使献马千匹、金两千两，奉表为器弩悉弄赞普求婚，为武后所接受。但因器弩悉弄赞普忙于平定南属诸帐之叛乱，往攻南诏死于军中，国中大乱，嫡庶争立。继立赞普为年仅七岁的弃隶缩赞，政事由祖母尺莫罗（禄没氏）主持。景龙元年（707 年），尺莫罗遣大臣悉薰热来献方物，并为其孙请婚（《旧唐书·吐蕃传》）。唐中宗当时为解除抗御北方突厥默啜可汗侵扰的后顾之忧，于当年四月辛巳，许以所养雍王李守礼女金城公主妻之，是年，弃隶缩赞仅十一岁。①

二　金城公主身世及其入藏

金城公主是雍王李守礼之女。李守礼为唐高宗第六子章怀太子贤之子，于中宗为侄。守礼女于中宗为侄孙女。章怀太子曾被武后废为庶人："章怀太子贤，字明允，高宗第六子也。……调露二年，崇俨为盗所杀，则天疑贤所为。……于东宫马坊搜得皂甲数百领，乃废贤为庶人，幽于别所。"（《旧唐书·高宗、中宗诸子列传》）金城公主则随守礼被托养在宫中。中宗是高宗第七子，睿宗是第八子。因公主是中宗、睿宗的侄孙女，二者对金城公主均厚爱。神龙二年（706年）闰正月一日，当太平、长宁、安乐公主等敕置官属，仪比亲王之时，公主亦与妃所生之宜诚、新都、安定公主等同时被进封，"金城公主以出降吐蕃，特宜置司马"②。睿宗嗣立后的景元二年（711 年），

---

① 参见《通鉴》卷208 第 14 册，第6610 页。
② 文出《唐会要》，见上海古籍出版社 1987 年据台湾商务印书馆《影印文渊阁四库全书》第 606 册史部第 364 分册卷 6，第 48 页；参见《通鉴》卷208 第 14 册，第 6597 页。

册封其为长女。封号仍为金城公主。中宗许嫁后，吐蕃于次年（708年）四月遣使至和蕃使左骁卫大将军杨矩处迎公主，兼学汉语，但由于公主尚幼小，乃放其使回吐蕃。景龙三年（709年）十一月，吐蕃又以瑟瑟告身的大臣尚赞咄名悉腊、金告身的大臣尚钦藏等千余人来迎金城公主。中宗于梨园亭子赐观打球（原作毯，指马球）。吐蕃赞咄名悉腊说："臣部曲有善球者，请与汉敌。"名悉腊颇晓汉书，朝廷皆称其才辩。景龙四年（710年）正月，中宗在论证了之所以要与吐蕃和亲的愿望及做出送公主的具体安排之后，才让公主西去吐蕃。《旧唐书·吐蕃传》载中宗把金城公主当生女而割慈远嫁吐蕃的考虑是：

　　圣人布化，用百姓为心；王者垂仁，以八荒无外。故能光宅遐迩，裁成器物。由是隆周理历，恢柔远之图；强汉乘时，建和亲之议。斯盖御宇长策，经邦茂范。朕受命上灵，克纂洪业，庶几前烈，永致和平！睠彼吐蕃，僻在西服，皇运之始，早申朝贡。太宗文武圣皇帝，德侔覆载，情深忆兆，思偃兵甲，遂通姻好，数十年间，一方清净。自文成公主往化其国，因多度革，我之边隅，亟兴师旅，彼之蕃落，颇闻凋敝。顷者赞普及祖母可敦、酋长等，屡披诚款，积有岁时，思讬旧亲，请崇新好。金城公主，朕之少女，岂不钟念？但为人父母，志悉黎元，若允乃诚祈，更敦和好，则边土宁晏，兵役服息。遂割深慈，为国大计，筑兹外馆，聿膺嘉礼，降彼吐蕃赞普，即以今月进发，朕亲自送于郊外。

当时的朝臣多以为许嫁公主是软弱的表现，加之吐蕃远在边外，都不愿去陪送公主。中宗召侍中纪处纳来对他说："昔文成公主出降，则江夏王送之，卿雅识蕃情，有安边之略，可为朕充此使也。"纪处纳以不熟练边事为辞而拒之。中宗又召中书侍郎赵彦昭充使，彦昭的朋友司农卿赵履温私下对他说："公，国之宰辅而为一介之使，不亦鄙乎？"彦昭托安乐公主密奏其求，才得以脱身。最后中宗令左骁卫将军杨矩为使，矩贪功慕利而应之。景龙四年（710年）正月，金城公主在杨矩等的护送之下，由长安启程去吐蕃。中宗亲自送公主至始平县（今陕西兴平县）。在始平县，设帐殿于百顷泊侧，要王公宰相及吐蕃迎亲使入宴。席间，中宗要吐蕃使到他的面前，说明他为什么要割慈将公主远嫁吐蕃的愿望，并怜其年幼，为之悲泣不止。他命从臣赋诗为公主饯别，并令释放始平县死罪以下的罪人，免天下百姓一年的租税，改始平县为金城县，改乡为凤池里。《册府元龟》记之如下：

> （景龙四年正月）丁丑，命左骁卫大将军杨矩充送金城公主使；己卯，幸始平县，以送金城公主。辛巳，设帐殿于百顷泊侧，引王公宰臣及吐蕃使人入宴，中坐。酒阑，命吐蕃使进前，谕以公主骏幼。割慈远嫁之日，帝悲泣歔欷久之。因命从臣赋诗饯别，改始平为金城，又改其地为凤池乡怆别里。①

兹选从臣所写饯别诗如下：

> 圣后经纶远，谋臣计画多；受降追汉策，筑馆计戎和。
> 俗化乌孙垒，春生积石河；六龙今出饯，双鹤愿为歌。
>
> 甥舅重亲地，君臣厚义乡；还将贵公主，嫁与耨檀王。
> 卤簿山河暗，琵琶道路长；回瞻父母国，日出在东方。
>
> 广化三边静，通烟四海安；还将膝下爱，特副域中欢。
> 圣念飞玄藻，仙仪下白兰；日斜征盖没，归骑动鸣鸾。

---

① 《册府元龟》卷979第12册《外臣部·和亲二》，中华书局1960年影印本，第11499页。

下嫁戎庭远，和亲汉礼优；笳声出虏塞，萧曲背秦楼。

贵主悲黄鹤，征人怨紫骝；皇情眷亿兆，割念俯怀柔。①

公主入藏，"帝念主幼，赐锦缯别数万，杂技诸工悉从，给龟兹乐"②。《西藏王统记》等藏文文献说："帝赐无数远行之礼物。"③"公主的嫁奁有万匹绫，及诸种工艺，凡至王前所需之具，皆有携备。"④

金城公主之入藏，由长安入青海，经西宁、玉树沿昔日文成公主进藏之路线。吐蕃为迎公主，在越过悉结罗岭的地方凿石通车，开了一条新路。唐臣刘元鼎进藏会盟，过悉结罗岭时，谓"逆金城公主道也"（《新唐书·吐蕃传》）。《吐蕃历史文书·大事纪年》云："狗年（即710年，庚戌）金城公主至逻娑（拉萨）之鹿苑，别筑一城以居之。"

三　金城公主入藏后业绩

金城公主下嫁吐蕃赞普，是在文成公主逝世后的三十年。如前所述，在此期间，蕃、唐战争频繁，双方的社会经济遭到严重破坏，吐蕃境内不断发生内乱和反抗斗争，吐蕃人民处于水深火热之中。金城公主作为一个维护和平与传播汉族先进文化的友好使者，在一个相当

---

① 以上四首诗，分别见《全唐诗》（中华书局1979年版），一为崔日用《奉和送金城公主适西蕃》，卷46，第560页；二为阎朝隐《奉和送金城公主适西蕃应制》，卷69，第771页；三为武平一《送金城公主适西蕃》，卷102，第1084页；四为郑惜《送金城公主适西蕃应制》，卷106，第1105—1106页。

② 《新唐书》卷216第19册《吐蕃传》，中华书局1975年版，第6081页。

③ 《西藏王统记》，铅印本，第197页。

④ 沈朗降村：《西藏政教史鉴》，任乃强译，《康导月刊》（第5卷）1943年第5期。

长的时期内恢复了蕃、唐亲如一家的友好关系，自中宗景龙四年（710年）金城公主入蕃至玄宗开元二十八年（740年）公主薨止，30年间，蕃使来唐不下27次，唐使入藏有15次。公主在藏维系和平友好，推动唐、蕃经济、文化交流的业绩，是有很多表现的。

第一，调解纷争，稳定蕃、唐之间业已建立的友好关系。在阶级社会里，民族对抗和民族压迫是不可避免的。蕃、唐之间的友好关系，不是和谐地来实现的，而往往伴随着冲突与纷争。冲突与纷争得不到及时化解，友好关系之建立便会得而复失。《新唐书》言中宗"景龙四年（710年）三月，以河源九曲予吐蕃"（《新唐书·中宗本纪》卷一九六），作为公主汤沐（休养）之地。九曲东至西平郡龙支县290里，西至积石军180里，西北到西平郡鄯城（青海西宁）县280里，地在黄河以北，其地水甘草良，宜屯兵畜牧。唐廷割九曲之地给吐蕃，意在支持公主发展双方的友好关系，而非如《新唐书》《旧唐书》所言，是吐蕃贿赂杨矩的结果。但下嫁公主与割九曲之地给吐蕃，都未消除蕃、唐双方的冲突。景云元年（710年），唐、蕃边境时有冲突发生。是年监察御史李知古以姚州（今云南姚安）诸蛮曾属吐蕃为由，征剑南兵击姚州蛮酋傍名，吐蕃助傍名杀知古并断其尸祭天。与此同时，安西都护张元表与吐蕃边将亦相互攻掠。吐蕃赞普在给唐玄宗的一书中曾谈及此冲突，并恳请许以旧好：

> 外甥是先皇帝舅宿亲，又蒙降金城公主，遂和同为一家。天下百姓，普皆安乐。中间为张元表、李知古等东西两处先动兵马，侵抄吐蕃，边将所以互相征讨，迄至今日，遂成衅隙。外甥以先代文成公主今金城公主之故，深识尊卑，岂敢失礼！又缘年小，枉被边将谗构斗乱，令舅致怪，伏乞垂察追留，死将万足！前数度使人入朝，皆被边将不许，所以不敢自奏。去冬公主遣使人娄众失力将状专往，蒙降使看公主来，外甥不胜喜荷。谕遣论名悉猎及副使押衙将军浪些纥夜悉猎入朝，奏取进止。两国事

意，悉猎所知。外甥蕃中已处分边将，不许抄掠，若有汉人来
投，便令却送。伏望皇帝舅远察赤心，许依旧好，长令百姓快
乐。如蒙圣恩，千年万岁，外甥终不敢先违盟誓。谨奉进金胡瓶
一、金盘一、金碗一、玛脑杯一、羚羊衫段一，谨充微国之礼。①

开元二年（714 年），吐蕃相坌达延上书，请与唐订立"定境于
河源之盟"，玄宗遣解琬与之订盟。但未等到订盟，坌达延、乞力徐
等就率十余万军进攻临洮及兰州、渭州（甘肃陇西），掠取牧马。唐
将薛纳等与之战于武街（今临洮县境）、长城堡等地，前后杀获其数
万人，洮水为之不流。唐以吐蕃背信犯边，将金城公主曾请求在黄河
九曲上筑的桥毁掉，守河为界。王忠《新唐书吐蕃传笺证》说，坌达
延为吐谷浑王，本部在鄯善。当时国王年幼，祖母弃玛勒摄政，坌达
延娶弃玛勒之女为妻，以专擅国政，位在大相之上，乞力徐为当时的
大相。如果说发生在安西都护府及姚州地区的唐、蕃战争，是边将挑
起的话，那么侵犯临洮的大战，则是吐蕃王室发动的。这些战争在很
大程度上损坏了双方业已建立的亲如一家的亲密关系，若发展下去，
将再一次出现噶氏家族时期双方战乱不止的局面。金城公主为改变双
方日益恶化的关系，上书唐廷请求蕃、唐修好，且言赞普君臣欲与天
子共署誓刻。书曰："此间宰相向奴奴（金城公主自称）道：赞普甚
欲得和好，亦疑亲署誓文。"② 与此同时，吐蕃赞普墀德祖赞（即弃
隶缩赞）又遣使上书玄宗，详表与唐签署盟约的诚意：

孝和皇帝尝赐盟。是时唐宰相豆卢钦望、魏元忠、李峤、纪
处纳等凡二十二人及吐蕃君臣同誓。孝和皇帝崩，太上皇嗣位，
修睦如旧。然唐宰相在誓刻者皆殁，今宰相不及前约，故须再

① 《旧唐书》卷 196 第 16 册《吐蕃传》，中华书局 1975 年版，第 5231 页。
② 《册府元龟》卷 979 第 12 册《外臣部·和亲二》"开元五年（717）三月"条，中
华书局 1960 年影印本，第 11500 页；参见《全唐文》卷 999《请约和好书》，嘉庆十九年二
月刻本，第 6 页。

盟。比使论乞力等前后七辈往，未蒙开许。且张元表、李知古将兵侵暴甥国，故违誓而战。今舅许湔贷前恶，归于大和，甥既坚定，然不重盟为未信，要待新誓也。甥自总国事，不牵于下，欲使百姓久安。舅虽及（及字应为允字之讹）和，而意不专，于言何益？①

玄宗认为和亲（许嫁金城公主）时已定有双方和同一家的成言，只要执行此成言即可，而未同意与其进行新的盟誓，只以厚礼相送吐蕃使臣，并厚赐赞普而罢。玄宗如此之决策，是重申许嫁金城公主时双方定下的唐、蕃关系的准则，使公主在藏的地位、作用得到更好的发挥。在金城公主之协调及其他历史因素的作用之下，双方边境出现了相对安宁的局面，吐蕃"自是岁（开元五年）朝贡不犯边"（《新唐书·吐蕃传》卷二十六）。金城公主自觉肩负和谐蕃、唐关系重任，"奴奴降蕃，事缘和好"②，努力调解纷争，以建立稳定的友好关系。金城公主的作用应充分肯定。

第二，欲以出走表示对吐蕃进攻唐朝的不满。开元八年（720年），吐蕃联突厥、大食，以图攻略四镇。开元十年（722年），吐蕃攻小勃律国（地在今克什米尔北境的吉尔吉特），以假道攻安西四镇。小勃律王没谨忙告北廷节度使张孝嵩："勃律，唐之西门。失之，则西方诸国皆堕吐蕃，都护图之。"孝嵩遣疏勒副使张思礼以步骑四千昼夜奔驰，与谨忙的兵夹击吐蕃兵，蕃兵死者数万，获其铠仗马羊，复九城故地。小勃律为唐之属地，《慧超往五天竺传》云："又迦叶弥罗国东北，隔山十五日程，即是大勃律国，杨同国、娑播慈国，此三国隶属吐蕃所管……地狭小，山川极险。……又迦叶弥罗国西北，隔山七日程，有小勃律国，此属汉国所管……贫多富少，山川狭小，田

---

① 《新唐书·吐蕃传》卷216第19册，第6082页。
② 《全唐文》，嘉庆十九年二月刻本，第1190页。

种不多，元无树木及于诸草。其大勃律，元是小勃律王所住之处，为吐蕃来逼，走入小勃律国坐。首领百姓，在彼大勃律不来。"① 金城公主对吐蕃进攻小勃律，并进而攻安西四镇的行动和图谋极为不满，加之在吐蕃进攻失败，居于吐蕃陷于困境的情况下，她欲出走到吐蕃西边对唐十分友好的个失蜜国，以反对吐蕃犯唐。个失蜜国王对公主的计划极为欢喜，但因惧怕吐蕃的报复而去求谢飓国王的支持，谢飓国王表示同意，并向唐朝奏报了此事。谢飓国王特勒遣使向唐奏曰："谢飓国去个失蜜国一千五百里，个失蜜国去吐蕃金城公主居处七日路程，公主去年五月，遣汉使二人偷道向个失蜜国传言曰：'汝赤心向汉，我欲出走投汝。容受我否？'个失蜜国王闻其言大喜，报曰：'公主但来，竭心以待。'时个失蜜王又遣使报臣国王曰：'天子女欲走来投我国，必恐吐蕃兵马来逐，我力不敌，乞兵与我。即冀吐蕃破散公主得达臣国王闻之极欢，遣使许诺于个失蜜国王。令臣入朝，面取进止。'"② 玄宗对谢飓国王送来公主的信息表示感谢，赐帛百匹。但考虑到公主的行动会刺激吐蕃大举犯边，所以要公主忍耐，不要出走。金城公主于是放弃去个失蜜国的计划。

第三，请《诗》《书》及在赤岭划界立碑。《旧唐书·吐蕃传》云："时吐蕃使奏云：'公主请《毛诗》《礼记》《左传》《文选》各一部。'"玄宗令秘书省缮写与之。正字于休烈不同意而上疏云："臣闻吐蕃之性，剽悍果决，敏情持锐，善学不回。若达于书，必能知战。深于《诗》，则知武夫有师干之试；深于《礼》，则知月令有兴废之兵，深于《传》，则知用师多诡诈之计；深于《文》，则知往来有书檄之制。何异借寇兵而资盗粮也！"裴光廷等否定此说，要玄宗按金城公主之请，如数满足吐蕃的需要，他说："吐蕃聋昧顽嚣，久

① 事载《新唐书·吐蕃传》卷216第19册，第6083页。大小勃律之资料，载《通鉴》卷212第14册"开元十年（722）八月癸未"条，第6752页。
② 《册府元龟》卷979《外臣部·和亲二》，中华书局1960年影印本，第11501页；《全唐文》卷999《陈金城公主事宜奏》，第30页。

叛新服，因其有请，赐以《诗》《书》，庶使之渐陶声教，化流无外。休烈徒知书有权略变诈之语，不知忠、信、礼、义，皆从书出也。"①玄宗听从裴光廷之建议，如数给公主所请之《诗》《书》。玄宗在给金城公主的一封信中说：

> 远降殊方，底宁蕃落，载怀贞顺之道，深明去就之宜，能知其人，而献其款，忠节克著，叹美良深。所进物等并领得，今寄公主少多信物，至宜领取。所请物并一依来奏文。

金城公主为稳定蕃、唐的友好关系，给边境人民提供进行农牧业的安定环境，于开元二十一年（733 年）二月，请求玄宗准于当年九月一日，在赤岭划界立碑，以定双方边界。玄宗接受其所请，派张守硅、李行祎与吐蕃使莽布支在赤岭（青海湟源县日月山）相会，以赤岭为界，立藏、汉文碑各一块，重申旧好。说明除以赤岭为界外，其余地方依旧界。吐蕃表示不侵河、湟，不掠牛马和践踏庄稼；唐表示不袭吐蕃的城庶和部落，不阻断吐蕃的道路。碑文云：

> 舅甥修其旧好，同为一家。……赤岭之外，其所定边界，一依旧定为封守。为罗斥候，通关梁。……无或背渝德，习凶梗，侵扰我河湟，窥视我亭障；无或恣业，惊驰咆哮，剽掠我牛马。蹂践我秾稼。汉家军领亦不得兵马相侵，我家用不奄袭尔城守，覆坠尔帅徒，壅塞尔道路，湮灭尔部落。不以兵强而害义，不以为利而弃言，则我无尔诈，尔无我虞，信也。②

为保证赤岭碑誓文的落实，双方在立碑后遣使各告其边州说：

---

① 《旧唐书》卷 196 第 16 册，第 5230 页。又见《通鉴》卷 213 第 14 册 "开元十九年" 条，第 6794 页。
② 《册府元龟》卷 979 第 12 册《外臣部·和亲二》，中华书局 1960 年影印本，第 11503 页。

"两国和好，无相侵掠。"在双方友好的政治环境中，蕃、唐社会经济得到了很大的恢复和发展。《通鉴》卷二一四记载吐蕃在盟誓立碑后的三年之中，即出现了"畜牧被野"的局面。

第四，弘扬佛教。金城公主是一位虔诚的佛教信徒，据藏族王统、教法史书记载，她在吐蕃组织人力翻译了多部佛法经典，传播了各种器乐。她到吐蕃时，要求瞻仰文成公主带来的释迦牟尼佛像，先在小昭寺寻看，后又去大昭寺献供，见到释迦牟尼像，设立长供。赞普在金城公主的影响下，遣大臣巴·桑巴等四人带着书信、礼品去唐朝求佛典。[1] 赞普还将避难的和阗僧人接到拉萨，让他们为振兴西藏佛教出力。[2]

金城公主于开元二十八年（740年）卒。[3] 公主在藏三十年，其间蕃、唐战火不断。公主为恢复双方"和同一家"的关系，竭尽全力，她的历史功绩在我国人民中代代传诵。论述金城公主入藏的历史，必将激励我们为汉、藏及祖国各族人民的团结做出积极的贡献。

（原载《云南社会科学》1998年第4期）

---

[1] 参见恰白·次旦干措、诺章·吴坚、平措次仁《西藏通史》，西藏古籍出版社出版1996年版，第123—124页。

[2] Hemut Hoffmann, *The religious of Tibet*, p. 40.

[3] 公主之卒年，《新唐书·吐蕃传》认为是开元二十八年（740年），《旧唐书·吐蕃传》认为是二十九年（741年），《册府元龟》卷979《外臣部·和亲二》认为是二十八年（见该书第11504页），《敦煌吐蕃历史文书》认为是二十七年（739年）。今从《新唐书·吐蕃传》及《册府元龟》。

西北吐蕃诸部与五代、宋朝的
历史关系

　　西北吐蕃诸部与五代、宋朝的历史关系，是中国民族史研究的一个重要课题。本文力图以翔实的史料进行论证，实现立论创新。

　　唐武宗会昌二年（842 年），吐蕃达磨赞普（朗达玛）被叶巴寺静修僧人拉隆贝吉多杰刺杀，吐蕃贵族分别挟持达磨的两个儿子云丹、威宋争夺赞普王位①，双方连年征战，吐蕃对各属部的统治关系，相继瓦解。在吐蕃本部及其统治的其余地方，出现了部落分立的割据局面。范文澜在《中国通史简编》中说："赞普统治下统一的吐蕃国，自达磨赞普被杀，国土分裂后，出现四个政权，一个在今后藏的阿里，即阿里王系；一个在后藏，即亚泽王系；一个在前藏，即拉萨王系；一个在山南，即亚陇觉阿王系。"② 至五代时期，各部落的分裂割据更加发展，"族种分散，大者数千家，小者百十家，无复统一矣。自仪（今甘肃华亭）、渭（今甘肃平凉）、泾（今甘肃泾川）、原（今甘肃镇原）、环（今甘肃环县）、庆（今甘肃庆阳）及镇戎（今宁夏固原）、秦州（今甘肃天水）、暨于灵（今宁夏灵武）、夏（今陕西靖边）皆有之。各有首领，内属者谓之熟户，余谓之生户"③。历史上

---

　　①　关于云丹、威宋是否为达磨赞普之子，第吴觉色著《宗教源流》《王朝史明鉴》、嘎托·仁增罗布著《言简意赅之赞普世系》等藏文史籍众说纷纭。兹按皆为其子之说叙述。

　　②　范文澜：《中国通史简编》（修订本）第三编第二册，人民出版社 1965 年版，第 477—478 页。

　　③　《文献通考》卷 334《宋史·吐蕃传》。

仍称分裂之各部为吐蕃，只在名前冠以所部驻地或分布地区之名，如凉州吐蕃、邈川吐蕃或河西吐蕃等。正当吐蕃各部兵戈相防、争雄自立愈演愈烈的时候，祖国内地亦陷于五代十国的割据状态。五代时期内地王朝无力开展对西藏地区及原吐蕃属部的经略，但各部"常自通于中国"①，五代各王朝也利用甘（今甘肃张掖）、凉（今甘肃武威）、瓜（今甘肃安西）、沙（今甘肃敦煌）四州发展与藏族各部的政治经济文化联系。当时甘州为回鹘控制（840 年，漠北的回鹘汗国因天灾及战祸而崩溃，散处河西地区的部分以甘州为中心成立甘州回鹘政权。甘州回鹘对中原王朝一直保持着贡使关系），其余三州隶属于唐官。故五代先后在此三州封官置吏，对西北吐蕃各部进行经略。

一 河西吐蕃与五代王朝的关系

（一）河西吐蕃和后梁的关系

梁太祖开平元年（907 年），朱温代唐称帝，建都汴（今河南开封），国号梁，史称后梁。我国历史上的"五代"时期自此开始。

河西地区指黄河以西、甘肃河西走廊、青海湟水流域，这个地区的吐蕃部落，后梁时相继遣使朝贡。"开平二年（908 年）正月，（吐蕃）遣使朝贡。二月，以吐蕃入朝使咀末首领杜论悉伽、杜论心为左领军卫将军同正，咀末苏论、乞禄论为右领军卫将军同正。""乾化元年（911 年）十一月又遣使来朝，召对于乾元殿，赐金帛等遣之。"（《五代会要·吐蕃》）

---

① 《旧五代史》卷一三八第六册《外国列传第二》，中华书局 1976 年版，第 1839—1841 页。

咀末，又称浑末，系吐蕃的奴部。吐蕃凡出师征战，皆以奴仆作为随从，平时散处进行耕收，战时参战。唐会昌二年（842 年），吐蕃内乱，驻陇西（甘肃东南部）的大将论恐热发动反叛吐蕃王室的战争，王室派尚思罗率军镇压，尚思罗兵败被杀。论恐热为扫除向西夺取王权的障碍，大兴兵攻击王室派驻鄯州（青海东部）的节度使尚婢婢，为尚婢婢四万伏兵所击败。此后双方混战长达二十余年之久，河、陇"二千里间，寂无人烟""赤地殆尽"，从征奴仆无处所归，乃聚众自保，自号咀末，散居于甘（今甘肃张掖）、肃（今甘肃酒泉）、瓜（今甘肃安西）、沙（今甘肃敦煌）、河（今甘肃临夏）、渭（今甘肃平凉）、岷（今甘肃临潭）、廓（今青海贵德南）、迭（今甘肃迭部）、宕（今甘肃宕昌）诸州，共有数千之众。咀末人勇敢善战，育有良马，臣属于后梁。乾化元年（911 年）十一月，后梁太祖以咀末首领杜论悉伽和杜论心为左领军卫将军同正，咀末苏论和乞禄论为右领军卫将军同正。次年闰五月，又以咀末首领热逋钵督、崔延没相为银青光禄大夫，检校太子宾客，遣还本部。河西地区的吐蕃族部在中原王朝更迭的时候，及时向后梁朝贡，说明他们与祖国内地的政治、经济、文化联系，并未因分裂割据而受阻。后梁在利用传统的政治、经济、文化联系，与河西吐蕃部落交往，封赐咀末首领为官的同时，也曾采取军事征服的办法，收复被吐蕃占领的土地。乾化元年十一月，后梁当军都指挥使高万金统兵攻盐州（治在今陕西定边），盐州伪刺史高行存泥首来降。盐州系通陇右的咽喉之地，地有盐池，唐建中初，为吐蕃所陷。贞元元年（785 年），唐将浑碱以兵复其地。唐末又失之。高万金收复时，后梁丞相及文武百官上表称贺。

后梁是我国五代分裂时期的一个朝代，仅占有今河南、山东两省和陕西、山西、河北、宁夏、湖北、安徽、江苏各一部分，共历三帝，十七年，其建国的时间和空间都很有限，而后梁与吐蕃族部之间的联系却仍然密切，这种密切联系是由双方不可分割的经济、文化联系所决定的。

（二）河西吐蕃与后唐的贡使往来

后唐同光元年（923 年），沙陀部人李存勖灭后梁称帝，建都洛阳，国号唐，史称后唐。

后唐对河西吐蕃奉行积极经略的政策，设处置使，与河西吐蕃建立更加密切的关系。庄宗同光二年（924 年）四月，回鹘来朝，沙州（在今敦煌地区）留后曹义金遣使与回鹘使同来，进玉、硇砂（天然的氯化铵，可入药）、羚羊角、波斯锦、茸褐、生黄、金星矾等物，请授西边都护。五月，庄宗拜曹义金为归义军节度使、瓜州等州观察处置使，处置管内营田、押蕃落等使。① 天成二年（927 年）十一月，回鹘（在甘州，今张掖地区）西界吐蕃遣使野利延孙等入贡，随之而来的有蕃僧四人，持蕃书两封，因朝中无人能识藏文，这两封信的内容不清楚。次年正月，明宗授野利延孙等六个入朝的蕃人为怀远（归德）将军（《五代会要》云：为归德将军），使其返回原地。闰八月，吐蕃使闫萨罗等三人入贡，明宗赐给锦衣缯帛，授归化（德）司戈。十一月，党项、吐蕃相次朝贡。十二月，明宗授吐蕃王子拨毡为归德郎将，首领十人为归化（德）司戈。天成四年（929 年），西凉府蕃官播心等来朝，吐蕃首领掇里忙、布蔺毡等来朝，亦并授归德司戈。长兴元年（930 年）吐蕃首领干拨葛贡牦牛两头。九月，河西蕃官姚东山、吐蕃首领王满儒等三十人贡驼马。长兴三年（932 年）正月，凉州（今甘肃武威）地区的各吐蕃部落遣使朝贡，乞请朝廷封赐。后唐明宗以朝贡使左厢首领右千牛卫将军同正野利间心为归德大将军，右厢首领篯心为归化郎将，中厢首领李读等并为归德司候，重云都督、对儿六、突儿鸡等并为归德司陛。七月，泾州（今甘肃泾川县）

----

① 参见《新五代史》卷七十四《吐蕃传》，又见《册府元龟》卷一一七《帝王部来远》。

西二千里的吐蕃部落遣使朝贡，帝引对于端明殿，帝问其牙帐去京师远近，对曰："在泾州西二千里。"长兴四年（933 年）十一月，明宗赐吐蕃朝贡使以金帛及每人虎皮一张。①

后唐封授吐蕃部落酋长的名号，有"怀远将军""归德将军""归化司义"（"归化司戈"）、"归德司戈""归德大将军""怀化郎将""归德司候""归德司陛"等；赏赐的物品有金、帛、锦衣、虎皮等。后唐争取河西吐蕃各部并积极发展和他们的关系的政策，是顺民心合民意的，有益于各部社会的稳定和经济文化的发展。当然，鉴于后唐统治者的阶级本性，他们不可能不实行民族压迫和民族奴役政策；他们与河西吐蕃部落的矛盾和战争也是不时发生的。如天成四年（929 年），明宗以康福为朔方、河西等军节度使，遣将军牛知柔率兵送其赴任，行至青冈峡时，遇吐蕃野利、大虫二部落数千帐，乃进行偷袭，蕃众弃帐幕而逃，官兵追杀之殆尽，获其玉璞、羊、马等甚多。长兴三年（932 年），明宗以药彦稠入吐蕃，药彦稠过灵武道时，对附近进行搜索，搜出回鹘所贡的驰马、宝玉、药物等，"因杀为盗蕃部"，擒其首领。同年八月，灵武冯铎、威州（今宁夏灵武）刺史药元福，与吐蕃七千人大战于威州土桥西一百里，吐蕃兵大败，千余人丧生。这些矛盾和战争，对于后唐与甘青地区吐蕃的关系，不能不产生影响，但是它并非当时双方关系中本质与主流的方面，不影响对后唐成功的对蕃政策的评价。明宗时，王思同镇陇右，居秦州（今甘肃天水）多年，执行汉、蕃友好的政策，"边民怀惠，华戎宁息"。长兴元年（930 年），明宗问其在秦州为政的情况，他说："秦州与吐蕃接境，蕃部多违法度，臣设法招怀，沿边置砦四十余所，控其要害。每蕃人互市，饮之食之界上，令纳器械。"（《册府元龟》卷四二九《将帅部·守边》）他执行的招抚政策受到明宗的表扬，说明后唐对河西吐蕃的民族政策，主流是积极的和进步的。这使当时的蕃、汉关

---

① 以上皆见《五代会要》卷三十《吐蕃》。

系，处于比较和谐、友好的境地。这种良好的蕃、汉关系虽然在某一时期会有波动，但由于在经济上互补互利的关系，它始终是牢不可破的。蕃、汉互市是这种互补互利关系的表现形式，蕃使频繁地朝贡、谋取丰厚的回赐也是这种关系的表现形式。

（三）河西吐蕃与后晋、后汉、后周的关系

936 年，后唐河东节度使沙陀部人石敬瑭在契丹贵族的支持下，灭唐称帝，建都汴（今河南开封），国号晋，史称后晋。

后晋天福四年（939 年）八月，甘肃泾州（今甘肃泾川县）附近的吐蕃族野离部进犯泾州，泾州节度使张彦泽获其大首领野离王子罗虾独。十月，"罢延族吐蕃大首领聂褒郎彝磨标昌诃兀罗只褒等率部属朝贡"。次年（940 年），归义军节度使、瓜沙等州观察、押蕃落等使曹义金卒，后晋高祖以其子元德袭其位，继续对瓜沙地区的吐蕃部进行经略。后晋与甘肃吐蕃各部族的关系，基本上同于后唐。

946 年，契丹灭后晋，次年，后晋河东节度使沙陀部人刘知远在太原称帝，在契丹北撤后建都汴（开封），国号汉，史称后汉。后汉历二帝，共四年。后汉乾祐元年（948 年）十月，吐蕃遣使献方物。二年七月，隐帝以凉州留后折逋嘉施为河西军节度使、留后，发展与吐蕃族部的关系。

951 年，后汉邺都留守部郭威灭后汉称帝，建都汴（开封），国号周，史称后周。郭威对政治有所改革，进一步奉行对河西吐蕃部族的积极政策。

广顺二年（952 年），凉州（治今甘肃武威）留后折逋嘉施遣人市马于京师，并奏请太祖命帅前往其地镇守，枢密使兼辅相王峻奏言："凉州深入夷狄，中国未尝命吏，请募率府率（即东宫十率府）、供奉官能往者。"（《旧五代史》卷一三八《外国列传二·吐蕃》）但

无人应募，太祖乃接受王峻的推荐，以其故友申师厚为河西节度使。是年九月，申师厚奏请任用河西地区吐蕃族部所在州的将吏，以建立对这个地区吐蕃族部的统治。太祖从之，授左厢押蕃落副使折逋支、右厢押衙副使崔虎心①为银青光禄大夫、检校工部尚书；授阳妃谷大首领沈念般为怀化大将军，左厢大首领篯千闷为归德大将军，没林葛于凝庐、伴毡、折逋穷罗为怀化大将军，右厢大首领鹿悉迦阿罗、岳骚奴并为归德大将军，刘念般枇与龙温光积并为怀化大将军，中厢首领岳阿西、安九十并为怀化大将军。自泾州安国镇至西凉府沿路三处控扼各州，封其大首领为各州刺史，以控制吐蕃诸部。赐给所管界内各蕃部大首领三十余人以空名告身。申师厚在凉州，对各吐蕃族部不能执行安抚的政策，该州蕃、汉民族关系甚为紧张，他不能站稳脚跟，在蕃部所迫下，以"所部艰食，蕃情反覆，奏乞入朝"，并以其子为留后，擅自逃归。"凉州遂绝于中国，独瓜、沙二州终五代常来。"（《新五代史》卷七十四《四夷附录》）后周世宗追其责任，贬其为右监门卫率府副率。显德二年（955年）五月，世宗以沙州留后曹元忠为沙州节度使、检校太尉、同平章事，对沙州吐蕃族部继续进行经略。

由于西藏地区吐蕃政权瓦解后史料的阙如，对五代时期西藏吐蕃与内地王朝的关系，很难论其全貌，但河西吐蕃与内地王朝及内地汉族的关系，却从星散的汉文史籍中得到一个梗概。由于河西吐蕃与西藏地区藏族的血肉联系，通过对河西吐蕃与内地王朝的关系，也可推知西藏地区各部藏族在这一时期与内地的交往是不可能中断的。五代时期值得称道的对河西吐蕃的团结安抚政策，反映了汉、藏历史的发展规律，或者说，执行这种政策是历史的必然选择。

---

① 《新五代史·吐蕃传》以及《五代会要》卷三十均作崔虎心。此据《册府元龟》卷一七。

二　泾原、秦凤两路沿边吐蕃及西凉蕃部
与宋朝的关系

（一）宋朝对泾原、秦凤两路沿边吐蕃部的团结与安抚

960 年（宋太祖建隆元年），赵匡胤取代后周，定都开封，建立宋朝，史称北宋。为巩固在大分裂、大动荡之后建立的北宋中央集权政权，宋太祖对沿边各族采取了积极安抚和团结的政策。泾原路、秦凤路沿边蕃族部落是他首先安抚的对象。

泾原路为宋康定二年（1041 年）分陕西路置，设泾原路经略安抚使，治渭州（今甘肃平凉）。秦凤路为宋熙宁五年（1072 年）分陕西路西部置，治秦州（今甘肃天水）。此二路及其沿边地区多吐蕃族部落。"（吐蕃）族有生户、熟户。接连汉界，入州城者谓之熟户，居深山僻远、横过寇略者，谓之生户。""熟户"受汉族影响较多，"向化"较深，但仍然保有吐蕃的民族特征。与"生户"一样，"其俗多有世仇，不相来往，遇有战斗，则同恶相济，传箭相率，其从如流。虽各有鞍甲，而无魁首统摄，并皆散漫山川，居常不以为患"①。建隆三年（962 年），发生秦州（今甘肃天水）吐蕃首领尚巴约伤杀宋朝"采造务卒"（指宋朝调至蕃地伐木供给京师的士卒）的事件，知州高防捕系蕃部四十七人。宋太祖得知后，十分震惊，立即命吴廷祚为雄武军节度使，代防进行安辑。他写了一封信，要吴廷祚亲自转给尚

---

① 该文见于《宋史》卷二六四《宋琪传》，又见于《续资治通鉴长编》卷三"建隆三年（962 年）六月辛卯"条。

巴约，"赦尚巴约等罪，所系戎俘并释遣之，赐以锦袍银带，遂罢采造务"（《续资治通鉴长编》卷三"建隆三年（962 年）六月丁未"条）。信中说："朝廷制置边防，抚宁部落，务令安集，岂有侵渔：曩者秦州设置三砦，止以采取材木，供亿京师，虽在蕃汉之交，不妨牧收之利。汝等占据木植，伤杀军人。近得高防秦，汝等见已拘执，听候进止。朕以汝等久输忠顺，必悔前非，特示怀柔，各从宽宥。已令吴廷祚往伸安抚，及还旧地，所宜共体恩旨，各归本族。"（《宋史》卷四九二《吐蕃传》）尚巴约对宋太祖宽大为怀的处理十分感悦，乃于当年秋天将"伏羌地"献给宋朝。所谓伏羌地，即秦州夕阳镇所辖之地。《续资治通鉴长编》卷三"建隆三年（962 年）六月辛卯"条说："秦州夕阳镇，古伏羌县之地也，西北接大薮，材植所出，戎人久擅其利。"这一年，灵武五部以橐驼良马来贡，泾原路沿边八族酋长越嵬等护送入界，太祖予以奖励。

宋太宗继续执行太祖的安抚政策，团结了秦州沿边各部吐蕃。太平兴国八年（983 年）九月，吐蕃诸部以马来献，太宗召其酋长，在崇政殿相见，赐以束帛，厚加抚慰。当时，秦州吐蕃部不时袭击宋军，太宗对宰相阐明了他所以要采取安抚政策的想法："吐蕃言语不通，衣服易制，朕以化外视之，自唐室以来，颇为边患，以国家兵力雄盛，聊举偏师，便可驱逐数千里外。但念其种类蕃息，安土重迁，傥加攘却，必致杀戮，所以置以度外（指蕃部杀掠边疆军民的事），存而勿论也。"[1] 这就是说，由于吐蕃族社会经济落后，对他们犯边的事，应该采取宽厚的政策，如果以武力镇压，必然给国家和蕃族带来祸害。次年，秦州蕃部献羊马，太宗又设宴款待，并以茶、绢作为回赏。在宋朝政策的感召之下，淳化元年（990 年），秦州大小马家族献地内附。这一时期，宋朝派往秦州治边伐木的队伍，与蕃部不时发

---

① 该文见于《续资治通鉴长编》"太平兴国八年（983 年）九月庚午"条，又见《宋史》卷四九二《吐蕃传》。

生争夺，淳化五年（994年）秦州知州温仲舒采取武力压服的手段，将蕃部驱赶至渭河以北，引起蕃部的"骚动"。宋太宗以其违背了朝廷对蕃部的安抚政策，乃将他调到凤翔任知州，而将凤翔知州薛惟吉调来主持秦州政事。①

在蕃汉贸易中，汉族不法商民搞不等价贸易，勒索蕃民，朝廷力主等价交换，对不法汉商绳之以法，此举大大增进了蕃、汉两族人民的友谊。如"环州民与吐蕃相贸易，多欺夺之，或至斗讼，官又弗直，故蕃情常怨。及崇仪使柳开知州事，乃命一其物价，平其权量，擒民之欺夺者置于法，部族翕然向化"〔《续资治通鉴长编》卷三十五"淳化五年（994年）三月丁丑"条〕。

由于宋朝执行团结安抚政策，泾原路、秦凤路及其附近各地的蕃族部落纷纷内附，如咸平六年（1003年）原（今甘肃镇原）、渭（今甘肃平凉）蕃部三十二族纳质来归。景德六年（1004年），泾原路陇山县王、狸、延三族归顺。大中祥符七年（1014年），秦州"熟户"大部郭厮敦归附，以其献地为名，宋授其为顺州刺史。天禧二年（1018年），"樊家族九门都首领开斯多卜并其族来归"。

（二）汉族之融合于西凉蕃族

西凉蕃族，即西凉府的吐蕃族。西凉府，即古之凉州，为汉武帝十三刺史部之一。东汉时治所在陇县（今甘肃张家川回族自治县），三国魏移治姑藏（今甘肃武威），十六国时前凉、后凉、北凉皆在此建国。唐景云元年（710年）置河西节度使，开元、天宝间为十节度之一。安禄山、史思明叛，河西戎率内援，乃为吐蕃所陷，直至9世纪中叶，一直属于吐蕃。五代、宋时称为西凉府，其地"东至故原州（今甘肃镇原）一千五百里，南至雪山、吐谷浑、兰州界三百五十里，西至甘州（今甘肃张掖）同城界六百里，北至部落三百里。周围平川

---

① 该事可详见于《宋史》卷四九二《吐蕃传》，又见《宋史》卷二六四《薛惟吉传》。

二千里，旧领姑藏（今武威）、神乌、蕃禾、昌松、嘉麟五县"[《续资治通鉴长编》卷四十三"咸平元年（998 年）十一月丙辰朔"条]。这个地区分立着折平、六谷、样丹、党宗、尯谷、宗哥、觅诺、者龙等众多的吐蕃族部。

由于中原王朝设置州、县早，又为丝绸之路的要冲，所以在西凉府地区移居有大量的汉族居民。"安史之乱"时，吐蕃乘虚，遂取凉、陇，华人百万，陷于腥膻。唐开成年间（836—840 年）朝廷遣使还蕃，过凉、肃、瓜、沙等州，城邑如故，华人见汉族使，齐夹道泣诉，问："皇帝还念陷蕃生灵否？"当时已经过数世，虽语言小讹，而衣服未改。后唐天成年中（926—929 年），西凉府留后孙超，遣大将拓拔承诲入贡，明宗召见，承诲说凉州东距灵武（今宁夏回族自治区灵武）千里，西北至甘州五百里，旧有郓（今山东郓城）人二千五百为戍兵，因黄巢大起义，阻绝留居，孙超和城中汉户百余，都是戍兵的后裔；还说凉州城中有县令、判官、都押衙、都知兵马使，衣服语言略如汉人。……凉州郭外数十里，尚有汉民陷没者耕作，余皆吐蕃。

吐蕃统治时期，实行民族同化政策，西凉地区的绝大部分汉人，至宋时皆为吐蕃民族所同化。故"西凉蕃部多是华人子孙，例会汉言，颇识文字"。由于大多数汉人被同化，至北宋贞宗咸平元年（998 年）时，西凉州所属姑藏、神乌、蕃禾、昌松、嘉麟五县，二万五千六百九十三户中，仅剩下汉民三百户 [《续资治通鉴长编》卷四十三"咸平元年（998 年）十一月丙辰朔"条]。而且这三百户汉民，也只在言语衣服上还保有一些汉民族的痕迹。

汉族融于吐蕃，是河西、陇右地区陷于吐蕃后的一个普遍现象，其融合过程自 8 世纪后期开始，直至 9 世纪中叶。其结果既加速了吐蕃族各部的封建化过程，又进一步加深了藏族与汉族的血肉联系。

（三）西凉蕃部与北宋的关系

北宋疆域东南到海，北以今天津海河、河北霸县、山西雁门关一线与辽接界；西北以陕西横山、甘肃东部、青海湟水流域与西夏、吐蕃接界；西南以岷山、大渡河与吐蕃、大理接界。西凉地区不属宋境，为吐蕃各部所割据。

北宋王朝政治稳定，经济日渐恢复和走向繁荣，与沿边吐蕃部落的关系得到改善。西凉吐蕃部族争相与北宋建立政治、经济关系，而宋亦积极开展对西凉蕃部的争取工作，西凉吐蕃遣贡使不断。乾德五年（967年），西凉府首领阎逋哥、督廷、督南、割野、麻里五人来贡马。开宝六年（973年），凉州官僧斉毡声、逋胜拉蠲二人求通道于泾州以申朝贡。太祖要泾州（今甘肃泾川）令牙将至凉州慰抚之。淳化二年（991年），权知西凉州左厢押蕃落副使折逋阿喻丹来贡。四年（993年），阿喻丹死，以其弟喻龙波为保顺郎将代其任。五年（994年），折平族大首领、护远州军铸督延巴率六谷诸族马千余匹入贡。至道元年（995年），凉州蕃部当尊以良马入贡，引对慰抚，太宗加赐当尊虎皮一，当尊欢呼致谢。

贡使之往还，使西凉吐蕃与宋朝的政治、军事、经济关系不断得到加强。

在政治上，至道二年（996年），"凉州复来请帅"，太宗正式命丁惟清知州事，赐以牌印。

在军事上，双方联合抵抗党项族的扩张，当时，折平族、六谷等凉州蕃部受到党项贵族攻击，蕃部请宋会兵共讨。咸平二年（999年），六谷都首领潘罗支表示愿勠力进讨，请求宋廷授予刺史，并继续给他廪禄。与此同时，经略使张齐贤又请封六谷王兼招讨使。太宗与宰相商议，认为潘罗支已为酋帅，授刺史太轻，而招讨使的名号不可封给少数民族首领。于是，太宗以潘罗支为盐州防御使兼灵州西面都巡检使，因六谷分左、右厢，左厢副使折通游龙钵实参与潘罗支的军事活动，又以龙钵为宥州（治在今内蒙古鄂托克旗东南）刺史，以六谷首领褚下箕等三人为怀化将军。五年，潘罗支俘杀党项派来蕃部诱降的士卒各一人，奏乞朝旨，贞宗褒谕之，令其自处。此后，潘罗支遣咩通族蕃官成逋驰骑至镇戎军，请会兵讨贼。边臣怀疑成逋之来属于欺诈，乃将其护送部署司审处，成逋惧，逸马坠崖死，贞宗对此十分叹息：“此是泥埋（蕃酋）之子，族人畏其勇。其父子皆有战功，若以后该部再派使臣来，我都要召见，奖其向化。”贞宗追究了镇戎官吏的责任，令渭州（今甘肃平凉）为其举行葬礼。这一年，潘罗支又遣蕃官吴福圣腊来贡，感谢朝廷恩信，说已集骑兵六万，请朝廷派军队共讨党项，以收复灵州（今宁夏灵武）。宋贞宗即以潘罗支为朔方军节度使、灵州西面都巡检使，赐以铠甲器币，以使者吴福圣腊为安远将军、次首领兀佐等七人为怀化将军，并许出师与六谷部联合征讨。是年十一月，党项攻入西凉府，知州丁惟清战死。潘罗支采伪降的战术，集合六谷部诸豪及者龙族的兵力合而攻之，党项兵大败。景德元年（1004年）二月，潘罗支遣其甥厮陁完来献捷；六月，又以其兄邦逋支入奏，表示要进一步率部族及回鹘精兵直抵贺兰山讨除党项残部，请求王朝发兵援助。贞宗乃令泾原部署陈兴等进行策应。当潘罗支率百余骑准备出击来犯的党项军队时，为先前降归于者龙族的党项部落迷般嘱及日逋吉罗丹二族将其杀于帐中。贞宗在他死后赠其为武威郡王，遣使赠恤其家。对于他战胜党项的奇功，宋朝官吏一直传为佳话。

潘罗支死后，六谷蕃部诸豪酋立其弟厮铎督为首领。厮铎督“刚决平恕，每会戎首，设觞豆饮食必先卑者，犯令虽至亲不贷，数更战讨，威名甚著”，深得蕃部的拥戴。为了进一步抗御党项贵族的扩张，宋贞宗授厮铎督盐州防御使、灵州西面沿边都大巡检使，又加其为朔方军节度、押蕃落等使、西凉府六谷大首领的头衔。景德二年（1005

年），厮铎督遣其甥呵昔来贡，言蕃帐周斯那支有智勇，贞宗根据其请，授其六谷都巡检使，并授潘罗支子失吉为归德将军，厚赐器币。者龙七族首领有抗御党项贵族之功，月给千钱。三年，又以者龙族合穷波、党宗族业罗等为本族首领、检校太子宾客，合穷波、业罗等皆为厮铎督的姻亲。是年五月，赐厮铎督部落白龙脑、犀角、牛黄、安息香、白紫石英等药凡七十六种，又加封厮铎督检校太傅，其族帐李波通等四十九人为检校太子宾客，充本族首领。嗣后，西凉吐蕃贡使不绝，宋朝封赐不断。西凉吐蕃与宋关系如此密切，除了政治上的臣属关系以外，主要目的就在于军事上共同对抗党项族的扩张。

在经济上，西凉蕃部通过进贡马匹，向北宋换取自己所缺少的物资。其贡马的数量是很大的，如咸平元年（998 年），河西军左厢副使、归德将军折逋游龙钵献马两千余匹。咸平五年，潘罗支贡马五千匹，宋贞宗厚给马价，别赐彩百段、茶百斤。景德二年（1005 年）厮铎督遣其甥来贡，贞宗赐茶、彩。是年，西凉样丹蕃部上表求市弓矢，贞宗以样丹宣力西陲，特令渭州给赐。茶、彩是蕃部向内地交换的主要物品，其次是药物、弓矢等。除了通过进贡和赏赐的形式进行交换之外，双方商人直接的买卖也不乏见于记录。如淳化初，朝廷以丁惟清往凉州市马，灵州命蕃部军使崔仁迁往迎丁惟清，时西凉蕃部卖马归回时路过灵州，为党项所阻，道路不畅，乃留惟清至来年入朝。

由于西凉吐蕃各部受内地汉族的影响较深，咸平六年（1003年），延家族首领秃逋等纳马立誓，乞随王师讨党项贵族，"以汉法治蕃部"（《宋史》卷四九二《吐蕃传》）。之所以能够"以汉法治蕃部"，说明这个地区的蕃部与汉族的经济文化发展水平比较接近。

三　唃厮罗部与宋朝的关系

（一）唃厮罗的身世

唃厮罗，一作嘉勒斯赉，藏语音译，意为"佛子"。本名欺南陵温，北宋青海东部藏族首领，1015 年在青海东部的宗哥城（今西宁市以东大小峡一带）建立地方政权，辖有湟水流域及甘肃部分地区。关于他的来历、身世，《宋史·吐蕃传》说："唃厮罗者，绪出赞普之后，本名欺南陵温钱逋。钱逋犹赞普也，羌语讹为钱逋。生高昌磨榆国，既十二岁，河州（治甘肃临夏东北）羌何郎业贤客高昌，见厮罗貌奇伟，挈以归，置剺心城，而大姓耸昌厮均又以唃厮罗居移公城，欲于河州立文法。河州人谓佛（为）'唃'，谓儿子（为）'厮罗'，自此名唃厮罗。"按此说，唃厮罗生在高昌（今新疆吐鲁番），长在高昌，来自高昌。但问题是，《续资治通鉴长编》说："初嘉勒斯赉兄扎实庸咙为河南（青海东部黄河南岸地区）诸部所立，与嘉勒斯赉分地而治，不相能也。"〔《续资治通鉴长编》卷五七"宋哲宗元符二年（1099 年）三月庚午记事"条〕《宋史·曹玮传》说："唃厮罗使其舅赏样丹与厮敦立文法于离王族，谋内寇。〔曹〕玮阴结厮敦，解宝带予之。厮敦感激，求自效，问谓玮曰：'吾父何所使？欲吾首，犹可断以献。'玮曰：'我知赏样丹时至汝帐下，汝能为我取赏样丹首乎？'厮敦愕然应之，后十余日，果断其首来。厮敦因献南市地。南市者，秦（今甘肃天水）、渭（今甘肃平凉）之厄也，玮城之，表厮敦为顺州刺史。"（《宋史》卷二五八《列传十七》）（按：厮罗之兄扎实庸咙既为河南诸部所立，其舅赏样丹既能与厮敦立文法于离王族，说明唃厮罗当是河南、陇右地区的人，其自高昌来的可能性不大）如上文范文澜《中国通史简编》说，吐蕃王朝自达磨赞普（郎达玛）后分裂为四个不相统属部分，其中之一的"亚陇觉阿王系后入青海一带，宋朝的唃厮罗即此系子孙"①。吐蕃王朝分裂以后，甘、青地区分立的各吐蕃族部之酋长，称折逋，如凉州留后折逋嘉施、左厢押蕃落副使折逋之、左厢一部首领折逋穷罗、左厢副使折逋游龙钵等。钱大昕《廿二史考异》卷八十二说：《续资治通鉴长编》"（赞普）作逋，钱与赞，声尤相近，吐蕃种族，多称折逋，亦赞普之讹也。元时河西贵族，有称甘卜者，或译为钤部，要亦赞普之讹"。《资治通鉴》胡注云："折逋，羌族也，因以为姓。"唃厮罗即欺南陵温钱逋，是不是河湟地区某一部落的酋长，或是当地的以折逋为姓的羌族呢？如果是的话，那范文澜所言其为山南亚陇觉阿王系的结论，就成问题了。然而，事实不可能是这样。他"绪出赞普"，当是绪出吐蕃王朝的赞普，绪出于甘、青地区某一部落自称为赞普的酋长的可能性不大。宋人张方平《乐全集》卷二称他是"吐蕃赞普之苗裔"，这与范文澜的结论相合，范先生之说应当可信。根据吴天墀的研究，唃厮罗的世系②如下。

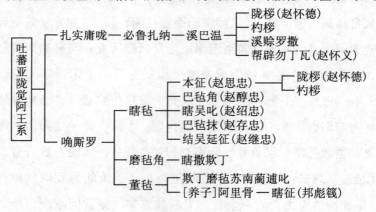

唃厮罗世系图

　　①　范文澜：《中国通史简编》（修订本）第三编第二册，人民出版社 1965 年版，第477—478 页。

　　②　吴天墀：《唃厮罗与河湟吐蕃》，载邓广铭、郦家驹等主编《宋史研究论文集》，河南人民出版社 1984 年版，第 495 页。益麻党征与帮辟勿丁瓦在世系上有误，因改。

（二）唃厮啰部的联宋抗夏

唃厮啰被大姓耸昌厮均置居河州移公城时，宗哥城的蕃部首领僧人李立遵，邈川（今青海乐都县）吐蕃大首领温逋奇，闻知欺南陵温是吐蕃赞普的后裔，乃将他抢入廓州（今青海贵德南）尊立为赞普，正式建立唃厮啰政权，自此，来依附的部族日渐增多，势力不断发展强大。景德三年（1006 年）李立遵将其迁回宗哥城，自任论逋以佐政。"论逋者，相也。"（《宋史》卷四九二《吐蕃传》）李立遵又名李遵或郢成蔺逋叱，是一个贪得无厌、喜于杀戮的人。他再三上书宋朝求赞普称号。宋朝知秦州（今甘肃天水）兼泾（今甘肃泾川）、原（甘肃镇原）、仪（今甘肃华亭）、渭（今甘肃平凉）、镇戎（今宁夏固原）缘边安抚使曹玮奏言："赞普，可汗号也。立遵一言得之，何以处厮啰耶？且复有求，渐不可制。"（《宋史》卷二五八《曹玮传》；《宋史·吐蕃传》）宋廷乃授其保顺军节度使，赐袭衣、金带、器币、鞍马、铠甲等。但他贪名，对宋未给赞普号不满，乃动员马衔山、兰州、凫谷、毡毛山、洮河、河州等部蕃兵进攻宋军，与曹玮战于三都谷，为曹玮所败。接着，他袭击西凉府（今甘肃武威），又吃败仗。唃厮啰与他不和，乃迁居邈川（今青海乐都），以温逋奇为论逋，有兵六七万。为了抵抗西夏李德明（此人为党项族首领李继迁之子，他与宋、辽和平相处，休养生息三十年，并与吐蕃、回鹘征战，向西扩张，为其子李元昊称帝建立西夏王国奠定了基础）的扩张，唃厮啰于大中祥符八年（1015 年），派使臣到宋朝贡。宋朝采取"厚唃厮啰，以扼德明"的政策，给他锦袍、金带、器币、供帐什物、茶药，"凡（中）金七千两，他物称是"的赏赐。宋朝的厚赐给了他很大的鼓舞，是年，他"立文法"①，向宋廷表示愿意进攻西夏。宋仁宗明道元年

---

① 《宋史》卷二五八《曹玮传》言"西羌将举事，必先定约束，号为'正文法'"，意为订立进攻西夏的政治、军事方案。

（1032 年）八月，授唃厮罗为宁远大将军、爱州团练使，授温逋奇为归化将军（《宋史》卷十《仁宗本纪二》）。不久，唃厮罗政权内乱，温逋奇囚禁唃厮罗于井中，守井人将他放走，唃厮罗集兵杀温逋奇，于景祐元年（1034 年）徙居青唐城（今青海西宁市）[《续资治通鉴长编》卷———"明道元年（1032 年）八月辛酉记事"条]。

景祐（1034—1037 年）中，宋授唃厮罗为保顺军节度观察留后，每年由秦州（今甘肃天水）拨付俸钞。是时，吐蕃党项部在今陕西北部和宁夏交界处一带建立的西夏政权，正准备让李元昊称帝建国，李不断率兵攻击河湟地区。唃厮罗在寡不敌众的情况下，避鄯州城中不出，派人离间西夏军，李元昊兵渡宗哥河，插旗帜于河的浅滩作为标志，唃厮罗暗中使人将其移植于深处，而后与之大战，元昊溃而归，士卒视旗帜而渡，溺死者十之八九。此后，唃厮罗数以奇计战胜李元昊，李元昊遂不敢窥其境。景祐三年（1036 年），李元昊进攻甘州回鹘，占领肃、瓜、沙三州，西凉府潘罗支旧部纷纷归附唃厮罗，回鹘族数万人亦来投奔。"厮罗得厮铎督之众十余万，回鹘亦以数万人归焉，其势遂强于诸羌。"（曾巩《隆平集》）

宝元元年（1038 年），李元昊称帝，宋加授唃厮罗为保顺军节度使，仍兼邈川大首领，遣左侍禁鲁经持仁宗诏书前往青唐，要唃厮罗从背后击李元昊，赐给他缯帛两万匹。于是，唃厮罗出兵西凉，但因西夏有备而止，他向宋朝表示一定要找机会再攻西夏。康定元年（1040 年），宋仁宗以屯田员外郎刘涣再使青唐，受到唃厮罗的盛情接待。"厮罗迎导供帐甚厚，介骑士为先驱，引涣至庭。厮罗冠紫罗毡冠，服金线花袍、黄金带、丝履，平揖不拜，延坐劳问，称'阿舅天子安否'。道旧事则数十二辰属，曰兔年如此，马年如此。涣传诏，已而厮罗召酋豪大犒，约尽力无负。"（《宋史》卷四九二《吐蕃传》）在此后二十三年中，唃厮罗履行承诺，不断与西夏相战，但因西夏兵力强盛，唃厮罗"终无大功"。他虽未能给西夏以重挫，但阻止了西夏向南的扩张，使河湟地区蕃部的社会经济获得发展。

宋英宗治平二年（1065 年），唃厮罗死，终年 69 岁。他是藏族广为传诵的民族英雄。据考证，藏族民间史诗《格萨尔王传》歌颂的格萨尔王指的就是他。他的名字后来还成了河湟吐蕃的族名。

（三）董毡部的朝贡与西宁州的设置

《宋史·吐蕃传》记载，唃厮罗有三妻，前二妻皆李立遵女，生瞎毡和磨毡角。李立遵死，李氏失宠，当了尼姑，被安置在廓州，瞎毡也遭到了禁锢，磨毡角逃据宗哥，不受唃厮罗的约束，抚有其众而成为一支独立的力量。后瞎毡逃出据有龛谷（今甘肃榆中县境），瞎毡死，其子木征继统其众，移居河州（治今甘肃临夏东北），据地自立。第三妻乔氏，居历精城，有六七万之众，其号令严明，很受部落的拥护。乔氏生子名董毡，九岁时，因唃厮罗请求，宋朝于康定元年（1040 年）封他为会州（今甘肃靖远）刺史，其母乔氏被封为太原郡君。唃厮罗死，董毡继立，嗣保顺军节度使、检校司空，仍以青唐城为首府。在三部中此部力量最强，"独有河北之地"，即青海东部黄河以北地区。这三支独立的力量，皆屡向北宋朝贡，并接受宋朝的封爵。

董毡部对宋朝的朝贡很频繁。治平四年（1067 年）十二月，英宗回赐董毡部入贡使，依治平元年赐唃厮罗例，其妻赐银器五十两，衣着百匹（《宋会要辑稿·蕃夷六》）。熙宁三年（1070 年）西夏攻环州（今甘肃环县）、庆州（今甘肃庆阳），董毡乘虚攻入西夏境内，虏获甚多，神宗赐玺书袍带以进行奖励。不久又赐给他食邑一千户，实封三百户。熙宁十年（1077 年），董毡贡珍珠、乳香、象牙、玉石、马，宋赐给他银、彩、茶、服、缗钱，并改封西平节度使，遣供奉官郭英赍诏书、器币至其地。元丰二年（1079 年），董毡遣景青宜党令支贡方物，赐董毡钱一千二百缗，银彩各千，对衣、金带、银器、衣着等，以令支为珍州刺史。元丰三年（1080 年），"董毡欲建一城，来求铁器，且及援兵"。宋廷特许："修城铁器已令应副，先具数来；至修城时，当令经略司遣兵照管。"（《宋会要辑稿·蕃夷六》）由于铁器属于兵器，宋朝严禁输出，特许输给董毡，说明董毡部与宋朝的关系非同寻常。

元丰五年（1082 年），宋朝出兵攻西夏，董毡以亲信首领带兵前来助战，神宗令给其立功首领行赏，封董毡为武威郡王，赐金束带一、银器两千两、色绢绸三千匹，岁赐增大彩五百匹、角茶五百斤。授其养子阿里骨为肃州团练使，其部将鬼章为甘州团练使，各赐金束带一、银器二百、彩绢三百。西夏为扭转败局，以割地封官来拉拢董毡，但遭到拒绝。元丰七年（1084 年），董毡遣使持蕃文书信至宋朝，宋复其蕃文书一封，要他引兵深入攻西夏。元祐元年（1086年），董毡又遣使入贡，是年病死。其养子阿里骨袭位，得授银青光禄大夫、检校工部尚书、使持节肃州诸军事、肃州刺史、充树门防御使兼御史大夫、上柱国的头衔，宋哲宗还加封他为右金吾卫大将军、员外置同正员、检校司空、使持节凉州诸军事、凉州刺史、河西军节度使、凉州管内观察处置、押蕃落等使、西番邈川首领、宁塞郡开国公，封给他食邑二千户，实封五百户。

阿里骨是一个"颇峻刑杀"的首领，其部族不得安宁。元祐二年（1087 年），他对宋军发动进攻，被宋军击败。次年又向宋朝入贡。宋朝仍对他加以抚慰，封其妻溪尊勇丹为安化郡君，其子邦彪篯、弟苏南党征为银青光禄大夫、检校国子祭酒，兼监察御史、武骑尉，充本族都军生。此后，其部与宋朝的关系一直友好。

绍圣三年（1096 年），阿里骨死，其子瞎征（即邦彪篯）承袭。宋哲宗授瞎征凉州刺史、河西军节度使、凉州管内观察处置、押蕃落等使、西番邈川首领、宁塞郡开国公等头衔。

自唃厮罗以来历阿里骨、瞎征、木征等三世。唃厮罗部"向化效顺，世受朝廷封爵"（《宋会要辑稿·蕃夷六》）。此部蕃人虽深受内地汉族的影响，却始终保存着吐蕃的文化与习俗："怀恩惠，重财货，无正朔。市易用五谷、乳香、硇砂、厨毯、马牛以代钱帛。贵虎豹皮，用缘饰衣裘。妇人衣锦，服绯紫青绿。尊释氏。不知医药，疾病召巫觋视之，焚柴声鼓，谓之'逐鬼'。信咒诅，或以决事，讼有疑，使诅之。讼者上辞牍，藉之以帛。事重则以锦。亦有鞭笞扭械诸狱具。人喜啖生物，无蔬茹醢酱，独知用盐为滋味，而嗜酒及茶。居板屋，富姓以毡为幕，多并水为秋千戏，贡献谓之'般次'，自言不敢有贰，则曰'心白向汉'云。"（《宋史》卷四九二《吐蕃传》）

绍圣四年（1097年），瞎征部内乱，大酋心牟钦毡之部图谋反叛，诬蔑瞎征叔父苏南党征谋叛，假瞎征之手而杀之，并尽杀其党，独有钱罗结逃出，投奔溪巴温。溪巴温是唃厮罗兄扎实庸咙之孙，曾依陇逋部，得青海黄河南岸诸羌拥戴，罗结尊拥溪巴温之子陇㭭移居溪哥城（今青海贵德），瞎征进兵来讨，陇㭭被杀。钱罗结被迫奔河州，向宋朝的洮西安抚使王瞻献取青唐城之策。不久溪巴温在溪哥城自称王子，由于吐蕃不断内争，王瞻乃于元符二年（1099年）七月，率宋军攻取邈川。各部拥立溪巴温之子陇㭭为主。然而陇㭭无力抵抗宋军，乃于九月与"大首领结瓦龊、心牟钦毡率诸族首领出城迎降"（《宋会要辑稿·蕃夷六》）。八月瞎征自青唐城逃来降。瞎征及陇㭭都被解送宋京。由于孤军深入，加上西夏十万人的助战，王瞻两月后被迫放弃青唐城，只有王愍勉强保住湟州。宋廷以武力征服不能奏效，乃改行羁縻政策，令王瞻放弃邈川，而后封陇㭭为河西军节度使、鄯州知州、武威郡公、西番都护，并赐姓名叫赵怀德，其弟帮辟勿丁瓦赐名赵怀义，封其为廓州团练使，并湟州知州。

崇宁二年（1103年），宋徽宗复主开边，派王厚率军重占湟州，三年又进占鄯州、廓州，陇㭭出降。同年（1104年）十月，宋改鄯州置西宁州，治今西宁市，辖境相当于今西宁市及大通、互助、湟中等县地。宋朝统治西宁州地区的吐蕃，实行民族压迫政策，遭到吐蕃人民的反抗，故宋朝统治西宁州的时间并不长。

南宋高宗建炎元年（1127年），由于金兵已攻入陕西，宋朝不得不以唃厮罗的后裔益麻党征（宋朝赐名赵怀恩）"措置湟鄯事"。南宋高宗绍兴元年（1131年），金兵占领青海东部地区，益麻党征逃至阆州（今四川阆中），唃厮罗部在河湟地区一百多年的统治结束。

（四）唃厮罗部与宋朝的经济关系

唃厮罗部的中心地区湟水流域，土地肥沃，适宜农耕，而其周围地区，利于牧业。唃厮罗统治时社会相对安定，与宋朝关系密切，河湟地区各部落的分裂割据趋于统一，农牧业生产迅速发展。社会经济出现了相对繁荣的局面，当时河西走廊的"丝路"为西夏所阻，青唐城成了东西交通的要冲和东西贸易之重镇。西域商人向东，走"东自西大食及于阗、回鹘、青唐，乃抵中国"[1] 的路线，故《宋史·吐蕃传》说："厮罗居鄯州，西有临谷城通青海，高昌诸国商人皆趋鄯州贸卖，以故富强。"应当指出，青唐城之所以成为东西交通和贸易的中心，除了与西夏阻塞河西"丝路"有关之外，更主要的原因是唃厮罗部经济有了发展。当然，这两个原因是相辅相成的，前者促进了后者的发展，而后者是前者发展的基础，不能仅仅认为青唐城只是以贸易致富。

唃厮罗部经济的发展，为河湟吐蕃与宋朝的经济贸易奠定了基础。这种贸易是以两种形式进行的：一种形式是通过进贡，宋朝给价

---

① 《宋史》卷四九《拂菻传》。《宋会要辑稿·蕃夷四十九》云，拂菻来使所述的路线是"东自西大食及于阗王所居新福州，次至旧于阗，次至约昌城，乃于阗界，次东至黄头回鹘，又东至鞑靼，次至种榅；又至董毡所居，次至林擒城，又东至青唐，乃至中国界"。吴天墀：《唃厮罗与河湟吐蕃》，《宋史研究论文集》，河南人民出版社1984年版。吴天墀在此文说："据现代学者研究（见日本前田正名《西夏时代避离河西的交通路线》，《史林》第42卷1955年1号），种榅即仲云，住居黄头回鹘的东北，散布在以哈密盆地为中心的地区，牙帐设于胡卢碛。从这里向东就是今蒙古人民共和国的南疆地带，当时属于契丹的上京道，为鞑靼族生息流动之所，通过这条经于西夏北侧的'鞑靼道'，便可即达上京临潢府；我的理解，认为'又东至鞑靼，次至种榅'这两句，只是拂菻使者谈到有这样另一条北行的路线，而他本身实际所走的则系地道'青海路'。"此言甚是。因为其使者至黄头回鹘之后，因故绕道至鞑靼、种榅，再向南，至青唐城的可能性是存在的。

值大约相等的回赐。《宋会要辑稿·蕃夷六》及《宋史·吐蕃传》记载：大中祥符八年（1015 年）二月，宗哥族唃厮罗、立遵、温逋、斯木罗丹并遣使贡马，估其价值七百六十万（文），宋贞宗赐锦袍、金带、器币、供帐什物、茶药有差，"凡（中）金七千两，他物称是"。次年（1016 年）三月，宗哥唃厮罗、立遵遣使来献马五百八十二匹，宋赐器币总万二千计以答之。治平四年（1067 年）十二月，宋赐董毡妻银器五十两、衣着百匹。熙宁十年（1077 年）十二月十二日，西番邈川首领董毡进珍珠、乳香、象牙、玉石、马，宋依例估价，特回赐银彩及添赐钱，仍赐对衣、金腰带、银器、衣着、茶等。除旧请外，岁赐大彩四百匹、角茶二百（斤）、散茶二百斤。元丰二年（1079 年）三月，董毡遣使贡方物，宋赐钱一千二百缗，银彩各千，对衣、金带、银器、衣着等。这种以贡、赐出现的贸易，具有加强政治关系的职能，一方借进贡请赐官职，而受贡方则授给某种衔号或封给食邑。但不能因此否认或看不到它的经济贸易职能，这一点在贡赐双方是明白无误的。元丰二年（1079 年）六月十七日，宋神宗对董毡贡奉使说："归告董毡，所遣供奉人甚恭恪，今已许汝纳款，此后可数遣人来，任便交易。"贡、赐形式的贸易，商品除一般有助于经济交流的物品之外，还有供统治阶级享用的珍贵药物和奢侈品。《续资治通鉴长编》卷二九九"元丰二年七月庚辰记事"条说："卢甘、丁吴、于阗、西蕃，旧以麝香、水银、朱砂、牛黄、真珠、生金、犀玉、珊瑚、茸褐、驼褐、三雅褐、花蕊布、兜罗锦、矾（硇）砂（天然氯化铵，可入药）、阿魏（多年生草本植物，根中所含的乳汁干燥后凝成块状物，中医入药，有通经、祛痰等作用）、木香、安息香、黄连、牦牛尾、狨毛、羚羊角、竹牛角、红绿皮交市。"宋朝回赐的亦有虎豹皮等贵重物品。

　　另一种形式是王朝的商务机构及民间正常的商品交易。这种交易的特点是出于经济交流性质的互通有无，交换的物品是传统的蕃马和汉茶、汉缯、汉帛等。熙宁五年（1072 年）三月，秦凤路宋朝官吏王韶对朝廷建议说："沿边州郡，惟秦凤一路与西蕃诸国连接，蕃中货物四流，而归于我者，岁不知几百千万，而商旅之利尽归民间。欲于本路置市易司，借官钱为本，稍笼商贾之利，即一岁之入亦不下一二十万贯。"朝廷采纳了他的建议，"令将本司见管西川交子，差人往彼转易，赴沿边置场……七月十七日镇洮军置市易司，赐钱帛五十万"（《宋会要辑稿·食货三十七》）。又元丰二年（1079 年）七月十三日，李宪奏："乞诏秦、凤、河、岷州、通远军五市易务，募博买牙人引致蕃货赴市易务中卖；如敢私市，许人告……如此则招来远人，可以牢笼遣利，资助边计。"（《宋会要辑稿·食货三十七》）朝廷亦采纳之。这两条材料说明：河湟地区的货物四流，入宋者每年"几百千万"，数量极大；宋朝政府在各地置市易司，垄断与吐蕃各部的贸易，年可得一二十万贯的利润；民间贸易量极大，朝廷想禁"私市"，取专利，资助边政，但"私市"是禁止不了的。

在蕃、汉商品交易之中，茶马的贸易最为重要。吐蕃各部地处青藏高原，"其腥肉之食，非茶不消，青稞之热，非茶不解"（《滴露漫录》）。其"人喜啖生物，无蔬茹醯酱，独知用盐为滋味，而嗜酒及茶"（《宋史》卷四九二《吐蕃传·董毡传》）。故熙宁七年（1074 年），初定熙河，经略使王韶言："西人（指吐蕃）颇以善马至边，其所嗜惟茶。而乏茶与之为市，请趣卖茶司买之。"（《宋史》卷一六七《职官志》）宋朝根据吐蕃人民的需要，以茶叶交换蕃马："凡市马于四夷，率以茶易之。"（《宋史》卷一六七《职官志》）为了保证交易，宋廷特在秦、渭、泾、原、仪、环、庆、阶、文州、镇戎军十处置场市马，每处置务遣官以主之。又在秦、渭、阶、文州专设招马之处，每岁皆给以空名敕书，委治边长吏牙校入蕃招马，并给路券送至京师，到估马司定其价。（《宋会要辑稿·兵二十四》）至嘉祐五年（1060 年）情况发生变化，除秦州外的市马场皆废，故薛向建议进行改革。他说："每蕃、汉商人聚马五七十匹至百匹，谓之'一券'，每匹至场支钱一千，逐程给以刍粟。首领续食至京师，礼宾院又给十五日，并犒设酒食之费，方诣估马司估所直以支度支钱帛，又有朝辞分物锦袄子、银腰带。以所得价钱市物，给公凭免沿路征税，直至出界。计其所直，每匹不下五六十千。然所得之马皆病患之余，形骨低弱。……请于原、渭二州，德顺军三处置场，举选使臣专买马，以解盐交引召募蕃商，广收良马，不支度支钱帛，其券马且以来远人，宜存不可废，岁可别得良马八千余匹。"（《宋会要辑稿·兵二十二》）宋仁宗采纳了他的意见。

宋朝与蕃人市马，嘉祐中开始以陕西转运副使为主管官，后又以陕西解盐官同主之。至熙宁七年（1074 年）初定熙河后，特置提举熙河路买马，命熙州知州王韶为提举（宋代专管某一专务的官）。次年（1075 年）根据提举茶场李杞的建议，宋神宗决定提举茶事兼马事，将卖茶、买马合为一个提举管理。其后，二职分合不一，以致影响了茶马的贸易。崇宁四年（1105 年），宋徽宗强调要坚持宋神宗的做法："神宗皇帝厉精庶政，经营熙河路茶马司，以致国马、法制大备。其后监司欲侵夺其利以助籴买，故茶利不专而马不敷额。近虽更立条约，令茶马司总运茶博马之职，犹利有司苟于目前近利，不顾悠久深害，三省其谨守已行，毋辄变乱元丰成法，自是职任始一。"（《宋史》卷一九八《兵志》）南宋乾道间（1165—1173 年），成都路十一州产茶二千一百零二万斤，这是当时茶马司所用以交换蕃马的茶叶的大致数量。

由于茶马贸易的不断发展，宋朝买马的数量不断增加。宋初"岁仅得五千余匹"，乾道间（1165—1173 年），"秦、川买马额岁万一千九百有奇，川司六千，秦司五千九百。……嘉泰末（1204 年），合两司（秦、川）为万二千九十四"（《宋史》卷一九八《兵志》）。

（原载《云南社会科学》1999 年第 6 期）

康巴、"东蛮"与宋朝的
历史关系

　　"康"是藏语"喀木"的音译,意为边地。作为地域概念,"康"指我国藏族三大聚居区,即卫藏、康、安多之一部,故又称"康区"或"康巴"地区,其范围大体上东起四川的二郎山,西至西藏的丹达山,南含云南的迪庆高原,包括今四川省甘孜藏族自治州的全部、西藏昌都地区大部及四川省阿坝藏族自治州和青海省玉树、果洛藏族自治州部分操藏语康巴方言的广大地区。① 作为民族称谓,"康巴"是居住在西藏东部和四川西部的藏族的自称。"巴"藏语意为人。本文所指的康巴藏族,主要是指四川阿坝、甘孜两个民族自治州的藏族,"东蛮"是居住在四川凉山彝族自治州及附近地区操非"康巴"藏语的藏族的历史统称。岷江、大渡河、雅砻江、金沙江自北而南,纵贯"康巴"全境及"东蛮"藏区。这个地区是我国古代民族南来北往的大走廊。费孝通教授指出:"这个走廊正是汉藏、彝藏接触的边界,在不同历史时期出现过政治上拉锯的局面。而正是这个走廊在历史上是被称为羌、氐、戎等名称的民族活动的地区,并且出现过大小不等、久暂不同的地方政权。现在这个走廊东部已是汉族的聚居区,西部是藏族的聚居区……这个走廊中有迹象表明还存在着被某一通用语言所淹没而并没有完全消亡的基层语言。"这个走廊"沉积着许多现在还活着的历史遗留,应当是历史与语言科学研究的一个宝贵

---

　　① 参见李绍明《李绍明民族学文选》,成都出版社1995年版,第580页。

的园地。"① 我国学术界特别重视研究这个走廊地区"历史遗留"下来的民族，其中特别是对阿坝、甘孜两州藏族及凉山彝族的研究，对居于大渡河以南至雅砻江下游的广大地区，宋、元以来被称为"西番"（自称纳木依、拍木依、多须、里汝、鲁苏、木尼俫、须米、尔苏）的藏族则研究不够，它们属于我国藏族的不同支系。1952 年 12 月，聚居在木里的两万余人成立了木里藏族自治县。1981 年 8—10 月，四川省民族事务委员会、四川省民族研究所、西南民族学院及凉山彝族自治州的专家学者，共同组成调查组，对居住在西昌、冕宁、甘洛、越西、喜德、盐源、木里、石棉、汉源等县的"西番"人进行过全面的调查，走访了 29 个"西番"人聚居的社区，召开座谈会 20 余次，记录了 1143 个"西番"人提供的材料。1982 年 5—7 月，中国西南民族研究学会在四川攀枝花市成立"六江"（金沙江、怒江、澜沧江、雅砻江、大渡河、岷江）流域民族综合科学考察队，并先期对雅砻江下游的藏族进行试点考察。笔者担任冕宁雅砻江流域民族综合科学考察队的队长，承担冕宁县里庄区联合乡纳木依人、拍木依人的考察任务。在实地调查中，笔者曾系统访问、记录他们的历史传说及演变。为推动宋朝时期藏、汉民族关系史的研究，现辑录历史文献资料，辅之以实地调查所得，对康区及"东蛮"地区藏族与宋朝的历史关系略做评述。

一 康区藏族与宋朝的关系

（一）宋朝对保、霸二州董氏的封赐

唐代在今四川茂汶、松潘、黑水、马尔康一带置松（今松潘进安）、当（今若尔盖包座）、悉（今黑水色尔古）、静（今黑水芦花）、

---

① 费孝通：《关于我国民族识别问题》，《中国社会科学》1980 年第 1 期。

柘（今黑水下打鼓）、恭（今红原刷经寺）、茂（今茂县凤仪）、保（今理县上孟）、霸（今理县甘堡）、真（今茂县回龙）、乾（今茂县西）、维（今理县薛城）、翼（今茂县较场）、扶（今南屏永乐）等州。① 这些州原居民大多为西北南下的氐羌人。吐蕃强大时，攻占其地，氐羌之民，被藏族融合，成为今阿坝藏族自治州藏族之先民。如大小金川、马尔康等地讲嘉绒语的藏族，就是吐蕃东扩融合西山（岷江上游之诸山）哥邻羌（隋时称嘉良夷）等羌部之羌人而形成的。

保、霸二州置于唐肃宗乾元元年（758 年），唐代宗广德元年（763 年）没于吐蕃，如上文所说，其地在今四川阿坝藏族自治州境内。藏族部首领董氏世有其地，自推为州将，主长其民，长期处于割据状态。宋太宗太平兴国六年（981 年），其酋董奇死，子绍重继之。景德二年（1005 年），宋真宗令对保州董绍重、霸州董忠义开展争取工作，年赐给紫绫锦袍。董氏自此不断朝贡。宋仁宗嘉祐年间（1056—1063 年）及神宗熙宁年间（1068—1077 年），保州首领董仲元及霸州首领董永锡皆向朝廷请官。益州钤辖司向神宗奏报称董仲元为"善拊蛮夷"，神宗命其为保州刺史。

政和三年（1113 年），宋廷进一步加强对康区藏族部落的安抚工作，徽宗接受成都幕僚庞慕孙的建议，改董仲元后裔董舜咨所在的保州为祺州，授董舜咨为刺史、观察使，改董永锡后裔董彦博所在的霸州为亨州，授董彦博为团练使、留后及节度使。祺州、亨州岁需经费一万二千一百缗（一千文为一缗）、米麦一万四千七百石、绢二千八百五十匹，其他绸布、绫锦、茶、盐、银等，皆由成都宋朝官司直接拨给。

---

① 古今地名对照，参见《阿坝藏族自治州概况》，四川民族出版社1985年版，第46页。

（二）茂州藏族与宋朝的关系

茂州州治在今四川阿坝藏族自治州的茂汶，是盖（今松潘县境）、涂（今茂汶境）、静（今黑水芦花）、当（今若尔盖包座）、直（今松潘县境）、时、飞、宕、恭（今红原刷经寺）等九州的藏族部落联系的中心。此九州皆自推一人作为州将，长期处于各自为政的状态，与宋朝之间时战时和。《宋史·蛮夷四·西南诸夷》说："大中祥符四年（1011 年），茂州首领、耆老，刑牛犬于三溪，誓不侵扰州界。"这是按吐蕃会盟方式举行的结盟仪式：吐蕃赞普"与其臣下一年一小盟，刑羊、狗、猕猴，先折其足而杀之，继裂其肠而屠之，令巫者告于天地、山川、日月、星辰之神，云：'若心迁变，怀奸反覆，神明鉴之，同于羊、狗。'三年一大盟，夜于坛蝉之上，与众陈设肴馔，杀犬、马、牛、驴以为牲，咒曰：'尔等咸须同心戮力，共保我家，惟天神、地祇，共知尔志，有负此盟，使尔身体屠裂，同于此牲。'"（《旧唐书·吐蕃传》）这种和盟仪式神圣而庄严，一般效果较好。但是，在阶级社会之中，一次和盟，只能保持一段时间。故这次和盟之后，双方的冲突仍然不断。当时茂州没有城隍（没有水的城壕），仅植鹿角以自固，屡遭附近各州藏族部落的攻击，人民苦难不堪。熙宁八年（1075 年），蕃部来攻，知州范百常击走之。接着静、时等州蕃部又联合来攻，范百常守城七十日，直到宋神宗以王中正率陕西兵来援助，陷恭、宕州，藏族部落才请降退。

政和年间（1111—1117 年），宋徽宗执行团结安抚的政策，在开拓威州的同时，对茂州及其附近各州的藏族部落加强安抚，在这个地区置吏，加强藏族人民与汉族人民的联系，因而改善了同茂州诸部的关系。如政和五年（1115 年），直州各部首领郅永寿、汤延俊、董承有等内属，宋以郅永寿所部地置寿宁军，汤延俊、董承有地建延宁军。宋朝在安抚的同时，对于那些坚持反宋的部落诉诸武力，迫使其接受羁縻。如政和七年（1117年），涂、静、时、飞等州蕃部进攻茂州，杀掠千人。驻成都的宋朝官吏周焘、张永铎等前去镇压，张永铎等懦不敢进，周焘改派孙羲叟节制茂州宋军，宋军进击之，"蛮败散"，其酋旺烈等到茂州降附，宋授旺烈官，月给茶、彩。

北宋末年，由于金兵南下，宋廷风雨飘摇，边政败坏，与吐蕃各部的关系趋于紧张。宣和五年（1123年），宕、恭、直州诸部，次年涂、静州各部进攻宋军。

（三）雅州西山四十六部及黎州弥羌部对宋廷的朝贡

雅州治今雅安，辖地曾包括今甘孜藏族自治州的一部分。距州西三百里，有西山野川路蛮四十六部落，为嘉良夷之后裔。宋太宗太平兴国三年（978年），其首领马令膜等十四人以名马、牛、虎豹皮、麝脐来贡，并上交唐朝所给的"敕书告身凡七通。太宗赐给冠带，其首领皆授给官职"。绍圣二年（1095年），宋哲宗以其中的碉门砦部王元寿袭怀化司戈。

黎州，唐武后大足元年（701年）以雅州的汉源、飞越二县和嶲州的阳山县置。中宗神龙三年（707年）废。肃宗乾元元年（758年）置都督府，领汉源、飞越、大渡三县，羁縻州五十四。州治在今汉源。黎州西三百里有弥羌部落①，为藏族部落。

黎州是川西和川西南藏族各部与汉、彝族贸易的中心，北与雅州、成都连接，南与嶲州（治今四川西昌）、大理国相连，东南与叙州（今四川宜宾）相通。《宋代蜀文辑存》云："马湖（在今四川雷波县）大江蛮每借两林、虚恨、邛部川路贩马于青羌、弥羌，时有好马至叙州互市，皆得之西方。"② 又《宋史·邛部川蛮》说："淳化元

---

① 参见《宋史》卷四九五《蛮夷四·西南诸夷·黎州诸蛮》。
② 转引自蒙默《凉山地区古代民族资料汇编》，四川民族出版社1978年版，第46页。

年（990年），诸驱自部马二百五十匹至黎州求互市，诏增给其直，诸驱令译者言：更入西蕃求良马以中市。"（《宋史》卷四九六《蛮夷四·西南诸夷·邛部川蛮》）所谓"更入西蕃求良马"，即去弥羌等吐蕃族部落中买马。

至黎州市马的弥羌部落，常因马价不公平而袭击黎州。如南宋孝宗乾道九年（1173年），"吐蕃青羌以知黎州宇文绍直不仇其马价，愤怨为乱"，"青羌首领奴儿结等市马黎州，大肆掳掠，权州事王防多给金帛，亟遣还"（《宋史》卷四九六《蛮夷四·西南诸夷·弥羌部落》）。宣抚使虞允文认为，王防贪功，恐其他部效尤，乃向朝廷奏告，孝宗给王防降两级官职的处分。这一处置不利于对弥羌部的安抚，故引起了新的反抗。《宋史·弥羌部落》说："十月，黎州吐蕃复寇边，攻虎掌砦。诏四川宣抚司檄成都府调兵二千人戍黎州以御之。"

淳熙二年（1175年），奴儿结还所掳生口三十九人，黎州刺史宇文绍直与之盟誓，准其来黎州互市，并给其赏赐以归。制置使范成大认为奴儿结所掳未尽归还，不可与之通好。宋孝宗降宇文绍直官职并将他调到千里之外的边远地方去做官。范成大增加五个寨子作为防御之点，选择精壮五千人作为战兵，并在吐蕃可能入犯的十分之七八的路径上筑堡垒守之。奴儿结率众两千人来攻安静寨，范成大调千人赴之。奴儿结逃走，后被制置使留正以计杀死。其党羽亦遭到了毁灭性的打击。淳熙十三年（1186年），奴儿结弟三开攻黎州，由于制置使赵汝愚防备严密，三开只有退走。

嘉定元年（1208年），弥羌蓄卜攻黎州，破碉子寨，二年二月又攻良溪寨，官军都遭到失败。直到八年二月，宋军才征服了蓄卜。

二 "东蛮"与宋朝的关系

（一）勿邓、两林、丰琶诸部的族属问题

吐蕃王朝的极盛时代，统治地域包括我国的西藏、青海全部和甘肃、四川、云南等省的一部分。就四川而言，又主要包括今川西的甘孜、阿坝两个藏族自治州和川西南大渡河以南至雅砻江下游，以今木里藏族自治县为中心的地带。

勿邓、两林、丰琶（亦作风琶）诸部，历史上概称为"东蛮"，其中邛部（勿邓）最为强大，它是宋朝时代川西南藏族的主要部落，而非彝族的部落。主要根据如下。

第一，它们和吐蕃都与古代的旄牛羌有渊源关系。赤烈曲扎认为："藏族，古时称为'补杰'。'补杰'是'毛牛部'之意。范文澜的《中国通史》和所有藏族史书，都称古代藏族居住的地方为六毛牛部。"[①] 据《汉书·地理志》记载，西汉在"旄牛羌"聚居的地区置"旄牛县"。《太平寰宇记》云："通望县有故牦牛城"，"阳山县、台登县郡，旄牛故县地"。（按：通望县、阳山县地，皆在黎州，即今之四川汉源，台登县在今冕宁）由是可知，旄牛夷（羌）早在西汉时就聚居在今冕宁至汉源的广大地带。冕宁县之旄牛山，古时西昌经冕宁、汉源而达成都之古旄牛道，皆因其地为旄牛夷聚居而得名。

汉晋时期，旄牛夷曾多次反抗中央王朝的统治。如《后汉书·南蛮西南夷列传》说："延光二年（123年），春，旄牛夷叛，攻零关

---

① 赤烈曲扎：《藏族——祖国大家庭中历史悠久的民族》，《西藏日报》1980年2月23日第3版。

（《后汉书·安帝纪》作灵关，地在今四川峨边），杀长吏，益州刺史张乔与西部都尉击破之。于是分置蜀郡属国都尉，领四县如太守。"由于旄牛夷的势力比较强大，东汉王朝的镇压虽然一时得手，但始终没有把它的反抗平息下去。在旄牛夷的反抗之下，旄牛道绝道曾达百余年之久，直至三国时期才为张嶷所开。《三国志·张嶷传》说："（越嶲）郡有旧道，经旄牛中至成都，既平且近；自旄牛绝道，已百余年。……嶷遣左右赍货币赐路（指旄牛夷酋狼路），重令路姑喻意，路乃率兄弟妻子悉诣嶷，嶷与盟誓，开通旧道，千里肃清，复古亭驿。奏封路为旄牛毗王，遣使将路朝贡。"

　　唐、宋时期，在旄牛夷分布之大渡河以南及雅砻江、安宁河地带，出现了由旄牛夷发展而来的勿邓、两林、丰琶等"东蛮"部落。《新唐书·南蛮传》载："勿邓地方千里，有邛部六姓，一姓白蛮也，五姓乌蛮也。又有初裹五姓，皆乌蛮也，居邛部台登间。……又有东钦蛮二姓，皆白蛮也，居北谷。……又有粟蛮二姓，雷蛮二姓，梦蛮三姓，散处梨、嶲、戎数州之鄙，皆隶勿邓。勿邓南七十里有两林部落，十低三姓、阿屯三姓、亏望三姓隶焉。其南有丰琶部落，阿诺二姓隶焉。"根据樊绰《云南志》卷一所记这个区域的途程，可考东蛮诸部之具体分布。樊绰《云南志》说："黎州南一百三十里有清溪峡，乾元二年置关，关外三十里即嶲州界也。行三百五十里至邛部川，故邛部县之地也。下南一百三十里至台登，西南八十里至普安城，剑南西川节度使重兵大将镇焉。台登直北去保塞城八十里，吐蕃谓之北谷，天宝以前，嶲州柳强镇也。自入吐蕃，更增修嶮，因城下有路，向曩恭地。谷东南一百三十里至罗山城，天宝以后吐蕃新筑，非国家旧城……邛部东南三百五十里至勿邓部落，大鬼主梦冲地方阔千里，邛部一姓白蛮，五姓乌蛮，初止五姓，在邛部台登间，皆乌蛮也……束、钦两姓在北谷，皆白蛮，三姓皆属梦冲。"［按：邛部川即邛部旧县，地在今越西县，距黎州（汉源）三百五十里，为勿邓之邛部六姓

所居。"柬"字当为"东"字讹〕樊绰《云南志》所谓"邛部东南三
百五十里至勿邓部"语，与自黎州"行三百五十里至邛部川"相悖，
其"勿邓部"显系黎州之误。《读史方舆纪要》卷七十四有"勿邓在
邛部之旁"语，说明勿邓大鬼主梦冲之辖地，在越西之附近。由邛部
行一百三十里至台登。《读史方舆纪要》卷七十二云："泸沽关，在司
（建昌卫）东北百里，有泸沽巡司，或曰即故台登县。"由是知台登为
今泸沽。方国瑜《中国历代疆域图西南地区考释》（第一册）"台登
县"条说："今泸沽属冕宁县，汉之台登当包有今冕宁县地，然县治
应在泸沽。汉以来由大渡河与邛都之交通，取道今之越西县，而不经
冕宁城。台登县治为交通要站，不应在冕宁城也。"此说甚是。向达
《蛮书校注》卷一所论台登为今冕宁城之说不可从。据此，"初止
（《新唐书》作初裹）五姓"，即居于越西与泸沽之间。保塞城（北谷）
在台登北去八十里，当为今冕宁城是也，东、钦两姓蛮在此。概而言
之，勿邓所属二十姓，分布于今越西至冕宁之地区。"勿邓南七十里有
两林部落"，指从越西向南七十里为两林部落，据今之里程，两林应在
今喜德，丰琶在两林南二百里之建昌城山上，当在今西昌县境内。

　　根据以上所考，勿邓、两林、丰琶等东蛮诸部，正居于故旄牛县
城或故旄牛道区域，元、明、清时期"西番"的主要住地，即今川西
南藏族之分布区。从地理分布上可知，东蛮诸部不应是彝族先民而是
"西番"（藏族）的先民。

　　第二，在宋以来的文献上，"东蛮"诸部被称为"蕃"。《宋史·
蛮夷传》说："凡风琶、两林、邛部，皆谓之东蛮，其余小蛮各分隶
焉。邛部于诸蛮中最骄悍狡谲，招集蕃落亡命，侵攘他种，闭其道以
专利。"又《宋会要辑稿·蕃夷》说："黎州边面，近则有曰邛部川、
曰河南蛮、曰女儿城蛮、曰青羌、曰吐蕃、曰五部落……州之三边，
大抵诸蕃环列。"史书上夷（彝）蕃有严格之界限，多不混称，如
《资治通鉴》卷二五〇说："（咸通八年二月）西川近边六姓蛮，常恃

两端，无寇则称效顺，有寇必为前锋。"胡注云："六姓蛮：一曰蒙蛮，二曰夷蛮，三曰讹蛮，四曰狼蛮，五曰勿邓，六曰白蛮。"（亦见《新唐书·南蛮传下》）其所谓夷蛮，指的就是今天的彝族，胡注把夷蛮与勿邓分成两类，说明二者不是同一族系。故不能认为东蛮诸部是彝族先民。

第三，勿邓、两林、丰琶诸部的社会经济发展水平比较高。远在宋朝时期他们就与汉族发生了租佃关系，向租种其地之汉人收取"蕃租"（《宋会要辑稿·蕃夷五》），而这样的社会发展水平，乃是当时凉山彝族的生产发展水平所达不到的。直到20世纪50年代民主改革以前，凉山彝族还停留在奴隶制社会发展阶段，凉山的边缘地区虽然已有某种租佃关系的存在，但其发展水平是很低的，根本未出现"土丁之耕蕃地者十有七八"（《宋会要辑稿·蕃夷五》）的情况。如果把东蛮诸部视为彝族，那是讲不通的。而这样的租佃关系，还一如既往地存在于民主改革前的"西番"和汉族之间。

第四，勿邓、两林、丰琶诸部的封建制政治情况与凉山彝族的奴隶制政治有本质的区别。早在唐朝时代，唐统治者就多次离间他们与吐蕃的关系，屡调其攻击吐蕃。《新唐书·南蛮传》说："丰琶部落大鬼主骠傍，数兵出攻吐蕃。"又说："两林都大鬼主苴那时，遗韦皋书，乞兵攻吐蕃，皋遣将进逼台登……苴那时战甚力，分兵大破吐蕃青海、腊城二节度于北谷（今冕宁）。"当时，此诸部以邛部为首，结成统一的强大的政治军事联盟，故唐朝能够调动它们与吐蕃作战，相比之下，整个清代至20世纪50年代，凉山彝族内部一片家支争夺，未形成统一的政治力量。历代王朝加封其黑彝贵族首领为土司土目，或不受封，或封而不固，因此说东蛮诸部是彝族是说不通的。

第五，文献有勿邓诸部被彝族强迫赶走的记载。《元史·地理志·邛部州》说："（州）在路东北，大渡河之南，越嶲之东北，至宋，岁贡名马土物，封酋为邛都王。今其地夷称为邛部川，治乌弄城，昔磨些蛮居之，后仲由蒙之裔（指彝族）夺其地。"此所谓"磨些蛮"，当是对勿邓诸部之误称。即使不是误称，这条材料也至少说明，原来居于邛部的勿邓部不是仲由蒙之裔，而是与此有别的另一族系。故勿邓等部不是彝族。

第六，勿邓、两林、丰琶诸部分布的区域，元、明、清时期为西番所居，如明人曹学佺《蜀中广记》卷三十四"宁番卫"（驻今冕宁县）条说："元时于邛都之野立府曰苏州，借苏示之义以名之也。国初言土官怕兀它从伊噜特穆尔为乱，于是废为卫，降官为指挥，环而居者皆西番种，故曰宁番。……在建昌北九十里，东连越巂界，北至西天乌思藏（即西藏），西邻三渡月落口……"换句话说，就是从冕宁北至汉源及甘孜州境，东至越西，皆有西番分布。明朝在今甘孜州天全设天全六番招讨司，就是因为那一带有西番人。冕宁的西番人自来数量多，势力强大，与之杂居的彝族和摩沙人，大都在西番土千户、土百户的统治之下。① 从地理分布和历史情况而言，元、明、清时期这一带的西番是勿邓、两林、丰琶诸部的后裔是不成问题的。而

---

① 为了说明以上情况，下面特将《冕宁县志》卷十《土职》所载十四户西番土官的材料录出：——酥州土千户姜文富，其祖姜喳，于康熙四十九年投城授职，管西番寨落四处：额即、我瓦、瓦杯、勒了。——架州土百户李正龙，其祖里五，管西番寨落六处：架州、九卜、三代、擦拉、椀格、小打。——糯白瓦土百户李正隆，其祖纽畔，管西番寨落四处：糯白瓦、温州瓦、大格打、买五。——苗出土百户罗成兴，其祖热即巴，管西番寨落五处：苗出、枯别、窝使扒、火炭堡、小格打。——大村土百户马朝元，其祖也四噶，管西番寨落四处：大村堡、即瓦、擦拉堡、哑巴堡。——大盐井土百户叶廷耀，其祖前布汪喳，管西番寨落五处：大盐井、姐糯姑、勒扒、拖乌、糯巴堡。——热即瓦土百户金得禄，其祖牙阜撒，管西番寨落五处：热即瓦、扯羊、览金堡、打骂乌、曹姑。——中村土百户马兴贵，其祖歪即噶，管西番寨落五处：中村堡、阿溪桥、约角、小盐井、伍宿堡。——三大枝土百户印玉龙，其祖甲噶，管西番寨落四处：么别堡、结果罗、麻祖冲、呷斯。——现护窝卜土百户土妇伍朱氏应袭土百户伍洪贵，其祖蓝布甲噶，管摩沙寨落四处：窝卜堡、中间堡、蜡烛堡、儿斯姑。——河西土百户杨世福，其祖那姑，管倮罗寨落四处：纳拉白、葛家堡、滥坝、山脚下。——虚郎土百户沈应龙，其祖济布，管倮罗寨落十一处：鸦老沟、阿甲堡、列别堡、赶羊沟、元麻沟、大堡子、白宿凹、波罗沟、瓜园、新隆沟、落翁。——白路土百户申有福，其祖倪姑，管倮罗寨落五处：鹅巴堡、大湾子、洗祖、马五甲、五里碑。——阿得桥土百户杨世显，其祖募庚，管倮罗寨落四处：响河坝、小白姑、大石类、擦耳岩。

西番是藏族，也根本不成为问题。考察目前这个地区的西番，至今还约有两万人，包括纳木依、多须、里汝、尔苏、鲁苏、木尼傈、须米、拍木依等八种自称，分布在今汉源、石棉、甘洛、越西、喜德、盐源、冕宁、木里、西昌、九龙等县，也就是大渡河以南至雅砻江下游（包括雅砻江支流安宁河流域）的广大地区。这八个支系的语言绝大多数同属于汉藏语系藏缅语族羌语支。笔者对纳木依、拍木依、多须三个支系的情况进行了实地调查，他们都认为自己是地地道道的藏族。纳木依、拍木依人死后都要把死者的灵魂送到尼玛拉萨脚（今拉萨）去。因为他们认为自己的祖先是从尼玛拉萨脚迁来的。他们可以滔滔不绝地背诵出从拉萨迁徙来现今住地的路线。① 多须传说其始祖是一个妇女，来自米尔苏达（三道金河）、白尔拔谷（蚂蚁子山）、扯马峨亚（寡妇岩），她因拣了一颗雪弹子吃受孕而生了鲁沽。鲁沽生了三个儿子：长名鲁沽梭雨，次名麻达乌雨，三名乌儿枯雨。这三个儿子分衍出十家人。其中鲁沽梭雨是冕宁金家和罗家的祖先；麻达乌雨是姜家和李家的祖先；乌儿枯雨是姚家和魏家的祖先。金家又称鲁沽阿呷家。鲁沽阿呷生了七个儿子，其中之一叫沙玛也查，还有一个叫鲁沽吉乌。鲁沽吉乌是马家的始祖，清朝时，金家、李家皆被封为土百户，江家被封为土千户。由于同宗于鲁沽，江、马、李、金、魏、姚等家是不能相互开亲的，只能与韩、木、穆、姜、黄等家开

① 这条路线是：尼玛拉萨脚—布木尼阿支左—都都惹丕脚—（雪山草地）—素木那拉格—牙拉阿角石—石拉和脚日—拍也纳脚日—阿耶和脚日—尼麻谷谷日—日皮那卡日—培耶赫河脚—拉麻复戛—拉麻服忙—其补哈衣—尼不哈衣—拉麻谷若—依赫服满—依里复戛—里拉鲁左泽日—哈施的里维戛—约呷黑硕果—措巴楚日—觉米丢不洛—尼日吉八—拉沙甲米主—谷亡兹兹若鲁—卡斋日古—石突拉沙斧—拉沙米甫日—拉沙好古白—拉沙惹打白—呷乌卡—吉米尔赫—拉沙赫左白—拉萨基古白—那兹木索合—牙子兹古北—拉苦尼此日—拉苦交俄—拉左复瞒—洛戛日古—都都日古—多卡列只日—多卡日古北—恩坑多卡服—素波拉藏—阿沙苦移戛—阿沙苦衣洛—阿支若左日—纳纳日—阿沙洛波—八查丢不洛—里米勒北—阿渣瓦堵扶（冕宁里庄锣锅底的核桃堡子）—纳卡阿黑扶（冕宁联合乡木耳堡子）—卡哑牙戮扶（冕宁里庄锣锅底的瓦厂堡子）。这些地方，背诵者和当地藏族群众都无法以今天的汉语地名相对照，他们只知是从西藏的拉萨迁来的，经甘孜州的拉巴拉惹分路至九龙及今所在地。

亲。说冕宁多须各姓的祖先是远古时代的一位妇女及后来的一位男性祖先鲁沽，反映了多须母系社会及由母系向父系社会过渡的历史。这段历史当发生在其从上述三个地方迁来川西南之前。多须把自己的起源与雪联系在一起，说明其祖先应是从西方或北方来。冕宁城关伍宿村伍家自言是"西天起祖，嘎耳落业"，并说西天指西藏一带，嘎耳指今阿坝一带。相传泸宁新区兴乡的穆家祖上是多须，因被封在拍木依的地方做土官，而变成了"拍木依"，他家是"西天起祖，章登落业"，据说章登在冕宁附近。这就是说，多须也是从西方（西藏）迁到阿坝，再迁到冕宁来的，或不经阿坝，而经甘孜的九龙等地直接迁到冕宁来。当然，这些传说不尽可信，但也不能一概加以否定。因为他们与西藏的藏族确实有血肉不可分割的关系。如在文化特征上，纳木依、拍木依、多须以及其他五个不同支系的人，都接受了藏族的文化，都崇信喇嘛教，都尊崇藏文经典，都珍藏所得藏王传给的"唐卡"（藏传佛教卷轴画）等。

据文献记载，西藏的吐蕃势力强大时，曾统治大渡河至冕宁这一地区达三十年之久〔自至德二年（757 年）始至贞元三年（787 年）止〕。《册府元龟》卷九六五说："（东蛮鬼主）骠傍等自陷嶲州城于吐蕃，绝朝贡者二十余年。"据《旧唐书·南诏传》记载："会安禄山反，阁罗凤（南诏王）乘衅攻陷嶲州及会同军。"《考异》解释说："唐历是年吐蕃陷嶲州，《新传》是岁阁罗凤乘衅取嶲州会同军云云，盖二国兵共陷嶲州也。"《资治通鉴》记此事发生在至德元年（756 年）。《新唐书·地理志》说：嶲州都督府"本治越嶲，至德二载没于吐蕃"。这与《资治通鉴》所记相差一年。盖南诏与吐蕃至德元年攻陷嶲州后，并未能站稳脚跟，唐于次年复置越嶲郡，南诏与吐蕃再战，才于至德二年占据嶲州。这在《南诏德化碑》中有较详的记述："赞普钟五年（即天宝十五载，七月改至德元载）范阳节度安禄山窃据河、洛，开元帝出居江、剑，赞普差御史赞节罗于善结赞敕书曰，树德务滋长，去恶务除本，越嶲、会同谋多在我，图之此为美也。诏恭承上命，即遣大军将洪光乘、杜罗盛、段附克、赵附于望、罗迁、王迁、罗奉、清平官赵俭邓等，统细于蕃，从昆明路，及宰相倚祥叶乐、节度尚检赞同伐越嶲。诏亲帅太子藩围逼会同，越嶲固拒被僇，会同请降无害。子女玉帛，百里塞途，牛羊积储，一月馆谷。六年（即至德二年，757年）汉复置越嶲，以杨廷琏为都督，兼固台登。赞普使来曰：汉今更置越嶲，作爰昆明，如不再除，恐成滋蔓。既举奉明旨，乃遣长男凤伽异驻军泸水，权事制宜，令大军将杨传磨伴等与军将欺急历如，数道齐入。越嶲再扫，台登涤除。都督见擒，兵士尽掳。于是扬兵邛部，而汉将大奔。"《新唐书·南蛮传》言：勿邓、两林、丰琶诸部，"天宝中皆受封爵（按：受封时间当在天宝十二载），及南诏陷嶲州，遂羁属吐蕃"。南诏、吐蕃共陷嶲州后，各据南北。南诏于今会理设置会川都督府，统辖彝族占据主要的嶲州南部地区，吐蕃则占领泸沽以北东蛮（西番）为主的北部地区。

被吐蕃占领及其败走后的数年中，东蛮（西番）地区战争连绵不断。

大历十四年（779年）十月丁酉朔吐蕃与南诏合兵十万，三道入寇，一出茂州，一出扶文，一出黎、雅，唐有神策都将李晟、金吾大将军曲环，合东川山南兵，击破吐蕃、南诏兵，克维、茂二州，追击于大渡河外，大败吐蕃、南诏（《新唐书·本纪》《资治通鉴》《旧唐书·崔宁传》）。

贞元四年（788年）十月，吐蕃侵西川，攻两林、骠傍、东蛮及清溪关、铜山，韦皋与东蛮连兵败于清溪关外。十一月，吐蕃后入侵，又为西川所败（《资治通鉴》《新唐书·本纪》）。

贞元五年（789年），东蛮断泸水桥攻吐蕃，请皋济师。皋请精卒二千，与蛮共破吐蕃于台登，杀青海大酋乞藏遮遮、腊城酋悉多杨朱及论东柴等，掳坠死崖谷不可计，多获牛马铠装。遮遮，尚结赞之子，掳贵将悍雄者也，既败，酋长百余行哭随之。悍将已亡，则屯栅以次降定（《新唐书·韦皋传》）。

贞元十一年（795 年）正月，西川拔吐蕃罗山城，置兵固守，邛南路遂通（樊绰《云南志》）。罗山与上述所破之保塞、大定，俱属东蛮地区之重镇。

贞元十三年（797 年）六月，吐蕃侵巂州，刺史曹高仕败之于台登城下（《资治通鉴》）。

贞元十五年（799 年），吐蕃引众五万自曩贡川分击南诏和巂州，无功而还（《新唐书·南蛮传》《资治通鉴》）。曩贡川，即樊绰《云南志》卷一所言之西望川，亦即西贡川，地在今冕宁县境内。

频繁的战争，对东蛮地区的社会经济破坏很大，但客观上却促进了东蛮（西番）与藏族的融合。吐蕃在战争中取胜时，随之而来的就是在东蛮中推行吐蕃的政治、经济、文化制度；失败时则有大批的吐蕃士卒流落下来。东蛮诸部中不少人就是这些散落下来的吐蕃士卒的后裔（他们自言来自尼玛拉萨脚，当与此有关系）。因此，就以上战争的客观效果而言，不管吐蕃是胜利还是失败，都促进了吐蕃与东蛮的融合。当时吐蕃统治东蛮地区，其措施之一是置城驻兵，如樊绰《云南志》卷一说："（北谷）自入吐蕃，更增修崄，因城下有路，向曩恭地（当即曩贡川）。谷东南一百三十里至罗山城，天宝以后吐蕃新筑，非国家旧城。"其所筑之城不但在军事上有作用，而且在政治、经济、文化上也起作用。经过大约三十年的统治，吐蕃将自己的文化传播于东蛮之中，使之接受藏文经典和西藏的喇嘛教。由于唐、宋时期西藏的文化逐步被接受，所以东蛮逐渐融合于藏族，因此，把勿邓、两林、丰琶诸部视为彝族先民，是不大妥当的。

（二）宋朝对东蛮诸部酋的封赐

勿邓部居于邛部川（今越西），故有邛部川蛮之称，亦谓大路蛮。其酋长为诸部共崇，自称"百蛮都鬼主"。

宋太祖开宝二年（969年）六月，百蛮都鬼主阿伏向黎州请求十月派王子入贡，成都府奏其请，太祖高兴地接受了他的请求，从此朝贡不断。由于邛部川首领为诸蛮之首，故宋廷以他为经略川西南的有力支柱，双方建立了良好的关系。开宝四年（971年），黎州定远兵叛，阿伏令所属游击将军卑吠等率众平叛，宋太祖赐其银带锦袍，赐其众银帛各百，封其为归德将军。雍熙二年（985年）邛部川都鬼主诸驱和其母热免，遣王子阿有等百七十二人以方物名马来贡宋太宗，授诸驱为怀化将军，并赐其母银器。[①] 端拱二年（989年）邛部川遣弟少盖等三百五十人贡御马十四匹、马二百八十匹、犀角二、象牙二、娑罗毯一、合金银饰蛮刀二、金饰马鞍勒一、具螺羊十、牛六，诏以少盖为归德郎将。淳化二年（991年），邛部川复遣子牟昂、叔离袜贡方物，良马、犀牛，太宗授诸驱怀化大将军，少盖怀化将军，牟昂归德将军，离袜怀化司戈，又封诸驱母归德郡太君，热免宁远郡太君，弟离遮、小男阿醉、都判官任彦德等一百九十一人为怀化司戈（《宋史·蛮夷传四》《宋会要辑稿·蕃夷七》《宋史·太宗纪二》）。咸平六年（1003年），诸驱卒，其子阿逗嗣立。景德二年（1005年），阿逗遣王子、将军百九十二人入贡，朝廷先后授阿逗为安远将军、阿逗叔为怀化将军、阿宥为归德将军、游奕将军离归为怀化将

---

① 见《宋史·蛮夷传四》《宋会要辑稿·蕃夷七》《宋史·太宗纪二》。又关于诸驱其人蒙默考证说："《国史》《实录》《会要》都以其为邛部川蛮都鬼主，与《续者旧传》所云差合。然辛怡显著《云南至道录》载其国山川风俗及淳化末朝廷所赐诸驱诏甚具，诏云：敕云南大理国主统辖大渡河姚嶲州界山前山后百蛮三十六鬼主兼怀化大将军忠顺王诸驱，可特授检校太保、归德大将军，依旧忠顺王。怡显两至云南，亲见诏书，其所录必不妄，则诸驱者实为大理国主，而非邛部川蛮都鬼主也。"（《凉山地区古代民族资料汇编》）今从《国史》《实录》《会要》，俟今后再做研究。

军，大判官怀化司候任彦德、王子将军部的并为怀化郎将，判官任惟
庆为怀化司候。

自大中祥符元年（1008 年）至南宋孝宗淳熙末年（1189 年）前
后的一百八十多年中，邛部川蛮朝贡不绝，两宋朝廷的封赐亦频繁不
断。贡品有良马、犀角、犀马、大角羊、娑罗毯等，每次贡使大多为
三四十人。宋朝的赐物包括器币、袭衣、金银带等。这些贡赐具有贸
易性质，故宋廷的回赐"倍酬其直"（《宋会要辑稿·蕃夷七》《宋
史·仁宗纪》）。

由于政治上的内附，东蛮内部之间的矛盾，亦依靠宋廷加以解
决。如开宝六年（973 年）夏，阿伏与两林蛮主勿儿发生矛盾，勿儿
率兵攻邛部川，阿伏告黎州宋官，黎州加以调停。对于黎州西部藏族
的进犯，宋朝则依靠邛部川的力量进行抵御。如乾道九年（1173 年）
吐蕃弥羌畜列陷安静寨，宋黎州守臣以邛部川蛮击退之。淳熙元年
（1174 年）正月，黎州界吐蕃部落侵犯边境，邛部川首领崖殊率众从
后掩杀遁走，南宋孝宗对此进行嘉奖。

两林部对宋朝的朝贡开始于开宝二年（969 年），是年其酋勿儿
与部落将军离鱼向黎州宋官请求朝贡，宋太祖许之，赐其贡使器币，
"自是朝贡不绝"（《宋会要辑稿·蕃夷七》）。宋赐勿儿为怀化将军。
八年七月勿儿、勿尼率六十余人贡方物，宋皆赐勿儿、勿尼为归德将
军。太平兴国二年（977 年）遣王子卑彩、副使牟盖、鬼主还祖等七
十八人以名马贡，并"乞颁正朔"，太宗以勿尼为归德大将军，勿儿
为怀化大将军（《宋史·蛮夷传四》《宋会要辑稿·蕃夷五》《续资治
通鉴长编》卷十八、《宋史》卷四《太宗纪一》）。太平兴国八年
（983 年），两林王以其弟牟昂及其子牟盖、摩忙、卑愧，副使牟计等
二百三十九人贡名马，太宗授牟昂怀化大将军，牟盖等三人为归德郎
将，牟计等一百二十二人为怀化司戈。雍熙三年（986 年）九月，太
宗又加勿尼为检校吏部尚书。两林的贡使团很大，如淳化元年（990

年）王子离鱼一次率使一百二十八人来贡，太宗赐离鱼等为归德将军、保顺郎将、归德司戈、怀化司戈等职。

丰琶部王子的进贡亦不乏记录。真宗咸平六年（998 年）四月，其王曩娑遣使乌柏等贡马五十七匹、素地红花娑罗毯二。景德三年（1006 年）又贡犀角、象牙、盐师子、莎罗幔……及马百三十匹。真宗授曩娑为归德将军，乌柏为归德郎将，副使苏屈等三人为归德司阶，卑愧等十三人为怀化司阶，小副使屈直等二十九人为怀化司戈。其封赐的规模不亚于邛部川蛮和两林蛮。

勿邓等与汉族之间有租佃关系。《宋会要辑稿·蕃夷五》说："淳熙七年（1180 年）八月八日，枢密院编修官李嘉谋言：黎州过大渡河外，弥望皆是蕃田，每汉人过河耕种其地，及其秋成，十归其一，谓之蕃租，土丁之耕蕃地者十有七八。"土丁是沿黎州边西而居的汉族人民，他们与蕃人友好相处，与蕃人同俗。

（原载《云南社会科学》1999 年第 6 期）

川西南藏族历史初探

    1981 年 8 月至 10 月，四川省民族事务委员会、四川省民族研究所、西南民族学院及凉山彝族自治州的专家学者，共同组成调查组，对居住在西昌、冕宁、甘洛、喜德、盐源、木里、石棉、汉源等县的"西番"人进行了全面的调查，走访了二十几个"西番"人聚居的生产队，召开座谈会 20 余次，记录了 1143 个"西番"群众提供的材料。1982 年 5 月至 7 月，中国西南民族研究学会又组织雅砻江下游的民族综合科学考察队，对冕宁县里庄雅砻江以西锣锅底乡，自称"纳木依"和"拍木依"的两支"西番"人进行了调查。笔者是考察队的成员之一，通过实地调查，初步了解到川西南藏族的历史情况。

    川西南藏族，分布在大渡河以南至雅砻江的下游地带。宋朝以来的文献称其为"西番"。1953 年 3 月，成立了木里藏族自治县，其余与汉、彝等民族杂居，未实行区域自治。川西南地带，属著名的古代走廊地区。费孝通先生指出："这个走廊是汉藏、彝藏接触的边界，在不同历史时期出现过政治上的拉锯局面。而正是这个走廊在历史上最被称为羌、氐、戎等名称的民族活动地区，并且出现过大小不等，久暂不同的地方政权。现在这个走廊东部已是汉族聚居区，西部是藏族的聚居区……这个走廊中有迹象表明还存在着被某一通用语言所淹没而并没有完全消失的基层语言。""沉积着许多现在还活着的历史遗留，应当是历史与语言科学的一个宝贵的园地。"[①]

---

① 费孝通：《关于我国民族识别问题》，《中国社会科学》1980 年第 1 期。

① 费孝通：《关于我国民族识别问题》，《中国社会科学》1980 年第 1 期。

① 费孝通：《关于我国民族识别问题》，《中国社会科学》1980 年第 1 期。

一　川西南藏族的起源

川西南藏族，包括纳木依（木里县又称拉木兹）、拍木依、博巴（木里称为呷咪、旭咪的）、多须、里汝、尔苏、鲁苏、木尼洛、须米等自称的九个不同支系。各支系都有关于本支起源的不同传说。其中"西藏起祖说"和"西天起祖说"流行最广。

例如，冕宁县里庄区锣锅底乡的木耳堡子、核桃堡子的拍木依人持"西藏起祖说"。他们认为：拍木依人的祖先是从尼玛拉萨脚（今拉萨）迁来的。来时带有藏王赐给的"通卡"（藏式卷轴画，又称唐卡画）和藏文经典。

当地瓦厂堡子的纳木依人亦持"西藏起祖说"，认为纳木依和拍木依是两兄弟，他们的祖先都来自尼玛拉萨脚。该堡子的纳木依人李阿若背诵了他家从拉萨迁来后的四十七代人的谱系，并说第十二代时分为两房，长房繁衍为拍木依，次房繁衍为纳木依。又如木耳堡子的拍木依人阿代汉牛马章说："纳木依和拍木依一样，人死后都要把他的灵魂送回尼玛拉萨脚去，因为他们的祖先都是从尼玛拉萨脚迁来的。"他还根据藏文经典有关送魂路线的记载，叙述了从拉萨迁徙来现今住地的路线计五十七处地方。可惜的是背诵者和当地藏族都无法以它同今天的汉语地名相对照，他们只知是从西藏的尼玛拉萨脚迁来，经甘孜州的拉巴拉慈分路至九龙及今所在地。

持"西天起祖说"的为多须人。冕宁县城关和尚村的一位多须老人说，多须是从米尔苏达（三道金河）、白尔拔谷（蚂蚁子山）、扯马娥亚（寡妇岩）迁来的。又冕宁城关伍宿村伍家自言是"西天起祖，嘎耳落业"，并说西天指西藏一带，嘎耳指今甘孜州九龙县。

相传该县泸宁区兴新乡的穆家祖上是多须，因被封在拍木依的地方当土官，而变成了拍木依。他家是"西天起祖，瞻堆（今甘孜州内）落业"。

川西南藏族有八个不同的地方方言，大部分为牦牛夷之后，如分布在汉源、甘洛、越西的"尔苏"，分布在石棉的"鲁苏"，分布在冕宁县坝区和东北部的"多须"，分布在九龙、冕宁、木里诸县之"里汝"，都源出于牦牛夷。其语言和"拍木依"语皆与羌语接近，同属于汉藏语系藏缅语族羌语支。

根据传说和历史记载，我们可以得出这样的结论，川西南藏族与西藏的藏族同源。

二　川西南藏族与西藏藏族的历史关系

据文献记载，西藏的吐蕃势力强大时，曾统治大渡河以南至冕宁的地区达三十年之久。

吐蕃占据及其败走的数十年中，东蛮（西番）地区战争连绵不断。频繁的战争，对东蛮地区的社会经济破坏很大，但客观上却促进了东蛮（西番）与藏族的融合。吐蕃在战争中取胜时，随之而来的就是在东蛮中推行吐蕃的政治、经济、文化制度；失败时则有大批的吐蕃士卒流落下来。因此，就以上战争的客观效果而言，不管吐蕃胜利还是失败，都促进了吐蕃与东蛮的融合。经过大约三十年的统治，吐蕃将自己的文化传播于东蛮之中，使之接受藏文经典和西藏的藏传佛教。由于唐、宋时期逐步接受西藏的文化，所以到元、明、清时，西番与西藏的藏族具有了共同的心理素质，乃至成为藏族的一个支系。明朝时期的文献，把西番和吐蕃视为一体，连吐蕃也统称为西番。

拍木依、纳木依等说他们起祖于拉萨，来自尼玛拉萨脚，这除了说明他们与西藏的藏族具有密切的关系和共同的民族心理素质之外，也可能还说明锣锅底乡的拍木依和纳木依，其中一部就是唐时来自西藏的散落于当地的吐蕃士卒之后裔。

三　川西南藏族与汉族、彝族的历史关系

自古以来，川西南地区就是一个多民族聚居的地区，在这里居住的藏、汉和其他民族之间具有血肉不可分割的联系，各民族之间也存在程度不同的相互融合。

自秦汉以来的历代治边，皆实行军民屯垦的政策。内地的汉族人民不断被迁徙到川西南藏族地区来，并不断融合到藏族人民中间去。不过由于文献记载的缺略，对清代以前雅砻江以西汉族与当地民族的融合，已不可具体得知，但对清代置兵营塘汛以来的情况则可考知。如在雅砻江西岸纳木依人和拍木依人居住区设置的有泸宁营、庙顶汛、接兴汛、木罗汛、请安塘、纳安塘……都有汉族人民因不同原因而流入的情况。

为什么汉族能够在雅砻江以西的藏族聚居区扎下根来呢？其首要原因是藏族和汉族在经济、文化上建立了血肉不可分割的关系。汉族人民迁入这个偏僻的山区，给藏族带来了先进的生产技术和文化。其次是因为川西南地区藏族的社会经济生产发展水平比较高，早已建立了封建领主制的生产关系。雅砻江以西北迄大渡河一带的藏族，史称"西番"，宋朝时期就与汉族建立了封建性质的租佃关系。当地藏族同志曾向我说："五十年代前，汉族在我们藏族地区（指雅砻江以西之泸宁和锣锅底地区）都是藏族的佃户，他们自己是没有任何土地的，

其所种的土地都是向藏族租的。"又如在实地调查中得知,泸宁区的帕他堡子,有三户姓邱的汉族,从贵州迁入已八代,先后在沽鲁沟、羊房沟、帕他堡子租藏区土地耕种,都是藏族的佃户。

川西南的彝族,有的与藏族杂居。彝族称藏族为"俄祖"。藏、彝杂居区的两个民族间关系密切,团结互助,其相互影响是巨大的。

(原载《云南藏学研究论文集》;《凉山藏学研究》2004 年第 5 期选刊)

多须人的起源及其他

多须人是川西南藏族的一个主要支系，分布在四川冕宁县安宁河流域地区。1982年，笔者在实地调查中访得有关多须人起源的传说及其风俗习惯的材料。

据说，多须人是从米尔苏达（意为三道金河）、白尔拨谷（意为蚂蚁子山）、扯马娥亚（意为寡妇岩）来的。这几个地方今天究竟为何处，已无考。相传"多须"的起祖是一位妇女，她因捡了一颗雪弹子吃而受孕，生了鲁沽。鲁沽又生了三个儿子：长子鲁沽棱雨，次子麻鞑乌雨，三子乌儿枯雨。这三个儿子分衍出十家人，其中鲁沽棱雨是冕宁金家和罗家的祖先；麻鞑乌雨是江家和李家的祖先；乌儿枯雨是姚家和魏家的祖先。金家又称鲁沽阿呷家，鲁沽阿呷生了七个儿子。其中之一叫沙玛也查，又一个叫鲁沽吉乌。鲁沽吉乌是马家的始祖。金家在冕宁已大约传了八代（从鲁沽阿呷到金元富）。清朝时，金家、李家被封为土百户，江家被封为土千户。由于同宗于鲁沽，江、马、李、金、魏、姚等家是不能相互开亲的。他们只能和韩、木、穆、姜、黄等家开亲。与金家同宗的金和尚（祖先同为鲁沽阿呷），先从甘孜搬到冕宁大桥，又从大桥搬到里庄的金家屋基（在玛哈山上）。由于他识经书，咒人法术高强，彝族很怕他。谁家请他去咒人（指咒盗犯），他就用马驮一驮经书，去他家咒三天三夜。纳窝的黑彝卢合家十分惧怕他的法术，在五六十年前把他杀了，将其家产洗劫一空，将其妻儿转卖他乡，至今下落不明。冕宁城关伍宿村伍家自称"西天起源，嘎耳落业"（嘎耳在阿坝一带，据说西天是西藏一带，不是指印度）。沪宁新兴公社的穆家祖上是"多须"，因被封为纳木依地区的土官，而变成"纳木依"人。他家自称"西天起祖，章登落业"。旧社会经常听人说打章登，章登可能在冕宁附近。据说藏族有四个狠人（才干超群者），其中一个叫呷沙取取莫，他能在蒸着饭的同时上山打猎回来用猎物做菜。金家就是他的后裔。

"多须"人的婚姻由媒人说合，订婚时要送财礼，一般送衣服两套，钱百余元。订婚需择吉日。结婚时重陪嫁，箱子、柜子、桌子、火盆、火撬及其他生活用具都要齐全。另外，富人家还需陪嫁一个丫头。迎娶时，新郎和亲友去到女家，女家对来者要泼水、抹锅烟子。娘家派亲友十多个随新娘至男家，男家也要对其泼水、抹锅烟子，双方以此表示亲近。"多须"行火葬（现在有的已用棺），停尸期间要给死者的灵魂指路，方向是指向西边。过一些时候，要请和尚来家做道场。"多须"盛行白石崇拜。每家都供着一个白面头。石头为椭圆形，外表光滑洁白，须从涨过大水的河滩上拣来。有的供在正堂的神龛上，有的是在大门的左墙上挖一个洞，供于洞中。除了在家中供奉白石之外，"多须"还在所谓"菩萨山"供奉白石。凡"多须"人居住的地方都有一个山岭被称为"菩萨山"。那里的森林严禁砍伐，禽兽不能猎捕。逢年过节，要对白石进行祭献。"多须"人以锅庄为神灵之所在。农历正月初一清晨，各家的妇女睡觉，男的则要起来做饭敬神。其法是用瓦三五块或七块平放在锅庄之旁，用白香条架在瓦上（白香是用高山的一种类似杉树的树制成，劈开时有香味，质坚硬），用火点燃后，再在瓦上面放些荞面、豆腐、肉，并撒上酒和糌粑。边吹海螺边念经敬神。"多须"人每家都有经书，经书系用木板夹着。有的人家如韩正中家有半房子之多。经书的内容有的讲起祖，有的讲医术，有的讲文学，有的讲天文地理。

浅析纳木依人的本教

　　纳木依人是川西南藏族的一个主要支系，主要分布在冕宁县雅砻江流域地区。就其社会发展而言，它早在唐、宋时期就与汉族建立了封建性质的土地租佃关系，但是，由于各种各样的历史原因，在其社会生活中尚一直保存着原始的宗教形式。① 而且，随着其在漫长的历史发展中不断与西藏藏族发生融合，这种原始的宗教形式在接受藏传佛教的影响后而发展成为藏传佛教中之黑教（本教）。经过初步的对比研究，我们发现这里的本教与西藏地区的苯教具有某些共同的特点，而又不完全相同。

　　西藏藏族的苯教有教经、教义和严密的教派组织。据洛桑·却吉尼玛《善说诸宗源流及教义晶镜史》所云，西藏苯教的创始人为辛饶弥倭。《苯教经》云："在此劫中，从人寿中量至人寿十岁间，当有十八位殊胜导师自滚桑起至汤马靡准止，示现世间。"据说，其时所出圣人曰辛饶（旧称丹巴喜饶），此人即苯教之始祖（其全称为辛饶弥倭）。人们以他为佛之化现，亦有谓其与本师释迦同齐出世者。《白琉璃经》云："欲象雄化苯，变喜饶弥倭，示十二苯行，说九承敦法，为生开天门，为亡断生门，度生雍中道。"传说他曾至吐蕃的许多胜地，如温达之色康孜及宝积山、工布之布屈拉康以东诸苯教神山，收

---

　　① 参见何耀华《四川冕宁藏族纳木依人和拍木依人的社会历史调查报告》，载中国西南民族研究学会编，李绍明、童恩正主编《雅砻江下游的民族综合考察》，1983 年 5 月 30 日于成都，袁晓文主编：《藏彝走廊研究丛书》收录，民族出版社 2008 年版。

服世间神道山灵。其嗣承有木错定竹、波斯智人母咱作黑斯、赤脱坝彰、谷赫里波玛、天竺智人拉达安卓、汉土智人勒当笨巴、吐蕃智人定京查孟格、木雅智人吉查告谷、绷巴智人母邦桑当、象雄智人霞饶布勤等。西藏苯教有三大教派：一称笃苯，即因苯黑派。传说赤德赞普时，卫之翁雪纹有汝辛之童子年十三，为鬼所祟，引其遍历西藏地区，约十三载，至二十六岁时，始进入人间，仗彼非人之力，故倡说彼彼等地，有彼彼鬼神作如是祸福，应当供祀或作禳被遣送之等法术，始能有效。故此派是以供祀及禳故鬼怪作自己的宗旨。二称迦苯。此派宣扬在蕃王贡赞普时有凶煞，蕃之苯徒无法克制，乃分从厨宾、祝夏、象雄等三地请出苯徒来除凶煞，其一人行使巫觋之术修火神法，骑于鼓上游行虚空，开取秘藏，鸟羽截铁，示现诸种法力；其一人则以色线、神言、牺牲等而为占卜，以决祸福休咎；其一人则喜为死者除煞，以镇压凶煞，其精通各种巫觋之术。故此派之特点是以巫觋之术取胜。三称觉苯，"觉"意为翻译，即翻译之苯教。分为三期，前期译苯者，传说有绿裙班哲达者，以邪法埋藏地下，又行掘出，渗出苯法，此期即以此传播其教法；中期译苯者，传说赤松德赞王朝下令苯徒改信佛教，有佛菩提，其人遣往宝师前学法，彼因不悦，受王责罚，乃大恼怒，遂符合苯徒将一部佛典改译为苯书，事闻于王，王又传放："若有擅改佛教为苯书者杀无赦。"时以此享受诛者甚众，苯徒皆惧，乃以译而未竟之书藏于山岩之间，后世掘出，遂名《苯藏传》。后期译苯者在郎达玛王灭佛以后，时藏娘朵卒古鲁迦在卫部苯教胜利，达裕卓拉将大量佛经改为苯经，如《广品波若》改为《康勤》，《二万五千颂》改为《康穷》，《五部大陀罗尼》改为《白黑等龙经》，并别立各种不同之名乃诠释，标其置于佛教，将其埋藏于错安哲乌穷之岩山下，而后又掘出。以上是西藏苯教三个派别之概要情况。另外，西藏苯教尚有自己的若干法要及法理，如有三百六十种禳被法、八万四千种现摩法、四冥想法、三十六种送葬法、八十一种镇伏法等。

纳木依人的苯教重敬鬼禳鬼之法理法术，近似于笃苯和迦苯，但又别具自己的特点，即自然宗教的色彩十分浓厚。具有多神崇拜的特点。纳木依人认为每一种自然现象都有神灵在主宰，每一种吉凶祸福都是由与其相关的那种鬼神来决定的。其所崇拜的神基本上无大小、高低之分，神与神之间的关系是平等的，他们虽也信释迦，但并不像西藏地区的苯教徒那样把释迦看得高于一切，从某种意义上说，他们把天神、地神、水神、山神等看得比释迦还要高。他们观念中的神与神之间的平等关系，实质上是原始氏族成员间的平等关系的残存的反映。同时，纳木依人的每一种崇拜都是以部落为基础的，当其部落分裂或融合到其他部落的时候，他们所崇拜的神也就不复存在，而依新的生活条件再创造出新的神。同样，新神的存亡也是随着创造它的集团的存亡而存亡的。正如恩格斯说："这些神的王国不越出它们所守护的民族领域，在这个界限以外，就由别的神无可争辩地统治了。只要这些民族存在，这些神也就继续活在人们的观念中；这些民族没落了，这些神也就随着灭亡。"① 纳木依人的原始信仰亦不像西藏的苯教那样具有独立存在的专门的宗教组织、教派组织和专门的宗教职业人员。其祭司"帕比"是不脱离生产的。上述情况说明，纳木依人的本教具有比较原始的特点，并未真正发展为西藏地区的苯教那样一种成熟的苯教。

纳木依人的本教究竟是怎样产生的呢？换句话说，它是不是真正由于有鬼神的存在而产生出来的呢？当然不是，鬼神是根本不存在的，但鬼神观念的存在却已经存在数千年了，或者说自人类有了思维能力的时候起，就已存在某种鬼神的观念了。那时，由于原始的人们抵御自然的能力极为有限，对自然的认识十分幼稚，他们虽然感觉到

---

① 《费尔巴哈与德国古典哲学的终结》，《马克思恩格斯选集》第 4 卷，人民出版社 1972 年版，第 250 页。

自然现象与自己的经济生活有密切关系，却无法对攸关自己生活、安乐、苦难的自然现象做出正确的解释，当然更无法认识应该怎样去战胜那些威胁自己的自然现象（如火山、地震、风雨、雷电、冰雪等等）。对于自己本身的自然（包括生死、疾病、梦幻的产生等等），他们也不能进行正确的认识。总而言之，对于周围的自然和自身的自然，他们都只能简单愚昧地去解释。如根据自身的情况，他们把意识加给自然界，并把各个不同的自然对象都看作有意识的实体。因此在无法对付自然力袭击的时候，就对自然物产生希望和求告之念，于是敬拜它们，并进行虔诚的祈求和祷告，以博得它们的好感，使其服从或恩典于自己。与此同时，他们把某一动物、植物或无生物视为自己的祖先，认为自己的氏族是从它演变而来的，并对它进行祭拜，以求其保护自己的氏族兴旺，对一般自然物的敬拜，导致自然崇拜的产生，对视其为自己氏族祖先的自然物崇拜，则导致图腾崇拜的产生。这两种崇拜虽然有区别，但它们崇拜的都是自然物，都是最初的原始宗教的一种形式。恩格斯一针见血地论断说："宗教是在最原始的时代从人们关于自己本身的自然和周围的外部自然的错误的、最原始的观念中产生的。"① 随着原始的人们的思维能力的发展，他们除了认为自然物是一种有意识的实体之外，进一步认为那些变幻莫测、无法抗拒的自然现象是有一种超自然的力量在主宰，这种力量就是"神"。这样，对自然物的崇拜于是发展为对自然神的崇拜。与此同时，原始的人们还形成了灵魂不灭的观念，他们像不了解大自然一样，不了解人体的生理机能，不了解肉体与精神的关系，特别对做梦的现象无法理解。由于梦中能看见远方的人和物，能见到已经死去的人，他们便以为灵魂可以离开肉体而单独存在和单独活动，因而认为人死以后灵魂不会消灭，于是产生了鬼的观念和对鬼魂的崇拜。因而他们对人死

---

① 《费尔巴哈和德国古典哲学的终结》，《马克思恩格斯选集》第 4 卷，人民出版社 1972 年版，第 250 页。

后的埋葬仪式和埋葬方法越来越重视，对死去的人的祭祀，特别是对已故父母的祭祀日益隆重起来。这时，人死以后灵魂要到另一个世界去就成为当时人们的普遍的看法。于是人们产生了对已故父母的祭拜和超度。祖先崇拜和对鬼魂的崇拜的种种巫术及祭祀便产生出来。大量事实说明，鬼神观念和最初的宗教祭祀活动的产生是人们无法抗拒自然压迫的结果，是人们蒙昧无知的结果。正如恩格斯所说："一切宗教都不过是支配着人们日常生活的外部力量在人们头脑中的幻想的反映，在这种反映中，人间的力量采取了超人间力量的形式。"① 马克思主义认为，人类认识的发展是以经济发展为基础的，原始时代人们关于自然的错误的最原始的观念，归根到底是由当时极为低下的社会经济发展水平所决定的。恩格斯说："种种关于自然界、关于人本身的性质、关于精灵、关于魔力等等虚假的表象，大抵是以消极的经济因素为基础，史前时期低级的经济发展把关于自然界的虚假表象作为补充。有时也当作了条件，甚至当作原因。"② 纳木依人、拍木依人的本教产生和存在的根源，就在于社会经济发展水平低下。原始时代其生产发展水平的情况，有待于考古发掘的材料去说明。从现实的情况来看，其生产发展水平是低下的，甚至还保有较多的原始形态的残余，如这里的铁制生产工具，在新中国成立前质量差，品种单一，一些生产环节尚使用着木制工具，这里的人们控制自然灾害的能力极弱，基本上没有什么抵御旱灾的措施；这里的农产品不够维持生产者的需要；这里的交换极不发达……这些情况使他们在自然压力面前束手无策，并转而祈求于神灵。

当然，除经济生产发展水平低下使人们不能控制自然和征服自然之外，在阶级对抗存在的社会，应该看到统治阶级的压迫剥削是人们求助于神灵而信仰宗教的最主要的根源。马克思说："宗教是被压迫

---

① 《反杜林论》，《马克思恩格斯选集》第 3 卷，人民出版社 1972 年版，第 354 页。
② 《马克思恩格斯论宗教》，人民出版社 1957 年版，第 13 页。

生灵的叹息。"① 由于反动统治阶级给被压迫阶级带来无与伦比的苦难，被压迫阶级才去追求宗教允诺的来生幸福，宗教因此才得以存在，恩格斯曾以资本主义社会的生产关系为例，阐明现代资本主义的压迫剥削制度是产生宗教的阶级根源。他说："我们已经不止一次地看到，在目前的资产阶级社会中，人们就像受某种异己力量的支配一样，受自己所创造的经济关系、受自己所生产的生产资料的支配。因此，宗教的反映过程的事实基础就继续存在，而且宗教反映本身也同它一起继续存在。"② 列宁对此进一步论证说："劳动群众在备受社会方面的压制，他们在资本主义（资本主义时时刻刻使普通劳动人民受到比任何非常事变如战争、地震等还要厉害千百倍的最骇人听闻的灾难和痛苦）的盲目势力面前似乎束手无策——这就是宗教的最深刻的现代根源。"③ 在新中国成立前的纳木依人的社会中，劳动人民不但要受本族地主阶级的压迫剥削，而且还要受汉族统治阶级的压迫及彝族奴隶主阶级的掳掠。他们的生活异常痛苦，他们在无法抗拒社会力量的压迫的情况下，不得不求救于神灵来保护自己，苯教因此成为他们信仰的宗教。

应该指出，统治阶级不仅是导致新中国成立前纳木依、拍木依社会中苯教存在的主要根源，而且是苯教继续发展的主要支柱。统治阶级以苯教作为统治人民的一种精神武器：竭力宣扬苦难来源于神灵的惩罚，从而麻痹人民的反抗意志，使他们甘愿遭受奴役。以求得所谓神灵的救助。苯教对纳木依人的影响是巨大的，首先，它解除人们对大自然做斗争的武装。每当灾难降临的时候，苯教都不是也不可能是去积极引导群众去抗灾，而是引导群众去祈祷，这不但不能减轻自然灾害的袭击，反而加重了群众受灾的程度。如祭山神求雨一次，要宰

---

① 《〈黑格尔法哲学批判〉导言》，《马克思恩格斯选集》第 1 卷，人民出版社 1972 年版，第 2 页。
② 《反杜林论》，《马克思恩格斯选集》第 2 卷，人民出版社 1972 年版，第 355 页。
③ 《论马克思恩格斯和马克思主义》，人民出版社 1955 年版，第 233—234 页。

杀数头至数十头大牲畜，这不仅使牲畜饲养受到破坏，反而加重群众的经济负担，使一些人因祭费债台高筑或走向破产。人遇疾病，笨教阻碍人们积极地去进行治疗，而要人们去进行禳祓，结果使大批的病者死于非命。

其次，苯教解除人们与统治阶级做斗争的武装，使他们愈来愈遭受苛重的奴役和压迫。纳木依人的统治阶级都以苯教作为自己的统治工具，使人民甘愿忍受他们敲骨吸髓的剥削。他们通过苯教向群众宣扬：贫困的根源在于生产的不发展，而生产的不发展又在于自然神灵之为祟，于是要他们放弃反抗斗争，把追求美好生活的希望寄托于对神灵的祭献和祷告之上，而祭献和祷告削弱人民的斗争意志，转移人民的斗争方向，从而有利于加强统治阶级的压迫。

最后，苯教破坏民族内部的团结和各民族之间的团结。本民族内部的宪家械争，民族之间的大规模的战争，有许多是由于"帕比"的诅咒而引起的。

马克思指出，"要实现人民的现实的幸福"，必须"废除作为人民幻想的幸福的宗教"；宗教是维护苦难世界的"灵光圈"，必须对宗教进行批判。他说："对宗教的批判就是对苦难世界的批判的胚胎"，宗教批判可以摘去"装饰在锁链上的那些虚幻的花朵，但并不是要人们依旧戴上这些没有任何乐趣任何慰藉的锁链，而是要人扔掉它们，伸手摘取真实的花朵，宗教批判使人摆脱了幻想，具有理性的人来思想、来行动，来建立自己的现实性；使他们能够围绕着自身和自己的现实的太阳旋转"。① 我们从调查中深深感到，在锣锅底那样一类交通闭塞、文化落后的民族地区，只有不断揭露和批判形形色色的各种以鬼神迷信为中心的宗教形态，人民才能不断从宗教迷信的危害下解放出来，使他们实现"现实的幸福"。

---

① 《〈黑格尔法哲学批判〉导言》，《马克思恩格斯选集》第1卷，人民出版社1972年版，第2页。

当然，对于纳木依人的本教，绝不可以简单地采取行政命令或某种暴力的手段去进行，而必须把它放在我国社会主义物质文明和精神文明建设的整个任务中去考虑。因为只有改变宗教存在的那种物质基础及旧社会遗留下来的种种思想精神的关系，宗教才可能得到全面的批判。在"文化大革命"期间，林彪、"四人帮"一伙曾经对宗教信仰进行所谓"横扫""专政"和"雷打火烧"地进行"砸烂"，但是，他们这样做不仅没有把鬼神的影子从人们的头脑中驱逐出去，反而导致了鬼神和迷信活动的泛滥，导致了宗教的狂热活动。1874年，恩格斯在谈到当时侨居伦敦的公社布朗基派流亡者发展的著名宣言时说，他们大声疾呼地向宗教宣战，是一种愚蠢的举动，因为这种宣战只能提高人们对宗教的兴趣而妨碍宗教的真正消亡。恩格斯斥责布朗基派不了解只有工人阶级的斗争从各方面吸引了最广大的无产阶级群众参加自觉的革命的社会实践，才能真正把被压迫群众从宗教的压迫下解放出来，宣布废除宗教，那不过是一种无政府主义的空谈而已。1927年8月，毛泽东同志在他的《湖南农民运动考察报告》中曾经论证神权的本质和批判神权的重要性及批判的方法。他说："政权、族权、神权、夫权，代表了全部封建宗法的思想和制度，是束缚中国人民特别是农民的四条极大的绳索。"神权就是"由阎罗天子，城隍庙王以至土地菩萨的阴间系统以及由玉皇上帝以至各种神怪的神仙系统——总称之为鬼神系统（神权）"。他用湖南农民在几个月时间就把一切土豪劣绅、贪官污吏打倒的生动事实，证明了神能使人走好运的荒唐性。他讥讽地说："神明么？那是很可敬的。但是不要农民会，只要关圣帝君，观音大士，能够打倒土豪劣绅么？那些帝君大士们也可怜，敬了几百年，一个土豪劣绅不曾替你们打倒！现在你们想减租，我请问你们有什么法子，信神呀，还是信农民会？"针对当时湖南农民"打菩萨之风"，他指出菩萨之消亡只能"是政治斗争和经济斗争胜利以后自然而然的结果"，不能"用过大的力量生硬地勉强地从事这些东西的破坏"，"菩萨是农民立起来的，到了一定时期农民会用他们自己的双手丢开这些菩萨，无须旁人过早地代庖去丢菩萨"。毛泽东同志的这些指示，不仅生动地揭露了宗教的虚伪性、欺骗性、麻醉性及其维护封建宗法制度的反动性，而且揭示了只有采取正确方法才能导致宗教消亡的原理。这种方法就是通过政治斗争和经济斗争，铲除宗教存在的基础，铲除宗教产生的社会起源、阶级根源和认识根源，使它最终走向消亡。今天我们党领导的实现"四个现代化"的斗争，必然为加快宗教的消亡创造条件，我们应该通过这场斗争从根本上改变纳木依人的落后状况，使他们尽快从宗教意识形态的束缚中解放出来。

（原载《西南民族研究动态》1984 年第 11 期）

四川冕宁县藏族社会历史
调查报告

前　言

　　1982 年 5 月 27 日，中国西南民族研究学会，在渡口市成立"六江（金沙江、怒江、澜沧江、雅砻江、大渡河、岷江）流域民族综合科学考察队"，并先期对雅砻江下游的民族进行试点考察。笔者被分配参加凉山分组，与四川省民族研究所的刘辉强、伍嘎、陈庆华和凉山州博物馆的龙西江等四同志，共同承担冕宁县里庄区联合公社藏族纳木依人的考察任务。笔者与龙西江同志先行至点，伍嘎、陈庆华与刘辉强三同志因别的任务，在我们至点数天后陆续到达。

　　由于笔者提前十余日返回单位，未能看到本组其余四同志的记录以及与他们共同分析访问中所得的全部资料，所以这份报告仅仅根据笔者不深入、不全面的考察记录整理而成。其中叙及的许多问题可能是不准确的，所提出的看法也可能是错误的。现在提供学会付印，一是想作为今后调查的线索提供给日后的考察者，二是想把它送回纳木依、拍木依群众中去检验，以使它的错误得到纠正，不足得到补充。在整理过程中，除客观地类编访问记录之外，还参考了手边极为有限的资料，对调查中讲到的问题提出粗浅的意见，这些看法是否得当，亦望得到研究和关心这个地区的专家和读者的指正。

凉山分组的考察是在中共凉山州委、冕宁县委、里庄区委和联合公社党委的领导和关怀下进行的。凉山州政协副主席穆文富同志（藏族）和州财政局副局长王东才同志（藏族）对这次考察进行了具体的指导。对冕宁藏族素有了解的冕宁县广播站的李云昆同志对我们给予了具体的帮助。磨房沟电厂党委书记邱木呷同志热情为我们解决遇到的困难。西南民族学院民族研究所的杨光甸同志在笔者整理材料的过程中提供了他在泸宁调查的极有价值的成果。联合公社的藏族同志陆睹阿若（汉名李阿若，46岁，木耳大队瓦厂生产队）、汉牛马章（55岁，核桃大队）、蓝光泽（47岁，木耳大队）、蓝成国（34岁，核桃大队）、王建平（38岁，木耳大队）、王明芳（36岁，核桃大队）、吉文平（23岁，木耳大队）、李文珍（22岁，木耳大队）和汉族袁登祥（34岁，木耳大队）等同志为我们提供了各方面的情况和资料，其中陆睹阿若、汉牛马章、蓝光泽、蓝成国等同志是我们主要的访问对象。在完成这份材料的写作的时候，谨对上述同志致以衷心的谢意。

一　概况

联合公社位于川西南横断山脉锦屏山东部之侧坡，约为北纬28.2度、东经101.8度。雅砻江由北向南刻地而来。其东牦牛山高峰耸峙，江两岸悬崖峻峭，夹流对峙，由于极少冲积平地，沿江地带人烟稀少，许多地段仰而观之，仅见一线之天耳。

公社境内有四条自西向东注入雅砻江之大沟。南面之磨房沟及北面之大川亳沟水量较大。因流水由高山下行，侧坡被冲刷成若干大小之沟谷，形成分割之地形及山高坡陡之地势。雅砻江河谷低地的海拔1200 米。西面锦屏山之手爬梁子、北面石罐山、拉姑山，海拔均在4400 米以上。整个地区地形倾斜度为 60°—70°。

联合公社东界里庄和里庄区的纳窝公社，南接盐源县之民胜公社，西连泸宁区的健美公社和木里藏族自治县的俸波公社，北靠泸宁区的南河公社。公社所属庄子、核桃、木耳、大川亳 4 个大队共计有17 个生产队，共 462 户 2917 人，其中藏族有 416 人，其余为汉族和彝族。较大的堡子（即村子）有锣锅底、瓦厂、木耳、核桃、大川亳、施家、边朴和阿日。藏族分布于海拔 3500 米左右的瓦厂、木耳、核桃三个堡子。这些堡子皆分布于山梁台地之上。堡子至堡子均须翻爬陡坡。

山川的险阻和历代统治阶级的压迫，使这个地区在新中国成立前不通车不通邮。境内道路均频踏所成，巨石深沟，一任自然，故无一不是羊肠曲径。境内有四条小路与境外相通，一是向南经民胜、西林、瓜别行六日至盐源。据说此路不畅，须翻爬悬岩，故行人不众。二是向东经松林坪渡雅砻江至里庄，再经木里、泽远至沙坝，或经纳窝、呷别（三合）至西昌，或从里庄北上经冉心沟、麦地，翻牦牛山而至冕宁，这是向外交通的一条主要路线。三是北经大川亳、木洛、南河、泸宁去九龙县，或去棉纱湾抵冕宁。四是向西经健美至木里藏族自治县之俸波。向东过雅砻江有两个渡口：一是麻哈渡，从松林坪下山可达；二是大川亳河渡，从大川亳堡子下山可达。均为小木船摆渡，船工来自藏、彝、汉三族。由于行人不多，江水湍急，候一次船往往得花半天时间。谚语说："难过不过麻哈渡，花钱不少花时多。"新中国成立前摆渡一次之船费，为现在的两角至三角。藏族的主要交通工具是马匹，而且以人背作为运输的主要支柱。境内至今没有形成专门之集市，新中国成立前盐巴等生活必需品，靠马帮运出花椒、兽皮、药材，从盐源、沙坝、里庄、冕宁、泸宁等地换回来。

由于海拔高低不同，境内气候殊异，雅砻江谷底台地，海拔 1500 米左右之地带，气候比较温和，可种稻谷；随着海拔之升高，气温乃逐渐下降，公社所在之锣锅底附近，海拔在 2600 米左右之半山腰地带，年平均气温比较低，已不能种稻；核桃、木耳、瓦厂等海拔在 3000 米至 3500 米之高山地带，气候寒冷，再往上为海拔在 4000 米以上之高原草场，那里的年平均气温更低，不能种植庄稼，是牦牛的牧场。公社的年平均降雨量为 700 厘米至 1250 厘米，分干、湿二季，湿季为 6 月至 10 月，其降雨量占全年的 90%，其他 7 个月为干季，降雨量仅占全年雨量的 10%。我们的考察，正值 6 月雨季，整个地区终日阴雨，雾气弥漫。

全公社有汉、彝、藏三个民族，各族虽有自己的民族语言，但每一个民族都能操另外两个民族的语言，如当地的俗话所说："每一个舌头都会讲三种话。"

语言隔阂之消除，是以相互间政治、经济、文化之密切联系为基础的，是历史上三族之间相互依存之结果。

雅砻江下游地区古时居住着邛、筰等许多部族、部落，秦始皇曾派"常頞略通五尺道"，在邛、筰地区"置吏"。《史记·司马相如传》说："邛、筰，冉駹者近蜀，道亦易通，秦时尝通为郡县。"司马相如为西汉前期人，元光六年（前 129 年）奉命往邛都等地招抚"西夷"，所言秦时曾在此区设郡置吏，当系事实，这说明自秦始皇统一中国始，冕宁、里庄地区就加入了我国第一个专制主义的中央王朝版图，成为我们伟大祖国不可分割的一部分。

元鼎六年（前 111 年），汉武帝"以邛都为越嶲郡，筰都为沈犁郡、冉駹为汶山郡"。《汉书·地理志》载，越嶲郡辖"县十五"，其中有台登县，为今之冕宁。而里庄、泸宁乃台登县属地。

蜀汉、西晋仍置越嶲郡及台登县。南齐建"越嶲僚郡"。北周天和三年（568年），"开越嶲地于嶲城（今西昌）置严州"（《元和郡县志·嶲州》），复置台登县。天和五年（570年）又以"大将军郑恪帅师平越嶲，置西宁州"（《北周书·五帝纪》）。隋开皇十八年（598年）改西宁州为嶲州，台登县为嶲州所领。唐、初亦置嶲州，领台登、越嶲、邛郭、可泉、苏祁等六县。元明设罗罗斯宣慰司，今冕宁各地皆其所辖。明朝推行卫所制度，洪武二十七年（1394年）于今冕宁置宁番卫军民指挥使司。清雍正六年（1728年）罢卫改置冕宁县，属宁远府（治今西昌）。清朝统治者在设政治统治机构的同时，广置兵营，营下设汛、塘，层层派兵驻守。如设在雅砻江西岸的有泸宁营、庙顶汛、接兴汛、木罗汛、靖安塘、纳安塘、磋多塘、打约塘、近兴塘、普鲁塘、约噶塘、长资塘。

自秦、汉以来历代治边，皆实行军民屯垦之政策。内地的汉族人民，大批地被移徙到边疆来，并不断融合到边疆少数民族中间去。不过，由于文献记载的缺略，对清代以前在雅砻江以西汉族与当地民族的融合，已不可具体得知，但对清代置兵营塘汛以来汉族因不同原因而流入此区的情况，则是有材料可供考察的。西南民族学院杨光甸同志近期在泸宁考察，遍录该区碑刻，于新兴公社鸡窝的雅砻江岩岸上，发现当地汉族宗姓之三座祖坟，其中之一（宗兴照墓）有碑文如下（杨光甸《凉山州冕宁县泸宁区藏族调查笔记》）：

皇清同治拾壹年拾弍月十一日　　立

兴公生于江西省抚州府东兴县出东门离城州里大地名小王藩十都上第五甲有周户上粮×湖宗洋湖村生长人氏至于嘉庆十三年五月内出外贸易至湖北老河口转至四川建南道宁远府冕宁县出西门泸宁营接兴汛大鸡窝小地名新火山落业成家不料告终于此境而也

名　字

清登西逝硕德上寿宗公　教　兴照老大人之墓
　　　　　　　　　　　元
　　　　　德玉　　　鳌　　　　　富
孝男孝孙登　榜孝曾孙　　　　　福贵
　　　　　和玉　　　豹　　　　　荣
　　　　　　　　　　蛟　　　　　华
　　　　　　　　　　高

　　据此墓志，宗兴照从江西落业鸡窝系在嘉庆十三年（1808 年）。这是现今发现的汉族移民在清代进入此区的一个最早的碑刻。从联合公社的情况来看，这里不但有汉族聚居的堡子，还有在当地形成势力的汉族官僚地主高姓。今公社治所，即高家的院落。至新中国成立时高姓迁入已有五代，若以二十五年为一代计，其迁入的时间约当清代嘉庆、道光年间。高姓迁来之后，曾受到黑彝奴隶主的多次袭击，如 1949 年，当地黑彝奴隶主安树清、联合木里和盐源的黑彝陈树清、安绍武家，集合五百余人的兵力来攻打高家，高家依靠当地汉族、藏族的联合力量，并动用泸宁设制局的兵力，战斗一个多月，将其击退。

　　为什么汉族能够在雅砻江以西的藏族聚居区扎下根来呢？难道是像高家击退黑彝那样是靠武力征服的吗？不是，其首要原因是藏族和汉族在经济、文化上建立了血肉不可分割的历史关系。汉族人民迁入这个偏僻的山区，给藏族带来了先进的生产技术和文化，藏族人民离不开他们。直到今天，情形仍然是这样。如在藏族聚居的木耳大队，有个汉族木工叫袁登祥，家有九人，从泸宁迁来已二十年，其中有两人会木工，一人会做篾活。袁登祥原准备到沙坝汉族地区上门（入赘），但当地的藏族、彝族群众不许走，正如他说："他们不让我走，是需要我的手艺。我做木工二十年了，会盖房子和做各种现代的复杂的家具，而他们不会做。全公社只有我和和平村的王开全（汉族）能干木活，全公社藏族、彝族的复杂木活都是我们二人做。如果我去了沙坝，他们就恼火了。"其次是因为这个地区藏族的社会经济生产发展水平比较高，早已建立了封建领主制的生产关系。这种经济制度的特点是，只把生产者附着于土地之上，而使他们成为土地所有者（领主）进行奴役的农奴，不是像黑彝奴隶主那样，非把你变为奴隶（娃子）不可。只要你缴纳地租，承担领主规定的封建劳役，就可以保留自己的民族特点和相对独立的经济生活，不是像大凉山的奴隶主那样，非对你进行强迫同化不可。大渡河以南一带的"西蕃"早在宋朝时期就与汉族建立了封建性质的租佃关系。《宋会要辑稿·蕃夷五》说："淳熙七年（1180年）八月八日，枢密院编修官李嘉谋言……黎州过大渡河外，弥望皆是蕃田，每汉人过河耕种其地，及其秋成，十归其一，谓之蕃租，土丁之耕蕃地者十有七八。"穆文富同志在介绍情况时说："解放前汉族在我们藏族地区（指雅砻江以西之泸宁和锣锅底地区），都是藏族的佃户，他们自己是没有任何土地的，其所种之土地都是向藏族租的。"这不能不使我们吃惊，宋人李嘉谋所言的情况，竟还如此完整地保留在雅砻江西岸的"西番"（藏族）社会中。据杨光甸同志调查，泸宁区的帕打堡子，有三户姓邱的汉族，从贵州迁入已八代，先后在古鲁沟、羊房沟、帕打堡子租藏族土地耕种，都是藏族的佃户。又与洛居堡子相隔一条小沟的滥柴弯大队，系汉族聚居的大队，该大队第一生产队的胡正美说，胡家祖籍湖北麻城孝感青石板，迁来已有六代，在滥柴湾住的汉族最早的是胡家和赵家，后来又迁来杨家，全都是租藏族的地种，先是租尼玛卡两兄弟的，后是租麦里火扎的（见杨光甸《凉山州冕宁县泸宁区藏族调查笔记》）。这种租佃关系，无疑是宋代以来番汉之间的租佃关系的继续和发展。试想，如果不是藏族（西番）本身建立了封建制的生产关系，汉、藏（西番）之间能建立租佃关系吗？若无这种租佃关系，汉族人民能在这里扎下根来吗？联合公社与泸宁地区的情况基本上没有差别，这两个地区的藏族都是亲戚、家门关系。故上述资料完全可以说明联合公社藏、汉族之间的历史关系。

联合社会的彝族，大都与藏族杂居。如在藏族聚居的核桃大队，就有31户彝族（共104人）杂居，其中3户是黑彝，皆姓安。彝族称藏族为"俄祖"，意为土地之主人，他们认为"俄祖"是这个地区最早的居民，自己是后来才迁来的。联合公社的藏族普遍有关于孟获的传说，说他们的祖先曾跟随孟获作战。有的甚至认为孟获不是彝族的头人，而是藏族的领袖。这说明藏、彝之间有密切而悠久的历史关系。在现实生活中，我们看到，藏、彝之间的相互影响是巨大的，如除二者都会操对方的语言外，两族男子平常所穿的服装没有什么差异，风俗习惯也大同小异。当他们在一起的时候，你很难区分他们中谁是彝族，谁是藏族。

20世纪50年代，通过民主改革，废除了藏族的封建领主制度和彝族的奴隶制度。藏、彝、汉人民之间建立了平等、团结、互助的关系。随着社会主义建设的发展，这个地区的面貌发生了巨大的变化。昔日的麻哈渡口，横空架起了铁索桥，滚滚东流的磨房沟，建起了现代化的水电站，陡峻的牦牛山和咆哮的雅砻江东岸有汽车在行驶，大客车每天从县城始发，驶过麻哈渡铁索桥而在下午抵电厂。不通车不通邮的状况，早已经成为历史的陈迹了。在藏族的堡子中，高音喇叭不时传诵着来自北京的声音，雪亮的电灯照亮了每户纳木依人的客堂，党的三中全会路线给藏族带来幸福，纳木依姑娘的麻达咪歌声，颂扬着藏族人民誓为现代化建设而斗争的心愿。

二 历史

（一）纳木依、拍木依与川西南之藏族

联合公社的藏族，包括两个不同的支系：一个自称纳木依；另一
个自称拍木依（普米）。木耳大队、核桃大队的拍木依蓝光泽、杨正
明说："听老人讲，过去纳木依和拍木依不仅不开亲，而且还经常处
于对立状态，因为拍木依认为纳木依最早不是藏族。拍木依认为自己
有藏王传给的'通杆'（即藏族卷轴画'唐卡'的另一译音），有藏
文经典，有庙顶的喇嘛寺，有自己的语言，只有拍木依才是起祖于尼
玛拉萨脚的藏族。据老人说，纳木依也有'通杆'和藏文经典，但都
是拍木依传给的，纳木依的和尚'帕比'虽然也进庙顶的喇嘛寺，但
不是像拍木依人的和尚'阿什'那样是去那里学经，而只是去朝拜。"
拍木依语、纳木依语为两种不同的语言，其差别如下表：

汉语、纳木依语、拍木依语差异比较表

汉语名称	纳木依语名称	拍木依语名称
酒	乌	饿
吃	子	克 则
狗	吃	齿
小 孩	腊 克	约

纳木依认为，拍木依和自己是两兄弟。瓦厂大队的纳木依李阿若
说，他的祖上从尼玛拉萨脚迁来已有四十八代，第十二代普普时分为
两房，长房繁衍为拍木依，次房繁衍为纳木依。纳木依不同意过去那

种认为纳木依不是藏族的说法，下面是李阿若家四十代人的谱系：

作戛—木侬—作移—木移—撮日—立俄—牙戛—木赫—纳赫—格移—尼移—普普—俄赫—枯里—卡亚—帕子—洛左—吉米—勿始—拉勒—腊子—苏土—尼玛楚—泸古—立米—哈萨—呷及他—勿煞—呷若—甲若—和布—石尔比—固咱—呷拉皮—胡扎皮—格可渣—罗堵—阿呷—娃移—尔果—阿呷—格可—热尔果—尼玛乍—尼玛—阿若（即陆睹阿若）—萨皮。

由于纳木依和拍木依之间的亲密关系，拍木依目前已不再强调他们与纳木依的差别，而且同意纳木依、拍木依是两兄弟及纳木依的起祖也在尼玛拉萨脚的说法。木耳大队的拍木依阿什汉牛马章说："纳木依和拍木依一样，人死后都要把他的灵魂送回尼玛拉萨脚去，因为他们的祖先都是从尼玛拉萨迁来的。根据藏文经典有关送魂路线的记载，拍木依、纳木依从拉萨迁徙来现今住地是走的下述路线：

尼玛拉萨脚—布木尼阿支左—都都惹丕脚（雪山草地）—素木那拉格—牙拉阿角石—石拉和脚日—拍也纳脚日—阿耶和脚日—尼麻谷谷日—日皮那卡日—培耶赫河脚—拉麻复戛—拉麻服忙—其补哈衣—尼不哈衣—拉麻谷若—依赫服满—依里复戛—里拉鲁左泽日—哈施的里维戛—约呷黑硕果—措巴楚日—觉米丢不洛—尼日吉八—拉沙甲米主—谷亡兹若鲁—卡斋日古—石突拉沙斧—拉沙米甫日—拉沙好古白—拉沙惹打白—呷乌卡—吉米尔赫—拉沙赫左白—拉萨基古白—那兹木索合—牙子兹古北—拉苦尼此日—拉苦交俄—拉左复瞒—洛戛日古—都都日古—多卡列只日—多卡日古北—恩坑多卡服—素波拉藏—阿沙苦移戛—阿沙苦衣洛—阿支若左日—纳纳日—阿沙皮洛波—八查丢不洛—里米勒北—阿渣瓦堵扶（联合公社核桃堡子）、纳卡阿黑扶（联合公社木耳堡子）、卡哑牙戮扶（联合公社瓦厂）。

　　按：这些地方，背诵者和当地藏族群众都无法一一以它同今天的汉语地名相对照，他们只知是从西藏的拉萨迁来的，经甘孜州的拉巴拉惹分路至九龙及今所在地。

　　我们在考察中发现，这个公社的拍木依、纳木依虽然有蓝光泽、杨正明所说的那些差异，但目前共同性多于差异性，而且二者已经融合为一了。他们已共操同一语言，而且互相开亲，同信喇嘛教，同崇藏文经典，同供"通杆"，同尊白石。换言之，他们不但有共同的语言、共同的地域、共同的经济生活而且还有都认为自己是藏族的共同的心理素质。我们认为他们共同构成了藏族的一个支系，可简称为川西南藏族。

　　如果从这个藏族支系的整体而言，川西南藏族有二万余人，包括纳木依、多须、里汝、木尼俫、须米、拍木依六种自称，分布在汉源、石棉、盐源、冕宁、木里、西昌、九龙等县，也就是今大渡河以南至雅砻江下游（包括雅砻江支流安宁河流域）的广大地区。在历史上，这个地区与西藏地区一样，分布着自西北地区南下的后来形成我国藏族主体的许多古羌人部落。《后汉书·西羌传》说："秦献公初立，欲复穆公之迹，兵临渭首，灭狄源戎。（豪羌）忍季父卬畏秦之威，将其种人附落而南，出赐支河曲西数千里（按：指今青藏高原），与众羌绝远，不复交通。其后子孙分别，各自为种，任随所之。或为氂牛种，越巂羌是也；或为白马种，广汉羌是也；或为参狼种，武都羌是也。"汉晋时代，同属于氂牛（即牦牛或旄牛）种的不同部落，在大渡河以南至雅砻江流域形成牦牛、摩沙等各具特征的一些族体。

　　川西南六个不同自称的藏族，大都源出于牦牛夷。其语言皆与羌语接近，同属于汉藏语系藏缅语族羌语支。我们在这次调查中，曾就"多须"进行考察。据说，冕宁的"多须"是从米尔苏达（三道金河）、白尔拔谷（蚂蚁子山）、扯马娥亚（寡妇岩）迁来的。"多须"的祖先是一个妇女，她因捡了一颗雪弹子吃受孕而生了鲁沽。鲁沽生了三个儿子：长子鲁沽梭雨，次子麻达乌雨、三子乌儿枯雨。这三个儿子分衍出十家人。其中鲁沽梭雨是冕宁金家和罗家的祖先，麻达乌雨是江家和李家的祖先，乌儿枯雨是姚家和魏家的祖先。金家又称鲁沽阿呷家。鲁沽阿呷生了七个儿子，其中之一叫沙玛也查，又一个叫鲁沽吉乌。鲁沽吉乌是马家的始祖，清朝时，金家、李家皆被封为土百户，江家被封为土千户，由于同宗于鲁沽，江、马、李、金、魏、姚等家是不能相互开亲的，只能与韩、木、穆、姜、黄等家开亲。说冕宁"多须"各姓的祖先是远古时代的一位妇女及后来的一位男性祖先鲁沽，反映了"多须"母系社会及由母系社会向父系社会过渡的历史。这段历史当发生在其从上述三个地方迁来川西南之前。"多须"把自己的起源与雪联系在一起，说明其祖先应是从西方或北方来。冕宁城关伍宿村伍家自言是"西天起祖，嘎耳落业"，并说西天指西藏一带，嘎耳指今阿坝一带；相传泸宁新兴公社的穆家祖上是"多须"，因被封在拍木依的地方做土官，而变成了"拍木依"，他家是"西天起祖，章登落业"，据说章登在冕宁附近。这就是说，"多须"是从西方（西藏）迁到阿坝，再迁到冕宁来的，或不经阿坝，而经甘孜的九龙等地直接迁到冕宁来。这与古羌人迁往西藏及川西南的记载是符合的。

（二）拍木依史略

拍木依（普米）应是牦牛羌后裔之一。早在两汉时期，中央王朝就在牦牛羌所居之地区置"旄牛县"（《汉书·地理志》）。《太平寰宇记》云："通望县有故牦牛城、阳山县、台登县郡旄牛故县地。"按：通望县、阳山县地皆在今之汉源，台登县在今冕宁。由是可知，旄牛夷早在西汉时就聚居在今冕宁至汉源的广大地区。冕宁县之旄牛山，古时西昌经冕宁、汉源而达成都之古旄牛道，皆因其地为旄牛夷聚居而得名。

汉、晋时期，旄牛夷曾多次反抗中央王朝的统治。如《后汉书·南蛮西南夷列传》："延光二年（123 年）春，旄牛夷叛，攻零关（《后汉书·安帝纪》作灵关，地在今喜德），杀长吏，益州刺史张乔与西部都尉击破之。于是分置蜀郡属国都尉，领四县如太守。"由于旄牛夷的势力比较强大，东汉王朝的镇压虽然一时得手，但始终没有把它的反抗平息下去。在牦牛夷的反抗之下，牦牛道绝道曾达百余年之久，直至三国时期才为张嶷所开。《三国志·张嶷传》说："（越嶲）郡有旧道，经旄牛中至成都，既平且近，自旄牛绝道，已百余年。……嶷遣左右赍货币赐路（指旄牛夷酋狼路），重令路姑喻意，路乃率兄弟妻子悉诣嶷，嶷与盟誓，开通旧道，千里肃清，复古亭驿。奏封路为旄牛毗王，遣使将路朝贡。"

唐、宋时期，在旄牛夷分布之大渡河以南及雅砻江、安宁河地带，出现了勿邓、西林、丰琶等"东蛮"部落。《新唐书·南蛮传》载："勿邓地方千里，有邛部六姓，一姓白蛮也，五姓乌蛮也。又有初裹五姓，皆乌蛮也 居邛部台登间。……又有东钦蛮二姓，皆白蛮也，居北谷。……又有粟蛮二姓，雷蛮二姓，梦蛮二姓，散处梨、嶲、戎数州之鄙，皆隶勿邓。勿邓南七十里有两林部落，十低三姓、阿屯三姓、亏望三姓隶焉。其南有丰琶部落，阿诸二姓隶焉。"根据樊绰《云南志》卷一所记这个区域的途程，可考东蛮诸部之具体分布。樊绰《云南志》说："黎州南一百三十里有清溪峡，乾元二年置关，关外三十里即嶲州界也。行三百五十里至邛部川，故邛部县之地也。下南一百三十里至台登，西南八十里至普安城，剑南西川节度使重兵大将镇焉。台登直北去保塞城八十里，吐蕃谓之北谷，天宝以前，嶲州柳强镇也。自入吐蕃更增修崄，因城下有路，向暴恭地。谷东南一百三十里至罗山城，天宝以后吐蕃新筑，非国家旧城……邛部东南三百五十里至勿邓部落，大鬼主梦冲地方阔千里。邛部一姓白蛮，五姓乌蛮，初止五姓，在邛部台登间。皆乌蛮也……束，钦两姓在北谷，皆白蛮，三姓皆属梦冲。"（按：黎州即今汉源，邛部川即邛部旧县，地在今越西县，距黎州三百五十里，为勿邓之邛部六姓所居）《云南志》所谓"邛部东南三百五十里至勿邓部"语，与自黎州"行三百五十里至邛部川"相悖，其"邛部"显系黎州之误。《读史方舆纪要》卷七十四有"勿邓在邛部之旁"语，说明勿邓大鬼主梦冲之辖地，在越西之附近。由邛部行一百三十里至台登。《读史方舆纪要》卷七十二云："泸沽关，在司（建昌卫）东北百里，有泸沽巡司，或曰即故台登县。"由是知台登为今泸沽。方国瑜《中国历代疆域图西南地区考释》（第一册）"台登县"条说："今泸沽属冕宁县，汉之台登当包有今冕宁县地，然县治应在泸沽。汉以来由大渡河与邛都之交通，取道今之越嶲县，而不经冕宁城。台登县治为交通要站，不应在冕宁城也。"此说甚是，向达《蛮书校注》卷一所论台登为今冕宁城之说不可从。据此，初止（《新唐书》作初裹）五姓，即居于越嶲与泸沽之间。保塞城（北谷）在台登北去八十里，当为今冕宁城是也，束、钦两姓蛮在此。概而言之，勿邓所属二十姓，分布于今越西至冕宁之地区。"勿邓南七十里有两林部落"，指从越西向南七十里为两林部落，据今之里程，两林应在今喜德。丰琶在两林南二百里之建昌城山上，当在今西昌县境内。

根据以上所考，勿邓、两林、丰琶等东蛮诸部。正居于故牦牛县地或故牦牛道区域，亦即元、明、清时期"西番"的主要住地。今川西南藏族之分布区。从地理分布上推知，东蛮诸部不似彝族先民，而极可能是"西番"（川西南藏族）的先民。

为说明这个问题，还有必要再做如下的说明：其一，在宋以来的文献上，东蛮诸部被称为"蕃"。《宋史·蛮夷传》说："凡风琶，两林、邛部，皆谓之东蛮，其余小蛮各分隶焉。邛部于诸蛮中最骄悍狡谲，招集蕃落亡命，侵攘他种，闭其道以专利。"又《宋会要辑稿·蕃夷》说："黎州边面，近则有曰邛部川、曰河南蛮、曰女儿城蛮、曰青羌、曰吐蕃、曰五部落……州之三边，大抵诸蕃环列。"史书上夷（彝）蕃有严格之界限，多不混称，如《资治通鉴》卷二百五十说："（咸通八年二月）西川近边六姓蛮，常持两端，无寇则称效顺，有寇必为前锋。"胡注云："六姓蛮：一曰蒙蛮，二曰夷蛮，三曰讹蛮，四曰狼蛮，五曰勿邓，六曰白蛮。"（亦见《新唐书·南蛮传下》）其所谓夷蛮，指的就是今天的彝族，胡注把夷蛮与勿邓分成两类，说明二者不是同一族系。故不能认为东蛮诸部是彝族先民。其二，东蛮诸部社会经济发展水平比较高，如前所述，远在宋朝时期他们就与汉族发生了租佃关系，向租种其地之汉人收取"蕃租"，而这样的社会发展水平，乃是当时凉山彝族的生产发展水平所达不到的。直到民主改革以前，凉山彝族还停留在奴隶制发展阶段，凉山的边缘地区虽然已有某种租佃关系的存在，但其发展水平是很低的，根本未出现"土丁之耕蕃地者十有七八"的情况。如果把东蛮诸部视为彝族，那是讲不通的。而这样的租佃关系，还一如既往地存在于民主改革前的"西番"和汉族之间。其三，东蛮诸部以邛部为首，结成强大联盟，屡与南诏、吐蕃、唐朝争战，且能左右唐、诏、蕃三大势力的争夺。唐王朝屡调他们攻击吐蕃。《新唐书·南蛮传》说："丰琶部落大鬼主骠傍，数兵出攻吐蕃。"又说："两林部大鬼主苴那时，遗韦皋书，乞兵攻吐蕃，皋遗将进逼台登……苴那时战甚力，分兵大破吐蕃青海、腊城二节度于北谷（今冕宁）。"由于此诸部势力强大，其首领屡受宋朝封号，如宋封两林、丰琶首领为将军，有怀化、归化、归德、归义的称号，封邛部首领为"大将军""新都王"（《续资治通鉴长编》卷八十八），对比历代王朝加封黑彝土司土目，或不受封，或封而不固，内部一片家支争夺的情况，说此诸部为彝族亦是说不通的。其四，文献有勿邓诸部被彝族强迫赶走的记载。《元史·地理志·邛部州》说："（州）在路东北，大渡河之南，越嶲之东北，至宋，岁贡名马土物，封酋为邛都王。今其地夷称为邛部川，治乌弄城，昔磨些蛮居之，后仲由蒙之裔（指彝族）夺其地。"此所谓"磨些蛮"，当是对勿邓诸部之误称。即便不是误称，这条材料也至少说明，原来居于邛部的勿邓部不是仲由蒙之裔，而是与此有别的另一族系。故勿邓等部不是彝族。

元、明、清时期，今拍木依等川西南藏族被称为"西番"（亦作西蕃），考"西番"一词，始见于《宋史·蛮夷传四》："淳化元年（990年），诸驱自部马二百五十匹至黎州求互市，诏增给其直，诸驱令译者言：更入西蕃求良马川中市。"此所谓"西蕃"当指环列于黎州三方之旄牛夷后裔，即川西南藏族之先民。"西番"在元、明、清时期的地理分布，仍以故旄牛县地为主要。明人曹学佺《蜀中广记》卷三十四宁番卫（驻今冕宁县）说："元时于邛都之野立府曰苏州，借苏示之义以名之也。国初言土官帕兀它从伊噜特穆尔为乱，于是废为卫，降官为指挥，环而居者皆西番种，故曰宁番。……在建昌北九十里，东连越嶲界，北至西天乌恩藏（即西藏），西邻三渡月落口……"换句话说，就是从冕宁北至汉源及甘孜州境，东至越西，皆有西番分布。明朝在雅安地区天全设天全六番招讨司，就是因为那一带有西番人。冕宁的西番人自来数量多，势力强大，与之杂居的彝族和摩梭人，大都在西番土千户、土百户的统治之下。为了说明以上情况，下面特将《冕宁县志》卷十《土职》所载十四户西番土官的材料录出：

　　一酥州土千户姜文富，其祖姜喳，于康熙四十九年投诚授职，管西番寨落四处：额即、我瓦、瓦杯、勒了。

　　一架州土百户李正龙，其祖里五，管西番寨落六处：架州、九卜、三代、擦拉、椀格、小打。

　　一糯白瓦土百户李正隆，其祖纽畔，管西番寨落四处：糯白瓦、温州瓦、大格打、买五。

　　一苗出土百户罗成兴，其祖热即巴，管西番寨落五处：苗出、枯别、窝使扒、火炭堡、小格打。

一大村土百户马朝元，其祖也四噶，管西番寨落五处：大村堡、即瓦、擦拉堡、哑巴堡。

一大盐井土百户叶廷耀，其祖前布汪喳，管西番寨落五处：大盐井、姐糯姑、勒扒、拖乌、糯巴堡。

一热即瓦土百户金得禄，其祖牙阜撒，管西番寨落五处：热即瓦、扯羊、览金堡、打骂乌、曹姑。

一中村土百户马兴贵，其祖歪即噶，管西番寨落五处：中村堡、阿溪桥、约角、小盐井、伍宿堡。

一三大枝土百户印玉龙，其祖甲噶，管西番寨落四处：么别堡、结果罗、麻祖冲、呷斯。

一现护窝卜土百户土妇伍朱氏应袭土百户伍洪贵，其祖蓝布甲噶，管摩沙寨落四处：窝卜堡、中间堡、蜡烛堡、儿斯堡。

一河西土百户杨世福，其祖那姑，管倮罗寨落四处：纳拉白、葛家堡、滥坝、山脚下。

一虚郎土百户沈应龙，其祖济布，管倮罗寨落十一处：鸦老沟、阿甲堡、列别堡、赶羊沟、元麻沟、大堡子、白宿凹、波罗沟、瓜园、新隆沟、落翁。

一白路土百户申有福，其祖倪姑，管倮罗寨落五处：鹅巴堡、大湾子、洗祖、马五甲、五里碑。

一阿得桥土百户杨世显，其祖募庚，管倮罗寨落四处：响河坝、小白姑、大石类、擦耳岩。

拍木依是西番众多支系中的一个主要支系。宋、元之际其中一部分向南流徙进入滇西北地区，道光《云南通志》引《清职贡图》云："西番、本滇西北徼外夷，流入永北、丽江二府，居深山，聚族而居，地种荞麦，纳粮。"元世祖征大理路过西番地区时，其中一部分随元军流入云南，如清人余庆远《维西闻见录》载："巴苴，又名西番，亦无姓名。元世祖取滇，渡自其宗（指维西），随从中流之至此者。……浪沧江内有之，与么些杂居，亦么些头目治之。"据文献记载，西蕃的社会经济发展不平衡，比较先进的部分，宋时已进入封建社会，经营农业并收取"蕃租"；比较落后的部分，仍以游牧为主业。《蜀中广记》引《土夷考》说，宁蕃卫的西蕃："刀耕火种，迁徙无常，不以积藏为事。"流入云南的西番，其中一部分亦如此。《景泰云南图经志书》卷四永宁府（今宁蒗）说："所辖四长官司多西番。佩刀披毡，无室屋，夏则山颠，冬则平野以居，而畜多牛马，有草则往，无草则移，初无定所。又有所谓野西番者，则长往而不可制。"天启《滇志》卷三十载："西番，永宁、北胜、蒗蕖凡在金沙江北者皆是。……住山腰，以板覆屋，俗尚勇力，善射，和酥酪于茶……随畜迁徙。"又道光《云南通志》引《伯麟图说》："野西番，垂发，衣氆氇，不常厥君，种麦川食，养牛多生牦，其俗不同于西番，永北厅有之。"

总而言之，拍木依源于秦、汉时代之牦牛羌，与唐、宋时期勿邓、两林、丰琶诸部也有关系，元、明、清时期为西番的一个主要的支系。在长期的历史发展中，川西南的拍木依及被称为西番的其他自称的人由于接受了西藏的喇嘛教及藏文、藏经等西藏藏族的文化，具有了藏族的共同心理素质，从而形成藏族的一支。

（三）纳木依史略

纳木依源出于汉、晋时代之摩沙夷。《华阳国志·蜀志》越巂郡定筰县说："县在郡西，渡泸水，宾刚徼，曰摩沙夷，有盐池，积薪以齐水灌而后焚之成盐。"（按：泸水为雅砻江，定筰县即今盐源、盐边县地，为摩沙夷所居）这是有关摩沙夷的最早的记载。

唐、宋时，摩沙夷称"磨些"，其分布地首先是在大渡河以南的地区，与川西南藏族先民拍木依、多须、里汝等杂居。樊绰《云南志》卷一说："台登城直西有西望川。行一百五十里入曲罗。泸水从北来，至曲罗萦回三曲。每曲中间皆有磨些部落，以其负阻深险，承上莫能攻讨。泸水从曲罗南经剑山之西，又南至会同川。边水左右，总谓之西蛮。"《新唐书·南蛮传》说："剑山当吐蕃大路，属石门，柳强三镇，置戍守捉，以招付使领五部落：一曰弥羌，二曰铄羌，三曰胡丛，其余东钦、磨些也。"雅砻江源于青海南部，东南流经石渠、德格、甘孜、新龙、雅江诸县，至洼里转向北流，至泸宁区的和爱公社北部之新火山又折头向南直下形成"N"形，所谓"萦回三曲"之地，正在我们这次考察的泸宁、里庄地区。"每曲中皆有磨些部落"，说明这个地区有磨些部落所居。柳强镇即今之冕宁，弥羌、铄羌、胡丛、东钦，为旄牛羌之不同支系，后来的"西番"之先民。这说明至迟从唐代开始，磨些在冕宁就与西番杂居在一起。其次是在滇西北地区。樊绰《云南志》卷四说："磨蛮（磨些）亦乌蛮种类也。铁桥上下及大婆、小婆、三探览、昆池等川，皆其所居之地也。"又卷六说："铁桥上下及昆明、双舍至松外以东，边近泸水，并磨些种落所居之地。"［按：铁桥在今丽江县西北之塔城，大婆、小婆、三探览皆在今丽江县境，昆池（昆明）即盐源］说明今丽江地区迟至唐代就为磨些蛮之住地。

在元、明以后的历史文献中，磨些又写作"么些""么糜""摩梭"或带有侮辱性的"獏㺒"。《冕宁县志·土职》载，清末时冕宁尚"有瓦都等处土目四名，俱是獏㺒苗裔"，其姓氏及所管辖之地名如下：

一瓦都土目安普氏，应袭土目安锡龄，其祖安承裔，管倮罗寨落五处：瓦都营、坝显堡、和尚堡、凹古脚、夏拉。

一木术凹土目鄢成贵，其祖那咱，管西番，（一云獏㺒）寨落五处：木术凹、落西山约乐口、那架瓦、木拉罗。

一耳挖沟土目达朝恩，其祖达安，管獏㺒寨落五处：耳挖沟、黑箐沟、纳窝堡、长脚堡、绵纱湾。

一瓦尾土目卢成元，其祖卢沽，管貘猡寨落五处：瓦尾堡、白宿瓦、水墨岩、赶到底、麦地沟。

这四家"貘猡"土目管辖之民族，除瓦都土目管辖彝族之外，其余三家所管皆"摩梭"或西番。根据我们这次之实地考察，纳窝堡为今里庄区的纳窝公社所在地，绵纱湾即棉沙湾，麦地沟即今麦地公社所在地，赶到底即今之坎到底，这些地名皆在雅砻江之东岸，为"摩梭"及"西番"所居。雅砻江西岸为七儿堡土目辖区。《冕宁县志·土职》说该土目"穆怀玉，其祖穆别系西番人。于雍正五年从征三渡水踩踏路径有功赏给世为土目，管猓猡寨落九处：七儿堡、庙顶堡、纳安堡、木罗堡、皮罗堡、钱阁楼、接兴堡、糯居堡、扒挞堡。"（按：庙顶堡、接兴堡、木罗堡今仍袭用此名。糯居堡为今之洛居堡，扒挞堡为今之帕打堡，皆在泸宁区）这些堡子为"貘猡"所居，与唐樊绰《云南志》"紾回三曲，每曲中皆有磨些部落"的记载相合。联合公社地区亦"紾回三曲"之地，与泸宁区山水相连，声息相通，两个地区的居民有不可分割的密切的联系。当时居于今联合公社地区者，无疑亦是"貘猡"。

应当指出，大渡河以南至冕宁的地区，自古为西番区域，但迟至唐代就有么些与之杂居，《冕宁县志》所谓"西番寨落"或"貘猡寨落"，都不会是指清一色的"西番"或清一色之"貘猡"的寨落，正如《冕宁县志·土职》所云：凡土官"所管堡寨，不必尽是一种。如貘猡部落，西番为多，举此可见"。据《冕宁县志》所载，西番和么些的心理素质和风俗大体一致："么些、西番二种，均赋性醇良，衣梭布，左衽辫髻。"又西番"男子纽发成条"，么些"男子纽发成索"；西番"兵刃不离身……种青稞圆根为食，以酥煎菜为羹"……么些"出入常带刀，种荞麦及青稞食之……饮食以青稞荞麦牛羊酥乳煎茶食之"（按：根，《景泰云南图经志书》称为蔓青，么些亦以为食。元人李京《云南志略》云："末些蛮……地凉，多羊、马及麝香……俗甚俭约，饮食疏薄，一岁之粮园根，已半实粮也"）。在社会发展和经济方面，《冕宁县志》说："貘猓略与西番同，旧称其性刚朴，其俗鄙野力田负苦，罕入城市，近日西番、貘猓多有似汉民者，置田放债，非自道不知为夷也。"由于同受藏族的影响，二者都信喇嘛教。《冕宁县志·夷俗》说："西番多习喇嘛经，进藏为喇嘛。"么些的情况亦是这样。以上这些相同或相似之处说明，冕宁地区的么些，即纳木依，迟至清代就与西番融合为一了，或者说变成为西番的一个支系。属于冕宁以南至滇东北地区的么些，虽不少亦与西番（普米）杂居，习俗及信仰亦与西番大体相同，但由于他们有自己的聚居地域，即以今丽江为聚居中心，所以始终保持着自己的民族特点，而形成今天的纳西族。

由于纳木依是融合于西番的么些人，所以直到今天，我们还可发现纳木依与么些人有非同一般的关系。纳日（或报"蒙"族，居于盐源、木里等县）为纳西族的一支。联合公社瓦厂大队的纳木依李阿若说，纳日是在他家第九代纳赫时分房出去的。直到现在，纳木依和纳日还有特殊的关系。新中国成立初期，他的叔伯哥哥李长寿还去盐源县俄底区联合公社的纳日人中去上门。1982年1月，他带着20多名纳木依青年去那里走亲戚。当地纳日的话，他有30%听得懂，经与当地长老对家谱，也发现其中大都相符。

历史和现实的情况告诉我们：联合公社的纳木依源于摩沙和唐、宋时代"紫回三曲"中的磨些及元、明、清时代这个地区的"貘猓"。由于自唐、宋以来与当地的拍木依（西番）杂居，乃逐渐融合于拍木依中去，所以他们已与同源于摩沙、么些的纳西族不同，而成为地地道道的川西南藏族（西番）的一个支系。

（四）"西番"与西藏藏族的历史关系

在我们这次考察中，拍木依、纳木依都说自己起祖于西藏的尼玛拉萨脚（指拉萨），而且他们都能背诵自己从拉萨迁出时所走的路线，他们的人死后都要把死者的灵魂送回尼玛拉萨脚去。既然如上文所说，拍木依源于秦、汉时代的牦牛羌，而纳木依源于汉、晋时代的摩沙夷，那何以会说他们都是来自尼玛拉萨脚呢？我们在考察中针对这一问题进行访问，但都没有什么结果。我们仅仅发现：他们滔滔不绝所背诵的迁徙路线，大部分地名均不能和今天的地名相对照，他们所乐道的传说，多亦不能自圆其说，如说纳木依和拍木依是两兄弟，但又说二者的语言过去不能相通，姓氏各不相同（据说纳木依人的姓氏不同于拍木依的，而与纳日的相同），这些矛盾说明拍木依、纳木依源出于牦牛羌及摩沙夷之论证是不能推翻的。但我们也不可用这个论证去否定民间广为流传的纳木依、拍木依是两兄弟，都起祖于尼玛拉萨脚的传说，因传说不可全信，但亦不可全不信。笔者认为，上述问题的解决，应该从拍木依、纳木依与藏族的历史关系中去考察，也就是从他们共融于藏族的历史关系中去考察。

据文献记载，西藏的吐蕃势力强大时，曾统治大渡河至冕宁的地区长达三十年之久（自至德二年始至贞元三年止）。《册府元龟》卷九六五说："（东蛮鬼主）骠傍等自陷嶲州，臣于吐蕃，绝朝贡者二十余年。"据《旧唐书·南诏传》记载："会安禄山反，阁罗凤（南诏王）乘衅攻陷嶲州及会同军。"《考异》解释说："唐历是年吐蕃陷嶲州，《新传》是岁阁罗凤乘衅取嶲州会同军云云，盖二国兵共陷嶲州也。"《通鉴》记此事发生在至德元年（756年）。《新唐书·地理志》说："嶲州越嶲中都督府，至德二载没于吐蕃。"这与《通鉴》所记相差一年。盖，南诏与吐蕃至德元年攻陷嶲州后，并未能站稳脚跟，唐于次年复置越嶲郡，南诏与吐蕃再战，才于至德二年占据嶲州。这在《南诏德化碑》中有较详的记述："赞普钟五年（即天宝十五载，七月改至德元载）范阳节度安禄山窃据河、洛，开元帝出居江、剑，赞普差御史赞郎罗于羌结赞敕书曰，树德务滋长，去恶务除本，越嶲、会同谋多在我，图之此为美也。诏恭承上命，即遣大军将洪光乘、杜罗盛、殷附克、赵附、于望、罗迁、王迁、罗奉、清平官赵佺邓等，统细于藩，从昆明路，及宰相倚祥叶乐、节度尚检赞同伐越嶲。诏亲帅太子藩围逼会同，越嶲固拒被僇会同请降无害。子女玉帛，百里塞途，牛羊积储，一月馆谷。六年（即至德二年，757 年）汉复置越嶲，以杨廷进为都督，兼固台登。赞普使来曰：汉今更置越嶲，作爱昆明，若不再除，恐成滋蔓。既举奉明旨，乃遣长男凤伽异驻军泸水，权事制宜，今大军将杨传磨俸等与军将欺急历如，数道齐入。越嶲再扫，台登涤除。都督见擒，兵士尽掳。于是杨兵邛部，而汉将大奔。"《新唐书·南蛮传》言：勿邓、两林、丰琶诸部"天宝中皆受封爵（按：受封时间当在天宝十二载），及南诏陷嵩州，遂羁属吐蕃"。南诏、吐蕃共陷嶲州后，各据南北。南诏于今会理设置会川都督府，统辖彝族占据主要的嶲州南部地区，吐蕃则占领泸沽以北东蛮（西番）为主的北部地区。

吐蕃占据及其败走后的数年中，东蛮（西番）地区战争连绵不断：

　　大历十四年（779 年）十月丁酉朔吐蕃与南诏合兵十万，三道入寇，一出茂州，一出扶文，一出黎、雅，唐有神策都将李晟、金吾大将军曲环，合东川山南兵，击破吐蕃、南诏兵，克维、茂二州，追击于大渡河外，大败吐蕃、南诏。（载《新唐书·本纪》《通鉴》《旧唐书·崔宁传》）

　　贞元四年（788 年）十月，吐蕃侵西川，攻两林、骠旁、东蛮及清溪关、铜山，韦皋与东蛮连兵败于清溪关外。十一月，吐蕃后入侵，又为西川所败。（《通鉴》《新唐书·本纪》）

　　贞元五年（789 年），东蛮断泸水桥攻吐蕃，请皋济师。皋请精卒二千，与蛮共破吐蕃于台登，杀青海大酋乞藏遮遮、腊城酋悉多杨朱及论东柴等，虏坠死崖谷不可计，多获牛马铠装。遮遮，尚结赞之子，虏贵将悍雄者也，既败，酋长百余行哭随之。

悍将已亡，则屯栅以次降定。（《新唐书·韦皋传》）

贞元十一年（795 年）正月，西川拔吐蕃罗山城，置兵固守，邛南驿路遂通。罗山与上述所破之保寒、大定、俱属东蛮地区之重镇。（樊绰《云南志》）

贞元十三年（797 年）六月，吐蕃侵嶲州，刺史曹高任败之于台登城下。（《通鉴》）

贞元十五年（799 年），吐蕃引众五万自曩贡川分击南诏和嶲州，无功而还。（《新唐书·南蛮传》《通鉴》，曩贡川，即樊绰《云南志》卷一所言之西望川，亦即西贡川，地在今冕宁县境内）

频繁的战争，对东蛮地区的社会经济破坏很大，但客观上却促进了东蛮（西番）与藏族的融合。吐蕃在战争中取胜时，随之而来的就是在东蛮中推行吐蕃的政治、经济、文化制度，失败时则有大批的吐蕃士卒落下来。因此，就以上战争的客观效果而言，不管吐蕃胜利还是失败，都促进了吐蕃与东蛮的融合。当时吐蕃统治东蛮地区，其措施之一是置城驻兵，如樊绰《云南志》卷一说："（北谷）自入吐蕃，更增修竣，因城下有路，向曩恭地（当即曩贡川）。谷东南一百三十里至罗山城，天宝以后吐蕃新筑，非国家旧城。"其所筑之城不但在军事上有作用，而且在政治、经济、文化上也起作用。经过大约三十年的统治，吐蕃将自己的文化传播于东蛮之中，由于唐、宋时期逐步接受西藏的文化，所以到元、明、清时，西番已与西藏的藏族具有了共同的心理素质，以至成为藏族的一个支系。因此之故，明朝时期的文献，把西番和吐蕃视为一体，连吐蕃也统称为西番。

综上所述，西番自唐以后与西藏藏族的关系极为密切，至元、明、清时融合于藏族之中，成为藏族的一个支系。尽管西番的支系复杂，各支语言及生活习俗与今天西藏的藏族或川西的藏族有差异，但他们接受了藏族的文化，并具有与藏族同样的民族心理素质，因此，他们应是我国藏族的一个组成部分。拍木依、纳木依说他们起祖于拉萨，来自尼玛拉萨脚，这除了说明他们与西藏的藏族具有密切的关系和共同的民族心理素质之外，也可能还说明联合公社的拍木依和纳木依，其中一部分就是唐时来自西藏而散落于当地的吐蕃士卒之后裔。

三　经济

（一）农业

联合公社藏族的经济生活是半农半牧，农业和牧业占有同样重要的地位。农作物主要有苞谷、洋芋、甜荞、苦荞、燕麦、青稞、黄豆、四季豆、元根等，其中苞谷、洋芋是主要的。所有作物都种在陡峻的坡地里。

苞谷农历三月下种，八月、九月收获。种时犁两次，五寸深，采用点播，中间薅锄两次。过去施农家肥，现在施化肥。平均亩产250斤。其播种面积约合耕地面积的60%。

洋芋是农历一月下种，六月收获，种时犁两次，中间薅一次，施农家肥，亩产折成粮食为300斤，灾年150斤。播种面积约合耕地面积的40%。

苦荞、燕麦、青稞、元根种在海拔很高的轮歇地中。轮歇地多选草长得深、土质厚，有枝叶覆盖而又比较平缓的山地开成，种时将灌木、荆棘和草砍倒，晒干后放火烧，而后垦殖，撒下种子。当年开，当年种，不施肥。苦荞亩产300斤，但种一年后需丢荒五六年至十几年才能再种。遇土质比较好的施肥后可年年种。

甜荞、元根多是在收洋芋后种在洋芋地里，元根生长期短，农历六月、七月种下，九月、十月就可收。

黄豆、四季豆、南瓜等是套种在苞谷地里，每户每年可收得黄豆四五十斤至一百斤。

农业生产工具有犁头、挖锄、钉耙、薅锄、弯刀等。犁头多数人家都有，用以耕翻坡地，为纳木依铁匠所制，规格是每个一尺一二寸长，七寸宽。新中国成立前本族铁匠不会制作，需由木里、冕宁等地购回，而且是几家人共同买一个轮流使用，无力购买者一般是请有犁头者为之代耕，再以换工去进行补偿。新中国成立后本族铁匠掌握了倒铧技术，都已使用当地自制的铧口。挖锄长一尺一二寸，宽二寸至五寸，用以挖山地、开荒地，为当地的汉族铁匠打制。新中国成立前由于向外地购买生铁困难，因得之不易而被视为传家宝。薅锄五寸长，六七寸宽，用以中耕苞谷、洋芋、荞子。钉耙与汉族地区的相似，用以挖粪肥。弯刀连木柄约长八寸，宽三四寸，用以砍山，是过去刀耕火种的主要工具之一。

加工粮食的主要工具是石磨，均为汉族石工帮助打成，直径有一尺至一尺余的，须二人操用，小者直径不过尺，一人即可操用，燕麦、青稞、苞谷、荞子皆以石磨磨成粉或小颗粒来食用。磨槽是木制的。

当地兽类，如野猪、豹子、狼、野牛、熊、麂子、豪猪、獐子、猴子、山鼠、松鼠，对苞谷、洋芋、荞子、豆类的危害极大。对付的方法，一是进行猎捕，合村青壮年一起出动，使用弯弯枪，以火绳点火击发。二是夜间派人去田中守卫，不停地吹牦牛角，使之不敢来侵犯。除此之外，害虫对农业的危害也是很大的，其中尤以土蚕对苞谷的危害突出，过去无农药，一般仅以木炭灰撒在根部，但效果不大。

由于铁质工具的数量不足、质量不高，耕作粗放和施肥不足，再加之兽、虫的危害，新中国成立前这个地区的粮食产量不足，群众一年有三四个月需采集山油菜（生长于海拔 3700 米以上的高山，拌青粿面蒸吃）等野菜充饥。

新中国成立后生产发生了根本的变化：过去刀耕火种，轮歇地多，农作物以种荞、燕麦、青稞为主，新中国成立后改变了刀耕火种的原始耕作方法，轮歇地减少而熟地增多，农作物改而以种苞谷、洋芋为主；新中国成立前仅施少量的农家肥，苞谷平均亩产才百斤，新中国成立后改用化肥，苞谷亩产增至三百斤左右，新中国成立前铁质工具数量不足、质量差，现在犁头、锄等铁质工具已经不缺，而且还有了钢磨、脱粒机等现代化的生产辅助工具。农业生产的变化是巨大的，但潜力还很大。随着这个地区"四个现代化"建设的发展，反映在农业生产方面的落后性将被克服。

（二）畜牧业

藏族地处高山，既有海拔 4000 米以上优良的高山牧场可放养牦牛；又有水草丰茂的半山、矮山草坡可放养黄牛、骡、马、绵羊、山羊等牲畜。

牦牛的经济价值极高，一头牦牛一年可产酥油 15—25 市斤。其毛可纺线织裙子及做当地藏族人民喜穿的"不苏呷扎"（牦牛毛织的领褂）。其肉是藏族人民最喜爱的食品，皮可卖给国家作为皮革工业的原料。牦牛还可作为高山的运输工具。因此，几乎每家每户都养有牦牛，在联合公社藏族饲养的四大牲畜（牦牛、黄牛、骡、马）中，牦牛的比重占 40%。据说历史上牦牛山、罐罐山、石官山、大荡山都是牦牛遍野的牧场。由于反动政府的残酷统治、彝族奴隶主阶级的窃掠、本民族祭祀鬼神中的滥宰滥杀及无法战胜的瘟疫使其数量日趋减少。由于采用原始的饲养方法，过去瘟疫流行时唯一的办法是请和尚来驱鬼念咒，结果导致成群成群地死亡。平时亦不知预防瘟病，而只知年节时上山烧白香敬山神，祈山神保佑牦牛安全。因此，一遇疾病，牦牛的死亡率是极高的。现在仍未采用科学养牛的办法，还是如过去那样放野牛：多者百头左右为一群，少者一二十头为一群，由专人放养在海拔 4000 米以上之高山草场，一年中五月、六月挤一次奶，任其自然发展。如果改变此种放养办法，实行科学养牛，恢复历史上牦牛遍野的时代，那不是不可能的。

黄牛是耕畜，不挤奶，亦不用作运输工具，只用于耕地和踩粪。其饲养率在四大牲畜中亦占 40%。

马、骡是主要的运输工具，由于交通阻隔，山高坡陡，当地及其与境外之交通运输全靠骡、马进行。因此，当地藏族都重视骡、马的畜养，而且具有丰富的经验。

绵羊亦是藏族饲养的一种重要的牲畜，毛、皮除供本族作衣服之用外，还作为商品与内地进行生产、生活必需品之交换。不挤奶，用于踩粪，肉供食用。纳木依人、拍木依人出于原始宗教的观念，认为绵羊是敬神之物而山羊是送鬼之品，因此多养绵羊而不大喜欢山羊，而当地具有蓄养山羊的极好条件，如果再把山羊的饲养大量发展起来，同时建立相应的羊乳加工业，当地藏族的经济状况必将得到极大的改善。

（三）林业

据说这个地区历史上是一片古老的原始森林，由于刀耕火种，毁林开荒，森林逐渐被破坏，直至只有坟山和菩萨山还有点林子。由于信仰原始多神教，每村皆请和尚阿什或帕比用鸡来许愿，将某片林子许给菩萨作为住地，称其为菩萨林。菩萨林的树木不可侵犯，否则认为不清吉。此外，每个家族还有一个共同的坟山，坟山上的树木亦不能砍。在森林被毁的情况下，菩萨林和坟山林在当地的水土保持中起着重要的作用。但是在极"左"错误路线的干扰之下，连不可多得的菩萨林、坟山林也最终被砍光。因此，纳木依人不但没有任何的林业收入，而且因森林遭到破坏，水土无法保持，农业生产遭到了危害。

发展林业是山区走向富裕之途径，藏族和当地彝族、汉族人民，只有立下重建林区的决心，才能使这个偏远的山区繁荣富裕起来。

（四）副业

联合公社山高谷深，有野牛、野猪、豪猪、麂子、岩羊、獐子、虎、豹、熊等种类繁多的兽类。打猎是当地藏族人民一种重要的副业。每当农闲季节，藏族青壮年男子即翻山跨岩，到比较远的深山中去打猎。核桃堡子一年可猎熊、豪猪、獐子、岩羊、麂子130多只，除食用外，皮子、熊胆、麝香等卖给国家，可获一定的收入。瓦厂大队的陆睹阿若是一个著名的猎手，有猎枪一支、猎狗两条，他一次出猎四五天，猎业收入可补农、牧业收入之不足。

本地的藏族没有本民族的手艺人。各种工匠均由汉族充任。各种副业都未真正建立起来。

总而言之，联合公社藏族的农业比较粗放，至今粮食还不能做到自给，吃返销粮的情况还比较突出。牧业亦未发展到应有的水平，畜产品用于交换的数量不大。林业和各项副业更有待新建。我们认为，要改变这个藏族、彝族地区的经济面貌，目前应该抓好下面几点。

其一，认真贯彻党的三中全会以来所制定的有关农业的各项经济政策，调动农民的生产积极性，引导他们采用现代化的生产技术，加强科学种田和牧畜，克服农、牧业的粗放经营，与此同时，应进一步造林护林。使林业逐步成为改善山区经济状况的一个经济部门。

其二，发展多种经营。联合公社藏族居住之地，海拔虽然比较高，但高山区仍可种植萝卜、青菜、元根等蔬菜，半山区可种青菜、白菜、元根、萝卜、辣椒、黄豆、四季豆等。除此之外，半山区还可种植苹果、桃子、李子、核桃等果木。国家在磨房沟上建立的电厂，需要当地的农、副业生产进行给养。目前该厂所需要的蔬菜、肉类等副食品，需到冕宁、西昌去远购，耗费汽油甚巨，如果藏族大力发展蔬菜、肉类、果类等方面的生产，就不但可以满足电厂的需要，而且还可以远销至冕宁、西昌等地。

其三，因地制宜地建立和发展副业生产。打猎在当地是一项副业，但这不是人人都可以做的，即便是猎手，这项副业亦不能保证经常性之收入。因此应该建立适宜当地发展的其他生产性的副业，以改变山区经济的落后状况。

其四，在农牧业生产自给有余的基础上，扩大剩余产品的再生产，在公社范围内建立一个民族性、地区性的商品市场。由于目前公社范围内没有地区性的市场，藏族、彝族、汉族进行生产、生活必需品之交换，必须到里庄或泸宁去，里庄距锣锅底三四十公里，泸宁距锣锅底两日路程，加上山高谷深、坡陡，来回一次均不容易。如果能在锣锅底和磨房沟电厂建立一个市场，不但方便当地的各族群众，而且可以促进山区经济的发展。

四　习俗

（一）服饰

男子外衣称"科期白奇"或"埃米"。系羊毛或麻织品制成（富贵人家用皮革做）。本族自织自制。颜色为青色、红色和酱色。直领，长过膝，穿时右袖缠在腰上。内穿一件"哈衣"（即单衣）。哈衣亦是羊毛、麻织品，长及腰。直领斜扣，扣子为三个。颜色有青、红、白三色。男裤称"黎"，羊毛或麻织品制成。长及足背，系桶裤，宽一尺二三，一般为青白色。外缠腰带一条。腰带系羊毛织品，长丈余，宽三寸，以三寸长为单位分成若干段，每段分别涂以黄、红、青、蓝四色，缠三折后打结在左，垂下六七寸长。腰上系腰刀（藏刀）一把，长六七寸至尺余，用以自卫及割肉吃。春天男子头戴"托洛"帽（俗称博士帽），由羊毛织品制成，里子是丝织品，上镶一条白色或青色的绸子。一般二十岁至六十岁的男子均可戴。冬天男子戴皮帽，由虎皮、狐皮、豹皮等兽皮制成。圆形，里子为丝绸，帽后边有两条红条。鞋子称突扎（皮靴），系牦牛皮或黄牛皮制成，筒长至膝，形似长筒雨靴，但有勾尖。穿上须用"格觉"（绑腿）绑扎起来。"格觉"长丈余，宽五寸。

女子外穿"拜举"（长衫）。"拜举"富者以丝绸织品制作，一般人家用麻织品。长及膝下。双袖用四种颜色的绸条镶四道圈，上边一道，下边三道。下边三道还用绸花装饰。后背用二寸宽的三色布三条镶三条边。前面下方只镶二条，而且较后背的窄。穿上"拜举"后需再罩"里改"（领褂）一件。"里改"为丝织品，上面镶有六七条红黄色的条饰。内穿衬衣一件，红色或白色。下身"罩帖"（裙子）。其长及脚背，用红、黄、青、黑、绿等五至八种颜色的绸子直拼缝合而成。腰系"日格"（腰带）一条。"日格"为四色，系毛或丝织品，上绣格格花、叶子花或吊吊花的花纹，长丈余，宽二寸，系时左边打结垂下尺许。腹部系围腰一个，称为"门呷拉"，为青色棉织品，长二尺，宽一尺余，上绣有树叶花、吊吊花等花纹作为装饰。足穿之鞋与男子同。未婚妇女头缠"贞子"（套头）一条，青色，长二丈五，宽尺余，重四五斤，前方扎成十字形。额前套"纳鲁"（大银泡）和"恰八八"（大银泡）一串，大银泡泡左右各一个，小银泡泡九个至十一二个。这是祖传下来的，母亲传给女儿，有两个以上女儿时才新做。无女儿时需传给媳妇。双耳系"恒合子"（大银圈），"恒合子"（银圈）上系一圆形银饰品，中间呈四方形，每个坠（"恒合子"）约重一两。颈戴"阿呷"（银颈圈），其上有八个作人形的小银泡泡，俗称八仙。

现在平时穿的是汉式或彝式服装，本民族服装为礼服，只在节庆之日才穿。《冕宁县志·夷俗》说："西番……衣饰率同汉人，而羊褐为多，间有披大领衣青布包头者。妇女头编细辫总为一盘，青蓝布包头耳。缀大环，身着青白布衫，肩镶红布或袭红褐羊皮绸缎马褂，下截前后幅布蔽遮如甲，彩线绣花，白布裤脚有叉口。腰系青红羊毛带，海泡为饰，富者饰以玳瑁、玛瑙、挑花巾帕。夏多赤足，躐草鞋，冬着褐袜。"此言系清代之情况，与今相比，说明自清代以来冕宁藏族的服饰改变不大。

（二）饮食

居住高山区的以苦荞、青稞（蓝麦）、燕麦为主食，居住半山区的则以苞谷、洋芋、燕麦为主食。如核桃大队属半山区，这里的纳木依，一年中五个月吃苞谷，五个月吃洋芋，两个月吃荞子、燕麦。瓦厂、木耳大队属高山区，那里的藏族全年都吃荞子、燕麦和青稞。

青稞、燕麦磨成面，筛过后炒熟，称为"糌粑"，这是纳木依人、拍木依人最喜爱的食品。吃时加上酥油茶，味美可口，营养丰富。苞谷的吃法是将其磨成面，或"苞谷沙沙"、蒸成馍馍，或苞谷饭。洋芋一般是烧着吃或煮着吃。

蔬菜依海拔高低而异，半山区吃青菜、白菜、萝卜、元根、四季豆、辣椒、黄豆等，高山区吃青菜、元根、萝卜。肉类以牦牛、黄牛、猪、羊、鸡为主，辅之以岩羊、野牛、野猪、獐子、熊、豪猪、野鸡、麂子等兽肉。猪肉在所有肉类中食用的比重最高，另外是羊肉及牦牛肉。牦牛肉是群众特别喜爱的肉食，亦是招待尊贵客人的最佳食物。杀牦牛时，家家户户都要买一点，无力买的就送，以使族人共享。蔬菜中最喜欢吃的是元根、萝卜和豆腐。黄豆产在半山区，高山区的藏族无豆，就拿青稞、燕麦向半山区的藏族进行交换。

男女老少均喜欢饮酒。酒是用青稞或苞谷自煮的（新中国成立后改由国家供应）。客至时必伴酒相迎。饮酒一般不用菜，用菜时喜用凉拌的生肉。纳木依人、拍木依人最喜爱的饮品是酥油茶。制法是将牦牛奶去渣后倒入罐中，用羊油烧开注入其内，再将烧开的茶加入。酥油茶不但味美、营养丰富，而且可以御寒。

纳木依人、拍木依人喜抽自种的蓝花烟、叶子烟。

（三）住房

村子曰堡子，多建在高山靠水源的大坪子上。一般是同族聚居，而且是同姓家门及亲戚同居。如木耳堡子居住的全是藏族，共 12 户 80 多人，有王、蓝、吉三姓。三姓之间相互开亲，故都是亲戚，堡子中没有不是家门，也不是亲戚的户数。瓦厂堡子亦全是藏族，除冉、杨二姓之外，其余全都姓李，李家与李家是家门，互不开亲。李家与冉、杨二姓开亲，相互是亲戚。有的堡子是藏、彝杂居，如核桃堡子居有伍、蓝、韩、王、李、杨六姓共十一家藏族。伍、蓝二姓是家门弟兄，蓝、韩二姓是亲戚，蓝家与李、王、杨三姓也是亲戚。除藏族外，这个堡子中还有六家彝族，彝、藏世世代代同居于此，相互间的关系很亲密。

住房皆用大小不等、极不均匀的乱石头砌成，以泥土黏合，不用石灰，砌得十分平整，表现出纳木依人高超的建筑技艺。房顶用瓦覆盖。就数量而言，平房居多，楼房较少。楼房是以树枝条编成楼板，做堆放洋芋、苞谷、荞子等粮食之用，人一般住在楼下。多数房子坐西朝东，大门面对雅砻江而开。里面隔成两间，一大一小，小的一间纯粹为卧室，大的一间一半挖地火塘安锅庄，作为客堂和居处，一半建灶作为厨房。畜厩与住房分开，于住房周围另建，厩房皆隔成数间，羊、猪、牛、马分开关。据说历史上厩房与住房不分，楼下为厩，中间住人，上层堆粮食。住房外建有仓房——"木罗子"，用木头镶成，大小不一，高者三米多，矮的一米七八，镶得天衣无缝、滴水不漏，贵重之物均放里头，这种仓房反映了当地藏族的精湛手艺，藏族以之为自豪。可惜我们访问的村庄，均已经没有这种藏族人民为之自豪的仓房了。

纳木依、拍木依之家庭为一夫一妻制，有二子以上者须分家，父母随幼子住。独子与父母同住。儿子儿媳住小的一间，大的一间锅庄旁侧为父母及孙子孙女的住处。来客时亦住于此。房中有床、桌、凳子。

建房由亲戚家门共同来帮助。不计报酬，只供饭吃。

（四）婚姻

婚姻由父母包办，自由恋爱结婚的很少。订婚多在幼年，甚至有指腹为婚者。订婚须由媒人说合。媒人由能说会道的亲戚担任。订婚时男家送一罐酒和几十元钱给女家，女家杀羊招待来定亲的人。订婚后待女方长到十一二三岁就履行结婚手续。但婚后女方不住婆家，要到女方长到十七八岁时才到婆家去住。当然因娘家有困难，婚后就住婆家的也有，但这是个别的现象。

婚期须请和尚阿什或帕比卜吉，卜定后再给拟议中的接亲人算命而确定接亲者。接亲人为两人，条件是年龄与新娘相当，而且是新郎的好朋友，算命后适合接亲者。接亲时新郎不得出面，概由接亲人承担。接亲时牵四五匹或更多的马去，同时带一罐酒（十斤）和一头杀好去掉肚杂的猪。新娘的女友及堡子上的青年们背水在村中迎候。接亲者进村时，迎候的女友与接亲者对唱。

> 女友：嘿！今天你们来接我们堡子上的姑娘，
> 她同我们要得好，
> 她要同我们一起过生活，
> 我们舍不得，
> 不让你们把她接走。

　　接亲者：哎！我们是主人家安排来的，

　　我们是帮他家的忙，

　　我们一定要帮他家接走，

　　我们牵了牲口来，让她骑着去。

　　唱毕，迎候者向接亲者泼水。接亲者在一片欢闹声中步入女家，将酒肉送给主人，主人再把男家送来的酒分给亲友喝。当晚，女家设宴招待接亲者和亲友。入夜，青年男女们再把接亲者喊到坝场上对唱，边唱边泼水。当晚，接亲者住宿于女家。次日天未亮时才把新娘接走。

　　陪送新娘去婆家的人越多越好，而且其中必须有新娘的舅舅、叔叔、哥哥、弟弟和她的亲密女伴。新娘盛装骑马，与新娘特别要好的几个女伴也盛装骑马，而且穿与新娘同样的衣装，作与新娘一样的打扮，旁观者往往识别不出其中谁是新娘。新娘未到之时，婆家在神龛及锅庄上烧白香，供祭青稞面及酒菜，祈神保佑亲事顺利及儿子婚后幸福。新娘入村时，婆家吹海螺在村口、门口相迎。进门后，代表新郎和新娘家的男女青年要与之对唱（新郎不得露面）。

　　新郎家：你们辛苦了！舅舅些、哥哥些、兄弟些、亲友些，你们辛苦了，快坐下来休息，我们等你们已经很久了……

　　新娘家：我们来，是看得起你家才送起来，你家要好好对待我家的姑娘，使她今生日子过得好，没有忧愁，没有悲伤……

　　唱毕坐下来喝团团酒（倒一碗酒依次互相传喝）。男家置酒席盛情招待，送亲者及新娘住两三天后返回。在此期间，新娘由送亲来的女伴陪着住，不得与新郎同房，不然就认为对舅舅不尊重。返回时，新郎须背一罐酒，送新娘回家，并在新娘家住三天后独自返回。新娘一般要过两三年或五六年才到婆家去居住。《冕宁县志·夷俗》云："西番有媒妁，无论嫁娶，以牛、马、猪、羊为礼酒钱，衣服诸物多寡视其家。娶日，女骑马，至，饮下马酒，亲友群聚席地而坐，置酒坛于中，掌坛者以小杯轮奉一杯，肴核尽贮一木盆，亦置于中，掌盆者人奉一把，最后用牛角敬酒一角，此即礼之至重者矣。角以水牛角为之，镂以花草，涂以彩饰。饮欢，连臂跳锅庄，食毕而散，次日拜堂，与汉民略同。"这是清代"西番"人的婚俗，今天的情况基本上仍是这样。

当地藏族的婚姻比较稳定。离婚者必须得到家长、族长的同意，并由族长主断。族长不经选举产生，由能说会道、在群众中有威望的人来担任。族长一般不轻易决断离婚，只有在夫妻关系长期不好，男家与女家矛盾至深，引起家族间"打冤家"时才同意，因此，本族离婚的很少。

联合公社的藏族实行一夫一妻，严禁一妻多夫，但由于通行"转房"，所以存在一夫二妻、三妻，甚至三妻以上的情况。根据本族的社会习惯法，妻子在丈夫死后必须转嫁给丈夫的同辈兄弟（辈分不同的不能转），因此出现妯娌同夫的情况。如女方不愿转，而且女方家族的势力大，迫于女方家族的压力，男家和男家的家族也只好同意她回娘家后再嫁，但所生的孩子应归男家。吃奶的孩子可由母亲带走，待长大后再退回男家，个别也有不退的。另外，女方婚后不育也是引起一夫多妻的原因。在这种情况下，如果妻子同意，一般是男方再娶其妹妹为妻。于是产生姊妹同夫的情况。妯娌同夫，诸妻中以本事高的主持家务。姊妹同夫，姊妹的地位平等。

婚姻方面的禁忌，一是同姓不婚，否则要受到家族的全力反对。私通亦绝对禁止，一旦发现，或将双方直接处死，或迫其自杀。二是严禁与汉族、彝族通婚，违者取消族籍。

（五）丧葬

历史上行火葬，自清代以来因受汉族影响多已改行棺葬。火葬是将柴堆立一人高，尸置柴上，从底下放火，届时，孝男孝女及亲友持酒向死者致敬，将酒洒在火中，并磕头放声哭别。烧毕，将炭灰、骨灰铲为一堆，覆盖以土再砌成坟。男砌九转，女砌七转。《冕宁县志·夷俗》载："西番其人死，以毡布裹殓，不承服，不祭奠，死三日请喇嘛诵番经，打油火扫舍宇，名曰杀鬼。随用火烧，其不烧者则用木柜盛尸埋之。至四十九日复扯旗诵经，名曰点灯。数年后又延喇嘛诵经超荐。于平坦处用马数匹至数十匹醉跑数日，宰牛羊而食之，作纸人纸马，同灵牌并焚，名曰杀马出灵。"今天的做法虽已从简，但大体做法依然如故。

（六）礼俗

纳木依、拍木依热情好客，讲究礼仪。

主客之间：客人来，请客坐在神龛前面锅庄旁的上位，敬以蓝花烟和酥油茶，并端苞谷糖、水果、糌粑敬客。若来的是远方之客或很少到来的亲客，则要杀牦牛或猪、羊、鸡招待。杀前将牲口牵至客前让其过目，以表尊意。食具之属，亦当客面洗涤而用之。

长幼之间：幼辈对长辈要让上座，途中遇长辈要下马相迎；对长辈要主动问安致意，长辈来家要主动敬茶、敬酒、敬烟，主动为其端倒洗脸、洗脚水。

翁媳之间：媳妇不能向公公笑，公公坐上位，媳妇不能去他的背后，公公在楼下，媳妇不能上楼。（按：这一条具有封建色彩）

五　宗教

明人范守己《九夷考》云："西番……疾病不服药，延番僧诵经。"《冕宁县志·夷俗》说："西番……多习喇嘛经，进藏为喇嘛。"

自吐蕃控制东蛮地区以后，西藏喇嘛教（即西藏佛教）逐步传入"西番"地区，成为"西番"信仰的宗教。不过，喇嘛教在"西番"地区的传播，是利用"西番"各种自称的人的原始宗教进行的。就联合公社藏族的情况而言，可以这样说，这里的喇嘛教实际上是喇嘛教中的黑教。其崇拜形式包括自然崇拜、鬼魂崇拜和祖先崇拜等。

（一）自然崇拜

联合公社藏族（纳木依、拍木依）的自然崇拜，基于万物有灵观念的基础之上。他们认为自然界中万事万物均有神灵在主宰，神灵与人的关系极大，祭之则予你福，反之则予你祸。在他们的观念中，主宰自然物或自然现象的神灵，都尚未形成特定的形象。因此，在祭祀的时候，都是以自然物本身或以象征某种自然神的实物作为对象的。其主要的自然崇拜有下列诸种。

石崇拜 藏语称祭木补，意为祭石神。每户藏族皆在其屋脊的东端供放三个洁白的石头，也可以供五个或七个。石头系从人迹罕至的高山捡来。供时按大、中、小依次排列，以铁制的羊角叉（拔壳拍）加以固定。屋脊的两端拉一条绵羊毛绳，上系红、绿、白、蓝、紫诸色布。石下安一木板，供烧香及放祭品之用。祭法是自幼喂一只公鸡或牦牛或绵羊，许给白石，称为菩萨鸡、菩萨牛或菩萨羊。许时在白石前供献祭品，祭司帕比将鸡抱至石前，念经许给白石，祈其保佑家人平安。许牦牛（绵羊）时须在屋外打木桩一根，将牛（羊）拴于其上。把缰绳放长，交帕比拉上屋顶许给白石。菩萨鸡、菩萨牛、菩萨羊平时须精心喂养，不得买卖或伤害。若家人有疾经多次祭献白石未愈时，乃认为木补对其所许的牲畜不满意，乃延祭司来家，将菩萨鸡（菩萨牛、菩萨羊）交祭司帕比杀以祭石，而后再另许一只。杀以献白石的牲肉，除祭司之外，非家人不能食用。家中有人病之时，须另许一只别的牲畜。在藏族的观念中，白石是神圣不可侵犯的，妇女严禁上房头，以免触犯白石。白石崇拜当源于远古时代的巨石崇拜，随着神灵观念的产生，对自然物石的崇拜发展为对石神的崇拜。当地藏族认为，石头是从山中捡来的，故他们也把白石视为山神的代表。

山崇拜　在锣锅底通往瓦厂的且那俄拔山梁上，有一片菩萨林，长满了青松和灌木，林中有一人工砌成的石堆，高一米左右，藏族称它为阿鲁补，意为山神台。这是纳木依人祭山的祭场。这堆石头据说是山神的代表。附近藏族堡子的人，每年（有时延至三年）要到这里来祭山一次。家人有病或所谓不吉利的事发生时，亦要带青稞面、酒、肉等前来此祭山神。此外，在藏族通行的每条山路的高山垭口，都有一堆不规则的石头（阿鲁补），是由每个从此经过的藏族人不断投放石块堆积而成的。投放石块时须磕头烧香，取树枝一根插在其上，对其祈祷，并许给它菩萨牦牛（绵羊或鸡），以求自己和家人万事顺利。

除上述之外，藏族每十年要举行一次祭山神的大典（称为额比），由整个地区各堡子共祭。每个堡子根据本堡子的人数多少，决定向大典提供牦牛、绵羊、黄牛、猪、鸡的数量，而后由每户平摊。祭祀的时间在农历十月或冬月（十一月），具体日子由祭司帕比、阿什择定。择定后通知各堡子的人集中到阿北山，即有碉楼的山，"阿"意为碉楼，"阿"呈四角形、六角形、八角形、十二角形或弯形，高者有二十多层。最高的一层为祭司阿什念经、烧香和帕比作法请神之用。阿什每十天半月要上去念经一次。其余各层是各堡子共用的军械库、屯粮库及存放其他重要物资的仓库。遇有战争发生，堡子的人都要集中到里面去。藏族外出征战，凯旋时须围着"阿"旋转欢呼跳跃，以感谢山神的帮助，锣锅底地区过去有"阿"三个。其中一个位于木耳堡子与瓦厂堡子之间，有 38 丈高，已倒塌，尚有遗迹。传说三国时，无阿孔明（即诸葛亮）路经此地，与藏族作战，一炮将其毁掉。修这个"阿"时，为使各种神灵喜降于此，一般的牛仔（石头）都不要。

只要从人迹罕至的远山岩边取来的，而且运时是集中所有堡子的藏族人一块一块传递过来。砌时是从里面搭架子，一层一层地往上砌，石头中间用泥土粘连。砌好后从顶上沿外壁向下射一箭，如果这一箭能射到底，才算合乎建筑标准，否则就认为山神等不会降于此，须拆去另建。本地区的三个"阿"，现今都已倒塌，但在泸宁地区还可以看到。作"额比"大典时，"阿"中住帕比和阿什（人数须在三人以上），参与作祭的人们在"阿"的附近临时搭一些长棚住下。另外还要搭一些临时性的祭棚给一部分帕比和人菩萨住。祭典开始后，帕比分别在祭房和"阿"中念经，念五天后将所有献牲宰杀，取菩萨肉去每个山头置白石烧白香祭山。祭山的祭品除需要大批许给山神的菩萨牦牛、菩萨绵羊、菩萨鸡、菩萨猪、菩萨黄牛等之外，还要一个许给山神的菩萨人，藏语称此人为"甲俄"。这个菩萨人习惯上是世袭的，其绝嗣后才在整个地区重新选定一个。菩萨人平时负责保管自古相传的神箭、神牛角等法事工具，但仍需参加生产劳动。他住的楼上任何人不得上去，他下地劳动，锄头应提着走，而不能上肩。祭山时，菩萨人包白头帕，披白披毡，穿白衣白裤，系白腰带，打白绑腿，着白鞋，从头白到脚。"额比"大典开始时，先由他去高山岩洞（在木耳堡子东边）中取来神箭、神牛角和神刀。神箭系一铁箭，相传是古代藏王拉巴拉日传下来的，其神力无边，指门门会开，指山山会让路。神牛角系一牦牛角，传说此牛角一吹，远处的人都能听到，一听到此牛角声，大家就知道要祭山神了。这两件神物和神刀是专供祭山神大典之用的，平时放在人迹罕至的岩洞中，由"甲俄"烧香祭拜。祭时由"甲俄"取来拿在手中，列于前列，祭者跟着他围绕"阿"转九圈。转完后他把神箭、神牛角、神刀供于"阿"中的祭台之上。九天祭祀之后，再由其送回原来的山洞中去。送回时，祭者须进行护送。祭祀过程中最重要的仪式是"拴线"。其法是帕比念经，"甲俄"站立其旁，祭者跪于他们二人面前，帕比边念经边把菩萨肉和青稞面等祭品施给祭者，施完后帕比在每个下跪的祭者衣服上拴一点羊毛线，并给每人一点红布、白布（哈达）和一根刻有藏文的白香条。以示经过这次祭山，祭者已得山神保佑，从此清洁平安。祭祀要连续举行九天。祭毕，每户祭者将家人所得的毛线、红布、白布、香条包成一包，下面用牦牛皮包着，再用布缠起来，称为"纳打"，供插放弩箭之用。过年过节时须将"纳打"放在神龛上烧香敬祭。藏族认为插于"纳打"中的箭因有山神显灵，故是神箭，外出打仗时，他们要将"纳打"中的箭抽出八支十支，装在身上。射箭时亦要放一支在箭上先射出去，据说，有此神箭在身，敌方箭射不入，自己射敌，每箭必中。

树崇拜 藏语称为敬"施比"。其所崇拜之树为除马桑树之外的一切树，祭时则以完整高大的万年青为对象，称为沙树波，意为菩萨树。若没有"万年青"，其他的树也可以立为菩萨树。当地藏族每户都有菩萨树一棵，祭祀时以户为单位进行。纳木依认为，树神主宰家人的病痛。故每当有孩子出生，都要祭树，祈求树神护佑孩子健康成长；家人有病，亦要祭树，如遇全身发痒或身体的某一部位发肿，便认为是因触怒了树神，乃延阿什或帕比到家中来念经，并用一个白绵羊或白公鸡（有的亦用猪），将病人及家属一块带上高山去祭本户的菩萨树。届时将羊（鸡）在此树下杀死，取菩萨肉、酒、饭献在树根下，阿什念《几戮不纪》经，并令病者对树磕头。

天、地、土、火、雷、水等崇拜在阿什的藏文经典中，天神称为许勒旺金南坎，许勒旺金是名字，南坎是天空之意，因藏族认为天神是能管天及天下万事万物的最大的神，农历正月初一黎明时均要祭天。其法是在房檐口下置酒、肉、饭、菜，祈祷后将酒、饭、菜撒向天空。这种祭天仪式，藏族称为纳卡母。

地神称萨甲，阿什的藏文经典则称其为赫庸格甲补。其根源是原始时代的地崇拜。在现实生活中，当地的藏族已不进行专门的祭地仪式，阿什汉牛马章说："在藏族的观念中，地神和水神差不多，故一般是祭水神菩萨时连地神菩萨一起祭。"除地神外，纳木依、拍木依还崇拜土神。据说地神和土神的区别，前者是主宰大地，他们认为地震是地神作用的结果，后者是主宰种庄稼的耕地，故庄稼长得不好时要祭土神。念诵《萨打不纪》经。在阿什的经书上，土神的名字有四个之多，如辖确萨打斯达娃辖娃、尼雀萨打米拔麻补、箭确萨打勒白吉俄皆为土神。

阿什的经书称火神为呷哈甲补。屋中地火塘上立的三个锅庄石被视为火神之所在，即火神之象征。锅庄石一个叫呷鲁瓦移，一个叫呷萨呷鲁，一个叫哈萨呷鲁。系由三条宽二三寸的长条石制成，上刻有海螺等花纹，上段呈一弯角，下端深埋于地下，世世代代不能动。纳木依、拍木依人认为，火神除主宰家人的温暖、健康之外，还能使家人经济上获得富裕，据说这是因火神能够把富裕的魂请到家中来，使家人有吃有穿，财源兴旺。因此，任何人不得从锅庄石上跨过，亦不准用脚踏，家家户户都得立锅庄，即便是不在锅庄烧火的人家，也必须立锅庄石，使火神能够保佑家人。为祈求火神之救助，逢年过节，都要敬祭锅庄菩萨（火神）。祭法是在每个锅庄石旁各插一炷香，并烧白香，将酒、猪肉、玉米面、青稞面等祭品在每个锅庄石上放一点，而后全家人共拜。过年时要连祭三天。大小节日都祭，但平时不祭。祭火神多敬以黑桃、豆子或豆腐，忌敬牛、羊肉。

雷神有公、母之分，公的称"米衣"，母的称"始"。传说，上古时代，洪水滔天，人类遭到灭顶之灾，雷神见地上哪里出烟子，就往那里打雷，幸存者无处起火维持生命，只见天上降下一个和尚来，其名叫杨咪牙特苏扎日，这个和尚对幸存者说："你们烧火行炊吧，我来保护你们。"杨咪牙特苏扎日即用草扎成一个草人，使其站在人们行炊的地方，让它代替人类给雷击，而且，他在草人前面摆一个铜盒子，雷一击下来，雷神就被铜盒关在盒内。杨咪牙特苏扎日将它拿出来审问，雷神于是告诉他，应该怎样送雷神、水神、天神、地神、火神……杨咪牙特苏扎日问了它各种疾病的治法，它都一一作了回答，只有麻风病的治法未讲。从此以后，藏族就获得了战胜一切天灾和病痛的方法，唯独不会治麻风病。这个传说当然不可信。但它可以说明，纳木依人、拍木依人对天、地、水、火、雷等自然物或自然现象的崇拜，发生在洪水时期人们无力战胜自然灾害的时代；而人类是在和各种自然灾害的斗争中发展的。联合公社藏族的地理环境，山高坡陡，雷雨比较多，雷电击死人畜的情况经常发生，因此，直到现在，一些地区的人们还进行着对"雷神"的祭拜。

阿什的藏文经典中，水神被称为许确萨打庸钟赫姆。据说水神是主宰水灾的神灵，亦是人身上起水泡、生脓疮、皮肤红肿或因外出饮生水而得病的根源。由于纳木依人和拍木依人地处高山，水灾对人的威胁不大，故因水灾而祭水神的习惯已经消失，而因上述疾病祭祀水神的活动则至今还存在。上述疾病发生时，延阿什或帕比到家中，阿什念经后若卜定该家是因触犯了水神菩萨而致病，即令主家推豆浆及用铜瓢炒荞子或荞花。豆腐做好之后，以绿色的白蜡条树枝插入豆浆中，边念经边用荞子或荞花去擦病人的疮口及患病的皮肤，而后将豆浆、荞子（荞花）倒入铜瓢之中，持铜瓢去病人的头上转，最后由阿什和家人一起将其送到山坡上的水沟边或村中井边，东一瓢西一瓢地泼向水中及荒野，边泼边诵祷词："水神菩萨！你自己的位子你自己坐，你不要把水淌给×××（病人名字），你所喜爱的荞花、豆浆都给你了，求你对×××要放松，使他的病快快好。"祭水神菩萨时，须连同地神菩萨一起祭。祭水神菩萨后，主家和阿什（或帕比）不准用荤。

除以上的自然神灵之外，联合公社的藏族还崇拜猎神。猎神没有具体的形象，也没有具体的实物作为象征，仅在观念中存在，认为它是主宰猎事的。行猎之前，猎者需延阿什或帕比至家中祭猎神（有的是自己祭)。其做法是用红公鸡一只,与攫山猎狗拴在一起,置于阿什的侧边,由阿什杀鸡念咒,把鸡甩在路边敬给猎神,祈求猎神帮助猎事成功。过些时候,再把鸡从路边捡回来烧吃或煮吃,同时,再切一些鸡肉撒向四方给猎神领受。

(二) 鬼魂崇拜

纳木依人、拍木依人认为人虽死其灵魂不死。他们称这种不死的灵魂为"扯"(鬼),有"屋头扯"和"屋外扯"之分。前者指已故祖先的灵魂,属于善鬼,故又称其为"努尔哈"(家神)。对于"努尔哈"的祈求及祭祀,构成为该族祖先崇拜的内容。后者指凶死(非正常死亡)及患某种不治之恶症而死者之灵魂(凶死者的灵魂称为"只特"),属于专门害人之凶鬼。他们认为,凶死者对于自己的死是不甘心的,其灵魂必然要对生者进行报复,使之亦遭同样的殃祸,而某些因恶疾而死的人,他的灵魂也要以该种疾病加害于活人。在他们的观念中,不论善鬼或凶鬼,都具有与活人一样的自然本质和特征,能够像取悦活人那样去取悦它们。他们认为,只要取悦它们,善鬼就会赐福于己;而凶鬼就不再祟祸于人,或专门去祟害自己的敌者。对于凶鬼的祈求和祭祀,构成为该族鬼魂崇拜的内容。应该指出,祖先崇拜在其本质上亦是鬼魂崇拜,但由于其祈求和崇拜的内容、形式不同,我们特将其划分为两种有区别的崇拜。

鬼魂崇拜的仪式一般均须由祭司阿什或帕比来主持,而且多行于家人有病的情况下,其做法既有敬祭取悦之含义,亦有与之做斗争,将其驱走之内容,现略述以下诸种。

扯打把 意为攫鬼,家人有病时举行。其做法是请阿什(帕比)至家,坐神龛前锅庄之上方,问病者生辰年月及得病日期。边念经边翻书进行扣算,以确定是何种凶鬼为祟及需用什么牺牲(纳木依人、拍木依人忌吃狗肉、马肉,牺牲只能是黄牛、牦牛、羊、鸡、猪)。

令主人准备，而后念经（重病要念三天三夜），将牺牲宰而煮熟，取一些肉供于神龛，同时，将菩萨肉（牺牲之耳、心、颈上之肉各取一点）放于锅庄石上，求家神、火神等帮助战胜邪魔。接着阿什击鼓、击锣念经，用山上之拍瓦草扎一个约高一米之草人，代表其所要撵之鬼，以牲血淋在其上，并向其献肉、献酒、献饭，视病情需要，念半天至三天三夜之经，最后由主家的亲友将草人送往村外之岔路口而毕。若病人不好，需再进行一次。

祭"扎特" "扎特"，藏语意为精神病鬼。他们认为一切疯病都是"扎特"为祟所致。故患此病时，家人须于夜晚请阿什或帕比到家中祭除此鬼。阿什或帕比的做法是用杨柳条或麦草、青稞草扎一草人。此草人有头有手，有四只脚，身子扎成两台，一台中放鸡血、鸡毛、荞花、人形之饭团等祭肴；若杀猪，还要放些猪血、猪心、猪肺。祭肴放毕，阿什念专祈"扎特"用的《扎独不纪》经。若请的是帕比，帕比则直呼病人的名字说："×××，他得了精神病，扎特！今天来敬你，鸡血、猪血、鸡心、猪心、荞花、饭团都给你了，你要饶他，不要来惹他。"念毕，阿什（帕比）将草人持往病人头上转一转，而后送到山林中去。

祭"木日特" "木日特"，藏语，意为肺结核病鬼。若病者枯瘦如柴，发烧咳嗽，久病不愈，即认为是"木日特"作祟，须延帕比（阿什亦可）祭送此鬼。其法是扎猴子般大的三个草人（称冬举或山举），扎四只脚的小狗两只，猴子一只。用山羊或猪一只，念咒后，令家人拿山羊（或猪）去病者身上擦一擦，而后宰杀，以牲血淋草人，将牲心、肺放一点在草人上，请"木日特"来领受。接着，帕比用牲血涂在自己的半边脸上，另外半边脸上抹青稞面，穿上楚巴（藏衣）、突扎（藏靴），带上弩箭，令病人夹着草猴，自己持两只草狗在屋中围着病人转两圈。作猎捕猴子之状，在后面对病人问："你身上是不是有鬼？"病人随其声落而将草猴扔至门外，帕比立即向门外的草猴射箭。射毕，将猴子送到三岔路口，用三角形之木钉钉上，草人及草狗亦送到那里去放着。

祭"阿压" "阿压"意为耳聋病鬼。有患耳聋或耳鸣病人之家，请阿什或帕比来家祭送之。阿什、帕比的做法是，用篾片扎一个十字架，上长五寸，下长七八寸，插在地上，用五色线缠紧，用三色纸剪成两寸长的条，贴于一长线上，再将此围成一个圆圈，套于病者身上，而后拿十字架去病人头上转一转再取下纸圈放十字架上，并取一碗水，用竹筒去吹，边吹边念经。同时，放一口弦及炒好的一些荞子于筛子中，念一阵经后把十字架及纸圈也放于筛子中，再放上肴馔，烧白香，令家人叩拜，最后将筛子中的东西送往山梁上去。阿什、帕比在山上念一阵经，求"阿压"不再来害病者而告结束。

祭"白扯" "白扯"意为难产鬼。妇女难产即认为是因"白扯"作祟，须请阿什、帕比来祭此鬼，献以酒、肉、饭、菜，祈其不祟祸于产者。当地藏族认为，凡因难产而死的妇女，其灵魂均会变成"白扯"来害人。除了祭拜而求其免难之外，他们在妇女难产而死之后，要将其送至山野焚烧，并用铁钉钉在她的骨灰之上，再用土埋起来，以防她所变的"白扯"来作祟。

祭"只特" "只特"意为凶死鬼。因枪杀、刀杀、坠岩、落水、上吊、暴病而死之人，纳木依、拍木依都认为他的灵魂会变成凶鬼来害人。为此，他们一方面采用祭祀之法来使其不害己或专害自己的敌人。另一方面又以替其解罪之法来求得死者的欢心。其解罪之法是死者家属延阿什、帕比至家中念经。阿什、帕比在地上挖一些相通的地沟地洞，边念经边使死者的灵魂从洞中钻过，使它通过一个一个的关口，解除一个一个的罪过，否则，他们认为因死者不满意，他的灵魂还会再到家中来找替代人。

祭"须维尔特" 意为祭小儿病鬼。小儿患发烧、肚痛、呕吐等急病时，乃认为是须维尔特作祟所致，须将阿什、帕比请至家中，用半边猪脑壳骨头（已食用过的白骨）去火中烧，待发出香味时持至小孩的头上转三转，烧白香，念咒语，求病鬼不要再害小孩。

（三）祖先崇拜

纳木依人、拍木依人崇拜已故祖先的灵魂，是为求其保佑后世子孙。在他们看来，祖先之灵是万能的。它既可以使牦牛、黄牛、绵羊、猪、鸡等家畜家禽兴旺，又可以保各种农作物丰收；既可以使后世子孙不病不痛，又可以使他们无忧无愁。因此，他们既想求助于祖先之灵去战胜自然灾害，又想依靠它去战胜来自社会的压力。为此他们对祖灵的祭祀特别虔诚。其祭法主要有三。

其一是直接祭祀死者。父（母）断气之后，依其身长，取麻布一块作垫，将其尸仰放床上，用新"楚巴"（长衫）一件从头至脚盖严，而后杀猪一头，挖出猪心，割左耳一点，与少许大米、青稞、核桃、酥油、几个熟鸡蛋和一刀腊肉放一碗中（忌放苞谷面，据说因纳木依、拍木依祖上不知什么是苞谷），敬供于死者之枕边，孝子及家人对其叩拜。同时，托邻居四处报丧，请家门亲戚前来共祭。亲友视自己的经济条件，牵牦牛、黄牛、羊子或猪，背粮背酒前来。来时边走边鸣枪，至村外时哭跳着进丧家。至家后，宰牲取菩萨肉敬于死者头旁，并于尸前跳舞（舞名叫"耶始撮"），男女同跳，各家亲友轮着跳，一次跳二三十分钟，旁观者齐声伴唱，歌词为：

> 羊子给你杀了，牦牛给你杀了，猪给你杀了，亲戚家门都来看你了，都来向你辞别，你要喜喜欢欢地走，要保佑我们下一代的人清清静静，不病不痛。……
> 你去西天，要沿下面的地名走：拿卡阿候甫—皮罗波—古一罗—阿里多卡扶—里金子果—罗呷呷布（石官山）—阿者莫子俅—怕角倒—舒保木苦（九龙县雅江边）—舒把朵（九龙）—……尼玛拉萨脚（今拉萨）。

其二是祭"俄热力且"。"俄热力且"意为灵牌。经济条件允许的，须在父（母）死后立即延请帕比来家作"俄热力且"，清寒者可过一两年、三四年甚至十几年再作。届时，亲戚家门携酒等祭品前来共祭，一般是提一两斤酒，嫁出的姑娘须拿一头猪。做法是请帕比到家中，边念咒边用细叶青冈木刻一个五寸长的"石洗"（小木人），上刻眼、耳、嘴、鼻，作头形，下面划开一个口用小木片卡开作脚，并用藏文写上死者的名字，给它献青稞酒、肉、鸡蛋等肴物，招亡灵来附其上。作毕，用石板一块将它压放在楼上正墙脚下，凡年节皆供以酒、菜、饭。平时亦经常烧香进行祭拜。若父（母）系凶死，须先为其解脱罪过：用一个草羊（山羊），由亲友牵至高山，帕比与之一道去，家人也去，上山的人数不能为偶数，在山上烧白香，由帕比念咒，仍用青冈树截五寸长刻成"石洗"，并于白香堆前挖一槽，用石、土、木搭成一个一个的关口。男性死者搭二道、九道，女性搭七道。帕比边念咒，边令一人将灵牌送入槽中，向前挪动，过一个一个的关口，过完后放白布上，以示从黑路上了白路，过一会再捆起来交孝子背回家。孝子要边走边喊："×××（死者的名字）回来了，×××回来了！"至家时，用獐子皮做一个小口袋，上放青稞面，将灵牌插半截入面中，半截露外，而后挂在门外。当天严忌将这种凶死者的灵牌拿进家中去。第二天，家人将绵羊、猪、牛各一只，赶上高山，灵牌也背着去，宰牲后献之以菩萨肉，煮熟牲肉后再献熟肉。最后再将其背回来，这一次就可以进屋了。进屋后，把它供于神龛，再献菩萨肉，帕比念咒，祈它保佑家人，祭毕，用细叶青冈树枝一把捆起来（灵牌放在其中），放楼上正墙脚下供奉，凡吃酒、肉亦贡献之。

其三是超度祖灵。纳木依语称此为"尼姆"（意为作道场）。"俄热力且"作好之后，经济富裕之家应接着对父（母）进行超度，不富裕者可将"俄热力且"在家供祭两三年或延至几代人一起超度。

"尼姆"祭祀皆在农历十月或冬月作，其他月份不作。有一个

"俄热力且"用马一匹，有两个则用两匹。意在使灵有马骑回尼玛拉萨脚去。届时，先将马赶到沟中去透身洗，烧白香让其从上面跨过，以去其身之污秽，而后将其放往山上。严禁任何人骑用，马自动跑回堡子时，跑到哪家，哪家要喂。需备的牺牲为牦牛三条、黄牛若干条（依经济情况而定，多者可达八条十条，甚至数十条，其中必须有一条是不穿鼻的，俗称"开路牛"）、绵羊三只、猪三只、草羊若干只。整个祭祀必须由三个以上的帕比（阿什不作"尼姆"祭祀）主持，一般是连祭三天三夜或五天五夜，灵牌多时祭七天七夜或九天九夜。各天的祭仪不一。其耗费极巨。

1951年，魏家堡子饶云周家为其父亲作"尼姆"，请了三个帕比，参加的亲友至千人，杀了三十八只羊、三头黄牛、三头牦牛、七只猪，吃了五百斤酒，共进行了三天。其祭仪是：

第一天，帕比用竹竿扎成十字架，竿顶缠以套头，横竿上穿上干净衣服一件，上穿裤子一条，若系女死者，就穿裙。一般是有一个灵牌扎一个竹竿人。扎好后将其插在房顶上。家人从楼上将"俄热力且"取下交帕比置于正堂地上，烧白香后，再用石板压上，每个灵前点清油灯一盏。用青稞面做成面人，用牲血（第一天不杀牲，只在牲上刺一点牲血来祭）一点放碗中，与面人一起供在灵前。帕比念经，为其解罪。念毕，将碗中牲血等祭品送出五十米左右，倒在一个固定的地点。送出之后，帕比连续念经至第二天中午。

第二天午后，于屋中置桌子一张，上置树枝丫、石头若干，一个石头及一个枝丫均各代表一个山神。帕比念经后，祭者大杀牲畜，一般是先杀牦牛，次杀绵羊，再依次杀黄牛、猪。杀后依次再将牦牛、绵羊等牲尸抬至"俄热力且"前供祭，并向每个枝丫、石头献菩萨肉。帕比念经：请远近诸山的山神来享用。经文说：

> 山神呵！我们请你来祭你，死者过你山时你不要干扰，我们给它宰的牲你不要拿去，你也不要让你山里的虎豹干扰它。……

其所请的山神有:

牙五索洛布—牙布牙惹拉吉（据说指珠穆朗玛峰）—司洛什
布—卡渣吉勒莫—吉勒普热莫—吉勒腾玛玛撮—惹阿洛上嘎米
（石官山）—牙楚皮热孜主（罐罐山）—苏土维力俄（纳窝
山）—日土都米埃角（在泸宁）……

约供三十分钟后，将牲从屋中抬出去剥皮煮熟，再拿熟肉来献山
神及祖灵。

饭后，帕比念《撮布卢沽》（指路经）为亡灵指回"祖先之
乡"——尼玛拉萨脚的路。经文说:

老人呵！这个地方已不是你的地盘了，你的地盘是白日列来
吉（指甘孜境），是尼玛拉萨脚。这里不是你的地盘，你的地盘
是普衣腊菊若（指喜马拉雅山一带）。

这个地方不是你的地方啦！你养男养女的工钱已开啦，"额
补"（牦牛）给你杀了，"约"（绵羊）给你杀了，"博"（猪）
给你杀了，亲戚家门来看你了，都给你送了东西，你得走啦！你
走后，不要来干扰后代子孙，不要来干扰堡子，不要干扰亲戚家
门。你要保佑后代子孙，让我们清清静静，不病不疼。

雪山你不要爬，山沟里有罩子雾起你不要爬，也不要往后
退，亲戚家门家你不要去，汉族家你不要去。你要跟着我指的路
线走……

第三天，亲友跳舞，唱引路歌，帕比念经，令家人把马牵来，烧
上白香，向马背上倒酒。取灵牌捆在新鞍子上让马驮着，树枝丫、石
头用箩箩背起，竹竿人由舅舅扛肩上在前面走，女婿牵马随其后一道
上山，未穿鼻子的那条牛也赶着上山去宰杀，同去者一百多人。到山
上后，用干柴架九层，灵牌放在其中，边念指路经边放火焚烧，同时

宰牛敬献。烧毕，再将原烧埋或棺埋的坟墓挖开，取其骨头（骨灰）装入一罐内（罐底须穿通一个洞），并放一些苦荞、青稞入罐，以使祖先带到尼玛拉萨脚去种。帕比嘱咐说："这里已不是你的坟墓了，你的魂已到了尼玛拉萨脚。"最后将罐背往海拔很高的罐罐山，依姓氏和辈分放在那里（那里有专门砌的台子，一排一排地放）。放好后用酒、肉再祭一次，所祭的酒、肉分成两份：一份放在原地；另一份拿回分给后代子孙吃。据说，子孙吃了会有吃有穿，万事顺利。罐罐放下后，就预示后代子孙从此与之割断一切关系了。

（四）"阿什"与"帕比"

"阿什""帕比"分别为拍木依人和纳木依人的祭司，都是代表人与鬼神发生关系的一种人物。

1. 经典

阿什有手抄的藏文经典，都说是从西藏、甘孜等地传来的。据说冕宁苏州坝过去有印经院，但我们未发现有印经。手抄藏经内用绸子包着，外用木夹夹起，捆之以牦牛皮，放经堂中保藏。凡有阿什居住的堡子，村人皆于堡子上方共修一个经堂，给阿什念经。大经堂为三层以上，小经堂为两层。第一层放经书和法具，第二层烧香及供甘孜一带喇嘛出巡时居住（喇嘛严忌到老百姓家去）。经堂中无泥塑的大菩萨，只有铜制镀金的小菩萨——"腊"。经书的种类繁多，其内容和用途都不一样。核桃堡子的阿什汉牛马章说，他有藏文经书十二种：

《瓦萨不纪》，用于解咒神及大小法事；

《上野不纪》，请山神、敬山神时用；

《削拔不纪》，为亡灵开路时用；

《然都不纪》，用于驱鬼撵鬼及打扫屋子；

《几摄不纪》，祭树、祭山及祭聋瞎病鬼时用；

《水左不纪》，送水神菩萨时用；

《萨打不纪》，送土神菩萨时用；

《努哈不纪》，敬家神时用；

《达然不纪》，还击敌方咒语时用；

《密勒不纪》，灭冰雹时用；

《哈克》，系年算书，择吉时用；

《日补不纪》，用于算命及择定为祟之邪鬼。

藏文经典是"阿什"特有的法宝，"帕比"没有经书，亦不释经卷。联合公社的藏族普遍流传这样的传说："拍木依、纳木依原是两兄弟，前为兄，后为弟，都是从尼玛拉萨脚来的。返回西藏取经时，纳木依先去，获得了三本经书，拍木依后去，只得了一小本。回来经刚都河时，二人相遇，拍木依要弟从上段凫水过河。当纳木依凫至河中央时，拍木依在岸上大喊：'弟！有熊来咬你了！'纳木依一吓，经书乃掉入河中，被水冲下去，其兄拍木依在下段如数捡得。"据说，这就是拍木依有经书而纳木依没有，拍木依之祭司阿什通经识典，而纳木依的帕比无经不懂经卷的根由。

核桃堡子的汉牛马章是世袭的阿什，他家当阿什已有二十二代，其第一代尊西藏的神人许勒旺金南坎为师（按：关于许勒旺金南坎的说法很多，一说他是管天、管地的天神，是法力无可相比的神王，另一说他是西藏的神人，喇嘛教的先师，是藏文经典的创造者），向他取得经书及学得法术。下面是他家二十二代阿什的名字：

啦阿尼及—梭阿拔削—布什梭哈—夏梯博—阿乍勒—车若皮—南卡皮—惹皮得—扑牛勒日—低脚稀拉惹—难直得约勒平—约保阿呷—惹请平—克里郭—惹皮得（拍木依名字过三代人后即可重复祖先名使用）—然惹果—拔博丁巴—撒巴勒青—舒查雨—尼玛衣—庸摸采—汉牛马章。

若以二十五年为一代计算，据他的说法，啦阿尼及早在明代初期就已接受藏文经典了。也就是说，藏文经典至迟在明初已传入纳木依人的地区了。由于我们调查不全面，不知流传在"西番"支系中的藏经最早是何时的，是否与这个推断相等。

2. 法器

法器是"阿什""帕比"借以和鬼神发生关系的法宝，是他们用以影响人民的武器。"阿什"的法器与"帕比"的不同。特分别做如下介绍：

"阿什"法器：

（1）日日，即皮鼓，大的直径一米左右，用牛皮及白香木绷成，一切法事皆用。

（2）戛斗，系一种小羊皮鼓，一切法事皆用。

（3）维维，系一种吹器，木头制成，尺余长，一端刻蛇口，一端可吹响。撵鬼时阿什吹此，家人大喊大叫，并用木棒在屋中四处夺夺搅搅。

（4）特尔果果，即铜锣，许多法事均用。

（5）特鲁，小铜铃，请神时用。

（6）斯米苦角，即犀牛角，一米长，相传是一种从西藏传来的神武器。

（7）播可，即海螺，大法事及大祭典皆用。

（8）布扎（神刀），形似日本的指挥刀，专用以撵鬼。

（9）木达达，意为神木，大拇指粗，一尺长，一包装十至二十余根。平时供在神龛上，祈神时用。

（10）楚巴，俗称和尚衣，系毛织品，红色，长及膝，形似大衣，夏天用时露右手。

（11）哈皮，俗称和尚帽。

"帕比"的法器：

（1）乍儒达日，意为送神器，是木制品。

（2）惹阿拉吉，系以三尺长、二尺宽的一块蓝布或白布做成，上用各种颜色画出若干神兵神将，尼姆祭、额比祭时用，一般法事不用。

（3）腊皮，厚纸片做成，形似半圆，作尼姆祭时戴在头上，敬神时亦用。

（4）日日，即皮鼓，比阿什的小，阿什一切法事皆用，帕比的不常用。

（5）特鲁，铜质大铃，一切法事皆用。

（6）戛立袜，即皮包，内分成若干格，用以装特鲁等小法器，面上用鹰爪、虎牙、獐牙、野猪牙、豹皮缝上。

（7）虎牙，作法时挂在颈上，任何人不能动。

（8）撮布六古，系为亡灵指路时用的指路经。

不论阿什或帕比，法器均为祖传，据说只有祖传的才灵验，而且只有从西藏传来的才灵验。

3. 法术

"阿什""帕比"用以通鬼神的法术虽有区别，但多数大致一样。除上文自然崇拜、鬼魂崇拜、祖先崇拜诸节中言及者之外，下面再介绍以下诸种。

（1）撒壳，意为求子，是阿什的一种常用法术。妇女不孕时，请阿什至家，用一头猪或一只公鸡，扎一米高的草人一个，再扎一个草圈，用妇女的衣裳给草人穿起来，放入一背箩中，再取猪、羊、牛的一些骨头打成小块，放在石头（或瓦）上烧燃亦放入其内，同时，用一些荞花装一小布袋内让草人背着。阿什念《弥勒不纪》经，并喃喃地说："鬼呵！你不要害她，让她生小孩，顺利地生……"念完后将箩背至山上，妇女与家人同去。阿什念十个小时的经，念毕，阿什用草圈套不育的妇女，从头套到脚，共套三次，套毕，将草圈再套在草人身上，最后将它用绳子捆在一棵树上，宰鸡、猪取菩萨肉祭山神，用牲血淋草人，同时烧白香和烧骨头，并把背箩钉在树脚下，念经把山神送回去而毕。意在使害妇女的鬼留在那里啃骨头而不再殃害妇女。

（2）儒乍克，意为解咒。系帕比常作之法术。若预感有敌方咒害自己，即延帕比作此法术。需用公鸡一只、鸡蛋一个和荞花一把。做法是用黑、白二色线各一根，拴在被咒者之颈上。被咒者与帕比一道上山，家属带一些米、青稞面、白香等同去。在选定之解咒地点，挖一尺深的碗大的洞一个，第一以烂镰刀、烂锅铁、烂铧口铁片在被咒者之头上转一转丢进洞内。第二是用鸡蛋往被咒者身上擦，擦后把鸡蛋也丢进洞内。第三是帕比取柳条编一个圆圈，从被咒者的头上往脚下套，令被咒者从圈中跨出，帕比再用刀砍碎柳圈，亦抛入洞内。第四是帕比念咒，用刀割断套在被咒人颈上之二色线，把线也丢入洞中。第五是用带去的公鸡在被咒人身上擦，擦后宰杀，取菩萨肉献山神，把鸡毛、鸡脚、鸡头再拿往被咒人头上转一转丢入洞内，最后用石板把洞盖严，鸡在山上煮吃。

（3）然惹，意为解有噩梦和不吉。家人做噩梦或多病时，请阿什或帕比来家中作此法术。作法时先行占卜：帕比（或阿什）用套头布先恰两恰，打上记号，而后拿在手中念咒说：××鬼，如果你惹了他（指做噩梦或不吉者），我所恰的布再恰时就长了，如果你未惹，我恰过的布就不长或短了（帕比的恰是有伸缩性的，再恰时，可出现长短或不长）。用此法不断重复着占验一个一个的鬼，直至占出是某一凶鬼为祟时才罢。

凶鬼占定之后，用丝茅草扎一个五寸长的草人，在瓦片上烧烂骨头一堆，帕比念咒，同时抬着瓦片和草人去做梦者（或多病者）的头上转三圈，把草人和瓦片送到此凶鬼的坟墓上丢掉为止。

（4）从值，意为咒人，阿什的法术之一。其做法是用一个草羊或鸡拴在家里，再备一个罐，内放一点金子和鸦片等物，于夜间打鼓，喊被咒之人的名字，使他的魂入罐，而后将罐用盖子盖起，再用泥巴封严，使之不能出气。接着，阿什脱去一只袖子，用牲血将脸涂成一个魔鬼模样，而后抽出神刀来围着房子转三转。家人将羊交给他打死或用箭射死，煮羊肉吃，边吃边咒，咒毕，将罐子送往十字路口，挖一坑埋下，以使被咒者死亡。

（5）日海木，意为叫魂。纳木依人相信活人的灵魂能够散落或被阴间的魔鬼拴去，故凡有不适，即延阿什或帕比来叫魂。其法是用鸡蛋一个，米一碗（或青稞面一碗），腊肉或牦牛肉一刀。鸡蛋放立在米中，与肉一起放在门前的桌上。再用一根线从屋内牵到屋外，且用专门养着供叫魂用的鸡一只放在门外。一切准备好之后，阿什（帕比）去村外四方喊：“×××回来呀！×××回来呀！……”边喊边跪拜，边拜边退回家中。为了检验被叫的魂是否回来，需将屋内的火都熄灭，并用筛子筛一些灰在地上。待念一阵经后再点灯察看灰上的印子，以断其是否回来。若不见有印迹，就认为他的魂被阴间的鬼拴起来了，应改而作大的祈鬼法术。

（6）约土，意为防冰雹。系阿什的法术。其法是由各堡子共出山羊一只、鸡一只，备一些木板（上面画人像）和木棍，每家出一个人，自带衣物与阿什一道上山，将木棍插在东、南、西、北四方，宰了羊和鸡，用羊血、鸡血涂在木棍上，木板与木棍放在一起，阿什念经祈山神防雹，并用牲肉敬山神。鸡、羊煮吃，吃饭后念经送回山神，将木棍和木板送往四面八方去丢掉。若当年不遭雹灾，堡子的人每家要出一点米给阿什，若遭灾就不给。

（7）享触甲。这是阿什求雨的一种法术。木耳堡子的蓝光泽说，他的舅舅汉舒荣移是一个有名的阿什，有一次，他去呷古山上作求雨法术，系用红公鸡一个，白绵羊一只，在祭场拣树枝叶烧火，使之出现弥天的烟雾，再按放三个石头，杀白绵羊和鸡，煮熟放石头上敬天神（拍木依语称许维甲几）。阿什念经："天菩萨呵！请你落雨，快快落雨，不要落雪弹子。"边念经边用犀牛角指天指地。堡子上每家去一人。作完后，如果下了雨，要给阿什一升粮食。

（8）取名法术。纳木依、拍木依在孩子出世四十天后要请"帕比"来算命，择吉日给孩子作取名法术：其做法是用一只鸡和一只猪，令父母背孩子与家人带猪、鸡一道上山，去自家的菩萨树下按一尺左右的高尖石，烧白香，宰牲念经请山神来领受，告诉山神主家生了一个孩子，求山神保佑。念经时，"帕比"用五寸长的一根绵羊毛线折成二折，戴在孩子的帽上或衣上。令孩子之母抱着孩子向菩萨树和象征山神的石头磕头。磕毕，帕比根据孩子属相和父母之名在八角图上的位置，避开父母之克，给孩子取一个藏名。

4. 法师

"阿什"和"帕比"都说他们各有自己的法术高强的法师，以使群众相信他们的法术。现略述以下几个主要的。

（1）比罗扎且。据说这是法术最为高强的一个阿什。能腾云驾雾，指岩为泉，他的咒术和解咒术精良。

比罗扎且原住甘孜州的九龙县，后因锣锅底地区南强沟里的玉米长得好而搬到那里住。一次，他路过木耳北边的南强沟，疲乏得坐下来休息，口渴得支持不住，沟下有条大河，他吩咐随行去捡柴来烧水，自己承担下河取水的任务。当捡柴的随员返来时，他仍坐在原地休息，捡柴者埋怨地问他为何不去取水，他不搭腔，只见他拿起他的犀牛角向身后的岩洞一指，顿时，岩中就涌出了一股清泉，他的随行为他的神奇行动而惊叹。

核桃堡子的阿直家，一度家财兴旺，牲畜遍野。为了开拓新的牧地，乃选定西番坪子作为新的牧场，但愁西番坪子没有水。为此，阿直家特来请他去解决。他带上犀牛角，穿上藏装，去那里为阿直家找水。阿直家两兄弟骑马先到现场，比罗扎且走路去，当阿直家兄弟二人赶到马金子坪时，只见比罗扎且早已坐在那里的一个山包上了。阿直家兄弟对此百思而不得其解，当他们两人前行至豹子坪时，见比罗扎且又坐在那里的山包上等候。两兄弟再行至西番坪子时，又发现比罗扎且早就在那里坐着等他们了。经过盘问，他们发现了比罗扎且有腾云驾雾之本领。

另一次，比罗扎且到周家岩房去，向周安山家讨水喝，周家打出一瓢给他喝，可他喝了一口就倒在地上。周家惋惜地说："水是这里的宝贝啊！你不该这样倒。"比罗扎且拿起犀牛角，在周家岩房的西边岩上指了两下，岩上出现二洞，洞中流出了两股清泉。后来，他将其中一泉指而飞去纳窝，另一泉留在当地。汉牛马章说，直到现在，周家岩房的那股水还在，猎人都去那里喝水。

又阿直家因富裕得不能再富，狂言无论谁也不能再把他家整穷。比罗扎且说："我来试试。"他烧红一个铧口，并用箭射进阿直家后面的海子里（此海在核桃堡子背后），海水因此而干涸，阿直家的牛、羊随之而死光。阿直家便变穷了。后来，比罗扎且又作法使这家人被火烧死。这家人绝了，现在只有其房子的墙垣还存在。

又吉家堡子背后住着普家，由于吉家称王称霸，两家存在隔阂和纷争。普家斗不过吉家，被迫迁到木里县的银坝子去住。普家知道吉家的生辰年月日，乃请当地的阿什咒吉家。吉家被咒得只剩下了最后的一个人，而这个人也得了病。为求得生存，此人托人将比罗扎且请至家中说："比罗扎且阿什，你若能救活我，我家的田地给你一半。"比罗扎且答应挽救他，乃带两徒弟去银坝子为吉家取魂。徒弟牵马在前走，当他们走到银坝子时，只见比罗扎且飞到那里来和他们相会。此时，普家请的阿什正在念咒人经，还未来得及将吉家最后一个人的魂送往地窟中埋住。普家对正在念经的阿什们说："你们暂时不要将吉家那人的魂放下地窟，待我舅舅比罗扎且来收拾他。"比罗扎且到来后，衣着又脏又烂，普家的阿什们都看不起他，不理睬他。比罗扎且一声不响地坐在普家屋里，过了一会儿，他在屋子的四角挂上随身带去的虎、豹、熊皮，皮下各摆上一瓶牲血，在门口挂上牵马之缰，向普家的阿什们要一包玉米和青稞。继而，他取下自己身上的一串珠子来念经，而后将那串珠子甩到普家阿什们念经的柱上，只见珠子化为千条蟒蛇缠在柱上，他又甩到苞谷和青稞子上，苞谷、青稞子又化为一窝牛角蜂，普家的阿什们直吓得向门外跑，但门口的缰绳又化为一条蛇来阻挡他们，当他们冲出门去时，家里的熊、虎、豹皮皆变为熊、虎、豹去追他们。普家的阿什们惊恐万状，皆跪在地上向比罗扎且求饶，说愿意答应比罗扎且的一切要求。比罗扎且说："我什么东西也不要，只要你们尚未下地窟的吉家那个人的魂牌。"于是，他们将魂牌交给了他。经过他解咒，吉家那人的病逐日转好，吉家因此得以赓续。据说今木耳大队的吉家，都是这个人的后代。

阿什汉牛马章说，由于比罗扎且法术高强，后来的阿什都尊他为师祖，作法时阿什都要请他来显灵。

（2）热且。热且是木耳堡子历史上一个赫赫有名的阿什。据说他会飞，能变成虎、龙、野人。一次，他一泡口水，就把当地某家房子的瓦片全吹开，又一泡口水，把所有吹开的瓦片都还原。他有一只野牛角，具有锥地为泉的功能，据说，木耳堡子背后麻雀沟岩洞中有一股水，就是他用野牛角锥出来的（拍木依人把那个地方叫作俄的梅来火）。又一次，热且想吃肉，他变成一只虎飞过雅砻江去纳窝咬死一头牛，拖到磨房沟的一岩洞中吃掉。另外当热且不高兴时，他还会变牛角蜂来叮人。

据说由于热且的法术很高，其后世子孙习得他的法术，都成为当地有名的阿什。如他的第十八代孙戈楚（木耳一队蓝光泽之父），就是一个有名的阿什。据说，有一次，庄子大队的饶云周去纳窝倒铧口，纳窝长脚堡子的唐仁波带几个小伙子将他绑起打，打得全身是血。唐仁波意在将他打死，但遭其兄唐华仙之反对。唐华仙罚饶云周三百两银子而将他保了下来。饶云周回家后，即请戈楚咒唐仁波。戈楚用大山羊、猪、鸡各一只，念《达拉不纪》经，咒唐仁波暴虐不仁，他用一张纸条以藏文写上唐仁波的名字和出生年月，装入一罐中，念经后将唐仁波之魂招入罐内，将罐埋入地下，而后宰牲献神，据说不到一个月，唐仁波就因此而死。

当地群众说，戈楚有如此高超的咒术，一是因为他继承了祖上的法宝，二是他有其师祖热且显灵。

（3）格格萨皮。这是帕比的一个名法师。是距今三代前的人。据说，他的法术可以使人无路可走，不用刀而把牲口胀死。

传说一次有人来偷他家的牲口，他发现时，窃者已走得不知去向。他立即念咒作法，使窃者在途中而无路可行，最后不得不把牲口送还他家。

他哥死后，嫂子转房给他，后来他发现其嫂与瓦厂的×××有不正当关系。其嫂与×××因此向木里方向逃走。第二天被他发现，他念经作法，使他们走到搜巴牛钻坪时就无路可走了，两人只好又回转来求他饶恕。

另外，他的法术可以把牛胀死。

5. 传承和训练

阿什、帕比皆是世袭的。若儿子不能继承，也可传给家族，家族无人继承，还可传给其他的人，但必须是贴心的，继承者对其承担"生时养活，死后安埋"的义务。

习阿什、帕比之业，一般是从十四五岁开始，连学两三年或三四年。阿什有经典，习者要学习藏文，习阿什的时间比习帕比的要长得多，有的要学七八年才能出师。汉牛马章说，他的法术是"跟约戛阿什学的。约戛是庙顶的阿什。我从十五岁开始到他家，白天学习念经，晚上背诵经文，不干活。一共学了八年才出师。除背熟经文外，凡约戛外出作法，我都作为随员与他一道去，具体向他学习一套一套的手艺"。习者需向师傅交纳一定的报酬，但数量很少，一般是一年给他一件衣服。个别的需送酒、两套衣服和几锭银子。

泸宁区的庙顶有一个喇嘛庙，据说是庙顶的伍家迁来后修的，伍家在当地已有四十代，若以二十五年为一代计算，这个喇嘛寺约建于北宋初期，可惜的是它早已倒废，庙中的东西也早散失。我们访问李云昆同志，得知尚有一个铜铃，是乾隆十三年（1748 年）的。在历史上，庙中经常收徒，教以藏文藏经和各种法术。阿什都要到那里去学法学经及烧香拜神。帕比也要去庙里烧香，但不去那里学习。

6. 报酬

阿什、帕比均为不脱离生产的祭司，但从各种祭祀活动中索取一定的报酬。如为病人撵鬼一次，病者在病好之后应给阿什（帕比）一条裤子的钱，多者给五六十元至七八十元。咒人一次，延请者一般要给阿什一斤盐及山羊两三只。作求雨法术一次，如果灵验，每家要给他一升粮食，不灵验则不给；帕比为人作大道场一次，可得两锭白银，相当于今天四条黄牛价值的报酬。祭祀中每宰一牛，帕比就得一腿肉，半边头，半边胸脯，一张皮子。据说帕比来时驮一驮，回去时则驮八驮十驮。阿什汉牛马章对此风趣地说：因纳木依在刚都河丧失了经书，帕比去作法时无经书可背，故每去作法都可以背很多的肉回来，拍木依在刚都河背回来三本经书，阿什去作法要背经书，故拿回来的肉仅仅是一点献神的菩萨肉。

7. 阿什、帕比之比较

阿什的主要法术是咒人、喊魂、撵鬼、送鬼、送水神、送地神、求子、解肺病、精神病、凶病、防冰雹等，阿什不作道场及祭山神等大法事。帕比则与此相反，其主要任务是作道场、祭灵、祭山神等大法事及为凶死者解罪、解咒等。由于帕比专作大法事，故其社会地位比阿什高。阿什有藏文经典，帕比只有口传之经，无藏文经典及不识藏文。藏族认为，由于有藏文经典，阿什作咒人、撵鬼、喊魂等法事比帕比强。

康巴方面的喇嘛来巡视，皆由阿什接待，阿什与喇嘛教的关系比帕比更为直接和密切。

（五）喇嘛教对原始宗教的影响

喇嘛教（西藏佛教）在川西南的传播已有悠久的历史。历史上居住于大渡河以南、冕宁以北及雅砻江下游的"西番人"，都信仰喇嘛教。以毗连锣锅底的木里及南面的永宁地区而言，有 20 世纪 40 年代的调查材料说："木里全境以西番人为最多，西番也是藏族，他们的土司，是当地最大的喇嘛。土制是政教合一。木里的喇嘛寺在拉萨是有名位的……西番人每家都有一间非常精致的佛堂，全家是专诚供奉他做喇嘛的兄弟，日夕在家念经礼佛。""永宁的摩挲族（按今纳西族的一支）……同崇西藏的喇嘛。民间有子弟，皆以遣送喇嘛寺去学佛，认为是家庭之荣。人凡有财产，多喜进喇嘛寺去许愿。大喇嘛寺中的住持，例由土司家派一兄弟当堪布。喇嘛寺集中了全民的财富，因之堪布成了地方的首富。民间子弟之聪慧者皆人寺为喇嘛，受堪布的教导掌管，才有认识藏文的机会……在知识方面，则普遍崇西藏的佛经教仪，也能识藏字，读藏经。"[①] 这说明喇嘛教在"西番人"和"磨些人"（摩挲人）中的影响是巨大的。居于锣锅底地区的纳木依人、拍木依人，处于喇嘛教传播的中心地带，不能不受到喇嘛教的影响，庙顶喇嘛寺的建立，就是一个最好的说明。

---

① 以上均参见严德一《滇西北角九种民族访问》，《边疆地理调查实录》，1941 年。

　　喇嘛教之影响，是在不断与这个地区古老的原始宗教做斗争中确定的，是在利用和改造这种原始宗教中进行的。我们在这次调查中访得，拍木依曾有一种古老的巫师——"拍米"，专以跳神禳解为业。其特点是疯疯癫癫，能腾云驾雾。其中法术最高的一个叫阿吉庸宗补扎。据说，此人曾跑进深山老林中去住下，一去就是几个月无音信，他在林中一棵几十丈高的杉树上捡得一串珠子，得神的启示而学会腾云驾雾之术。太阳落，他跟着落，太阳升，又跟着升，他的法术能把几十丈高的杉树轻轻搬走。他为人跳神，从不走路去延请之家，而是飞着去。一次，他领着两个野人去作法事，一餐就吃掉了一头牛。传说他年老后，不能再腾云驾雾，就抱着跳神的皮鼓投雅砻江自杀了，从那以后，拍木依人就再也没有"拍米"了，他的子孙后代也不再学习他的法术了，而改学了藏文经典，根据经典作法。"拍米"的消失反映了喇嘛教在这个地区的胜利，"阿什"当是从"拍米"演变而来的，是"拍米"接受藏经典后的产物。

　　喇嘛利用当地的原始宗教，在"通杆"上反映出来。"通杆"一般长七十厘米，宽约六十厘米，上画有白马、红马、牦牛、绵羊、兔、龙、野人、鸡、蛇、熊、豹、獐子、岩羊、虎、鹿及太阳、月亮、白香树、青稞苗等。这些东西是原始时代自然崇拜的对象，另外还画有若干的男女神像。每家藏族都有自己的"通杆"若干张。一家的神像与另一家的不同，因其是视父母在八角挂图上的位置而定。如父母本名（依生辰年月来定）在东方，第一张通杆的神像就是哈东巴徐勒，第二张通杆的神像是哈果紧合甲补，第三张通杆的神像是让巴拉。如果父母的本名在西方，第一张通杆的神像是赫雍舍甲补，第二张通杆的神像是青窝南头素，第三张通杆的神像是雍甲白马。蓝光泽说："通杆"是西藏的藏王传给拍木依的。汉牛马章说，上面画的神都是西藏传来的。我们初步认为，"通杆"上的神像与西藏的佛教有关，神像与自然崇拜对象合在一起祭拜，反映了喇嘛教与"西番"人的原始宗教的结合。"通杆"视为"家神"。年节时要祭献，平时锁在神柜中进行保藏，神圣不可侵犯。

（六）"多须"人的起源及其他①

冕宁坝区的藏族自称"多须"，里庄区的自称"乃木依"，甘洛、越西的则自称"尔苏"。在汉文史籍上，他们都被称为"西番"。新中国成立后统称为藏族。

冕宁城关和尚村的金元富老人（73 岁）说：冕宁的"多须"是从米尔苏达（藏语意：三道金河）、白尔拔谷（意为：蚂蚁子山）、扯马娥亚（意为：寡妇岩）来的。这几个地方今天究竟为何处，已无从可考。相传"多须"的起祖是一位妇女，她因捡一颗雪弹子吃而受孕，后生了鲁沽。鲁沽又生了三个儿子：长子名鲁沽梭雨，次子名麻軨乌雨，三子名乌儿枯雨。这三个儿子分衍出十家人，其中鲁沽梭雨是冕宁金家和罗家的祖先，麻軨乌雨是江家和李家的祖先，乌儿枯雨是姚家和魏家的祖先。金家又称鲁沽阿呷家，鲁沽阿呷生了七个儿子。其中之一叫沙玛也查，另一个叫鲁沽吉乌。鲁沽吉乌是马家的始祖。金家在冕宁已大约传了八代（从鲁沽阿呷到金元富）。清朝时，金家、李家被封为土百户，江家被封为土千户。由于同宗于鲁沽，江、马、李、金、魏、姚等家是不能相互开亲的。他们只能和韩、木、穆、姜、黄等家开亲。

与金家同宗的金和尚（祖先同为鲁沽阿呷），先从甘孜搬到冕宁大桥，又从大桥搬到里庄的金家屋基（在玛哈山上）。由于他识经书，咒人法术高强，彝族很怕他。谁家请他去咒人（指咒盗犯），他就用马驮一驮经书，去他家咒三天三夜。纳窝的黑彝卢合家十分惧怕他的法术。在五六十年前把他杀了，将其家产洗劫一空，将其妻儿转卖他

---

① 此材料系根据何耀华 1982 年 6 月 8 日下午在雅砻江畔的冕宁里庄公社的调查记录整理，被访问者为金万伦，藏族，42 岁，现任里庄小学校长。

乡，至今下落不明。

冕宁城关伍宿村伍家自称"西天起源，嘎耳落业"（嘎耳在阿力坝一带，据说西天是西藏一带，不是指印度）。泸宁新兴公社的穆家祖上是"多须"，因被封为乃木依地区的土官，而变成"乃木依"人。他家自称"西天起祖，章登落业"。旧社会经常听人说打章登，章登可能在冕宁附近。据说藏族有四个狠人（才干超群者），其中一个叫呷沙取取莫，他能够把饭蒸着，再上山打猎做菜。金家就是他的后裔。

"多须"人的婚姻由媒人说合，订婚时要送彩礼，一般送衣服一套至两套，钱百余元。订婚需择吉日。结婚时重陪嫁，箱子、柜子、桌子、火盒、火撬及其他生活用具都要齐全。另外，富家还需陪嫁一个丫头。迎娶时，新郎和亲友去到女家，女家对来者要泼水，抹锅烟子。娘家派亲友十多个随新娘至男家，男家也要对其泼水、抹锅烟子，双方以此表示亲近。

"多须"，行火葬（现在有的已用棺），停尸期间要给死者的灵魂指路，方向是指向西边。过一些时候，要请和尚来家作道场。

"多须"盛行白石崇拜。每家都供着一个白石头。石头为椭圆形，外表光滑洁白，须从涨过大水的河滩上捡来。有的供在正堂的神龛上，有的是在大门的左墙上挖一个洞，供于洞中。除了在家中供奉白石之外，"多须"还在所谓"菩萨山"供奉白石。凡"多须"人居住的地方都有一个山岭被称为"菩萨山"。那里的森林严禁砍伐，禽兽不能猎捕。逢年过节，要对白石进行祭献。

"多须"人以锅庄为神灵之所在。农历正月初一凌晨，各家的妇女睡觉，男的则要起来做饭敬神。其做法是用瓦三五块或七块平放在锅庄之旁，用白香条架在瓦上（白香是用高山的一种类似杉树的树制成，劈开时有香味，质坚硬）；用火点燃后，再在瓦上面放些荞面、豆腐、肉，并撒上酒和糌粑。边吹海螺边念经敬神。

"多须"人每家都有经书，经书系用木板夹着。有的人家如韩正中家有半房子之多。经书的内容有的讲起祖，有的讲医术，有的讲文学，有的讲天文地理。

附记：

由中国西南民族研究学会组织的"六江流域民族综合科学考察"中的雅砻江下游试点考察，于 1982 年 5 月 27 日开始，7 月 8 日结束。这篇调查报告，就是我在这次考察从实地调查中所取得的成果。

"六江流域"是指川、藏、滇边境横断山脉区的怒江、澜沧江、金沙江、雅砻江、大渡河、岷江等六条由北南流的大江及其主要支流分布的地带。包括藏东高山峡谷区、川西高原区、滇西北横断山高山峡谷区和滇西高原区。六江流域居住着藏缅语族的藏、羌、彝、白、纳西、傈僳、普米、独龙、怒、阿昌、景颇、拉祜、哈尼、基诺等民族；其下游则有壮侗语族的傣族和孟高棉语族的佤、布朗、德昂等族以及苗瑶语族的苗族和瑶族。这个区域自古以来就是藏缅语族诸民族南下和壮侗、孟高棉语族诸民族北上的交通走廊和众多的民族交汇之所，亦即我国古代羌、氐、戎、越、滇、僰、叟、爨、僚、濮等族活动之处。所以在此峰峦重叠、河谷深邃的高山峡谷之中，不仅存在彼此不同的若干兄弟民族，而且至今还保存着即将消逝的被某一种民族语言所淹没的许多基层语言。同时沉积着许多至今还在起作用的历史遗留，在宗教、文艺、风俗、习惯方面。从石器时代一直到明、清，众多的民族都在这里留下了自己活动的物证，其内容之丰富，毫不亚于中原地区。所有这些宝贵的资料，对于研究我国西南地区以至中南半岛各民族的起源、迁徙，历史上的民族关系，以及各民族的社会、语言、宗教、文化以及体质等方面，都具有巨大的科学价值。

六江流域是连接我国西南和西北的枢纽，是边防的要冲。其中怒江流入缅甸，澜沧江流入老挝和泰国，又成为沟通我国西南和中南半岛的要道。在其邻近国防前线的地区，跨国境的民族有二十多个。因此，加强对这一地区的调查研究，对于巩固国防、开发边疆、增进民族团结和开展国际学术交流，都具有重大的现实意义。

鉴于对六江流域重大意义的认识，以及中国科学院已组织了自然科学的综合科学考察队对六江流域进行考察，因此，1981年11月，在昆明召开的包括川、藏、滇、黔、桂五个省区的中国西南民族研究学会首届年会上，与会同志一致认为应尽快组织包括社会科学各有关学科在内的民族综合科学考察队，逐步对六江流域进行考察。1982年3月5日，我国知名学者和有关领导（依姓氏笔画为序）马曜、尹达、方国瑜、牙含章、多杰才旦、任继愈、孙自强、林耀华、杨汉先、秋浦、夏鼐、徐中舒、翁独健、费孝通、傅懋勣、梁新华等16位同志又联名向胡乔木、杨静仁、江平、梅益、宦乡等同志建议，尽快开展这一工作，当即得到中国社会科学院及国家民委的大力支持。六江流域的考察工作，就是在这样的条件下开展的。

1982年5月，六江流域民族综合科学考察队正式组成，由本学会秘书长李绍明同志任队长，本学会副秘书长童恩正、何耀华、平措次仁三同志任副队长，首先在雅砻江下游进行试点考察。参加的单位为四川省民族研究所、四川大学历史系、渡口市文化局、凉山彝族自治州博物馆、西南师范学院历史系、米易县文化局、盐边县文化馆、云南省民族研究所、云南省历史研究所、云南大学西南边疆民族历史研究所、云南大学学报编辑部、贵州省博物馆、上海市中心血站、复旦大学人类学研究室等单位，有民族学、民族史、民族语言、社会学、考古学、体质人类学等专业的工作者共62人。此次试点考察主要在凉山彝族自治州的冕宁、木里、盐源三县和渡口市的米易、盐边两县。考察经费得到四川省民族事务委员会的资助。在工作中，考察队克服了交通不便、酷暑炎热、生活艰苦等困难，终于如期完成任务，取得了较好的成果。本学会理事长马曜同志始终对考察给予关心和指导。

（原载李绍明、童恩正主编《雅砻江下游考察报告》，中国云南民族研究学会编印，1983 年 5 月 30 日于成都）

喜读《西藏研究》创刊号

藏族是我们伟大祖国民族大家庭中一个光荣的成员。远在七百多年前，西藏就成为我们伟大祖国领土不可分割的一部分。藏族历史悠久。在聂拉木、那曲、林芝、昌都等地的考古发掘中，曾发现新旧石器时代的遗存。根据古藏文历史文献记载，西藏山南地区古时为六牦牛部落居住，《后汉书·西羌传》称其为"发"羌。6 世纪时，山南地区的雅隆部落首领成为当地部落联盟的领袖，号称"赞普"（王）。在赞普的领导下，雅隆等部与汉族和我国西北、西南地区的诸族发生了直接的往来。7 世纪初期，雅隆部以武力兼并了苏毗、羊同诸部，赞普松赞干布统一了整个西藏地区。他定都逻娑（拉萨），设官授职，创造文字，制定法律，建成吐蕃奴隶制政权，开辟了藏、汉各族在政治、经济、文化上更加血肉不可分割的新时代。641 年松赞干布与唐文成公主联婚。710 年赞普墀德祖赞又与唐金城公主联婚。两公主将唐朝的高度文明和中原地区的先进生产技术传入吐蕃，这对西藏社会的发展起了很好的促进作用。

在漫长的历史发展中，西藏各族人民，特别是藏族人民创造了著称于世的灿烂文化。以浩如烟海的藏文文献来说，除有举世闻名的《甘珠尔》《丹珠尔》两大佛学丛书外，还有关于韵律、文字、哲理、史地、天文、历算、医药等专著和小说、戏剧、传说、诗歌、故事等撰述，藏文文化遗产在祖国文化宝库中占有极其重要的地位。研究这些遗产是实现祖国"四个现代化"的需要，是使中华民族古老文化更加发扬光大的需要。我国人民历来重视对西藏文化的研究。西藏社会科学院（筹）最近创刊出版《西藏研究》，使我国学术界为之欢欣鼓舞。

当《西藏研究》创刊号出现在我眼前的时候，一种情不自禁的激动使我如饥似渴地翻读起来，先后读了多杰才旦的《西藏学研究刍议》、任乃强的《松赞干布年谱》、李安宅的《从拉卜楞寺的护法神看佛教的象征主义》、恰白·次旦平措的《大昭寺史事述略》和黄文焕的《关于〈格萨尔〉历史内涵问题的若干探讨》等文。多杰才旦同志在文章中论述了西藏学研究的方针、任务、方法和步骤。他说，西藏学是一门新学科。迄今为止，我们对西藏历史和现状的了解还很不全面，很不系统。在今后相当长的时间内，应把科研人员的培养和资料的搜集整理作为主要的任务；只有把基础打好，才有可能建立起科研的大厦。作者回顾了西藏民族在我们伟大祖国缔造和发展过程中所尽的光荣职责，回顾了西藏各族人民和汉族以及其他兄弟民族之间的友好关系，回顾了西藏地方同历代中央政权的密切的关系；揭露了鸦片战争以后帝国主义侵略西藏地方，妄图分裂我们祖国的阴谋活动。他指出，20世纪初叶出现的那股西藏"独立"的逆流，就是帝国主义侵略的产物。作者有力地批判了把历代中央政府同西藏地方的关系说成是"施主"和"被供养者"的关系的观点，指出这不是不懂历史，就是有意无意歪曲历史的本来面目，重唱帝国主义和分裂主义分子的老调。它根本违背了西藏各族人民的根本利益和意志。作者指出，西藏学研究必须以历史唯物主义和民族问题理论的基本观点去分析西藏各民族和祖国其他民族的关系，必须把研究西藏的文化遗产作为长远研究的一个重要方面，必须研究西藏自治区三十年的历史过程，总结党中央和毛泽东同志根据马列主义基本原理和西藏实际解决西藏问题的宝贵经验。研究和平解放西藏，1959年平定一小撮农奴主的反革命武装叛乱，彻底埋葬僧侣贵族联合专政和粉碎"四人帮"以后党中央根据三中全会路线，对西藏工作做出的极为重要的指示，使西藏进入建设团结、富裕、文明的新西藏的新发展阶段的三次伟大历史转折的经验。作者论述了贯彻"双百"方针的重要性，认为"学术上不同的流派和见解是客观存在的，让其见解充分发表，从不同的角度和侧面去探讨，十分有助于对问题从纵向和横向方面进行深入研究，这是科研部门应持的严肃态度。……至于在学术研究中出现的某些片面性甚至错误，也是很难避免的客观事实，无须大惊小怪"。只要贯彻"双百"方针，坚持四项基本原则，问题就不难解决。文章说："某些新的观点、论断，一时不被人们所承认并受多方责难的事，在学术史上也是屡见不鲜的，现在和今后仍会发生，那只有让新的发现和实践去检验正确与否。允许各自保留意见，在学术的百花园中各自去争芳竞艳。"在《松赞干布年谱》中，任乃强教授以极其丰富的史料论述了松赞干布一生的业绩，论述了唐朝和吐蕃之间的政治、经济、文化关系，文章说："从公元 634 年到 846 年之间，唐蕃双方官员往来次数达到 191 次之多，平均一年零一月就有一次往来，在当时交通极不便的情况下，这是汉藏两族人民友好关系的证据。"李安宅教授精辟地论述了密宗在西藏地区传播和发展的经过，为研究佛教思想及其历史提供了翔实的论证和资料。黄文焕同志的文章发前人之所未发，对《格萨尔》提出了新的见解，认为"《格萨尔》是吐蕃人按照吐蕃时期的基本史实创作出来的长篇诗体作品"，"是吐蕃奴隶制时代的史诗"，而不是神话。

从《西藏研究》发表的一系列政治性、学术性很强的文章看来，《西藏研究》的编者们为创办《西藏研究》付出了极大的劳动。编者在征稿"启事"中说，《西藏研究》以刊登有关西藏政治、经济、宗教、历史、语言、文学艺术等方面的学术论文以及介绍西藏的风俗、掌故、格言、文物古迹为自己的光荣使命，我们坚信，这个刊物必将团结我国研究西藏学的专家、学者和业余爱好者，为西藏学的研究做出新的贡献。

（原载《西南民族研究动态》1982 年第 2 期）

香格里拉藏族的传统环保观

　　香格里拉藏族具有悠久的历史，同青藏高原的藏族一样，他们都是黄河中上游古羌人的子孙。

　　根据滇西北发现的新石器时代遗址和远古时代的火葬墓、青铜时代的石棺墓来推断，这里的藏族先民同青藏高原的远古部族有渊源，同时又带有云南其他古代居民的文化特征。这表明，从很早的古代起，香格里拉的藏族文化就是在中国西北古羌人文化的基础上，融合了邻近多种文化因素而形成的。香格里拉藏族的传统环保观可以说是古羌人、青藏高原藏族与云南众多土著民族文化衍生的融合体。

　　藏族笃信佛教，佛教深居每个人的心灵深处，他们的日常起居，无时无刻不笼罩在虔诚信佛的气氛中，但他们的宗教信仰又为世俗的环境保护的追求所渗透。圣与俗的交织，圣与自然的合一正是藏族传统环境保护观的内在特质与外表的行为规范。

　　香格里拉多山，大约90%的土地处于海拔2500米以上的高寒地带，八座南北走向的大雪山，主峰海拔都超过4490米，终年不化的冰川分出无数条长年不断的溪水，再汇成宽阔的河流，滋润着山区的牧场和田地。愚昧懒惰的人和那些缺乏呵护自然的人咒骂高山是贫困之源，而藏族人民把巍峨的峰峦比喻为孕育生命的母亲和创造财富的巨神。

　　他们的生活与山地生态息息相关，除了依靠山地发展农、牧业之外，他们能从山上采用130多种食用菌和药用真菌。如有名的虫草至少可以采到八个品种。其中以冬虫夏草最为珍贵，它的形状半似虫子半似草茎，是菌种寄生于鳞翅目蝙蝠蛾幼虫体内，使虫子致死而成。它一般产在海拔 3700—5000 米的高山草甸上，向来被藏族当作补精壮髓、保肺益肾的神药。清代汉族医药家总结藏族的知识，把它写进《本草纲目拾遗》："绍兴平莱仲先生言：'其尊人曾任云南丽江府香格里拉司马，其地出冬虫夏草……其草入药，故能治诸虚百损，以其得阴阳之气全也。'"他们从山上采集的一种价值很高的食用菌叫"松茸"。这是和松、栎等树种根须共生之真菌，分布于海拔 1600—3500 米高的地带，6—10 月出菇，7—9 月为采摘旺季。松茸色香味美，营养丰富，具有强身驱病之效。藏族把它切片晒干，以备冬季食用。日本人视香格里拉的松茸为"蘑菇之王"，留下了"海里的鲱鱼籽，陆上的松茸菌"的谚语。香格里拉的山是奇珍花卉的宝藏地。他们对杜鹃、龙胆、报春、百合、兰花和绿绒蒿等花卉有很丰富的知识。就拿杜鹃花来说，他们对当地产的就能分出 100 多个不同的种类，这个数字占全国 460 多个品种的 1/4。其中有一种叫"百里香"的，紫色花冠，香气扑鼻，他们能用它来提取芳香油料。早在 20 世纪初就有一些外国植物学家和旅行家访问香格里拉藏族，他们根据藏族对杜鹃的分类收集杜鹃花的标本资料。现在，英国园圃中一些色泽艳丽的杜鹃品种，就是从香格里拉采集的标本培育繁殖出来的后代。

在香格里拉的深山密林中生息繁衍着许多珍禽异兽。当地藏族将它们视为与人类一样同是大山母亲的子民，而对其加以保护，甚至把它们作为神兽神鸟而加以崇拜。这些子民中有如像滇金丝猴、野驴、雪豹、黑颈鹤、扭角羚、华南虎、胡兀鹫、玉带海雕等被国家列为一类的保护动物；有小熊猫、大灵猫和秃鹫等被列为二类的保护动物。在他们的保护之下，香格里拉成了世界上动物多样性最富集的地区之一。这里的珍贵动物，约占中国重点保护动物总数的 25.1%。

巍峨的群山和峰峦既然是孕育生命的母亲和创造财富的巨神，藏族的传统环保观就集中地表现在他们对山的敬畏与崇拜之上。据说在藏历第十一饶迥阴土羊年（1679 年）前后，达赖五世掌教期间，僧侣不守戒律，俗民不守清规，山地生态遭到破坏，藏区灾害持续，七年庄稼无收，众生坠入苦海，两位政教领袖问卜，决定在香格里拉藏族区兴建大寺，剃度虔诚敬畏山林的僧人，修行布道，广行护佑山林生态的善者。大寺建成后，五世达赖赐名"噶丹松赞林"。"噶丹"表示黄教创始人宗喀巴所建的第一座黄教寺院噶丹寺的传承，"松赞林"意为天界三神游戏之地。经过藏族人民捐资出劳，大寺多次扩建，布局层叠而上，仿布达拉宫，规模宏大，占地约 500 亩。松赞林寺所代表的众多的香格里拉佛教寺院，是藏族传统环保观赖以持续的传承基地和载体。除了在寺庙中按严格教律传承人与自然融为一体，共生共荣的传统环保观的僧侣之外，没有剃度入寺的俗民，也要定时到各大小佛寺进香，布施僧众，参加法会，自觉接受包括生态不受侵犯的佛事教育。每个藏族村子都有自己的一座神山，每户藏族都有自家的一个佛堂。在他们的眼里，一座神山即一个神台，一所经堂，它既是释尊之所在，又是生命之源母亲之象征。因此，除了在家中的佛堂敬佛拜山以外，他们还要经常进行"转山"，祈祷神山不受侵犯。香格里拉藏族所转的神山，最有代表性的是横亘于滇藏交界处的梅里雪山。此山为怒江、澜沧江的分水岭，主峰卡瓦格博海拔 6740 米，13 座 6000 米以上的雪岭直耸天际，十余条冰川如瀑布飞悬。在藏族的观念中，神山上的一草一木、一禽一兽不得冒犯。1995 年日本登山队在太子雪山受挫，香格里拉的藏族说："神山岂是凡人可随意冒犯的？"每年秋季，滇、川、藏、青等省区的藏族大都要携带全家，长途跋涉，到滇、藏边界围绕梅里雪山进行朝拜。人们用马驮着小孩、帐篷和粮食，大人则徒步而行，围绕这座神山转一圈。平均每天走 40多公里，朝行夜宿，半个多月才能转到起始点。当走到山下一片翠竹林时，每人都为自己留在家里的亲人砍一根竹子带回去，以作为已去朝圣的标志。据说太子雪山属羊，适逢羊年，朝山的人就特别多，有些藏民甚至用磕长头的苦行方式转山，一步一滴血印，其护佑自然的虔诚之心，艰苦之情，是非常人所能想象的。

　　天葬是藏族人与自然共生共荣、融为一体的传统环保观的又一集中表现之一。早在清朝乾隆年间，官府就曾发布文告，指责藏族的天葬是"无伦无理，残忍为甚"，强令藏人改行土葬，如有违抗，"即令在藏文武官员，将死者之子孙凌迟处死，并将在旁助恶动手之人，正法示众"。这篇文告是不懂得藏族来于自然、回归自然的环境保护意识的"杰作"，且十分可笑，因为它加之于天葬者的残酷刑罚才是最没有伦理的。

　　如果以藏族自己的价值观念和环保观念为准去审视以天葬为主体的传统葬仪，它们就不是原始落后的东西，而是符合佛教道德规范的。香格里拉的几位藏族学者认为：真正的佛教信仰都可以归结为"施舍"二字。藏族把这两个字贯彻到了他们的生活，包括生与死。因此他们活在人间的时候，把收获的粮食和积蓄的钱财施给寺庙，以表达对佛的虔诚；他们死后也不在世间留下任何东西，就连自己的肉体也应施舍给天上的鹰鹫和水里的鱼虾。藏族人把自己视为自然界的一员，与自然界的其他生物的关系是共栖并存，又互相转化，如此轮回不已。藏族的葬仪正是力求顺应自然的本性，并以回归自然为目的，这比起那些深埋厚葬、奢靡无度的风俗，岂不是更能看出他们值得永续与弘扬的环保观吗？

印度东喜马拉雅民族与中国西南藏缅语民族的历史渊源

一　中国藏缅语民族历史上的南迁、西迁印度

按语言学分类，中国的藏缅语族语言包括四个语支：藏语支、景颇语支、彝语支、缅语支。所谓中国藏缅语民族就是其语言属于藏语支的藏族、门巴族；属于景颇语支的景颇族；属于彝语支的彝族、哈尼族、纳西族、傈僳族、拉祜族、基诺族；属于缅语支的阿昌族。除此之外，未定语支的羌族、普米族、白族、独龙族、怒族、土家族、珞巴族，也属于藏缅语民族。中国的藏缅语民族主要分布在西藏、四川、云南等省区，在漫长的历史迁徙运动中，他们中的一部分自西藏向南，自云南向西迁入印度，在印度东部、东北部地区形成印度的东喜马拉雅民族。

印度东喜马拉雅民族支系繁多，其中迪马萨·卡查里、米基尔、泽米·那加、加洛是最有代表性的共同体。

迪马萨·卡查里人"一度在整个北比哈尔、北孟加拉、东孟加拉和布拉马普特拉河流域、卡查尔山、加罗山和特里浦拉山延伸部分，

组成过一个牢固的蒙古人集团"①。泽米·那加人分布在阿萨姆北部的那加山区，是那加人的一个分支。因住地不同，那加人（Naga）有阿�（Ao）、安嘎米（Angami）、差克桑（Chakhesang）、昌（Chang）、卡布依（Kabhi）、弄每（Ronmei）、克阿猛冈（Khiamungan）、可亚克（Konyak）、里安每（Liangmei）、洛达（Lotha）、马挴（Mao）、马林（Maring）、洛谷特（Nocte）、坡木（Phom）、坡处里（Pochuri）、兰格马（Rengma）、塞马（Sema）、唐萨（Tangsa）、塔谷努（Thangku）、桑达木（Sangtam）、万雀（Wancho）、依木成科尔（Yimchenger）等支系。② 那加人传说，他们是从中国迁入印度的。"乔治·格里尔森爵士经过语言分析，认为泽米·那加人是从位于中国西北部扬子江和黄河上游之间的中国人种的传统居留地迁徙来的。"③ 谷格那加人传说，他们从前是住在中国云南省，在几百年前，中国发生了大饥荒，他们经由缅甸逃荒到那加山定居下来。直到今天，他们所唱的一支民歌里还有这样的歌词：我的第一个祖国是中国，我的真正的家乡是喜马拉雅山区。④ 堂库尔那加人说，他们的祖先是由两个勇敢的兄弟自世界的东方带来的。他们要寻找一个地方定居，由于长途劳累，要找个地方歇息。他们找到了一个地方，但很快感到气候炎热，遍地是毒虫，决定另找一个地方。他们将这个队伍分为两个部分，哥哥"那尔加"率一部分向东南方推进，弟弟率领的队伍由于旅途疲劳，就在平原定居下来，这就是曼尼普尔谷地。哥哥率领的队伍，到那加山区定居下来。这个传说讲到那加族来自"世界东方"，很可能就是古代中国的西藏、云南，传说他们不喜欢炎热的平原，表明他们先前生活在高

---

① ［印度］S. T. 达斯：《东喜马拉雅民族》，王筑生译，《民族研究译丛》（4），云南省民族研究所 1983 年编印，第 11 页。

② 参见 ［日］多都俊照《那加入门》，社会评论社 1998 年版，第 17 页。

③ 参见 ［印度］S. T. 达斯《东喜马拉雅民族》，王筑生译，《民族研究译丛》（4），云南省民族研究所 1983 年编印，第 11 页。

④ 参见刘国南、王树英编著《印度各邦历史文化》，中国社会科学出版社 1982 年版，第 23 页。

寒山区，这个地方可能就是西藏高原。① 米基尔人主要居住在阿萨姆邦的米吉尔山地，自称阿伦（Arleng）或卡尔比（Karbi）。"阿伦"语义为山地居民，因为他们习惯于住在山坡上。乔治·格里尔森透过语言分析，认为他们是介于博多（迪马萨·卡查里等）和西部那加人之间的人种。② 梅加拉雅邦的加洛人，也是东喜马拉雅民族的一个组成部分，这个民族说他们最初的故乡是西藏。是从喜马拉雅山东北进入印度的，也有从喜马拉雅山的西部进入印度的。他们先到喜马拉雅山的平原地带，后来向东游牧到了布拉马普特拉河谷，再到加洛山区。加洛族语近似藏语，不少词汇与藏语相似。他们也使用藏语藏文。③

　　国际人类学、民族学协会与印度第十届国际人类学民族学协会主席维德雅地（L. P. Vidyardi）说："迪马萨·卡查里人、米基尔人和泽米·那加人是阿萨姆邦居民中的一个非常重要的组成部分。他们被认为是阿萨姆的最早期移民之一。"④ 我们不禁要问，这些人是何时怎样迁入印度的呢？笔者认为最远可上溯到遥远的细石器时代。印度腹地的细石器为几何形细石器，而西藏大量发现的为非几何形，但这种非几何形细石器在印度东北部亦有分布，它应是由喜马拉雅山北麓的蒙古人种传去的，是蒙古人种最早流入印度的物证。我国考古学家安志敏等指出："印度境内有着广泛分布的细石器，有几何形细石器和非几何细石器两类。前者以梯形、三角形石刃为特征，而缺少细石核；后者以细石叶为特征，往往也包含个别的半月形石刃，并有锥形和柱

---

　　① 参见朱昌利、宋天佑、王士录《印度民族志》，云南省东南亚研究所，1988年，第18、8页。

　　② 参见［印度］S. T. 达斯《东喜马拉雅民族》，王筑生、陈锡周译，《民族研究译丛》（5），云南省民族研究所1983年编印，第148页。

　　③ 参见朱昌利、宋天佑、王士录《印度民族志》，云南省东南亚研究所，1988年，第8页。

　　④ ［印度］S. T. 达斯：《东喜马拉雅民族》，王筑生译，《民族研究译丛》（4），云南省民族研究所1983年编印，第3页。

形的细石核。从地理分布上来看，几何细石器遍布于南亚次大陆，而非几何形细石器则限于印度东北部，明显地表示它们属于不同的系统。……西藏高原广泛分布的细石器，势必影响到喜马拉雅山以南，如印度恒河流域的乔塔纳格普尔高原（Chta Nagpur plateu）和西孟加拉邦一带的细石器，大部分分属于非几何形细石器的范畴，应是受了西藏旧石器传统的影响，至于半月形石刃的产生，则可能与几何形细石器有着某些联系……根据西藏和印度的发现，至少可以证明两者的分布大体是以喜马拉雅山为界，而细石叶细石器传统还可能进入印度的东北部。"[①]

中国藏缅语族民族等蒙古人种进入印度，经历了一个漫长而连续不断的过程，这个过程是伴随着中、印两大文明的交往而进行的。"王嘉《拾遗记》载周成王之世，有旃涂国、祇因国、燃丘国来献方物，老子撰《道德经》有浮提国人相助，《庄子·山木篇》有建德国，似皆指印度而言。"[②] 这说明有记载的中、印两大文明的交往，最迟始于公元前 10 世纪的周朝。正如季羡林教授所说："中国印度两国人民的友谊和文化交流到现在总已有三千多年的历史。"[③] 从两国的交往看，在细石器时代之后，蒙古人种从中国进入印度也有三千多年。印度民族学家 S. T. 达斯说："操汉藏语系多种方言的印度的蒙古人种，似乎是在三千年前开始经由印度的东部和北部孔道来到印度的。赋予阿萨姆居民特殊气质的这种基本的蒙古成分，主要是博多（即博罗·卡查里人，Boro Kacharis）部落的贡献（S. K. 查特基，1959）。据查特基教授研究，博多人（Bodos）一度在整个的北比哈尔、北孟加拉、东孟加拉和布拉马普特拉河流域以及卡查尔山、加罗山和特里

①　安志敏、尹泽生、李炳元：《藏北申扎双湖的旧石器和细石器》，《考古》1979 年第 6 期。

②　张星烺编著：《中西交通史料汇编》第 6 册，中华书局 1979 年版，第 7 页。

③　季羡林：《中印文化关系史论丛》，人民出版社 1957 年版，第 1 页；《中印文化关系史论文集》，生活·读书·新知三联书店 1982 年版，第 113 页。

浦拉山延伸部组成过一个牢固的蒙古人集团。据艾伦（Allen）研究，卡查里人属于一个庞大的博多部落，其原始居住地是长江和黄河上游之间的某处，他们是在连续的移民浪潮中，逐渐遍布阿萨姆的。卡查里人从远古时代起到 19 世纪中期，曾经统治过阿萨姆的不同地区，他们传统地被称为基拉塔人［纳思（Nath），1959］，北卡查尔山地的卡查里人通称迪马萨·卡查里人。"①

中国藏缅语族人进入印度，路线有南、西两条，南路是从中国的西藏进入印度的北部，西路是从中国的云南进入印度的东北部。导致迁徙的原因既有居地相连的地理因素，也有征服与被征服的战争因素及产品商品交换的经济因素，而经济因素是主要的。从经济因素来看，蒙古人种进入印度，主要是从西路。最早交换的产品（商品）是丝，季羡林教授说："在乔胝厘耶（Kautiliya）著的《治国安邦术》里有'乔著耶和产生在脂那（即 China）的成捆的丝'的话，意为中国的成捆丝。……乔胝厘耶据说生于公元前 4 世纪。是孔雀王朝月护王的侍臣。假如这部书真是他著的话，那么，据此，迟在公元前 4 世纪，中国丝必已输入印度。"② 张星烺在《中西交通史料汇编》中引德国学者雅各比（H. Jacofi）的论文说，在前 320 年至前 315 年印度旃陀罗笈多王朝历史学家 Kautilya 著作中，曾有中国（China）产丝，商人常贩至印度的记载。中国丝输入印度是从北路还是西路呢？从现在的历史资料考察，是从西路。因为从西域或南海通往印度的丝路，是汉武帝时才开通的。而经云南进入印度的丝路则早已存在。西汉建元二年（前 139 年），汉武帝以博望侯张骞出使大夏（今阿富汗北部），元朔三年（前 126 年）始归。张骞归回后说："臣在大夏时，见邛竹杖、蜀布。问曰：'安得此？'大夏国人曰：吾贾人往市之身毒（指印

---

① ［印度］S. T. 达斯：《东喜马拉雅民族》，王筑生译，《民族研究译丛》（4），云南省民族研究所 1983 年编印，第 11、14 页。

② 季羡林：《中印文化关系史论丛》，人民出版社 1957 年版，第 163—164 页。

度西北部)。身毒在大夏东南可数千里。……以骞度之,大夏去汉万二千里,居汉西南。今身毒国又居大夏东南数千里,有蜀物,此去蜀不远矣。……天子欣然以骞言为然,乃令骞因蜀犍为发间使,四道并出……皆各行一二千里。其北闭氏、筰,南方闭嶲、昆明……终莫得通(身毒国)。然闻其西可千余里,有乘象国名曰滇越,而蜀贾好出物者或至焉,于是,汉以求大夏道始通滇国。"(《史记·大宛列传》卷一二三)长沙战国墓曾出土考古学家认为是出自古印度的琉璃珠,该墓葬的年代为公元前4世纪,琉璃珠是从云南、贵州流到楚国的。这说明,经过云南到印度东北部乃至大夏的商道,早在公元前4世纪就已经存在。邛竹杖、蜀布等普通商品在大夏的出现,说明西路的商品贸易,在西汉时已经比较兴盛。

商品贸易是以人流作为载体的,在商品贸易的背后,有大批来自中国的藏缅语族及其他语族的人进入印度是必然的。应该指出,除经济的原因以外,以非经济原因如以征服等手段,历史上从中国进入印度的人,数量也是巨大的。这些来自中国的蒙古种人,在漫长的历史时期中与印度的达罗毗荼人、雅利安人混血融合,形成雅利安—蒙古人种,这一人种不仅为开发印度做出了历史性的贡献,而且为几千年来中、印两国人民的友好交往构建了一根割不断的种族亲族纽带。这是中、印两国人民共同走向理想的未来,共同繁荣发展的重要基础。

二　印度东喜马拉雅民族与中国藏缅语民族的共同文化特征

通过比较研究,我们认为印度的东喜马拉雅民族不仅在人种上与中国的藏缅语族诸族同属蒙古人种,在语言同操藏缅语族的语言,而且在文化习俗上保有许多与中国藏缅语族民族相同的文化特征。

（1）皆以同类刀耕火种农业维持生计。中国的藏缅语族的民族，大部分与印度的东喜马拉雅民族一样，都居住山地，靠刀耕火种的原始农业维持生计。他们砍倒山上的树木杂草，晒干后焚烧，以炭灰作肥料，种下玉米、荞麦、马铃薯等作物，等待秋天收获。一两年后将这片耕地休耕，再烧垦新的山地耕种，而后再休耕。休耕的周期以植被恢复的情况来定，一般是三五年至七八年。休耕地在中国叫轮歇地，印度东喜马拉雅民族叫"朱姆地"（Jhoom）。"朱姆地"的选择，迪马萨·卡查里人由村寨头人"冈波拉"主持；米基尔人由村寨长老"哈瓦尔"决定，"朱姆地"选定居，12月到次年1月用刀或斧把生长在地上的丛林砍倒，待干燥后，在3月到4月放火烧。等到草木灰和泥土完全混合，再用锄挖坑播种，[①] 这种耕种法与中国的轮歇地种植如出一辙。"刀耕火种"的轮作制农业在世界上许多民族都有，但与中国、印度的差异较大。可以肯定地说，东喜马拉雅民族的刀耕火种，是他们在迁徙过程中从中国带到印度的。

（2）住干栏式住宅。以火塘作为家庭生活与外交的中心；以公房作未婚成年男女青年交友、娱乐的场所。中国藏缅语民族的干栏式住宅为两层结构：上层住人；下层作畜圈。东喜马拉雅民族的建在木桩上，木桩高二尺，亦为二层结构，使用功能相同。"火塘"是高寒山区、半山区民族取暖、做饭、休闲、聊天必备的设施，建于正房中央，塘中竖立三块石头，供烧水、做饭使用。白天家人围坐周边谈话，做出各种家务决定，晚上是老年人睡在周边。"火塘"是中国藏缅语族民族传统文化中共有的亮点和重要特征。印度东喜马拉雅民族的火塘，从结构、功能到建筑形式都和中国藏缅傣族的相同。米基尔人称三块竖立在火塘上的石块为"梅希普"（mehip），火塘一侧供老

---

① 参见［印度］S. T. 达斯《东喜马拉雅民族》，陈锡禹译，《民族研究译丛》（9），云南省民族研究所1985年编印，第41、53页。

人晚上睡觉的平台，叫"达姆达克"，火塘后面为年轻已婚女子睡觉的地方叫"达姆布克"。①"火塘文化"的同一，是说明东喜马拉雅民族与中国藏缅语诸族同俗的表现之一。"公房"是证明二者同俗的又一标志。在印度，男女十三岁以前为未成年，可同父母居住在一起，十三岁以后为成年，必须搬到"公房"去住。"公房"，那加人称"茅楞格"，由村寨兴建，男"茅楞格"、女"茅楞格"，都是男女青年娱乐择偶的场所。中国藏缅语族一些民族的公房与印度东喜马拉雅民族公房的性质、使用方法与功能，基本上也没有什么不同。

（3）死则焚尸，皆行火葬。这是东喜马拉雅民族与中国藏缅语族民族对其共同祖先——中国古代羌人葬俗的继承。《吕氏春秋·义赏》说："氐羌之民，其虏也不忧其系累，而忧其不焚也。"《太平御览》引《庄子》说："羌人死，燔而扬其灰。"氐羌是中国古代西北地区的游牧族群，《后汉书·西羌传》说："河关之西南，羌地是也，滨于赐支，至乎河首。"其部落"随畜迁徙"，"逐水草而居"，在今甘肃、青海地区游牧。战国时，"忍季父卬畏秦之威，将其种人附落而南，出赐支河曲西数千里，与众羌绝远，不复交通"。这部分自黄河源向南向西远徙数千里的羌人，其中一部分到达西藏，另一部分越过东喜马拉雅山进入阿萨姆地区是可能的。说博多集团的迪马萨·卡查里人、那加人、加洛人、拉隆功人、拉巴人等的故乡是处于中国长江、黄河上游的中间地带；在远古时代，他们的游牧群离开那里移动到阿萨姆和北孟加拉，向西远至蒂佩拉②的说法，及上文所引格里尔森爵士的说法，与我们的这一看法是不约而同、殊途同归的。说东喜马拉雅民族的火葬习俗，是直接对古羌人葬俗的继承，应该是不成问题的。米基尔在火葬前举行送亡灵仪式，加洛人火葬前须在家停尸两三

---

① ［印度］S. T. 达斯：《东喜马拉雅民族》，王筑生、陈锡周译，《民族研究译丛》(5)，云南省民族研究所 1983 年编印，第 206 页。

② 参见朱昌利、宋天佑、王士录《印度民族志》，云南省东南亚研究所 1988 年编印，第 7—8 页。

天供人悼祭，火化时尸体放在一堆木材上，由近亲点火等的葬法，几乎与中国氏羌后裔彝族等民族的相同。共同的葬法亦说明，中、印两国的藏缅语诸民族是同祖、同根、同俗的。

（4）皆祭祀天神。东喜马拉雅民族与中国的藏缅语族民族，都信仰万物有灵的原始宗教，图腾崇拜、自然崇拜、祖先崇拜在他们的精神生活中仍占有重要的位置。就崇拜天神而言，二者的祭法基本一致。那加族播种前、播种时、收获时都要举行祭祀仪式，每家出一位老人向天祷告：

> "啊！格旺（天神）！可怜可怜我们吧，把我们的土地变成肥沃的良田吧。啊！格旺！请你赐给我们大米和高粱吧。"然后，祭者用手抓一把稻谷，撒到田畦里。撒种时，不断地说："愿我的水稻早发芽，啊！格旺！愿野鸟、老鼠和各种毁害种子的飞禽走兽不要来吃我撒下的种子，愿每粒种子都能发芽出土。"

播种完毕，男女村民再一次祈祷天神保佑丰收。每年九月收获时，都要杀牲祭神，举行盛大的祭天庆丰收活动，感谢天神的护佑。加洛族人在砍树烧山造田时祭天神，天神名阿迦尔马迦。祭法是将一根竹子的尖部劈成细丝，像头发一样披在竹竿顶上，把竹竿竖在田里，在竹竿下面，放些米、肉、鱼和酒，然后喊道："愿天神给我们降雨，保护我们，把恶鬼凶神赶走，使今年有个好收成。"[1] 中国藏缅语族诸族的祭天神，目的也是祈求丰收，围绕农业生产来进行。道光《云南通志·爨蛮》说："民间皆祭天，为台三阶以祷。"又《临安府志》爨蛮条说："搭松棚以敬天……长幼皆严肃，元故哗者。"《大理府志·罗婺蛮（彝族）》说："腊则宰猪、登山顶敬天神。"云南武定、禄劝等地的彝族则在山林中建屋供天神祭天神。他们以竹筒制作

---

① 刘国楠、王树英编著：《印度各邦历史文化》，中国社会科学出版社 1982 年版，第 29、51 页。

天神像，长约四寸，一端削尖，中贮竹节草根，草上以红白色丝线缠羊毛少许，并入米十数粒供祭。①

天神崇拜是人类原始初民的最普遍的自然神崇拜之一，在印度和中国各民族中都有，且一直延续至今。但是东喜马拉雅民族与中国藏缅语一些民族贯穿农耕全过程的祭祀仪式；以竹为原料制作天神偶像，以竹细丝或以红白丝缠羊毛作天神头发；以米作祭品的祭法，在其他民族中未能见到。这使我们进一步得出印度的东喜马拉雅民族与中国藏缅语族诸族，都是中国古羌人的后裔，他们在古代是一个族群的结论。

（5）皆崇拜蛇。蛇是中国古代的氏族图腾之一。闻一多指出："在当初那众图腾林立的时代，内中以蛇图腾最为强大。""大概图腾未合并以前，所谓龙者只是一种大蛇。这种蛇的名字便叫作龙。后来有一个以这种大蛇为图腾的团族兼并、吸收了许多别的形形色色的图腾团体，大蛇这才接受了兽类的四脚、马的头、鬣的尾、鹿的角、狗的爪、鱼的鳞和须……于是便成为我们现在所知的龙了。这样看来，龙和蛇实在可分而又不可分，说是一种东西，它的形状看来相差很远，说是两种，龙的基调还是蛇。"② 此说比较清楚地论证了从蛇图腾到龙图腾的发展过程，及龙崇拜实际是蛇崇拜的问题。中国的古代氏族有以龙作为氏族名号的，"禹"名"勾龙"，有以蛇作为氏族象征的，如传说"伏羲鳞身"（王延寿《鲁灵光赋》），"女娲人头蛇身"（王逸《楚辞·天问》注），共工、祝融、黄帝是"人首蛇身"，苗民亦"人首蛇身"（《山海经·海内经》）。在中华民族多元一体的民族大家庭中，藏缅语族、苗瑶语族等民族都有自古相传的蛇（龙）崇拜文化。这种文化随着民族、部落的迁徙而传播。据美国人类学家洛克（Joseph Francis Rock）的研究，中

---

① 参见何耀华《中国西南历史民族学论集》，云南人民出版社 1988 年版，第 453 页。
② 闻一多：《伏羲考》，《闻一多全集》甲集，上海书店出版社 1949 年版。

国的"纳西族和印度东北的纳格（Naga）族是同一个民族……纳西族的蛇崇拜包括'蛟龙'"①，Naga 是印度的蛇名。谭中先生认为，中国境内"有一个以印度'蛇'（Naga）的名字而存在的少数民族'纳西'和印度同名的'纳格'族互相辉映"，是"中印文明交往而产生的'一生二'的复制现象"。"在印度，蛇崇拜在文化的'大传统'中曾经非常流行，现在还没有消失，在'小传统'的'土著'中统治着人们生活习惯，把蛇看成神、看成'祖先显灵'。蛇进入房屋是好兆头，离开房屋是坏兆头。总之，蛇崇拜无疑可以算是中印两大文明的共同点之一。"② 在中国纳西族的象形文字"东巴文"经典《休典苏埃》中记载了该族祭龙神的情况：

> 砍来每树的木牌，做成七百高的龙神牌，做成五百低的龙神牌。在那恒依窝金河上游，建下碧缘柏树塔，立下九节的龙塔。做成象征性的九座龙王寨，做九丛竹林，做九丛白杨，做黄花绿花，又给山神龙王烧天香。燃起青稞来抵一千白牦牛，燃起荞麦来抵一万黑黄牛；财产蒙住龙主眼，粮食遮住龙主脸，龙主也笑起来，恰似满锅开水倒出来！③

从纳西族的"龙"崇拜分析可知，洛克所说印度的"纳格族"与中国的纳西族是同一民族的论断是可信的，可能是因纳西族迁徙到印度东北部之后，将蛇（龙）崇拜文化带到印度，所以印度人以蛇（Naga）作为他们的族称。

概括以上论述，可以得出以下的结论。

---

① 洛克：《纳西族的蛇崇拜及相关的礼仪》（*The Na-Khi Naga Cult and Related Cermonies*，1952 年由罗马 Serie Orientale Roma 出版社出版），转引自［印度］谭中、耿引雪《印度与中国——两大文明的交往和激荡》，商务印书馆 2006 年版，第 98 页。

② ［印度］谭中、耿引雪：《印度与中国——两大文明的交往和激荡》，商务印书馆 2006 年版，第 95—98 页。

③ 吕大吉、何耀华总主编：《中国各民族原始宗教资料集成》，中国社会科学出版社 2001 年版，第 334 页。该经典由和志武翻译整理，东巴和芳读经。

印度是一个由许多种族构成、融合、繁衍的国家，由于地理因素和各种历史原因，不同历史时期自中国西藏、云南进入印度北部、东北部的中国人，虽大部分与雅利安、达罗毗荼人混血，形成雅利安——蒙古人种或印度——中国人种。如阿萨姆族就是这一人种的典型代表之一，但是，进入印度的中国藏缅语族民族中，只有一部分逐渐变成讲阿藏姆语的印度教徒［如科奇人（Keches）］，大部分则还讲藏缅语族的语言，仍沿袭中国藏缅语族民族的生产方式和生活习俗。他们与中国的藏缅语诸族有亲族关系，都是中国古羌人的后裔。二者同祖、同根、同俗的历史渊源关系，是实现中、印崛起的共同财富，是大力发展中、印友好关系的坚实基础之一。

中印边境人种文化的亲族关系

印度友人谭中教授自美国芝加哥来信说："现任印度商业部部长的兰密施发明 CHINDIA 的新字，我把它译成'中印大同'。有可能明年四月中国南亚学会在深圳举行时，同时举行'中印大同'第一届国际论坛。想在论坛之前出版一本《中印大同：理想与现实》的书，争取能变成'中印友好年'的礼物。此书纲目中的《中印边境人种文化亲属关系》一题请你撰写。"

这封信使我再一次想起已故印度总统纳拉雅南的话："谭云山是印度、中国文化之间深刻而持久的纽带的化身，这一纽带从伟大的中国朝圣者玄奘身上早就结成。"谭中教授继承云山先生的遗志，不断为增进中、印两国和两国人民三千多年的友谊进行拼搏，他也不愧是新时代"印度、中国文化之间深刻而持久的纽带的化身"。2006 年，他与耿引曾合作，在商务印书馆出版《印度与中国——两大文明的交往和激荡》的巨著，为构建"中印大同"做了很好的铺垫，他的"中印大同"的出版计划，无疑将激励两国的一代新人为"中印大同"的理想与现实进行奋斗。我对中、印两大文明的交往史知之甚少，要完成他的命题作文是困难的，但他的催人奋进的计划，使我不能置身事外。征得何大勇研究员的合作，我们共同完成了这篇稿子，作为对中、印友好年的献礼。

一　人种上的血缘亲族纽带

印度有"人种博物馆"之称，基本的人种有达罗毗荼人、雅利安人、蒙古人，雅利安—达罗毗荼人、雅利安—蒙古人是由这些基本人种混血而形成的。尽管现代人类学家对"人种学"理论提出种种的质疑和批判①，但是根据骨骼构造和体形外表特征——头型、鼻型、骨架、牙齿、肤色、发型、发色、目色来识别不同人种，并从人种特征来研究不同地理和社会经济条件下人种的历史、文化的方法，是应该肯定的。

印度的蒙古人种分布在喜马拉雅山麓，其皮肤黄而带黑，身材稍矮，脸扁平、颚骨突出、鼻小、唇厚、肩宽，头有长型、宽型两种，与深目长鼻、皮肤白皙、身材高大、长头型的雅利安人不同。在阿萨姆邦，蒙古人种与雅利安等人种混血，形成雅利安—蒙古人种。阿萨姆人是这一人种的典型代表，其肤色呈黄色或黑黄色，身材矮小，面部仍明显具有蒙古人种的特征。在旁遮普等雅利安人集中的北部、西北部各邦及克什米尔，蒙古人种与雅利安等人种的混血非常普遍。"现在的旁遮普人可以说是印度雅利安人种的典型代表。由于旁遮普在历史上屡遭外族入侵，成千上万的外族人在旁遮普先后定居下来，例如希腊人、伊朗人、塞种人、匈奴人、蒙古人、阿拉伯人等，他们不仅在这里定居下来，而且随着时间的流逝，逐渐都同原来的旁遮普人融

---

①　德国人类学家布鲁门巴哈（Johannf Blumenbach, 1752—1840）根据骨骼构造和外表体形特征（头型、鼻型、骨架、牙齿、肤色、发型、发色），将人类分为高加索（Caucasian）、蒙古（Mongolian）、阿非利加（African）、埃塞俄比亚（Ethiopian，今译尼格罗）、马来亚（Malayan）5 个人种，认为 5 个人种的人体特性是固定不变的。但以波亚士（F. Boas）为代表的人类学家则认为事实并非如此。如生于美洲的欧罗巴人与生于欧洲且成长于欧洲的同系者头型是非常不同的。地理和社会经济的条件，能够给头型以影响。参见 ［苏］波克洛夫斯基编《世界原始社会史》，卢哲夫译，江苏教育出版社 2006 年版，第 10、12 页。

为一体，成了旁遮普人。"① 在安德拉邦，也有蒙古种人与非蒙古种人混血，这使安得拉人也有蒙古人种的某些特点。

在印度东北部的阿萨姆（Asam）②、那加兰（Nagaland）、曼尼普尔（Manipur）、梅加拉雅（Meghalaya）诸邦，除分布着属于雅利安—蒙古人种的阿萨姆人外，还有属于蒙古人种的那加人、加洛人、卡查里人、米基尔人等。

蒙古人种是何时到达印度的呢？最远可上溯到湮远的细石器时代。印度腹地的细石器为几何形细石器，而西藏大量发现的为非几何形，但这种非几何形细石器在印度东北部亦有分布，它应是由喜马拉雅山北麓的蒙古人种传去的，是蒙古人种最早流入印度的物证。我国考古学家安志敏等指出："印度境内有着广泛分布的细石器，有几何形细石器和非几何细石器两类。前者以梯形、三角形石刃为特征，而缺少细石核；后者以细石叶为特征，往往也包含个别的半月形石刃，并有锥形和柱形的细石核。从地理分布上来看，几何细石器遍布于南亚次大陆，而非几何形细石器则限于印度东北部，明显地表示它们属于不同的系统。……西藏高原广泛分布的细石器，势必影响到喜马拉雅山以南，如印度恒河流域的乔塔纳格普尔高原（Chta Nagpur pla-teu）和西孟加拉邦一带的细石器，大部分属于非几何形细石器的范畴，应是受了西藏旧石器传统的影响，至于半月形石刃的产生，则可能与几何形细石器有着某些联系……根据西藏和印度的发现，至少可以证明两者的分布大体是以喜马拉雅山为界，而细石叶细石器传统：还可能进入印度的东北部。"③

蒙古人种进入印度，经历了一个漫长而连续不断的过程，这个过

---

① 刘国楠、王树英编著：《印度各邦历史文化》，中国社会科学出版社 1982 年版，第 317 页。

② 阿萨姆称呼的由来是因为阿洪姆（Ahom）与梵语的 asama（无比之意）的发音相近，所以称其为阿萨姆（Asam）。阿洪姆是阿洪姆人在阿萨姆建立的王国名称。

③ 安志敏、尹泽生、李炳元：《藏北申扎双湖的旧石器和细石器》，《考古》1979 年第 6 期。

程是伴随着中、印两大文明的交往而进行的。"王嘉《拾遗记》载周成王之世，有胏涂国、祗因国、燃丘国来献方物，老子撰《道德经》有浮提国人相助，《庄子·山木篇》有建德国，似皆指印度而言。"①这说明有记载的中、印两大文明的交往，最迟始于公元前 10 世纪的周朝。正如季羡林教授所说："中国印度两国人民的友谊和文化交流到现在总已有三千多年的历史。"② 从两国的交往看，在细石器时代之后，蒙古人种从中国进入印度，也有三千多年。印度民族学家 S. T. 达斯说："操汉藏语系多种方言的印度的蒙古人种，似乎是在三千年前开始经由印度的东部和北部孔道来到印度的。赋予阿萨姆居民特殊气质的这种基本的蒙古成分，主要是博多部落的贡献（S. K. 查特基，1959）。据查特基教授研究，博多人一度在整个的北比哈尔、北孟加拉、东孟加拉和布拉马普特拉河流域以及卡查尔山、加罗山和特里浦拉山延伸部组成过一个牢固的蒙古人集团。据艾伦（Allen）研究，卡查里人属于一个庞大的博多部落，其原始居住地是长江和黄河上游之间的某处，他们是在连续的移民浪潮中，逐渐遍布阿萨姆的。卡查里人从远古时代迄 19 世纪中期，曾经统治过阿萨姆的不同地区，他们传统地被称为基拉塔人［纳思（Nath），1959］，北卡查尔山地的卡查里人通称迪马萨·卡查里人。"③

　　蒙古人种从中国进入印度，路线有南、西两条，南路是从中国的西藏进入印度的北部，西路是从中国的云南进入印度的东北部。导致迁徙的原因既有居地相连的地理因素，也有征服与被征服的战争因素及产品商品交换的经济因素，而经济因素是主要的。从经济因素来看，蒙古人种进入印度，主要是从西路。最早交换的产品（商品）是

---

　　① 张星烺编著：《中西交通史料汇编》第 6 册，中华书局 1979 年版，第 7 页。
　　② 季羡林：《中印文化关系史论丛》，人民出版社 1957 年版，第 1 页；《中印文化关系史论文集》，生活·读书·新知三联书店 1982 年版，第 113 页。
　　③ ［印度］S. T. 达斯：《东喜马拉雅民族》，王筑生译，《民族研究译丛》（4），云南省民族研究所 1983 年编印，第 11、14 页。

丝，季羡林教授说："在乔胝厘耶（Kautiliya）著的《治国安邦术》里有'乔著耶和产生在脂那（即 China）的成捆的丝'的话，意为中国的成捆丝。……乔胝厘耶据说生于公元前 4 世纪。是孔雀王朝月护王的侍臣。假如这部书真是他著的话，那么，据此，迟在公元前 4 世纪，中国丝必已输入印度。"① 张星烺在《中西交通史料汇编》中引德国学者雅各比（H. Jacofi）的论文说，在前 320—前 315 年印度旃陀罗笈多王朝历史学家 Kautilya 的著作中，曾有中国（China）产丝，商人常贩至印度的记载。中国丝输入印度是从北路还是西路呢？从现在的历史资料考察，是从西路。因为从西域或南海通往印度的丝路，是汉武帝时才开通的。而经云南进入印度的丝路则早已存在。西汉建元二年（前 139 年），汉武帝以博望侯张骞出使大夏（今阿富汗北部），元朔三年（前 126 年）始归。张骞归回后说："臣在大夏时，见邛竹杖、蜀布。问曰：'安得此？'大夏国人曰：吾贾人往市之身毒（指印度西北部）。身毒在大夏东南可数千里。……以骞度之，大夏去汉万二千里，居汉西南。今身毒国又居大夏东南数千里，有蜀物，此去蜀不远矣。……天子欣然以骞言为然，乃令骞因蜀犍为发间使，四道并出……皆各行一二千里。其北闭氐、筰，南方闭巂、昆明……终莫得通（身毒国）。然闻其西可千余里，有乘象国名曰滇越，而蜀贾好出物者或至焉，于是，汉以求大夏道始通滇国。"（《史记·大宛列传》卷一二三）长沙战国墓曾出土考古学家认为是出自古印度的琉璃珠，该墓葬的年代为公元前 4 世纪，琉璃珠是从云南、贵州流到楚国的。这说明，经过云南到印度东北部乃至大夏的商道，早在公元前 4 世纪就已经存在。邛竹杖、蜀布等普通商品在大夏的出现，说明西路的商品贸易，在西汉时已经比较兴盛。

商品贸易是以人流作为载体的，在商品贸易的背后，有大批来自中国的蒙古种人进入印度是必然的。应该指出，除经济的原因以外，

---

① 季羡林：《中印文化关系史论丛》，人民出版社 1957 年版，第 163—164 页。

以征服作为手段，历史上从中国进入印度的蒙古种人，数量也是巨大的。这些来自中国的蒙古种人，在漫长的历史时期中与印度的达罗毗荼人、雅利安人混血融合，形成雅利安—蒙古人种，这一人种不仅为开发印度做出了历史性的贡献，而且为几千年来中、印两国人民的友好交往构建了一根割不断的种族亲族纽带。这是中、印两国人民共同走向理想的未来，共同繁荣发展的重要基础。

二 果占璧王国与阿洪姆王国的同源异流

中国元朝云南行省之版图，西界印度的阿萨姆、那加兰、曼尼普尔诸邦。自今云南保山以西至与印度交界的广大地域，为金齿白夷（傣族）的聚居区。11世纪初，这个聚居区的金齿白夷在勐卯（今云南瑞丽）曾建立过一个强势的傣族王国——勐果占璧（又称勐卯王国），"果占璧"的含义是"出产香软米之地"。王国初期的地域，包括勐卯、勐兴威（《明史》所称之木邦及其以南一带地区）、勐兴古（《明史》所称之孟养、孟拱，包括曼德勒以北的大部缅北地区）、勐兴色（亲敦江下游戛里一带的勐色地区）等四个部落的地区。王国起初是四个部落的联合体。①

中统二年（1261年），元朝在永昌（今保山）置金齿安抚司，统辖归附的包括四个部落的广大的金齿白夷地区。至元十五年（1278年），改金齿安抚司为金齿宣抚司，统辖六路一县。② 又在四个部落地

---

① 参见龚肃政译，杨永生整理并注释《勐果占璧及勐卯古代诸王史》，云南民族出版社1988年版，第1页。

② 《元史·世祖本纪》：六路为柔远路（治在今保山潞江坝）、茫施路（治在今芒市）、镇康路（治在今永德县之永康）、镇西路（治在今盈江县旧城）、平缅路（治在今陇川县）、麓川路（治在今瑞丽县）、南赕（治在今盈江县西北）。

区置云远路军民总管府（治在今缅甸克钦邦之孟养）、木邦路军民总管府（治在今缅甸掸邦腊戍北部之新维）、蒙光路军民府（治在今缅甸克钦邦之孟拱，所属有蒲东甸，为今缅甸克钦邦北部之葡萄）①、孟并长官司（治在今缅甸掸邦西北之蒙米特）、孟广军民长官司（治在蒙米特之东北）、孟怜路军民府（治在今瑞丽县境外之莫洛）、蒙莱路军民府（辖瑞丽县境外瑞江南北两岸）、缅甸军民府及二十四寨达鲁花赤（辖今瑞丽县西南境外瑞丽江流域地带）、通西军民府（今缅甸掸邦西北）、太公路（治在今缅甸实阶区东部之达冈）。元朝的路、府、州、县，分别隶属宣慰、宣抚、安抚等司统辖。宣慰、宣抚、安抚等使，除边地由土人担任之外，一般由蒙古贵族担任。由于金齿区域地在边远，上述司、路、府的统治者均封傣族土长充任，土长常利用手中掌握的军政大权，坐大称雄，割据一方。果占璧王国的坐大，与此密切相关。

传说傣历萨戛里 673 年（元至大三年，1310 年），王族遗裔混依翰罕得地方守护神托梦，在他家耕地的石岩脚取出天神存放的印玺。回家途中，路上行人垂首弯腰，侍立路旁让路；回到家中，村人又纷纷前来敬送贺礼；第二天上山割茅草，洛哈左天神变作一只白额青眼大虎，一声咆哮，向混依翰罕扑来，并从他的头上跃而奔向森林。该年适逢勐卯王绝世，果占璧王国的大臣"混干""波勐"们议定，按天神旨意将混依翰迎回继承王位，拥立他为"萨玛达"（傣语意为最大领袖）。接位后他以猛虎曾跃过头顶而自号为"思翰法"（《元史》称死可伐，即思可法），建新都于勐卯域内的允遮兰（在缅甸木姐与南坎之间，今名姐南）。他以会议结盟及军事征服并用的手段进行扩张，先后将景迈（泰国北部）、景线（泰国北都）、景栋（缅甸掸邦东部）、景洪（云南西双版纳）等地纳入自己的管辖之下。《勐勐土

---

① 《拓捕总录·西番》条说：蒙光路为金齿白夷所居"其地接西天（印度）"。

司世系》说，思可法统管的地方政权有勐沙统、谬西拉等四十四个。①号称"三十六路"。明西平侯沐英说："近询知死可伐之地，有三十六路。在故元时，皆设官治之，其地后为蛮人所专，已四十年。"（《太祖洪武实录》）在征服广大白夷地区后，思翰法命其胞弟混三弄为总兵"庄色"，大"波勐"刀思云、刀怕洛、刀思翰盖等为大将，率九十万大军西征，直抵坎底（今缅甸葡萄）、鸠养、双顺、夏尊（疑皆在亲敦江流域）及勐卫萨丽。"是时，天竺之卫思利国（即勐卫萨丽）、邦特章邦乃公国、邦特利普国……先后入贡。"② 混三弄征服勐卫萨丽的情况如下：

> 总兵元帅混三弄统率大军，长驱直入，不久就抵达卫萨丽的首府。这时，侦察的探子回报：前面就是勐卫萨丽的都城。当我们侦察附近地形时，遇上了许多放牛的牧童，都围上来观看我们这些衣着打扮奇异的人。这些牧童把我们围了许多层，就像一窝蜂子，多得数不清。当告诉他们我们是来攻打你们的国家时，这些牧童一散而空了。召混三弄和大将们研究结果认为：勐卫萨丽，仅牧童就有这么多，可想而知百姓必然非常众多，必定是个兵强马壮的国家，此次战争不能强攻，只能智取。于是混三弄给全军下令：人人都去卫萨丽人容易见到的地方去解大便，并一律用小块牛皮、马皮、猪皮、生肉盖在粪便上，把牛、马骨头都撒在大便附近，人人都要对卫萨丽人宣称：赶快投降吧，否则就要将你们一个个活剥生吞了。卫萨丽人看见到处都是骨头、大便，而且大便里还有消化不了的牛马皮、生肉，于是大家议论纷纷，个个惊奇，谁也猜不准是什么样的人解的粪便。消息报告到他们

---

① 宋子皋：《勐勐土司世系》，刀永明、薛贤译注，云南民族出版社 1990 年版，第51—52 页。译注者对四十四个地名做了古今名之对应考，可供参阅。

② 《籠川思氏谱牒》（傣文史书有汉文译本，见方国瑜藏手抄本），此处转引自《勐果占璧史及勐卯古代诸王史》，云南民族出版社 1988 年版，第 48 页注。

的混贺罕那里，混贺罕召售混干、波勐们商议，大家都一致认为，这是一支奇特的军队，绝不是一般的凡间之人，与之作战，必然失败。于是，决定举国投降。决定一公布，百姓们人人拥护，混贺罕派出代表，到召混三弄营中投降议和，议定每三年一贡，每次贡金银一百。协议达成后，举行了隆重的盟誓礼。勐卫萨丽的混贺罕盟誓：勐卫萨丽已决定向勐卯称臣纳贡，永不反悔，天神在上，如有反悔，必定全勐毁灭。一切办理妥当后，召混三弄宣布班师回国。勐卫萨丽的混贺罕，选派了一个由"混干""波勐"组成的高级使团，携带金银等贡品，随混三弄的队伍，到勐卯去向召弄思翰法（思可法）称臣纳贡。[①]

这个传说虽然不尽可信，但从思可法征服和统治金齿白夷广大地域的史实来看，卫萨丽国被其征服，向其纳贡当是可信的。"勐卫萨丽"为傣语音译，"勐"傣语意为小国，勐卫萨丽即卫萨丽国。傣语有"十六贺相，三千贺罕"的成语。"贺相"是指大国首领，称中央王朝的皇帝为"召文贺相"，小国的国王或首领称"贺罕"，"混"意为"官"，"混干""波勐"是帮助"贺罕"办理各种事务的官员。[②]卫萨丽国国王、官员的名称，皆为傣语，说明这个王国的居民阿洪姆（又即阿霍姆）人是傣族；勐卫萨丽是傣族建立的王国。

根据阿洪姆人的传说，阿洪姆的始祖是天神楞东（Leng Don）的两个儿子坤龙（Khun Lung）和坤莱（Khun Lai），二人顺黄金梯子从天上下来，来到一个叫作"勐丽勐兰"的地方，受到当地居民的欢迎，于是就在当地建国，成了当地的统治者。[③]这个传说与中国瑞丽

---

① 龚肃政译，杨永生整理并注释：《银云瑞雾的阵果占璧简史》，《勐果占璧及勐卯古代诸王史》，云南民族出版社 1988 年版，第 47—49 页。

② 同上书，第 5 页。

③ Chao Nomal Gogol, New Light on the History of Assam Based on Ahom Buranjis. *Proceedings of the 4th International Conference on Thai Studies*, *Kunming*, Vol. Ⅳ, 1990, p. 367.

傣族的传说相同：法国兰番佛巴德里（Lefenre Pontalis）在其所著《泰族侵入印度支那考》中著录说："公元 568 年间天神有二子，长曰根仑（Kun Lung），次曰根兰（Kun Lai），扶黄金之梯而下降于瑞丽江（Shweli）之谷道。下降未久，二子争夺此土，遂致分离；长者挈共七子，据有太公（Tagaung）、摩埃（Moue 疑孟密）、郎奔（Lampoun 疑木邦）、孟养（Moung Yong）、举腊（Kula）、阿瓦（Ava）、猛拱（Moung Kung），至于根兰为瑞丽江谷道中猛丽（Uoung Ri）、猛兰（Moung Ram）各地部落之始祖。"① 这两个流传在印度阿洪姆人及中国勐卯（瑞丽）傣族人中的传说，虽充满君权神授色彩，但它说明中国的勐卯（瑞丽）傣族和印度阿萨姆的阿洪姆族是同祖同源的。

阿洪姆人的编年史说，他们的祖先叫苏卡法（Sukapha），其外祖父是卯龙（Mao Lung）的统治者，他由外祖母在"艮生卯龙"（Keng Seng Mo Lung）的地方抚养成人，并做了这个地方的统治者。1215 年，他到其父亲统治的王国勐卡勐雅（Mongkha Mongya），带走 3000 口铜锅（一口锅可煮 3 人吃的饭）、2 头大象、300 匹马，从勐卯经户拱（Hukong）辗转到印度东北部。② 勐卡勐雅这个地名在《勐果占璧及勐卯古代诸王史》见于记录，其地在今云南保山昌宁的柯街、大塘一带。③ 艮生卯龙一地，当与勐卡勐雅毗邻，或在勐卡勐雅与勐卯之间的德宏州境内。因此，我们可以得出这样的结论，阿洪姆人的故乡在云南德宏傣族景颇族自治州。云南大学历史系教授何平说："阿洪姆人就是从中国云南迁去的，后来移居印度东北部地区阿萨姆一带的

---

① 方国瑜编撰：《元代云南省傣族史料编年》，《云南史料丛刊》第三卷，云南大学出版社 1998 年版，第 13 页。

② Mrs. Ye Hom Buragohain, King Sukapha and His Journey to Assam: The Manuscript Evidence. *Proceedings of the 3rd International Conference on Thai Studies*, *Canberra*, 1987, p. 18.

③ 参见龚肃政译，杨永生整理注释《勐果占璧及勐卯古代诸王史》，云南民族出版社 1998 年版，第 18 页。

被称为'阿洪姆人'的居民，就是直接从中国云南迁去的傣族及其后裔。"① 此说甚是。

据一份阿萨姆人编年史的记载，"最早西迁印度东北部地区的阿洪姆人，大约是13世纪上半叶。抵达布拉马普特拉河的支流布里迪兴河一带，阿洪姆人的编年史称其为南印河。他们先在底潘（Tipan）住了数年，征服了当地的摩兰（Morans）和布拉希人（Burahis）。然后，苏卡法留下一些人驻守底潘，又率众抵达萨拉古里（Salalguri）。不久，在任命了一位随官统治当地后，又率众向布里迪兴河与布拉马普特拉河交汇处挺进，抵达布拉马普特拉河西岸……最后在阿萨姆境内的布拉马普特拉河谷一带建立了一个叫作'勐顿孙罕'（Mong Dun Sun Kham）的王国"②。应该指出，阿洪姆人的西迁，也经历了一个历史过程，而不是一次就完成的，1215年苏卡法带去的大约只有9000人，他们13年后（1228年）建立王国，当时此期间又有勐果占璧的傣人迁入才建国的。1310年思可法在勐果占璧继位后，阿洪姆国被迫纳贡，当又有傣人从果占璧王国再次迁入。由于阿洪姆人人多势大，他们统治阿萨姆长达6个世纪（1228—1826年，到被英国接管为止）。"印度学者罗梅希·布拉哥哈国说：'事实上，阿萨姆邦中世纪早期的政治史是属于阿洪姆人的。阿洪姆王国的出现使印度东北部的整个历史发生了极大的改变。'"③ 在阿萨姆地区印度主体文化强势发展的进程中，阿洪姆人放弃了本民族语言，变成讲阿萨姆语的印度教徒。但是，他们固有的云南傣族的文化习俗，对阿萨姆族仍有巨大的影响。

阿萨姆语是阿萨姆邦的官方语言，由梵语、阿布婆朗希语、摩羯

---

① 何平：《从云南到阿萨姆——傣—泰民族历史再考与重构》，云南大学出版社2001年版，第396页。

② Ye Hom Buragohain, King Sukapha and His Journey to Assam: The Manuscript Evidence. *Proceedings of the 3rd International Conference on Thai Studies*, *Canberra*, Vol. Ⅰ, 1987, p. 17.

③ 何平：《从云南到阿萨姆——傣—泰民族历史再考与重构》，云南大学出版社2001年版，第397页。

提语演变而来，但阿洪姆语的尊称等亦被作为阿萨姆语的尊称；阿洪姆人皈依了印度教，但具有傣族传统的，如崇拜天神、水神、树神、林神及鼓、锣、牛角伴奏的圆圈舞，四月中举行的泼水节等民俗，仍在阿萨姆族民间流行；勐果占璧及阿洪姆王国是天神之子的同一个版本的传说还在阿萨姆族中传承。

历史和现实的情况告诉人们：印度阿洪姆人的故乡在中国，云南傣族与印度的阿洪姆族有亲族关系，历史上出现过的中国傣族的果占璧王国与印度的阿洪姆王国是两个同源异流的亲族王国。

三　印度东喜马拉雅民族与中国藏缅语民族的亲族关系

1978 年，印度民族学家 S. T. 达斯出版了他的名著《东喜马拉雅民族》，以系统清晰而鲜为人知的新资料，揭示了讲藏缅语族语言的印度东喜马拉雅民族迪马萨·卡查里人、米基尔人、泽米·那加人的民族文化特征，使我们有可能对东喜马拉雅民族与中国西藏、云南藏缅语族各族的亲族关系进行研究。

东喜马拉雅民族是从中国西藏、云南迁入印度北部、东北部的，是阿萨姆、那加兰、曼尼普尔诸邦最早的移民。他们中的迪马萨·卡查里人"一度在整个北比哈尔、北孟加拉、东孟加拉和布拉马普特拉河流域、卡查尔山、加罗山和特里浦拉山延伸部分，组成过一个牢固的蒙古人集团"①。泽米·那加人分布在阿萨姆北部的那加山区，是那

---

① ［印度］S. T. 达斯：《东喜马拉雅民族》，王筑生译，《民族研究译丛》（4），云南省民族研究所 1983 年编印，第 11 页；陈锡周译，《民族研究译丛》（9），云南省民族研究所 1985 年编印，第 49 页。

加人的一个分支。因住地不同，那加人（Naga）有阿挝（Ao）、安嘎米（Angami）、差克桑（Chakhesang）、昌（Chang）、卡布依（Kabhi）、弄每（Ronmei）、克阿猛冈（Khiamungan）、可亚克（Konyak）、里安每（Liangmei）、洛达（Lotha）、马挝（Mao）、马林（Maring）、洛谷特（Nocte）、坡木（Phom）、坡处里（Pochuri）、兰格马（Rengma）、塞马（Sema）、唐萨（Tangsa）、塔谷努（Thangku）、桑达木（Sangtam）、万雀（Wancho）、依木成科尔（Yimchenger）等支系。① 那加人传说，他们是从中国迁入印度的。"乔治·格里尔森爵士经过语言分析，认为泽米·那加人是从位于中国西北部扬子江和黄河上游之间的中国人种的传统居留地迁徙来的。"② 谷格那加人传说，他们从前是住在中国云南省，在几百年前，中国发生了大饥荒，他们经由缅甸逃荒到那加山定居下来。直到今天，他们所唱的一支民歌里还有这样的歌词：我的第一个祖国是中国，我的真正的家乡是喜马拉雅山区。③ 堂库尔那加人说，他们的祖先是由两个勇敢的兄弟自世界的东方带来的。他们要寻找一个地方定居，由于长途劳累，要找个地方歇息。他们找到了一个地方，但很快感到气候炎热，遍地是毒虫，决定另找一个地方。他们将这个队伍分为两个部分，哥哥"那尔加"率一部分向东南方推进，弟弟率领的队伍由于旅途疲劳，就在平原定居下来，这就是曼尼普尔谷地。哥哥率领的队伍，到那加山区定居下来。这个传说讲到那加族来自"世界东方"，很可能就是古代中国的西藏、云南，传说他们不喜欢炎热的平原，表明他们先前生活在高寒山区，这个地方可能

① 参见［日］多都俊照《那加入门》，社会评论社 1998 年版，第 17 页。
② ［印度］S. T. 达斯：《东喜马拉雅民族》，王筑生译，《民族研究译丛》（4），云南省民族研究所 1983 年编印，第 11 页；陈锡周译，《民族研究译丛》（9），云南省民族研究所 1985 年编印，第 49 页。
③ 参见刘国南、王树英编著《印度各邦历史文化》，中国社会科学出版社 1982 年版，第 23 页。

就是西藏高原。① 米基尔人主要居住在阿萨姆邦的米吉尔山地，自称阿伦（Arleng）或卡尔比（Karbi）。"阿伦"语义为山地居民，因为他们习惯于住在山坡上。乔治·格里尔森透过语言分析，认为他们是介于博多（迪马萨·卡查里等）和西部那加人之间的人种。② 梅加拉雅邦的加洛人，也是东喜马拉雅民族的一个组成部分，这个民族说他们最初的故乡是西藏。是从喜马拉雅山东北进入印度的，也有从喜马拉雅山的西部进入印度的。他们先到喜马拉雅山的平原地带，后来向东游牧到了布拉马普特拉河谷，再到加洛山区。加洛族语近似藏语，不少词汇与藏语相似。他们也使用藏语藏文。③

上述的传说和语言学分析说明。印度东喜马拉雅民族源于中国。

通过比较研究，我们认为他们不仅在人种上与中国的藏缅语族诸族同种，在语言上同操藏缅语族的语言，而且在文化习俗上保有中国藏缅语族的民族文化特色。其表现如下。

（1）以刀耕火种农业维持生计。中国的藏、门巴、珞巴、景颇、傈僳、怒、独龙、阿昌、彝等藏缅语族的民族，大部分与印度东喜马拉雅的民族一样，都居住山地，靠刀耕火种的原始农业维持生计。他们砍倒山上的树木杂草，晒干后焚烧，以炭灰作肥料，种下玉米、荞麦、马铃薯等作物，等待秋天收获。一两年后将这片耕地休耕，再烧垦新的山地耕种，而后再休耕。休耕的周期以植被恢复的情况来定，一般是三五年至七八年。休耕地在中国叫轮歇地，印度东喜马拉雅民族叫"朱姆地"（Jhoom）。"朱姆地"的选择，迪马萨·卡查里人由村寨头人"冈波拉"主持；米基尔人由村寨长老"哈瓦尔"决定，"朱姆地"选定居，12 月到次年 1 月用刀或斧把生长在地上的丛林砍

---

① 参见朱昌利、宋天佑、王士录《印度民族志》，云南省东南亚研究所，1988 年，第 18、8 页。

② 参见［印度］S. T. 达斯《东喜马拉雅民族》，王筑生、陈锡周译，《民族研究译丛》（5），云南省民族研究所 1983 年编印，第 148 页。

③ 参见朱昌利、宋天佑、王士录《印度民族志》，云南省东南亚研究所，1988 年，第 8 页。

倒，待干燥后，在 3 月到 4 月放火烧。等到草木灰和泥土完全混合，再用锄挖坑播种①，这种耕种法与中国的轮歇地种植如出一辙。"刀耕火种"的轮作制农业在世界上许多民族都有，但与中国、印度的差异较大。可以肯定地说，东喜马拉雅民族的刀耕火种，是他们在迁徙过程中从中国带到印度的。

（2）住干栏式住宅。以火塘作为家庭生活与外交的中心；以公房作未婚成年男女青年交友、娱乐的场所。

中国藏缅语民族的干栏式住宅为两层结构，上层住人，下层作为畜圈。东喜马拉雅民族的建在木桩上，木桩高二尺，亦为两层结构，使用功能相同。"火塘"是高寒山区、半山区民族取暖、做饭、休闲、聊天必备的设施，建于正房中央，塘中竖立三块石头，供烧水、做饭使用。白天家人围坐周边谈话，做出各种家务决定，晚上是老年人睡在周边。"火塘"是中国藏缅语族民族传统文化中共有的亮点和重要特征。印度东喜马拉雅民族的火塘，从结构、功能到建筑形式都和中国藏缅傣族的相同。米基尔人称三块竖立在火塘上的石块为"梅希普"（mehip），火塘一侧供老人晚上睡觉的平台，叫"达姆达克"，火塘后面为年轻已婚女子睡觉的地方叫"达姆布克"。② "火塘文化"的同一，是说明东喜马拉雅民族与中国藏缅语诸族同俗的表现之一。"公房"是证明二者同俗的又一标志。在印度，男女十三岁以前为未成年，可同父母居住在一起，十三岁以后为成年，必须搬到"公房"去住。"公房"，那加人称"茅楞格"，由村寨兴建，男"茅楞格"、女"茅楞格"，都是男女青年娱乐择偶的场所。中国藏缅语族一些民族的公房与印度东喜马拉雅民族公房的性质、使用方法与功能，基本上也没有什么不同。

---

① 参见［印度］S. T. 达斯《东喜马拉雅民族》，陈锡禹译，《民族研究译丛》（9），云南省民族研究所 1985 年编印，第 41、53 页。

② 参见［印度］S. T. 达斯《东喜马拉雅民族》，王筑生、陈锡周译，《民族研究译丛》（5），云南省民族研究所 1983 年编印，第 206 页。

（3）死则焚尸，皆行火葬。这是东喜马拉雅民族与中国藏缅语族民族对其共同祖先——中国古代羌人葬俗的继承。《吕氏春秋·义赏》说："氐羌之民，其虏也不忧其系累，而忧其不焚也。"《太平御览》引《庄子》说："羌人死，燔而扬其灰。"氐羌是中国古代西北地区的游牧族群，《后汉书·西羌传》说："河关之西南，羌地是也，滨于赐支，至乎河首。"其部落"随畜迁徙"，"逐水草而居"，在今甘肃、青海地区游牧。战国时，"忍季父卬畏秦之威，将其种人附落而南，出赐支河曲西数千里，与众羌绝远，不复交通"。这部分自黄河源向南向西远徙数千里的羌人，其中一部分到达西藏，另一部分越过东喜马拉雅山进入阿萨姆地区是可能的。说博多集团的迪马萨·卡查里人、那加人、加洛人、拉隆功人、拉巴人等的故乡是处于中国长江、黄河上游的中间地带；在远古时代，他们的游牧群离开那里移动到阿萨姆和北孟加拉，向西远至蒂佩拉①的说法，及上文所引格里尔森爵士的说法，与我们的这一看法是不约而同、殊途同归的。说东喜马拉雅民族的火葬习俗，是直接对古羌人葬俗的继承，应该是不成问题的。米基尔在火葬前举行送亡灵仪式，加洛人火葬前须在家停尸两三天供人悼祭，火化时尸体放在一堆木材上，由近亲点火等的葬法，几乎与中国氐羌后裔彝族等民族的相同。共同的葬法亦说明，中、印两国的藏缅语诸民族是同祖、同根、同俗的。

（4）皆祭祀天神。东喜马拉雅民族与中国的藏缅语族民族，都信仰万物有灵的原始宗教，图腾崇拜、自然崇拜、祖先崇拜在他们的精神生活中仍占有重要的位置。就崇拜天神而言，二者的祭法基本一致。那加族在播种前、播种时、收获时都要举行祭祀仪式，每家出一位老人向天祷告：

---

① 参见朱昌利、宋天佑、王士录《印度民族志》，云南省东南亚研究所，1988 年，第 7—8 页。

"啊！格旺（天神）！可怜可怜我们吧，把我们的土地变成肥沃的良田吧。啊！格旺！请你赐给我们大米和高粱吧。"然后，祭者用手抓一把稻谷，撒到田畦里。撒种时，不断地说："愿我的水稻早发芽，啊！格旺！愿野鸟、老鼠和各种毁害种子的飞禽走兽不要来吃我撒下的种子，愿每粒种子都能发芽出土。"

播种完毕，男女村民再一次祈祷天神保佑丰收。每年九月收获时，都要杀牲祭神，举行盛大的祭天庆丰收活动，感谢天神的护佑。加洛族人在砍树烧山造田时祭天神，天神名阿迦尔马迦。祭法是将一根竹子的尖部劈成细丝，像头发一样披在竹竿顶上，把竹竿竖在田里，在竹竿下面，放些米、肉、鱼和酒，然后喊道："愿天神给我们降雨，保护我们，把恶鬼凶神赶走，使今年有个好收成。"① 中国藏缅语族诸族的祭天神，目的也是祈求丰收，围绕农业生产来进行。道光《云南通志·爨蛮》说："民间皆祭天，为台三阶以祷。"又《临安府志·爨蛮》说："搭松棚以敬天……长幼皆严肃，元敢哗者。"《大理府志·罗婺蛮（彝族）》说："腊则宰猪、登山顶敬天神。"云南武定、禄劝等地的彝族则在山林中建屋供天神、祭天神。他们以竹筒制作天神像，长约四寸，一端削尖，中贮竹节草根，草上以红白色丝线缠羊毛少许，并入米十数粒供祭。②

天神崇拜是人类原始初民的最普遍的自然神崇拜之一，在印度和中国各民族中都有，且一直延续至今。但是东喜马拉雅民族与中国藏缅语一些民族贯穿农耕全过程的祭祀仪式；以竹为原料制作天神偶像，以竹细丝或以红白丝缠羊毛作天神头发；以米作祭品的祭法，在其他民族中未能见到。这使我们进一步得出印度的东喜马拉雅民族与中国藏缅语族诸族，都是中国古羌人的后裔，他们在古代是一个族群

① 刘国楠、王树英编著：《印度各邦历史文化》，中国社会科学出版社1982年版，第29、51页。
② 参见何耀华《中国西南历史民族学论集》，云南人民出版社1988年版，第453页。

的结论。

概括本文论述，我们有以下几点认识。

（1）印度是一个由许多种族构成、融合、繁衍的国家，由于地理因素和各种历史原因，不同历史时期自中国西藏、云南进入印度北部、东北的蒙古种中国人，大部分与雅利安、达罗毗荼人混血，形成雅利安—蒙古人种或印度—中国人种。阿萨姆族是这一人种的典型代表之一。印度的雅利安—蒙古人种，使中、印两国之间有一条牢固的种族血缘纽带，将两国人民紧紧地联系在一起。

（2）印度的阿洪姆王国，是由中国瑞丽的果占璧王国西迁的傣族人——阿洪姆人建立的。阿洪姆人与中国傣族人有亲族关系。果占璧王国与印度的阿洪姆王国是两个同源异流的亲族王国。

（3）印度的东喜马拉雅民族，是不同历史时期自中国西藏、云南迁入印度的；属蒙古人种，操汉藏语系藏缅语族语言；沿袭中国藏缅语族民族的生产方式和生活习俗，与中国的藏缅语诸族有亲族关系，都是中国古羌人的后裔。

（4）中、印两国人种的血缘亲族纽带；边境民族王国的同源异流；东喜马拉雅民族与中国藏缅语族民族的同祖、同根、同俗，都说明中印边境的人种和民族有亲族关系。这种关系是实现中、印崛起的共同财富；是构建"中印大同"，面向未来，大力发展中、印友好关系的坚实的基础。

中甸（香格里拉）藏区考察纪实

中甸，著名的藏区，藏语称建塘，与四川省的巴塘、理塘合称"三塘"而驰名于世。位于云南省西北部，跨北纬 26°52′—23°48′，东经 99°23′—100°31′。县城独肯宗（中心镇）是迪庆藏族自治州的首府，距省会昆明 709 公里。全县东西宽 88 公里，南北长 218 公里，总面积 11331 平方公里，海拔 2500 米以下的半山区、河谷区占总面积的 6.96%；2500—4000 米的高寒坝区和山区占 66.71%；4000 米以上的寒带和冰川带占 26.33%。地势北高南低，由东北向西南倾斜，呈阶梯状逐级下降。金沙江从县境西南和东南流过，在南端形成长江第一湾。县境全部山脉皆南北走向，属世界上著名的横断山脉地区之一。格宗、哈巴、迪龙、大雪山、牙岗、天宝、石卡等 7 座雪山的主峰，海拔都在 4494 米以上。除石卡山以外，其他雪山终年积雪。全县总人口 112051 人，40% 为藏族，其余是纳西、傈僳和汉等民族。

历史上，历史地理学家以中甸为"天下神奇诡秘杂糅之处"，"孤悬江外的情形特殊之区"。然而，中甸的实际和当代开拓者们的业绩，早已使他们的论断变为历史的陈迹了。笔者向往中甸，向往那群峰峥嵘的巍巍雪山，繁花似锦的茫茫草原，温柔坦荡的高山湖泊，田园如画的农牧山村和勤劳智慧的藏族人民，已经是一年又一年了；由于工作过于繁忙，笔者去中甸的愿望久久不能实现。不久之前，正当中甸花繁草长的季节，笔者如愿以偿地实现了访问。可惜，笔者笨拙的笔头不能真切地写出亲见的中甸之美，更不能将内心深处的感受表述出来。但愿这粗略的纪行，能起到抛砖引玉的作用。

丽中公路

洱海闪耀着灿烂的阳光，雄峻的苍山抹上了明亮的彩色。桑塔纳轿车从南诏故都大理出发，飞奔在通往丽江的柏油大道上。三个小时许，到达丽江县的著名小镇白汉场。

这个小镇是滇藏公路南段丽中公路的起点。由这里至中甸，全长147.226公里。每年有数以千计的商业卡车、牵引车，满载着农机、化肥、农药、日用百货、家用电器、盐巴、茶叶、粮食和其他农副产品，从这里运往中甸、德钦和西藏的昌都、拉萨以及川西藏区各县。南来的车辆则把畜产品、药材、原木、矿产品及各种花卉运往滇中各地和境外的友好邻国。1988年，仅中甸县汽车联营公司一个车队，就从丽中公路运输木材12493立方米，粮食3905吨，食盐95吨，日用百货2599吨，完成货运量22625.6吨。

历史上，丽中古道是甘、青、藏、川、滇民族大走廊的一部分，是藏汉茶马贸易的故道。远古至秦汉时期，众多的西北氐羌游牧部落"附落而南"，从这条走廊迁徙到云南各地。唐永隆元年（680年），吐蕃由此走廊南下降西洱河（洱海）地区各部落。天宝十一载（752年），吐蕃弃隶缩赞王室再一次从此走廊南下洱海地区，册封南诏王阁罗凤为赞普钟南国大诏。蒙古宪宗三年（1253年），忽必烈率十万蒙古大军，自甘肃洮（今临潭县）、岷（今岷县）南征大理，其西路军兀良合台部沿这一走廊，经理塘、乡城、中甸至苍洱，创下了中国军事交通史上的一大奇迹；1940年，地理学家李式金、严德一等一行五人，自西宁下玉树，由玉树至昌都，由昌都到阿墩子（今德钦），由阿墩子经中甸而达大理。

这条古道之艰险，在世界上是罕见的，其中，丽中段有奇险十二栏干山，行者皆祈求菩萨保佑。十二栏干山在中甸县城南七十公里，是丽中古道的必经之路，此山悬崖峭壁插入天际，古道缘悬岩腰际，迂回而过，凡十二曲折，"行人至此，莫不股栗心悸，既不敢俯视涧底，尤不敢仰望岩巅，屏息敛气，鱼贯而行"。由于行人至此皆祈求观音护佑之故，崖顶有观音崖或普陀崖之称。清康熙六年（1721年），江苏人杜昌丁过此，在《藏行纪程》中描述道："十二栏干为中甸要道，路止尺许，连折十二层而上。两骑相遇，则于山腰脊告避，俟过方行。高插天，俯视山沟深万丈。丽江雪山，巍然对峙。古木苍崖，目不绝赏，然绝险为平生未历。"乾隆十三年（1748年），山西雁门张秉彝在中甸红石哨摩崖题诗，记述了丽中古道的实情："问君何故不乘舆，乱石崚崚路崎岖。问君何故不乘马，回环曲曲接太虚。谁能攀援不费力，枝头小鸟树头狙。肩挑背负日络绎，前拖后挽各嘘唏。蝇头微利浑如此，劳人只因五头糈。百尺危崖势如坠，千层翠磴带露湑。等闲不敢回头望，深不见底足趑趄。我当险处胆弥壮，胆弥壮时力有余。平生未洒穷途泪，独步高岗一振裾。"

桑塔纳轿车在丽中公路上飞奔着，山谷里散发着灼热阳光烧烤路面的柏油香味，轮胎发出撕裂沥青路面的"唰唰"响声。笔者从车窗外搜寻着丽中古道的陈迹。可是，除了那重叠入云的万山，那谷底翻腾滚跳的大江，那昔日的古木苍崖和巍然对峙的丽江雪山之外，已经没有什么行路难的痕迹，能令人浮起对古道绝险的追思了。"怎么连十二栏干石壁也不见了呢？"笔者问一位年迈的藏胞。他告诉笔者，现在的丽中公路，从十二栏干山尾溯硕多岗河而上，已经把十二栏干山的险阻避开了。

丽中公路的通车促进了中甸高原各方面的现代化建设。以水能资源的开发为例，我们在硕多岗河的峡谷中看见，一座现代化的水力发电厂正在公路边施工，其总装机为 1.89 万千瓦，是丽中公路开通后在硕多岗河上修建的又一座现代化电站。硕多岗河全长 136 公里，多年平均流量为 19.8 立方米/秒，落差 1190 米，水能理论蕴藏量为 34 万千瓦，是中甸县水能资源最为丰富的河流。

丽中公路的建成不仅促进了硕多岗河水能资源的开发，而且推动了全县的电气化建设。至 1990 年，全县已建成的水电站有 31 座，装机总量达到 10795 千瓦，年发电量 2588.9 千瓦小时；人均 216.6 千瓦小时；全县建成 110 伏输电线路 62.4 公里，变电站一座；35 千伏输电路线 31.2 公里，变电站一座；10 千伏输电线路 1363 公里。全县 96.79% 的村庄通了电，农房用电面达 95.6%。1989 年 5 月 21 日，国家水电部给中甸县颁发了"初级农村电气化县"的奖牌和"中甸县已达到中国式电气化试点县农村初级标准"的证书，成为全国 100 个农村初级电气化县之一，在全国藏区县中名列榜首。

公路是中甸经济发展的大动脉，中甸县矿产、森林、畜牧、药材等资源的开发，文教、科学、卫生事业的发展以及人民生活的改善，都与丽中公路的建成息息相关。它不仅是连接通往县内各乡镇公路的主干线，而且是通往西藏昌都、四川乡城的滇藏、滇川线的主干线。

金沙江奇观

金沙江发源于青藏高原唐古拉山脉主峰各拉丹冬雪山。从源头至巴塘河口，1188 公里，名通天河；出巴塘河口至宜宾，2308 公里，称金沙江；宜宾至出海口，2884 公里，称长江。金沙江与怒江、澜沧江并行南流，咆哮奔跨于横断山脉的雪山峻岭中，当其南流至中甸县南部的新文村及对岸的丽江石鼓村时，猛然掉头北流，形成长江第一湾的壮丽奇观。当地的藏族、纳西族群众认为，奇观的形成是由于江河神灵作用的结果。为对付江河的威力，纳西族在急湾处的山脚下雕刻石鼓一面，用以镇住洪流。地理学家们不相信这样的神话，从科学上进行解释，认为长江第一湾的产生是出自"河流袭夺"。他们在石鼓以南发现一段无水的谷地，认为谷地及其以南的漾濞江，是古代金沙江南流的原河道。由于古长江不断向西扩展，在石鼓附近切开与金沙江的分水岭，从而将金沙江的水全部"袭夺"至长江，金沙江于是改变流向，形成万里长江第一湾的奇观。

石鼓以下 35 公里，金沙江以排山倒海之势，切割中甸县的哈巴雪山和丽江县的玉龙雪山，使之形成金沙江又一个举世闻名的奇观——虎跳峡。虎跳峡全长 16 公里，两岸雪山高出江面 3500 米，峡内落差 200 余米，有 12 个大跌坎和 18 个险滩，两岸最窄处只有 20 多米，传说有老虎跳过，故名虎跳峡。这次去中甸，笔者站在硕多岗河注入金沙江的虎跳峡峡口，远眺虎跳峡两岸高耸入云的肃穆雪山，遐想峡中的险况。令人沮丧的是，笔者已丧失了进峡考察的青春年华。

西方地理学家曾经断言：美国科罗拉多魔鬼大峡谷是世界上最深最险的第一大峡谷。可惜，他们的这个断言，并不符合世界的实际。越来越多的探险家发现，虎跳峡比科罗拉多魔鬼大峡谷更深更险，更具有魔鬼峡谷的特色。1986 年 9 月，中国洛阳长江漂流队破天荒地揭开了虎跳峡凶险无比的秘密。一位随洛阳长江漂流探险队采访的记者写道：

上虎跳峡两岸峭壁斧砍刀削，直落江中，立在路旁，仰望玉龙雪山，群峰峥嵘，令人头晕目眩；俯视大江，虎啸龙吟，奔腾咆哮，水雾蒙蒙，更觉心颤股栗……（峡中）山重水复，烟云变幻，浪打山崖，气势逼人，危岩狂浪那样撩拨心弦，令人不安！上虎跳，满天星，上下簸箕滩，下虎跳，道道鬼门关，处处藏着杀机。……1986 年 9 月 4 日上午，中国洛阳长江漂流探险队用新船舱装一条狗试漂，结果，船破了，狗也不见影踪。

9 月 10 日晨，洛阳队队长雷建生和队员李勤建钻进形似碉堡，周围拴了八个充气内胎的密封船，飞也似的掠过虎跳石边，猛闯下去，一下子又消失在两层楼高的大跌水中，几秒钟后又露出水面，接着在猛涛中抛上抛下，沿着飞溅的浪花向下漂去，在离上虎跳 300 余米的突兀山岩边回水处靠岸……12 日下午 2 时，孙志岭、郎保罗进船，向"满天星"滩漂去。"满天星"滩礁石密布，浪花飞溅，沸沸扬扬，没有多久，船舱反复触礁破裂，孙志岭摔出舱外，迅速被浪花吞没，接着，郎保罗也被摔了出来，冲到岸边……21 日王茂军、李维民，连续闯过倒角，上下簸箕滩和平台瀑布，顺利通过下虎跳。①

通过血与火的战斗洗礼，虎跳峡的道道鬼门关，被大无畏的英雄们征服了，英雄们在奇观中创造了奇中之奇。

金沙江的自然奇观令人惊叹，然而，最使人感到惊奇的，却是金沙江深谷中那个现代化建设日新月异的小镇虎跳峡。虎跳峡镇位于硕多岗河的下游，因虎跳峡在镇境内而得名。全镇辖 10 个村公所，1 个办事处，总面积 813 平方公里，占中甸县总面积的 7%。有藏、纳西、彝、汉、傈僳、白、回、苗、普米共 9 种民族居住，据 1981 年统计，全镇共有人口 15925 人，占全县总人口的 14%。硕多岗河和丽中公路从镇上穿过。镇境矿产资源、水能资源、森林资源、旅游资源丰富，已查明的钨储量有 5 万吨、铍 2.5 万吨、硅 8 万吨、大理石 24 万立方米，原始森林木材积蓄量为 230 万立方米。1979 年实行改革开放以来，全镇的经济发展迅速，1 个以土法选矿的小型钨矿厂，1984 年后实现了机械化，当年产值达到 85 万元，1988 年钨精矿产量为 234 吨，

① 丁一：《虎跳峡漂流纪实》，《中甸县志通讯》1989 年第 3 期。

产值增加到342万元，比1984年净增302%。1989年，全镇有乡镇企业55个，从业人员524人。产值从1971年5.6万元增加到1987年的280万元。人均收入从1971年的100多元增至1987年的2800多元。虎跳峡镇经济的腾飞，可以说是金沙江奇观中的奇观。

县城独肯宗

离开硕多岗河的崇山峻岭，汽车在辽阔坦荡的中甸高原上奔驰，最终驶抵一座古老而年轻的现代城市——中甸县城独肯宗。这是迪庆藏族自治州的政治、经济、文化中心。宽阔的柏油大道两旁，钢筋水泥建筑的楼房鳞次栉比。午雨初霁，群山滴翠，这座高原古城显得格外秀丽。在州宾馆下榻后，一看海拔表，指针指向3208米。

州宾馆由一个规模不小的建筑群组成，主楼前宽敞的广场上停着来自西藏昌都、四川乡城、渡口、成都和本省各地的车辆。笔者住的房间，在主楼二层上，由会客厅、卧室和卫生间组成。沙发、茶桌、彩电、台灯、写字台等现代设备齐全。从窗外可以远眺草原和雄峻的群山。宾馆餐厅可以选购来自贵州、四川、上海、北京等省市的名酒、饮料。可吃到松茸、牛肝菌、鸡枞等山珍。和笔者同路的日本东京外国语大学亚非研究所的藏学家北村甫教授感慨万千，连声称赞说："想不到中甸会有如此的美，想不到在这里会吃到风味如此特别的肴馔。"

独肯宗由新城、旧城组成，两城相距里许。旧城历史悠久，远在唐、宋时期就是滇茶藏马贸易的集散地。清雍正二年（1724年）设中甸厅，旧城的建设出现了新的发展。现今城内龟山朝阳楼东麓龟井右侧的公堂（独肯端巴夏康），就是建于当时而后几经重建的。

旧城背依大龟山，环绕石山，街道曲折纵横。藏语称独肯宗，意为石寨城。沿着旧城的古街道缓缓而行，可以见到饱经风雨的藏式楼屋，这些楼屋虽然已经破旧，但它是历史的一面镜子，人们仍不断进行维修。"无风三尺土，雪雨一街泥"是对昔日旧城街道的真实描写，然而，这样的情景已经一去不复返了，新铺的水泥路面，使旧城换了新颜。新城规模宏大，医院、防疫站、妇幼保健站、百货商店、民族贸易公司、工人俱乐部、图书馆、文化馆、影剧院、电视台、书店等现代公共设施，应有尽有，规模与内地没有多少差异。新建的农机厂、修配厂、皮革厂、木材加工厂、毛纺厂、缝纫厂、酒厂等地方工业，结束了中甸没有工业的历史，给城市的发展带来了活力和生机。和平路、文明街、团结街等新建和扩建的八条大街宽广笔直。穿着鲜艳服装的藏族群众，在商品琳琅满目的百货公司随心采购。为我们这次考察服务的汽车司机，挤在藏族顾客中，买到一口满意的气压锅。"为什么不在昆明买？"我问他，他说："昆明比这里要贵5—6元。"在一个医药商店中，我买到贝母、知母、天麻、冬虫夏草等当地的名贵药材，从街边丰富的藏族药摊上还买到能治消化系统百病的藏菖蒲。

州宾馆附近有一个巨大的农贸市场，藏族农民将自家生产的禽蛋、牛羊肉、猪肉、蔬菜等各种各样的农副产品拿来出售，购物者拥挤不堪，场内热闹非常。据县里的统计资料，1985年，全县职工总数3824人，工资总额601.6万元，职工平均工资1573.2元，是1952年的266.7元的4.8倍；藏族农民的收入增长也很大。1984年，红坡村下浪寨10户藏族，收入30105元，平均每户3010元，最高3936元，最低户1498元。城乡人民收入的增长，无疑带来了生产的发展和市场的繁荣。

在城北的文化教育区，有县中学、民族中学、师范学校、财贸学校、卫生学校、民族干部学校、民族小学等教育机构。在各类学校中，以藏族为主的少数民族学生占在校学生的 70% 以上。中甸一中是重点中学，在校学生 1000 多人，教学质量好，历年高考成绩保持全州第一。

独肯宗不愧是滇西北高原上的一颗明珠。日益开展的改革开放和现代化建设必将使它更加璀璨。

农牧业发展的纵坐标

中甸县的海拔高程为 1503—5545 米，从垂直带看自然环境，有十分明显的分层性，存在一条农牧业发展的纵坐标。坐标层位不同，水热状况、农作物组合、熟制、饲料饲草及畜种组合也随之不同。最低层是江边河谷地带，海拔 1500—2000 米，年平均气温 13℃—15℃，最低气温 6℃—9℃，霜期 60—140 天；其上是二半山区，海拔 2000—2500 米，年平均气温 10℃—13℃，最冷月气温 4℃—6℃，霜期 110—150 天；再上是高寒山区，海拔 2500—3500 米，年气温 5℃—10℃，最冷月气温小于 2℃，霜期 140—170 天；最上层是高山苔原带，海拔 4000 米以上，霜期长达 200 天以上。

汽车沿硕多岗河北行，在冲积土形成的江边台地上，一片片金黄色的油菜花和村前屋后盛开的桃、李花相互辉映着，千丘万垄的蚕豆已经结荚，沉甸甸地迎着春风摇曳，出穗的小麦扬起层层麦浪。前往虎跳峡镇购物的藏胞们，赶着骡马向南行进。河对岸村子的藏族、纳西族、汉族农民，正忙着积肥和修整渠道，悦耳的歌声随风飘扬进车内。"这儿是中甸的江南，风光实在太迷人了"，同行的朋友情不自禁地发出赞扬声。河谷地区土地肥沃，水热条件好，农作物一年两熟，以玉米、小麦、水稻为主，其次是蚕豆、大豆、小麦、油菜籽。杂交玉米单产 1000—1600 斤；小麦单产 800—1000 斤；水稻单产 500—600 斤。作制为水稻—小麦—玉米—晚稻轮作，是中甸县的主要粮食产区。

离开江边峡谷地带，汽车在盘山公路上徐徐升高，驶入海拔 2000—2500 米的二半山区，这里的耕地为山地红壤，有黄红土、黄泥土、紫泥土。一个藏胞告诉我，这里的土层较厚、耕性良好，唯因坡度大，水土易于流失，抗旱力差。主要农作物为玉米、小麦、青稞、洋芋、荞子。已不能种植水稻。玉米、小麦的单产只有 300—500 公斤；洋芋单产折粮为 300—400 斤；青稞、荞子等杂粮单产为 140—200 斤。熟制为两年三熟；作制为小麦—玉米—青稞—洋芋轮作。

离开二半山区，汽车在陡坡的公路上攀行，爬上一个又一个的台阶，最后到达小中甸、大中甸的高寒草甸地带。这里海拔 2500—3500 米，土壤为高山草甸土，农作物以青稞、洋芋为主，其次是小麦、荞子、燕麦、蔓菁。各种作物平均单产 350 斤。一年一熟，以洋芋、青稞、春小麦、荞子、蔓菁相互轮作。高寒草甸坝区的耕地面积为 13.36 万亩，占全县耕地总面积的 51.06%。其农业生产的条件虽不如江边河谷区和二半山区，但由于耕地数量大，所以亦是全县粮食的主要产区。

中甸的畜牧业有悠久的历史，全县有草地 503 万亩，其草场辽阔、水草丰茂，草质优良，是发展畜牧业的好地方。

牧业生产的纵坐标大致分为三个层次：海拔 3000 米以上的高寒层；2000—3000 米的中温凉层；1503—2000 米的干热层。

高寒层可利用草场面积为 316.4 万亩，占全县可利用草场总面积的 84.6%。牲畜构成主要为牦牛、高原黄牛、犏牛、绵羊。其饲养数量占全县同类家畜的比例为：黄牛占 52.43%，牦牛占 83.45%，犏牛占 62.01%。中甸牦牛头大额宽，牛角雄伟，眼圆大而有神，脑短深而宽，躯体粗厚，四肢坚实，尾毛如帚状。耐寒、耐劳、耐粗饲，采食力强，下雪天仍能用前肢刨雪采食，这是迪庆藏族在中甸高寒坝区特定的环境中长期选育培养出来的。犏牛是黄牛与牦牛杂交的后代，其体大力壮，亦有耐寒、耐劳、耐粗饲的特点。藏族用以耕地和拖拉木材。一架两头公犏牛每天可耕地 4 亩，或拖拉 1000—1200 公斤的木材，行山路 15—20 公里。犏牛食用价值很高，皮是皮革制品的最佳原料，母犏牛年均产奶 460—490 公斤，是母牦牛产奶量的 1.5 倍。

中温凉层的特点是山地草坡、林间草坡插花分布，牲畜主要为山羊、骡、驴、黄牛。在全县同类家畜中，本层饲养的山羊占全县总数的 66.79%，骡占 56.04%，驴占 97.15%，黄牛占 32.71%。

干热层的草场分布于江边沟谷之地，比较零星，但水热条件好，牧草再生力强，生长快，四季常青。主要畜种为水牛、马、骡、绵羊、山羊、猪。在全县同类家畜中，本层饲养的水牛占全县总数的 97.88%，马占 25.87%，骡占 32.77%，山羊占 26.7%，猪占 39.36%。

上述三种不同层类的垂直分布特点，说明中甸畜牧业生产存在一条纵坐标。"山高一丈，大不一样"，人们因此称中甸的牧业是"立体牧业"。在最近的 11 年中，随着藏区现代化事业的发展，科学养畜水平不断提高，牧业正在迅速发展。1989 年，全县畜牧业总产值达到 1462 万元，占农业总产值的 35.41%，按 1980 年不变价计算，比 1949 年增长 12.54 倍，大牲畜存栏数为 115617 头，比 1949 年增长 6.26 倍。

噶丹松赞林寺

从县城中心镇出发，汽车沿滇藏公路北行，从岔道绕过一座山丘，一片布达拉宫式的建筑群瞬息映入眼眸。这就是远近闻名的噶丹松赞林寺（汉名称归化寺），因寺管会事前接到通知，盛装的喇嘛们在寺前列队欢迎我们。寺楼的一张方桌上，摆满了糌粑、奶渣、乳酪等丰盛的食品，我们在桌旁的长凳就座，边喝酥油茶，边品尝藏式食品，边进行访问。寺管委会主任满英则向我们介绍了该寺的现状。

中甸喇嘛教已有悠久的历史。7 世纪后，吐蕃王朝设铁桥节度统治滇西北地区，使洱海地区的"白蛮来贡赋税，收黑蛮于治下"（王尧、陈践《敦煌本吐蕃历史文书》）。今中甸县城西南五境乡春读村的金沙江畔，尚有吐蕃修建的三个链扣石穴的铁桥遗迹。在吐蕃统治滇西北和洱海地区的一百多年中，喇嘛教随之传入滇西北地区。喇嘛教有格鲁巴（黄教派）、宁玛巴（红教派）、噶举巴（白教派）、萨迦巴（花教派）等教派。松赞林寺与拉萨的噶丹、哲蚌、色拉和日喀则的扎什伦布寺等同为黄教寺院。

据中甸著名藏族学者七耀祖和西洛嘉错的研究，噶丹松赞林寺建于藏历第十一饶迥阴土羊年（1679 年），落成于阴铁鸡年（1681年），是经五世达赖阿旺洛桑丹增嘉措向清康熙帝奏请敕建的。是康熙帝敕建的"十三林"之一。据说，达赖五世掌教期间，藏区灾害持续，七年庄稼无收，众生坠入苦海。以致俗民不守法律，僧侣不守清规。僧侣众多，四处乞食，为非作歹，民心思乱，惶惶不安，两位政教领袖问卜，决定在藏区兴建"十三林"大寺，剃度虔诚僧人，修行布道，广行善事，普度众生。五世达赖在寺建成后赐名"噶丹松赞林"。噶丹表示是黄教创始人宗喀巴（1357—1419 年）所建的第一座黄教寺院噶丹寺的传承，松赞林意为天界三神游戏之地。经多次扩修，松赞林寺布局层叠而上，仿布达拉宫，规模宏大，占地约 500亩。"扎仓""吉康"两主寺矗立中央。金瓦辉煌灿烂。五世达赖使供八尺包金释迦年尼铜像一尊；五彩金汁精绘佛像唐卡十六轴，并历代达赖、班禅念诵及供养贝叶经。松赞林寺传昭集会讲诵《颂救缘起》，先诵：妙音主菩萨降世皇帝康熙王爷和观世音自在菩萨轮回转世五世达赖喇嘛。大寺杜康正中供奉金龙牌位"皇帝万岁万万岁"。七世达赖格桑嘉措扶持松赞林寺的扩建，扩建完成后特意从布达拉宫宝库内选出精致无比的释迦铜像一尊、金银供器全套、唐卡、锦缎法饰等布施给松赞林寺。①

自康熙二十年（1681年）以来，噶丹松赞林寺一直是中甸藏族精神生活中心。家家户户都以送子弟进寺出家当僧为荣。喇嘛在社会上有很高的地位。喇嘛教除实行政教合一，统治地方之外，还渗透社会生活的各个方面，人民的衣食住行、生产生活、生老病死都与宗教关联。喇嘛为藏胞的出生祝福，解释他们的命运，为他们治病，处理婚姻案件。各家有财产，都入寺敬献许愿。村村寨寨都设有经堂，家家户户都设有神龛。

1966—1976年，藏族的宗教生活遭到破坏，噶丹松赞林寺被毁成一片废墟，普通僧侣遭到批斗。1978年后信教自由得到保护。1984年，云南省拨款817977元重建松赞林寺。信教群众踊跃捐助建筑材料、粮油、现款和义务工，大寺迅速从废墟中复建起来，至1989年，4位活佛的精舍和145所静室也已建好。过去，住寺喇嘛的饮用水要到半公里以外的山下背，光大殿厨房每天就得有5名喇嘛专门背水，一天背10—20趟。最近，县政府投资，从5公里外的姑都未尼用钢管引来了山泉水，并修了100多立方米的蓄水池，从而解决了300多年来从未解决过的寺院用水问题。大寺边建边恢复正常的宗教活动。1984年，恢复正月十五米郎钦波祈愿法会和冬月二十六日、二十九日两天的霸唱（跳神）会。1989年住寺僧众达到525人，其中活佛2人，堪布2人，格西3人。213人是民主改革以前的老僧，312人是新僧。

现在，松赞林寺设民主管理委员会进行管理。委员15人，满英

---

① 参见七耀祖、西洛嘉措《中甸噶丹松赞林概述》，《藏族史论文集》，四川民族出版社1998年版。

则担任主任，初杰英则、吹批英则、吴累士单是副主任。宗教教务由堪布管理，堪布由一名襄佐（管事）帮助其处理具体事务。堪布由格西中选举产生。寺内办有佛学班，有教师 5 人，学员 35 人，其中有 3 人送往西藏进修。全寺有 60 名僧侣及佛学班的学员获得经济补助。寺里每日供应三朝僧众每人酥油茶 6 碗、斋饭 2 碗。僧众农忙时回家务农，平时在寺进行宗教活动。

达拉村的藏族

出中甸县城，沿中丽公路南行三四公里，汽车离开柏油马路，向右驶入一片茫茫的草原。远近，一群群牦牛、犏牛、黄牛、绵羊、山羊正在食草，丰嫩的绿草深处，牛铃发出"叮咚""叮咚"的响声。盛装的藏族妇女们穿过草原，前往县城采购物品。草原上盛开的各色鲜花，辉映着她们艳丽的藏装，使五彩缤纷的草原变得更加斑斓。

汽车在草原深处的达拉村停下。好客的藏族妇老在村边迎接我们，一张张笑脸令人倍感亲切。此时的情景，验证了一个中甸的藏胞在昆明对我说的话："热情好客是中甸藏族的高尚情操。"这个村属于大中甸乡尼史村公所，领头接待我们的是村长旺扎。预定的座谈会在一间两层正三间的藏式楼房中举行。与会的村民打酥油茶和用糌粑、奶渣、红糖等款待我们。我从旁细细观察酥油茶的制法：先将砖茶煮成浓液，加酥油、食盐，同放一特制的桶中搅拌成水乳交融状即成。糌粑的做法，是将青稞烫洗后用火焙熟，磨为细面。食具非常讲究，有全银质的银碗、包银及镶银的木碗、画有龙的瓷碗。据说，昔日用具均为木制，现在生活富裕了，木制品从藏族家庭中逐渐退出了舞台，取而代之的是银制品及各种各样的金属制品。"您们太客气了，这么多人忙得不可开交，"我指着正在打酥油茶的藏胞对村长说。"有朋自远方来，不亦乐乎!"一位受过汉文化熏陶的年轻藏胞，代村长表达了他们的感情，火塘中熊熊的烈火在欢笑，为热情的主人增加了待客的气氛。好奇的藏族妇女和孩子们闻讯赶来，站在我们的前面，一面窃窃私语，一面向客人表示欢迎之意。

座谈首先从藏语开始。旺扎和与会的藏胞告诉我们，在藏语的卫藏、安多、康三大方言中，中甸藏语与西藏昌都、四川甘孜、青海玉树的藏语都属于康方言。这个方言既接近于卫藏方言又近乎安多方言。康方言中有许多土语和次土语。在迪庆藏族自治州境内，土语的种类有德钦革、建塘革、东旺革和龙巴革。建塘革即中甸土语，特点是较多地保留了古藏语的音调。中甸土语中又有若干次土语。如大小中甸的土语与东旺乡、格咱乡的土语就有差异。后者与藏文书面语比较接近，而前者差异大。

昔日访问拉萨的藏村，考察四川松潘的藏宅，下榻雅砻江西岸的藏家农舍，都对碉房式的藏式建筑感到新奇。这次到达拉村，所见到的藏式住房则使我感到惊异。因为这里的藏式住房都以粗大无比的圆木作为顶梁柱。柱子的直径一般均在一米以上，二人联合才能围抱过来，有的甚至要三人才能抱拢。据说越粗越能体现吉祥与稳固。在当地藏族的原始信仰观念中，顶梁柱被视为神灵之所在。柱粗象征神灵的威严与不可战胜。为祈求柱神佑护，藏族兄弟常常在柱上涂抹酥油、洒鲜奶和祭献哈达。过年期间以红纸写"中柱大吉"四字贴在柱上以求家人清吉平安。中甸是原始森林密布之区，获得粗大的圆木比较容易。一个藏族老人告诉我，搞到这样粗的木柱并不困难，过去可以自由去林区采伐，用几头犏牛拖回来就是。房屋的结构一般为两层楼房。正前方置楼梯上下，有一走廊。火塘、神龛、厨房、卧室、仓房、经堂、客堂都在楼上。牲畜豢养在下层，使其保暖。火塘与其他山地民族的不同，是长方形的，有两米多长。火塘四周是待客用餐、休息的地方。有客至，请坐在上方，墙上绘有八宝吉祥图案藏画。主人坐右边，妇女小孩坐在下方。火塘右边为橱柜、佛龛。卧室与客堂用木板隔开。三面房墙皆为土筑，顶用木板覆盖，上面插有旗幡。

站在我们对面的妇女，身穿对襟大褂，外着绿色或黑色坎肩，腰系白布围腰，头戴布帕。坎肩镶有金银花边，十分艳丽。头、耳至胸、背、腰部都佩戴银制品、松耳石、翡翠等饰物。藏族视白银为圣洁、吉祥之象征，因此，银饰品在服饰中占有突出的地位，饰品的制作技术也很精湛。

附记：

这篇考察记成稿于 1990 年 10 月。曾在云南省社会科学院民族学研究所内刊《民族学》上刊出，未正式公开发表。文中有关经济发展的统计数字，一时无法补充 1991 年、1992 年的。逢中国西南民族研究学会第二次藏学讨论会在拉萨召开，仅以此提供给会议代表参考，中共迪庆藏族自治州委员会的王义美书记，1993 年 8 月 21 日做过认真的正误，特在此深表谢忱。

1993 年 7 月 29 日于云南省社会科学院

边区藏民甜蜜的家
——中甸（香格里拉）

——台湾《大地》杂志特约稿

中甸位于云南西北部，

横断山区最险峻的雪山峡谷中。

这里，险路平坝相连。

这里，自古五方杂处。

这里，美景如世外桃源。

这里，居住的是融合汉、白、纳西文化的藏族，

从他们的祖先由西北南移，

至今已有千年。

虽然因为地理阻隔和文化混合，

使得他们的外在文化，

形成与西藏不同的一些特点。

但在他们心中，

藏族传统中心思想，

仍是他们仰而望之，

生世相守的根源。

"这些人算不得道地的藏族！"在中甸的小餐馆里，一位来自拉萨的高大汉子满脸严肃地对我说。这是他给本地藏民下的评语。

大部分的人都知道，中国近四百万藏族人，大多聚居于西藏、青

海、甘肃南部和四川西部（原西康省）。但很少有人知道，在青藏高原向南延伸的横断山区，还分布着一支人口不多的藏族群体。他们的人数虽仅有十万人，却已在这世界上最陡峻的雪山峡谷中世代生息了上千年。来自拉萨的汉子因为听不懂他们说的话，而说他们不是道地的藏族，这是不足为怪的。通过云南省迪庆藏族自治州的成立，确定了藏文化在此区域中的主导地位。

险路平坝一路相连

　　1990 年秋末，我和几位朋友结伴，到中甸考察当地的历史与民俗。乘车离开昆明后的第三天，我们告别了沃野平川的大理坝子，进入山峦起伏的金沙江纵谷区。水流湍急的金沙江随怒江和澜沧江从青藏高原咆哮而来，至石鼓一带忽然急转东北，穿虎跳峡奔腾而去，形成著名的"长江第一湾"。中甸县的南缘就始于此。

　　由车窗望远去，一片雨露迷蒙。只见海拔五千多米的玉龙雪山和哈巴雪山挺起铁灰色的庞大身躯，如同两道直通天际的屏风，挟持着浊浪翻滚的金沙江水。细雨像给路面抹了层油，沿途弯道既多且急，稍有不慎，车轮打滑，汽车便发疯似的左右乱甩，把乘客们吓得大呼小叫。在这种路上行驶，司机必须时刻全神贯注。为此，副座上的人要不时点燃一支香烟，送到司机嘴边，让他抽几口提神。开货车还不要紧，若是开客车就得分外小心。一般这条线上跑的客车都同时配有两名司机轮班驾驶，以免累了打盹出事。难怪云南人有句笑话，说本地驾驶员到北方大平原，闭着眼睛也可以开车；若外地司机来跑云南的山道，恐怕连方向盘都不敢摸！这玩笑虽有点夸张，但的确道出了实情。古往今来，进中甸之路每每被人视为畏途。

由丽江通往中甸的公路是中甸经济发展的大动脉，中甸县矿产、森林、畜牧、药材等资源的开发，文教、科学、卫生事业的发展以及人民生活的改善，都与丽中公路的建成息息相关。它不仅是连接通往县内各乡镇公路的主干线，而且是通往西藏昌都、四川乡城的滇藏、滇川线的主干线。

这条艰辛路忽必烈七百多年前走过

历史上，丽中公路是甘、青、藏、川、滇民族大走廊的一部分，是藏汉茶马贸易的故道。远古至秦汉时期，众多的西北氐羌游牧部落"附落而南"，从这条走廊迁徙到云南各地。唐永隆元年（680 年），吐蕃由此走廊南下降西洱河（洱海）地区各部落。天宝十一年（752 年），吐蕃弃隶缩赞王室再一次从此走廊南下洱海地区，册封南诏王阁罗凤为赞普钟南国大诏。蒙古宪宗三年（1253 年），忽必烈率十万蒙古大军，自甘肃洮（今临潭县）、岷（今岷县）南征大理，其西路军兀良合台部沿这一走廊，经理塘、乡城、中甸至苍洱，创下了中国军事交通史上的一大奇迹，1940 年，地理学家李式金、严德一等一行五人，更自西宁玉树，由玉树至昌都，由昌都至阿墩子（今德钦），由阿墩子经中甸而达大理。

这条古道的艰险，在世界上是罕见的，其中，丽中段的奇险十二栏干山，更是险中之险。十二栏干山位于中甸县城以南七十公里处，是丽中古道的必经之地，此山悬崖峭壁插入天际，古道缘悬岩腰际，迂回而过，过有十二曲折。过去，行人到此，莫不股栗心悸，不但不敢俯视涧底，更不敢仰望岩巅，只能屏息敛气，鱼贯而行。由于行人至此皆祈求观音护佑，崖顶有观音崖或普陀崖之称。清康熙六年（1721年），江苏人杜昌丁过此，在《藏行纪程》中描述道："十二栏干为中甸要道，路止尺许，连折十二层而上。两骑相遇，则于山腰脊告避，俟过方行。高插天，俯视山沟深万丈，丽江雪山，巍然对峙。古木苍崖，目不绝赏，然绝险为平生未历。"乾隆十三年（1748年），山西雁门张秉彝在中甸红石哨摩崖题诗，记述了丽中古道的实情："问君何故不乘舆，乱石崚崚路崎岖。问君何故不乘马，迥环曲曲接太虚。谁能攀援不费力，枝头小岛树头狙。百尺危崖势如坠，千层翠磴带露漘。等闲不敢回头望，深不见底足趑趄。"字里行间所流露出来的惊悸异常真切。

令人行往，犹叹险路难行

前人在这条路上所历尽的艰险已非今人所能想象。1956年后，居然在悬崖峭壁上开通了一条由内地经中甸到西藏的大道，而现在的丽中公路，从十二栏干山尾溯硕多岗河而上，也已经把十二栏干的险阻避开了，但"行路难"的感叹依然不绝于耳。尤其碰到雨水连绵的季节，路旁的崖壁时常崩塌，轻则阻断交通，重则造成伤亡。泥泞松软的路基被过往车轮碾压，在车道上留下一个个黑乎乎的洞坑，一不小心就会忽然滑陷，直落到阴暗的谷底。看着司机小心翼翼地驱车从坑边绕过去，令人不免有些胆寒。

汽车离开金沙江，又爬上了进入藏区的盘山公路。狭窄的山谷中，一边是左冲右突的激流，一边是树茂林密的陡岩。沿途没有村落，连车辆、行人都难得一见。仅偶有个骑马的汉子从斜刺里飞驰而出，在我们的车子后面追随良久。此番景象倒让人想起民国年的中甸不仅以路途艰险而闻名，也是大小盗匪的出没之地。就连护送要员入藏的官军，也遭遇过飞马持械之徒的掳掠。明代大旅行家徐霞客入滇后，曾打算由丽江赴中甸，观赏佛寺中供奉的三丈六铜佛像。但丽江纳西族木土司以"路多盗，不可行"劝其放弃，徐霞客终未能了其心愿。当然，古人的经历今日只成为我们途中解疲的笑谈。那来历不明的骑马人并非什么"独行客"，当他纵马驰过车旁的时候，还笑着向我们招手呢！

汽车吃力地盘旋而上，"嗡嗡"的爬坡声音催人入睡。朦胧中忽觉得浑身阵阵发冷，醒来一看，原来已进入海拔3000米以上的高寒山区。虽时值秋末，中甸若丽日高照，仍令人感到燥热；倘若落上几天连绵雨，四周高一点的山峰就顿时白雪积顶，风也变得刺骨，颇有初冬之感。外地人对中甸的寒冷常常夸大其词，说这里的雪有巴掌那么大。当地一位土生土长的傈僳族官员笑着对我们说："巴掌大的雪，可能么？最多像鹅毛大小罢了！"前人确有"中甸雪片大如鹅毛"的记载，可惜我们不得一见。据官方公布的资料，中甸在海拔2500米以上的地区，年平均温只有5.4℃，12月月底的极端最低温达到－27.4℃，的确够冷的。我们离开昆明时，天高云淡，风和日丽，料想中甸也冷不到哪里去，衣服带得很少，司机先生甚至只穿了双凉鞋。此刻，大家都忙不迭地把换洗衣服翻出来套在身上。

我们驱车在山路上爬行了三四个小时，渐渐接近山顶。只见远处黑黑的两个山头之间，露出一个明亮的垭口。待走近，右侧山坡上一座高大的玛垭堆赫然入目。"藏区到了！"朋友们一扫疲乏的神色，都撑起身子，目不转睛地盯住这个标志"光明"的"纪念碑"。所谓玛垭堆，是藏民们用刻着经文的石块垒成的石堆，上插经幡，多出现在山顶、村口和路口，以示吉祥。

终于进入一个世外桃源

玛坭堆果然带来了希望。汽车刚刚驶出山口，眼前顿时展现出一片动人的景色：淡蓝的山脉退到了天边，宽广的草场伸展在群峰的怀抱里。呈波状起伏的绿色丘陵，点缀着星星点点的牛羊、色彩斑斓的野花和弯弯曲曲的栅栏。此刻，旅途的劳顿早已经烟消云散，每个人心中都因眼前景致而感到宁静舒缓。

我们在平坦的草甸上奔驰了三个小时，终于抵达了中甸县城——中心镇。这座美丽的小城坐落在四面环山的大草坝中，海拔 3267 米，人口不足一万。整个城区分为新旧两个部分，旧城依然保持着藏式村寨的容貌，新城却街道宽阔，店铺毗连，与内地的小城镇很相似。城外草地平展，湖泊、沼泽连片。远方雪山下，一抹斜阳把草甸染成金黄，牛铃叮当，牧歌悠扬。看看这幅醉人的图画，仿佛置身仙境。想起路途的艰辛，想起古人充满恐惧的描述，又想起在出发前苦练慢跑，不禁哑然失笑。或许，那些祖祖辈辈在中甸放牧、耕耘的民族，正是听到了雪山下茫茫草原的召唤，才不畏险阻和严寒，来到这里安家的吧！据说，"中甸"在汉语中意为"四面环山的草坝"；而藏族称此地为"建塘"，意思是"胜利大坝子"。这两种命名都不会含有对穷乡僻壤的诅咒和厌倦，反而倾吐了人们对这片家园由衷的赞美和眷恋之情。

曾与我们攀谈的异乡来客，无不表示为中甸的美丽所陶醉；而这种美丽又总是和富饶联系在一起的。有位刚从西藏回来的朋友告诉笔者，中甸的海拔位置并不低于拉萨，但它的自然条件和生活环境却比西藏很多地方都要好。

中甸多山，大约 90% 的土地处于海拔 2500 米以上的高寒地带。愚昧和懒惰的人咒骂高山是贫困之源，而高原各民族的史诗把巍峨的峰峦比喻为孕育生命的母亲和创造财富的巨神。中甸境内耸立着八座南北走向的大雪山，它们的主峰海拔都超过 4490 米。其中最高的两座是海拔 5545 米的格宗雪山和 5396 米的哈巴雪山，前者还被藏民形容为"白色的堡垒"。终年不化的冰川分出无数条长年不断的溪水，再汇成宽阔的河流，滋润着山间的牧场和田地。

农牧业发展呈立体分布

中甸县的海拔高度为 1503—5545 米，从垂直带看自然环境，有十分明显的分层性，存在一条农牧业发展的纵坐标。坐标层位不同，水热状况、农作物组合、熟制、饲料、饲草及畜种组合也随之不同。最底层是江边河谷地带，其上是二半山区，再上是高寒山区，最上层是高山苔原带，海拔 4000 米以上。

汽车沿硕多岗河北行，在冲积土形成的江边台地上，一片片金黄色的油菜花和村前屋后盛开的桃、李花相互辉映着，千丘万垄的蚕豆已经结荚，沉甸甸地迎着春风摇曳，出穗的小麦扬起层层麦浪。前往虎跳峡镇购物的藏胞们，赶着骡马向南行进。河对岸村子的藏族、纳西族、汉族农民正忙着积肥和修整渠道，悦耳的歌声随风飘扬进车内。"这儿是中甸的江南，风光实在太迷人了。"同行的朋友情不自禁地发出赞扬声。河谷地区土地肥沃，水熟条件好，农作物一年两熟，以玉米、小麦、水稻为主，其次是蚕豆、大豆、大麦、油菜籽，是中甸县的主要粮食产区。

离开江边峡谷地带，汽车在盘山公路上徐徐升高，驶入海拔 2000

多米的二半山区，这里的耕地为山地红壤，有黄红土、黄泥土、紫泥土。一个藏胞告诉我，这里的土层厚、耕性好，但因坡度大，水土易于流失，抗旱力差，已不能种植水稻。主要农作物为玉米、小麦、青稞、洋芋、荞子。

到达小中甸、大中甸的高寒草甸地带，海拔已达3000多米，土壤为高山草甸土，农作物以青稞、洋芋为主，其次是小麦、荞子、燕麦、蔓菁，一年一熟，以洋芋、青稞、春小麦、荞子、蔓菁相互轮作。高寒草甸坝区的耕地面积，占全县耕地总面积的一半，农业生产的条件虽不如江边河谷区和二半山区，但由于耕地面积大，所以也是全县粮食的主要产区。

中甸的畜牧业有悠久的历史，县内草场辽阔，水草丰茂，草质优良，是发展畜牧业的好地方。

牧业生产的纵坐标大致分为3个层次：海拔3000米以上的高寒层；2000—3000米的中温凉层；1500—2000米的干热层。

高寒层可利用草场占总面积的4/5。牲畜构成主要为牦牛、高原黄牛、犏牛、绵羊。中甸牦牛头大额宽，牛角雄伟，眼圆大而有神，脑短深而宽，躯体粗厚，四肢坚实，尾毛如帚状。耐寒耐劳，耐粗饲，采食力强，下雪天仍能用前肢刨雪采食。这是迪庆藏族在中甸高寒坝区特定的环境中长期选育培养出来的。犏牛是黄牛与牦牛杂交的后代，其体大力壮，亦有耐寒、耐劳、耐粗饲的特点，藏族用来耕地和拖拉木材。两头公犏牛每天可耕地四亩，或拖拉1000多公斤的木材，行山路近20公里。犏牛食用价值很高，皮是皮革制品最佳原料，母犏牛年均产奶400多公斤，是母牦牛产奶量的1.5倍。

中温凉层的特点则是山地草坡、林地草坡繁花分布，牲畜主要为山羊、骡、驴、黄牛。而干热层的草场分布于江边沟谷之地，比较零星，但水热条件好，牧草再生力强，生长快，四季常青。主要畜种为水牛、马、骡、绵羊、山羊、猪。

上述三种不同层类的垂直分布特点，正说明中甸畜牧业生产存在一条纵坐标，人们因此称中甸的牧业是"立体牧业"。近年来，随着藏区现代化事业的发展，科学养畜水平不断提高，牧业更迅速发展。

灯泡会发光不再是笑话

水滋养土地，带来了繁盛的农牧业，也带来了电力的能源。清冽的雪水冲开陡峭的山石飞流直下，形成一级级落差很大的瀑布，由此蓄聚的能量为中甸的水电事业提供了理想的动力。仅以著名的虎跳峡为例，全长16余公里，江面最窄处才20多米宽。江水受到两崖壁的挤压，聚成波涛汹涌的激流，裂石穿云，层叠而下，上下游的落差竟达200米。据统计，金沙江在这条峡谷中的年平均流量为每秒1450立方米，可装机280万千瓦以上。而中甸其余十来条大河的基本水能蕴藏量也有100多万千瓦。

数十年前，中甸地处偏僻，人们根本不知道"电"为何物。有个笑话说山区的一个农民第一次到内地，看到明晃晃的电灯，觉得非常稀罕。于是掏钱买了一只灯泡带回家，又搓一根牛毛绳把它吊在屋梁上，左等右等不见它发光。这令人啼笑皆非的事如今不可能有人做了。从20世纪60年代以来，全县已建成中小型电站30多座。水利资源才不过用了个零头，就让90%的农户用上了电，中甸也因此一跃成为藏区的第一个初级电气化县，并跻身中国百个农村初级电气化县的行列。现在去中甸旅行，沿途见得最多的景物，除了公路线，便是输电线。即使走到深山之中，雪线之上，要想把林立的电线杆挤到相机镜头之外，还得花一番心思。

丰富的水源，同时也绿了眼前的山林。加之滇西北是世界上地表形态最复杂的地区之一，植物种类因而极其多样。从燥热的金沙江河谷到海拔5000多米的永久积雪带，直线距离不过几十公里，其气候和植物变化之剧烈，相当于把由广东至黑龙江几千公里之内的自然景观一下子压缩到一个狭小范围里。不久前我们还在江边的小镇上吃着冰棒，三四个小时以后，汽车就把我们带入了山顶的冰雪世界。如果留意观察沿途的山坡，更能清晰地辨别出由干热谷地灌木丛、亚热带常绿阔叶林、暖温带落叶阔叶林、温带针阔叶混交林和寒温带针叶林构成的垂直植物带谱。最动人的景观往往出现在海拔3500米以上的地段。那儿空气清新，四野静谧。高大挺拔的冷杉、云杉伸展开粗壮的枝丫，上面悬挂着一缕缕黄白相间的"树胡子"。暗绿色的原始森林浩瀚如海，将一座座晶莹洁白的冰峰托在碧蓝的天空下。有资料说，中甸一半以上的地区为有林地带；森林覆盖率虽仅为37%，但已远远超过了中国的12.7%和云南省的24.9%的平均水平。

满山满谷尽是奇珍花卉与药材

俗话说"靠山吃山"。且不论砍伐木材所带来的收益，就连农贸市场上出售的土特产品，亦主要取诸山林。在中甸街头漫步，随时都能见到围作一堆一堆的人群，不是在扯开嗓门讨债还价，就是在用大盆子淘洗蘑菇。他们都是做菌子生意的。如果说，东北森林的山珍要数人参，那中甸森林的宝货就要算种类繁多的野生菌了。据说这里的食用、药用真菌多达130多种，占全国同类菌种的1/5。如有名的虫草至少可以在滇西北找到8个品种。其中以冬虫夏草最为珍贵，它的形状半似虫子半似草茎，是菌种寄生于鳞翅目蝙蝠蛾幼虫体内，使虫子致死而成。它一般产在海拔3700—5000米的高山草甸上，向来被当作补精壮髓、保肺益肾的神药。清代药典《本草纲目拾遗》对此作了记载："绍兴平莱仲先生言：'其尊人曾任云南丽江府中甸司马，其地出冬虫夏草……其草入药，故能治诸虚百损，以其得阴阳之气全也。'"因此，中甸的虫草在市场上一直很抢手。1988 年，医药部门在当地的收购价 1 公斤曾高达 3000 元人民币，也就是说相当于城里普通家庭一年的收入，其价格之昂贵由此可见一斑。

近年，产于中甸的另一种食用菌松茸的身价也逐年倍增，大有后来居上之势。它是和松、栎等树种根须共生之真菌，分布于 1600—3500 米地带，6—10 月出菇，7—9 月为采摘旺季。松茸色香味美，营养丰富，具有强身驱病之效。纳西族将它作为婚宴待客的佳品，藏族则把它切片晒干，以备冬季食用。前些年日本人对松茸着了迷，跑来云南大量购买。说是他们的祖先曾把松茸奉为"蘑菇之王"，留下了"海里的鲱鱼籽，陆上的松茸菌"的谚语，日本百姓们甚至把它作为献给天皇和贵族的贡品。

中甸更有漫山遍野的奇花异草。云南出产的八大名花，至少有六种可以在这里找到。它们是杜鹃、龙胆、报春、百合、兰花和绿绒蒿。就拿杜鹃来说，全国 460 多个品种，有 227 种见于云南，而中甸就拥有其中的近百种。无论山头还是路边，到处都生长着一蓬蓬的杜鹃类灌木丛。有一种紫色花冠的杜鹃花香扑鼻，由此得名为"百里香"，可用来提取芳香油料。还有些乔木类杜鹃，可长到 5—10 米高，花朵开放时，便汇成一片片粉红的林带。早在 20 世纪初，就有外国植物学家和旅行家从缅甸、丽江等地进入滇西北搜集杜鹃花的资料。现在英国园圃中一些色泽艳丽的杜鹃品种，就是从滇西北采集标本后培育繁殖的后代。

云南有"动物王国"美称的地区，主要是指包括中甸在内的滇西而言。在中甸的深山密林中，生息繁衍着许多珍禽异兽，仅列入国家级珍稀保护动物名单的就有 40 多种，如属于国家一类保护动物的滇金丝猴、野驴、雪豹、黑颈鹤、扭角羚、华南虎、胡兀鹫、玉带海雕；属于二类保护动物的小熊猫、大灵猫和秃鹫等，约占中国重点保护动物总数的 25.1%。

自然宝藏的保护十分重要

自然的财富是否可以"取之不尽，用之不竭"，关键在于人们有没有明确的环境保护意识，并能以之约束自己的行为。在生产方式还比较落后的时代，大自然以人类的相对贫困为代价保持着自己的平衡状态。但近数十年来，尤其是近十年间，资源开发的浪潮冲破了传统的提防，一些人开始肆无忌惮地进行资源的开发，扩大生产的规模，追求富裕。但很少有人想到，随着生态环境的日益破坏，人们辛辛苦苦挣来的那点"富足"毕竟不会长久，而永久贫困的穷困难免要降临。

森林是中甸的宝库。但是在相当长的一段时间，人们只知道向它索取，不重视保护。20 世纪五六十年代至七八十年代，作为全国主要林业基地之一，滇西北向内地输送了大量的木材。仅中甸县所属的林场，每年的木材采伐量便以 1974 年的 500 亩猛增到 1980 年的 3000 亩。奔驰在中甸大小公路上的货车，运进来的是生活用品，载走的大部分却是木材。1957 年至 1984 年，全县外调木材 233.5 万立方米，相当于每个中甸人调出 21.4 立方米。由于森林的锐减，多少年来抚育着中甸草原的纳帕海，在藏语中意为"森林中的河"，但是如今在城垣四周，既看不到连绵的林带，也寻不见浩渺的碧波。纳帕海的水位逐年下降。"海"的姿容已荡然无存，只剩下成片的草甸、沼泽和面积不大的水泊供牛羊徘徊，让远客神游冥想。

森林破坏现象甚至扩展到了雪线附近。冰山之下，也出现了经利斧和大火洗劫后残存的树桩、荒坡，活像一座座阴森的坟场。横断山本来就山高坡陡，哪怕仅一小块植被剥离，薄薄的土层便会成片流失，在山体上留下一块难看的创口。这创口不但难以弥合，而且会不断扩大。经年累月，最终就会变成寸草不生的石头山。

随着森林的锐减，许多珍贵的动植物的数量也在急剧减少。这些年，食用菌类和珍稀花卉的市场价格很俏，许多人纷纷蜂拥到中甸，出几个钱雇当地人上山从事掠夺性的采集。只要找到所需的花草，先不管大小通通刨光，再拉回住地细心筛选。有用的留下，价值不大的一概抛弃，飞禽走兽的命运也不比花草好多少。现在，人们认识到保护森林的重要性。

保护自然行动为奇品异种保留一线生机

山里人嗜好打猎，自来天经地义，猎手进了山，就不好空手而归。枪响处，大至熊猫，小至野兔，总得倒下几个。于是，市场上也就经常可以见到各种野味和皮毛，根本不必出中甸县城一步，便能用比内地便宜许多的价钱，买黄灿灿的小熊猫皮、宝贵的鹿茸以及血淋淋的熊胆。人们的滥捕滥杀甚至危及被联合国列为濒危物种的黑颈鹤。这种美丽温顺的候鸟是中国特有的鹤类，也是唯一生长在海拔3000—5000米高原沼泽地的高原鹤。它们的数量比大熊猫还稀少，因此十分珍贵。从前每逢10月叶落秋至，黑颈鹤便成群结队从青藏高原飞来，在中甸的水泽湖畔过冬。但由于中甸生态环境的变化和人们的捕杀，来此越冬的黑颈鹤已减少到150只左右。

20世纪80年代初，云南省政府在中甸建立了哈巴雪山、碧塔海和纳帕海三个自然保护区，并采取了退耕还林、改良草场等一系列措施。这些行动表明，生态问题正引起有识之士的关注。但愿种种有益的措施不只限于为中甸的珍稀动植物提供一个最后的避难所，而旨在给子孙后代的万年福祉奠定牢固的基础。

文化混合成为一项生存优势

最让滇西北藏民们自豪的事，莫过于他们的先民同青藏高原的藏族有着一样悠久的历史，而且都是黄河中上游古羌人的子孙。

他们的文化，也像大自然那五彩纷呈。然而，"纯正"可能会陷于孤独，"混合也可能成为一种优势"。在中甸这个五方杂处的十字路口，藏文化正是通过与其他异族传统相互影响、相互融合的方式向前发展。

根据滇西北发现的新石器时代遗址和青铜时代的石棺墓来推断，当地的原住民同青藏高原的远古部族有渊源，同时又带有云南其他古代居民的文化特征。这表明：从很早的时候起，中甸的地方文化就是在土著文化与西北羌人文化的基础上，融合了邻近多种文化因素而形成的。

7世纪初，松赞干布统一青藏高原各部，建立起强盛的吐蕃王朝，与中原的大唐和云南西部大理一带的地方政权发生战争。8世纪初期，吐蕃全力向东发展，完全控制了滇西北，在进入中甸的金沙江上架起长达五十多米的铁索桥，并筑铁桥东城，作为夺取滇西的桥头堡。8世纪中叶，吐蕃的势力已深入大理地区，征服洱海周围的众多部落。751年至793年，崛起于大理巍山的南诏不满唐朝的封建统治，遂与吐蕃结盟，联兵对抗唐朝。天宝之战、川西之役，唐军在南诏和吐蕃的夹击下连连失败，国势从此一蹶不振。794 年，南诏与吐蕃反目，又转而投附唐朝，次年发奇兵奔袭吐蕃占据的滇西北，夺取十六处重镇，降众十余万人。此后，中甸便成为吐蕃与南诏的缓冲地带。原本住在该处以及随吐蕃大军流入的藏民并未撤走，使藏文化在这里得以传承下来。

到了元代，由于蒙古统治者对藏区的地方政权采取扶植的政策，云南西北部的藏族势力遂得到很快的发展。但明替代元以后，丽江纳西族木氏土司权势日增。在万历至嘉靖年间，木土司连年借助武力向西北部扩张，与各地的藏族土酋交战达七十年，攻陷中甸等地的藏民堡垒数百座，终于迫使川、滇、藏交界地区的藏族向其归顺，俨然成为一方霸主。在这期间，纳西文化对中甸各族产生了深远的影响。直至明末清初，木土司逐渐失势，西藏的地方势力才重返中甸。与此同时，随着中央政府对云南藏区控制的不断加强，汉族人口开始大批迁入中甸，把内地的生产技术和风俗习惯带到了藏区。

这里的"藏味儿"隐含其他民族特色

在漫长的历史年代里，地处藏区边缘地带的中甸曾数度易主。世代在此安居的藏民因长期受到纳西、白、汉等各族文化的熏陶，他们的语言和习俗自然不可能像西藏的藏族那样纯正单一。也正因为如此，中甸的藏文化才有了自己独具的色彩。

初到中甸的人无疑会嗅出一种四处弥漫的藏族气息，但同时也会发现这里的"藏味儿"含有大量其他民族的特质。以最常见的服饰为例，中甸的藏族男子大都身材魁梧，性情强悍。他们的传统装束与别处的藏民大致相同，头戴毡帽或皮帽，身穿肥大的长袍"初巴"，腰系藏式皮革腰包，佩银壳短刀，足蹬长筒靴子。但近些年来改穿汉装的人很多。妇女的打扮则非常特殊，她们身着藏式对襟大褂，头包白族风格的布帕，围腰和羊皮披肩的式样却与纳西族相似。从上到下，把几个不同民族的装扮都集于一身了。

再说饮食。中甸藏民的主食为酥油茶，晚上再吃一顿"大饭"，即为有酒有肉的正餐。按老一辈的规矩，吃茶必须伴以糌粑，否则外人会以为这家人已经穷困不堪了。但现在很多人学了汉族的样子，用买来的饼和小包子就茶吃。与此同时，中甸其他民族也接受了藏族的饮食习惯。一是学会了喝酥油茶，无论到哪家做客，主人都要搬出打酥油茶的器具，弄一碗茶给客人喝。二是学会了吃肉，特别是吃牛羊肉。人们常开玩笑，把喜吃肉类的滇西北居民叫作"食肉动物"，把离不开新鲜蔬菜的昆明人叫作"食草动物"。

再说住房。住房融合了藏、白、汉、纳西族样式。藏族一般住碉楼，四面冲土为墙，楼分数层，底层喂养牲畜，二楼住人，三楼堆放杂物。顶部为土掌平台，便于晒粮、打粮。而中甸地区的藏式民居则设计复杂，一律只冲三面土墙，正面完全仿照白族和汉族建筑，改作木制隔扇和雕花门窗，所雕图案都是内地常见的松鹤长寿、龙凤呈祥和喜鹊登枝等等。房屋虽仍保持楼分三层的传统格局，但住人的第二层留出了走廊和通道，梁柱造型也大量采用汉族和白族的工艺，有些楼房的前檐还设置双层斗拱，兽吻雕梁。故此，中甸藏式民居底层的建筑用语全部为藏语词汇，第二层却全部为汉语词汇，不同建筑文化的结合于此一目了然。中甸藏民盖房子也因而离不开白族、汉族工匠。即使请藏族木匠施工，他也必须通晓两套以上术语，方能得心应手地工作。至于屋顶则多采用纳西族木楞房的做法，以木片代瓦片盖顶，上面再用石块压住。我们原以为木片房顶容易腐坏，须经常更换。后来才知道，木片被火塘烟熏之后，不怕受潮，不怕虫蛀，只要过段时间把朝上的一面翻朝下，也用烟熏一熏，屋顶便可经得住几十年乃至上百年的风吹雨打。

供人居住的二楼面积很宽，少说也在 50 平方米以上，里面的布局通常分作四格。火塘和佛堂一左一右各占一格。火塘上架一只大铁三角，上面放置四只连为一体的铁锅，一口熬茶，一口烧水，另外两口分煮牛食和猪食。火塘旁靠墙的一面是男性家长和客人的座席，座后板壁上绘着象征吉祥的八宝图案。家长侧边为主妇座席，正好对着熬茶铜锅和打酥油茶的器具。房间进口处有一个壁橱般大小的水亭，内置一口巨大的铜水缸。水亭外壁雕饰花纹，极其精美。屋内立着一根两人合抱的大中柱，柱端雕有云龙，它是家长权威的象征。家里的佛事和社交活动都围绕中柱举行，娃娃满周岁穿新衣要敬宅，过年要用红纸书"中柱大吉"贴在上面，以示吉祥。

带院落的人家大多要立一座别致的门楼。若为藏式的则朴素庄重，若为白族式的，则雕梁画栋，不论哪种式样，门头上都挂着用于驱邪的"甲马纸"，上面绘的是汉族的和合二仙。一座小小的门楼，把中甸藏族文化多元和混合的特点表现得极为鲜明！

宗教在毁圮中逐次复生

从县城中心镇出发，汽车沿滇藏公路北行，从岔道绕过一座山丘，一片布达拉宫式的建筑群瞬间出现眼前，这就是远近闻名的归化寺（藏名噶丹松赞林寺）。因寺管舍事前接到通知，盛装的喇嘛们热情地在寺前列队欢迎我们。寺楼的一张方桌上，摆满了糌粑、奶渣、乳酪等丰盛的食品，我们在桌旁的长凳上就座，边喝酥油茶，边品尝藏式食品，边进行访问。由寺管委员会主任满英则处得知，在吐蕃统治滇西北和洱海地区的一百多年中，喇嘛教随之传入滇西北区。喇嘛教有格鲁巴（黄教派）、宁玛巴（红教派）、噶举巴（白教派）、萨迦巴（花教派）等教派。归化寺与拉萨的噶丹、哲蚌、色拉和日喀则的扎什伦布寺等同为黄教寺院。

据中甸著名藏族学者七耀祖和西洛嘉措的研究，归化寺建于藏历第十一饶迥阴土羊年（1679 年），落成于阴铁鸡年（1681 年），是经五世达赖阿旺洛桑丹增措向清康熙皇帝奏请敕建的"十三林"之一。据说，达赖五世掌教期间，藏区灾害持续，七年庄稼无收，众生堕入苦海，以致俗民不守法律，僧侣不守清规。僧侣众多，四处乞食，为非作歹，民心思乱，惶惶不安，两位政教领袖问卜，决定在藏区兴建"十三林"大寺，剃度虔诚僧人，修行布道，广行善事。五世达赖在寺庙建成后赐名"噶丹松赞林"。"噶丹"表示黄教创始人宗喀巴所建的第一座黄教寺院噶丹寺的传承，"松赞林"意为天界三神游戏之地。经多次扩修，松赞林寺布局层叠而上，仿布达拉宫，规模宏大，占地约 500 亩。"扎仓""吉康"两主寺矗立中央。金瓦辉煌璀璨。大寺供奉金龙牌位"皇帝万岁万万岁"。七世达赖格桑嘉措支持归化寺的扩建，扩建完成后，特意从布达拉宫库内选出精致无比的释迦铜像一尊、金银供器全套、唐卡、锦缎法饰等，布施给归化寺。

自康熙二十年（1681 年）以来，归化寺一直是中甸藏族精神生活中心。家家户户都以送子弟进寺出家当僧为荣。喇嘛在社会上有很高的地位，喇嘛教除实行政教合一，统治地方之外，还渗透社会生活的各个方面，人民的衣食住行、生老病死，都与宗教关联。喇嘛为藏胞的出生祝福，解释他们的命运，为他们治病，处理婚姻案件。因此家有财产者，都入寺敬献许愿，村村寨寨都设有经堂，家家户户都设有神龛。

1966 年至 1976 年，藏族的宗教生活遭到破坏，归化寺被毁成一片废墟，普通僧侣遭到批斗。1978 年后信教自由得到保护。1984 年，云南省拨款八十多万元人民币重建松赞林寺。信教群众踊跃捐助建筑材料、粮油、现款和义务工，大寺迅速从废墟中重建起来。过去，住寺喇嘛的饮用水要由半公里以外的山下背回，光大殿厨房每天就得有五名喇嘛专门背水，一天背十至二十趟。最近，县政府从五公里以外的姑都末尼用钢管引来了山泉水，并修了一百多立方米的蓄水池，从而解决了三百多年来的寺院用水问题。大寺边建边恢复正常的宗教活动。1984 年，正月十五米郎钦波祈愿法会和冬月二十六日、二十九日两天的霸唱（跳神）会也陆陆续续恢复。住寺僧众亦已达到五百多人。

圣俗交识，宗教深据每个人的心灵深处

汉族的宗教生活，大体上是同世俗生活相分离的。大多数人平日关心的是油盐柴米，到了患病遭灾，才跑去庙里烧香磕头。藏族却不然，他们的日常起居，无时无刻不笼罩在宗教的气氛下；但他们的宗教信仰，又为世俗的欲望所渗透，一言以蔽之，圣与俗的交织正是藏文化最突出的特点之一。

除了寺庙中严格规定的宗教制度外，没有剃度入寺的俗民，每天也要在自家的佛堂点灯拜佛，定时到各大小佛寺进香，布施僧众，参加法会。还有一项经常性的活动，称为"转经"，这不仅是到庙里拉着比人还高的木制经筒绕几圈，而且包括"转寺"和"转山"。在藏民的眼里，一座神山即一个神台，一所经堂。围着它转圈子，也可以积功积德。中甸藏族所转的神山，有大理佛教圣地鸡足山和德钦县的太子雪山。太子雪山横贯于滇藏交界处，为怒江和澜沧江的分水岭。它是云南省境内的最高点，主峰卡格博海拔 6740 米。它的山峰雄伟壮观，13 座 6000 米以上的雪岭直耸天际，十余条冰川如瀑布飞悬，被四方的

藏民奉为神山。记得去年日本登山队在太子雪山受挫，中甸的藏族谈起此事便显出轻蔑的神色，说："神山岂是凡人可随意冒犯的?"

每年秋季，许多云南、四川、西藏，甚至青海的藏民都要携带全家，长途跋涉，到滇藏边界朝拜太子雪山。人们用马驮着小孩、帐篷和粮食，大人则徒步而行，围绕这座神山转一圈。平均每天走 40 多公里，朝行夜宿，半个多月才能转到起始点。当走到山下一片翠竹林时，每人都为自己和留在家里的亲人砍一根竹子带回去，以作为朝圣者的标志。据说太子雪山属羊，适逢羊年，朝山的人也就特别多。有些藏民甚至用磕长头的苦行方式转山，一步一滴血印，其虔诚之心，艰苦之情，是非常人所能想象的。

在这里，做一名喇嘛仍需强大的经济后盾

有位年轻的活佛曾实在地对我讲："任何真诚的信仰都必须以经济实力作后盾。"这的确是至理名言。一个僧人入寺，生活费用大半得靠家里承担。若到拉萨求学，更需耗费资财。返寺后任各级职务，每一任都要布施成百上千人民币。而整座寺庙，用于修缮、法事、布施等各种活动的支出更为巨大。因此，藏传佛教的寺院不仅以诵经为务，而且善于利用自己独特的宗教和政治地位，积极地向经济领域渗透。20 世纪 50 年代以前，中甸的归化寺不仅是云南藏区最大的教主，也是最大的领主。它有权向所属的 300 多户农奴征收粮款、支派差役，而经由放债的所得更加可观。有的僧侣因经营有道，成为拥有数十万元资产的巨富。归化寺收藏了大量珍贵的佛教文物，又是财富集中之地，早期曾数次受到川、滇土匪的威胁。为此，特别组织僧侣武装护寺，拥有钢枪 500 多支，并免责统

率教区藏民武装，一时神权、俗权在握，声势极其显赫。而今，归化寺已不能号令四方，但僧侣们从商的兴趣却随着社会的开放有增无减。有些头脑灵活的人甚至抛弃原始而又费时的马帮，驾着四个轮子的汽车把生意一直做到了边界。

信仰与文化："施舍"与"自然"

对于死亡的理解和处置方式，大概要算一个文化最隐秘和核心的部分了。人们可以轻易地放弃自己衣、食、住、行的习惯，却很难接受他人的丧葬礼俗以及与之相联系的种种观念。围绕着藏族的天葬所产生的误解和纷争就是如此。早在清朝乾隆年间，官府就曾发布告示，指责天葬是"无伦无理，残忍为甚"，强令藏民改行土葬，如有违抗"即令在藏文武官员，将死者之子孙凌迟处死，并将在旁助恶动手之人，正法示众"。用今人的眼光来看，这篇文告实在有点可笑，因为它加之于天葬者的残酷刑罚才是最没有伦理的。

如果以藏族自己的价值观念为标准去审视以天葬为主体的传统葬仪，它们就不是原始和落后的东西，而是符合佛教道德规范的、比较完善的死亡处置方式。几位中甸的藏族学者反复告诉我们：真正的佛教信仰都可以归结为"施舍"二字。藏族把这两个字贯彻到了他们生活，包括生和死。因此他们活在人间的时候，把收获的粮食和积蓄的钱财布施给寺庙，以表达对佛的虔诚；他们死后也不在世间留下任何东西，就连自己的肉体也可以施舍给天上的鹰鹫和水里的鱼虾。施舍得越干净，灵魂才能愈快地摆脱旧的躯壳，超生到西方极乐世界。换一种角度讲，藏族并没有把世上的万物按优劣强弱分为不同的等级，它们既共栖并存，又相互转化，如此轮回不已。藏族的葬仪正是力求顺应自然的本性，并以回归自然为目的。这比起那些深埋厚葬、奢靡无度的风俗，岂不是更易理解！

附记：

此文附图略，只保留图解。

图解1：

"百尺危崖势如坠""迴环曲曲接太虚"，古人仅用短短一句话便道出了以往中甸古道的险与惊。历史上，丽江通往中甸的公路是甘、青、藏、川、滇民族大走廊的一部分，也是藏汉茶马大道的故道。远古时代的西北氐羌部落，便是经由这条走廊遥徙到云南各地。在过去，由于金沙江湍险流急，山道崎岖，玉龙雪山和哈巴雪山又如屏风般矗立，使得人们往往视中甸为畏途。但现代丽中公路的开通，虽然路途仍然险阻，对于中甸的开发与物资交流却有极大的助益。

图解2：

穿过险阻的公路，中甸平坝的美景顿然出现眼前。淡蓝的天空退至天边，宽广的草场无限延伸，和湖泊、沼泽连成一片。屋舍、藏民、牲畜为平坝带来了生动的气息。平坝是中甸藏族的聚居地，大多数的平坝藏居仍保持旧有的村寨形式。"中甸"在汉语中意为"四面环山的草坝"，但安居于此的藏族却称之为"建塘"，意谓"胜利大坝子"。这正表明了它们对中甸的赞美和眷恋。

图解3：

玛坭堆是藏区的"标志"。在藏族地区的山顶、村口和路口，经常可以看到由石头盖成的玛坭堆。每个玛坭堆上的石头都刻有经文，并插上经幡，在藏人心中有祈福、避邪的功能。只要看到玛坭堆，便可以确信藏区不远。由此也可看出，中甸藏族仍紧守着藏文化的根源。

图解4：

虽然中甸大约90%的土地高于2500米，但是由冰川分化出来的潺潺流水所汇集的河流，滋润了山间牧场和田地，使中甸拥有极为优良的农牧业。中甸的农牧业基本上按高度发展，有极为明显的分层性，依其高度、水热状况、农作物、饲料饲草，形成一条农牧的纵坐标。上、中、下三图为河谷地区的农耕。

图解 5：

中甸的藏民和青藏高原的藏民一样，有着极为悠久的历史，都是古代黄河中上游古羌人与藏区土著居民融合的后代。但和西藏藏族不同的是，中甸位于五方杂处的十字路口上，自古便受到藏族、蒙古族、汉族、纳西族、白族文化的影响，形成了多元文化的特质。对于大多数人来说，中甸藏族外表的"藏味儿"看来和西藏藏族近似，事实上，由服饰、饮食到建筑，两者正好呈现纯正与融合的极大差异性。

图解 6：

生活在中甸的藏族生活极为朴实，一般皆日出而作，日落而息。在这个地方，大自然是一个最佳的游乐场，孩童在收成后的田野嬉戏，自得其乐，由土地学习而来的，正是藏族朴素忠厚的个性。而成年人平日则顺应四季，辛勤工作，在难得的清闲生活中，全家一起浸泡温泉，闲话家常，比诸生活在都市中的人们，别有一番乐趣。

图解 7：

中甸高原地处高地，日照长，辐射强，加上水源充足，形成了有利的植物生长环境，因而漫山遍野尽是色彩斑斓的奇花异草。云南有所谓八大名花，其中有六种便出产于中甸。而全中国四百多种杜鹃花中，更有近百种产于中甸。早在20世纪初期，外国植物学家由此地搜集回去的杜鹃花种，有些至今都还在国外的庭园花圃中含苞吐蕊。

图解 8：

中甸地处高原，在海拔1500米以上的地区，年平均气温便已低至 5.4℃，而 12 月的最低温度更低至 −27.4℃。冬季时，中甸完全失去了它原有的颜色，处处为白雪覆盖，农业陷于停顿。这时只有身体粗厚、四肢坚实、耐寒、耐劳、耐粗食的牦牛，能在雪地中以前肢刨雪采食。

图解 9：

人为的疏忽与无知，往往就陷大自然于绝境。而一个良好政策的制定，又能为大自然带来生机。中甸水草丰美，是以农牧为主的中甸藏民安居乐业的地方。近十年间，现代化的脚步使中甸居民走向富裕，也走向破坏自然的道路。有相当长的一段时间，人们在中甸的林带滥伐，破坏了原有的林相。许多外来者更在中甸滥采良质食用菌和珍奇花卉，导致中甸生态失衡。所幸云南省政府在 1980 年年初便开始设立自然保护区，并采取退耕还林、改良草场的措施，为中甸的自然美景带来生机。

图解 10：

舞蹈在中甸藏族体系中，不但具有娱乐功能，同时亦具有结合族群，联络感情的功能。每年的二月八节，当地各族齐集到白水台附近，点燃篝火，欢庆盛会在这种舞蹈活动中不难看出，中甸藏族由自己的族群推演至其他各族，并且将生活文化加以融合的现象。事实上中甸藏族正是以相互融合的方式，才能自古至今在这个"异域"安身立命，并光大族群。

图解 11：

现代中甸的住屋因为受到汉族、纳西族、白族等的影响，许多细部已和西藏的民居不同。但在大体结构上，中甸藏居仍和西藏传统民居一样，一楼养牲畜，二楼住人，三楼堆放杂物，顶部则为土掌平台，用来晒粮打谷。二楼住房仍然分为四个部分：火塘、佛堂、水亭和座席。居中者则为中柱，是家居的中心。左下图是纳西族的建筑，屋顶是以石压住木板建成，这正是今日中甸藏居大多数屋顶的样式。

图解 12：

近年来，中甸藏族的生活有显著的改善，特别是利用硕多岗河建成的发电厂，使得中甸一跃成为中国藏区第一个初级电气化县。在行的方面，过去快马奔驰的景象已不常见，拼装车和卡车也已取代了传统的运输。对于生活的改善，生性纯朴善良的中甸藏人，将之归于诸神与毛泽东主席的恩惠，同列入膜拜感恩之列。

图解 13：

中甸藏族和西藏藏族虽然在生活方式上已呈现很大的差异性，但生活的内里却仍极为密合。归化寺是中甸地区最大的藏寺，外形上仿西藏布达拉宫而建，显示了中甸藏人的宗教信仰仍以西藏为中心源头。而喇嘛也同样需要接受严格的训练，并在藏族中享有崇高的地位。1966 年至 1976 年，藏族的宗教一度遭到破坏。1978 年后，宗教再度受到保护，佛像和寺庙渐次修复，宗教活动也开始恢复正常。

图解 14：

太子雪山是中甸藏民心中的神山。除了到归化寺朝拜，许多滇、川、藏、青的藏民都会带着家人到滇藏边界朝拜太子雪山。藏民笃信佛教，他们认为佛教的真义为"施舍"，因此生时要把收获布施给寺庙，死后也不在世间留下任何东西，就连肉体也要施舍给天上的鹰鹫和水中的鱼虾。"天葬"在清朝一度被认为（无伦无理）而被禁止，连死者的家属都会遭受处罚，其实天葬所体现的正是藏族万物共栖共存、顺应自然的本性。

（原载台湾《大地》杂志 1991 年第 36 期）

《云南藏族》电视纪录片解说词*

第一集 冰山雪域中的世外桃源

[磕长头、康巴艺术节部分镜头]

藏民族，中国 56 个民族中最富有神圣情感的民族。古往今来，无论是他们的生活方式，还是他们的所居之地，始终笼罩着神秘的光环。

大多数人都知道，中国有近 400 万藏族人口，大多聚居于西藏、青海、甘肃南部和四川西部。但很少有人知道，在青藏高原向南延伸的横断山区，还分布着一支饱藏历史沉淀的藏族群体。他们虽然仅有10 万人，但已在这世界上最险峻的雪山峡谷中世代生息了上千年。

由于山川阻隔和文化混合，他们的外在文化和个人气质已形成自

＊ 拙作《中甸藏区考察纪实》《边区藏民甜蜜的家中甸》发表后，学界的同人建议我改成影视人类学脚本，拍制成宣传云南藏族的电视纪录片。但改写成剧本非我之所长，乃商请云南省社会科学院影视人类学中心主任王清华同志担当。清华同志认真研究我发表在台湾《大地》第 36 期的文章，并经过同期采访，将其改写成《云南藏族》这篇解说词。1998 年夏天，云南省社会科学院组织清华为首的摄制组，完成了制片任务。审片专家看后赞不绝口。以中国科学院院士、中国工程院院士吴良镛为首的清华大学与云南省的省校合作项目"滇西北人居环境可持续发展研究"课题组看后亦给予很高的评价。为扩大宣传香格里拉藏族的效益，特将这个解说词也收入文集。

己的特色。然而，在他们的心目中，藏族传统的中心思想和文化精神仍是他们仰而望之、生死相守的根源。

1957年9月6日，云南省迪庆藏族自治州成立。确立了藏文化在此一区域中的主导地位。

（推出片名：迪庆藏族——第一集：冰山雪域中的世外桃源）

[现代的滇西公路]

20世纪90年代，笔者曾多次到迪庆这块神奇而美丽的地方考察历史和民俗。

乘车离开昆明往滇西北行，途经楚雄彝族自治州、大理白族自治州和丽江纳西族地区，第三天就进入了群山竞雄、河流奔腾的金沙江纵谷区。

[石鼓镇、长江第一湾、哈巴雪山]

这个地方因金沙江的突然出现而变得风光无限、分外迷人。它被称为"石鼓"，早已经闻名于世。"石鼓"就是因为这块记载着古代战争历史的鼓形石碑而得名。

悠悠流淌的金沙江曾随怒江、澜沧江从青藏高原的冰山雪峰中发源，一路南行，在迪庆高原上形成世界著名的"三江并流"奇观。

然而，正是这条以盛产黄金而闻名的金沙江独辟蹊径，在石鼓这个地方忽然急转东北，穿过虎跳峡滚滚而去，在万山丛中划出了一道弧线。这，就是著名的长江第一湾。

天堑般的长江第一湾及耸立江岸的这座海拔5600米的哈巴雪山，是一道天然屏障，将迪庆与内地分成两重天地。迪庆藏区的南缘就始于此。

"迪庆"是藏民族对金沙江北岸这块神奇高地的称呼，意思是："吉祥如意的地方。"

这块高地是"世界屋脊"的南缘、著名的横断山区腹地、云南海拔最高、地理环境最复杂的地区。

[高大雪山群、湖泊江河]

迪庆多山，在云南首屈一指。有三条巨大的山脉纵贯全境。它们是怒山山脉、云岭山脉和贡嘎山脉。山脉之间有百余个山峰超过4000米。梅里、白芒、哈巴三大雪山高耸于群峰之上，藏族人民称其为"宝鼎"。

终年不化的冰川雪峰孕育出迪庆高原星罗棋布的高山湖泊和雪山冰碛湖，于是到处飞瀑流泉、溪流纵横，与奔腾流淌的怒江、澜沧江、金沙江一起，滋润着广袤的森林、山间的牧场和田地。

一过金沙江，地势陡然直立，公路盘山而行。

在这里，从燥热的金沙江河谷到海拔5000多米的永久积雪带，直线距离不过几十公里，但气候和植被变化之剧烈，相当于把广东至黑龙江几千公里之内的自然景观一下子压缩到一个狭小的范围内。

乘车上迪庆，从山脚到山顶你能看到亚热带、温带、寒带的不同植被随海拔升高而垂直分布；同时，能亲身感受着春、夏、秋、冬的四季变化。

立体地貌、立体气候、立体的动植物分布，是迪庆高原的显著特征。

[草原、雪山]

每当一上到迪庆高原，笔者都要被展现在眼前的景致所震撼和陶醉。

这梦幻般的金秋草场，这晶莹的雪山、湛蓝的天空，以及这大地长天之间的藏房，是一曲永远唱不完的田园牧歌。

这里空气清新，没有一丝尘埃，这里的人们朴质无华，像这里的天地一样自自然然。

在平坦的草甸上乘车奔驰三个小时，即可到达迪庆藏族自治州首府——中甸县城中心镇。

这座美丽的小城坐落在四面环山的大草坝中，海拔 3276 米，人口不足一万。整个城区分为新旧两部分。旧城依然保持着藏式村寨的容貌，新城却街道宽阔、高厦林立，俨然是一个现代化城市。

中甸城外草地平展，湖泊、沼泽连片，雪山之下，牛铃叮当，牧歌悠扬，置身其中，犹如坠入仙境。据说，"中甸"在汉语中意为"四面环山的草坝"；而藏语称此地为"建塘"，意思是"胜利大坝子"。这两种命名都倾吐了人们对这片家园由衷的赞美和眷恋之情。

[儿童游戏、成人劳作]

生活在这里的藏族极为朴实，他们一般日出而作，日落而息。在这个地方，大自然是一个最佳的游乐场，孩童在收成后的田野尽情嬉戏，由土地学来的，正是藏族朴素忠厚的个性；而成年人则顺应四季，辛勤工作，在难得的清闲生活中，全家人一起浸泡温泉，闲话家常，在与大自然进行的真诚的物质和精神交换中，他们自得其乐，过着与世无争的平静生活，比起生活于都市的人们，真是别有一番乐趣。

[中甸藏家]

我们的到来，打破了这个家庭的宁静。

（藏犬吠叫）

主人热情有加，邀我们在火塘边就座，向我们讲述他们的生活（同期采访，谈藏族的农牧兼作的生产、生活情况，以及改革开放给迪庆农村带来的喜人变化）。

迪庆藏族是从事畜牧业的佼佼者，同时还是迪庆高原上定居农业的创造者，他们从事农业，定期放牧，是农牧兼作的高原人。

利用立体地貌、立体气候创造立体的农牧业，是藏族在迪庆高原的独特创造。

在气候炎热、土地肥沃、水热条件好的河谷地区，农作物可一年两熟，藏族以种植玉米、小麦、水稻为主，其次种植蚕豆、大豆、大麦、油菜籽，使河谷成为迪庆粮食的主要产区，被称为"高原的江南"；在海拔2000米左右、土层厚、耕性好的半山区，藏族主要种植玉米、小麦、青稞、洋芋、荞子；而在海拔3000米左右的高寒地带，藏族的农作物以青稞、洋芋为主，其次为小麦、燕麦、荞子、蔓菁等，在这里农作物仅一年一熟，由于高寒地带耕地面积广阔，农业生产条件虽不如江边河谷及半山区，但耕地数量大，所以也是迪庆粮食的主要产区。

迪庆藏族畜牧业有着悠久的历史，迪庆高原草场辽阔、水草丰茂、草质优良，是发展畜牧业得天独厚的宝地。

与迪庆立体农业相同，畜牧业也呈现垂直立体分布特点。

在炎热的河谷，草场分布于江边沟谷，水热条件好，牧草再生力强、生长快，四季常青是其特点。在这里藏族主要牧养水牛、马、骡、绵羊、山羊和猪。

在海拔2000—3000米的温凉地带，草场分山地草坡和林间草坡，草深林茂是其特点，所养牲畜主要是山羊、骡、驴、黄牛。

海拔3000米以上的高寒地带，是迪庆畜牧业的主要地区，这里的草场面积是迪庆可利用草场面积的4/5。高山草甸，水草丰美，气候寒冷，是牦牛、犏牛、绵羊自由生长的广阔天地。

[牦牛、犏牛]

这就是被称为"雪山之舟"的牦牛。它雄伟健壮、头大角圆，以吃苦耐劳著称于世，是高原藏区的独特畜种，杰出的劳动能手和运载工具，更是藏民族坚强性格和无私品格的象征。

这个貌似牦牛、体形更大的家伙被称为犏牛。它是牦牛和黄牛杂交的后代，其体大力壮，亦有耐寒、耐劳、耐粗饲的特点，藏族用来耕地和拖拉木材。两头公犏牛每天可耕地 4 亩；拖拉 1000 多公斤的木材，日行山路 20 公里。母犏牛年平均产奶 400 多公斤，是母牦牛产奶量的 1.5 倍。犏牛，是藏民族健壮体格、营养热量的主要提供者。

立体农业、立体畜牧业，使迪庆高原充满生机与活力。在与大自然长期的亲密无间的交往对话过程中，藏族和这块土地水乳交融、血肉相连。

[水能]

雪峰冰山孕育的水滋养着土地，带来繁盛的农牧业，也带来了巨大的电力能源。

"三江并流"不仅是自然奇观，它更是水能资源构建出的奇迹。滔滔不绝的巨大江流和清冽的雪水冲决群山、劈开峭壁，形成无数飞流直下、落差极大的急流瀑布，它们所蓄积的水能为迪庆的水电事业提供了理想的动力。

这是著名的虎跳峡，它全长 16 公里，江面最窄处仅 20 米，江水受到两座雪山的挤压，聚成如此波涛汹涌的激流，裂石穿云，声振数里，层叠而下，自然落差竟达 200 米。据统计，金沙江在这条峡谷中的年平均流量为每秒 1450 立方米，可装机 280 万千瓦以上。

巨大的水能资源正在被开发利用。

但在数千年前，迪庆位置偏僻，人们根本不知道电为何物。有个笑话说，山区的一个农民头一次到内地，看到明晃晃的电灯，觉得十分稀罕。于是掏钱买了一只灯泡带回家，又搓了一根牛毛绳把它吊在屋梁上，左等右等不见灯泡发光。这令人啼笑皆非的事如今不可能再有人去做了。因为自 1960 年以来，仅迪庆州中甸县就建成中小型电站 30 多座。水利资源才不过用了个零头，就让 90% 的农户用上了电灯，中甸也因此一跃成为藏区的第一个初级电气化县，并跻身全国 100 个农村初级电气化县的行列。现在去中甸旅行，沿途见得最多的除了公路线外，就是输电线，高大的钢架耸立于高山峡谷，即使步入深山之中，雪线以上亦可见到成排的电线杆迎风挺立。

丰富的水资源，使群山绿化，造成迪庆动植物资源的极大丰富性。

从干热河谷到雪山之巅，由热带灌木丛、亚热带常绿阔叶林、暖温带落叶阔叶林、温带针阔叶混交林和寒温带针叶林构成的垂直立体分布植物带谱，使浩瀚如海的原始森林，将一座座晶莹洁白的雪山冰峰托入蓝天。

据统计，迪庆一半以上的地区为有林地带，森林覆盖率为 36.4%，为云南省的主要林区。全国主要林业基地之一。

[虫草、松茸]

如果说，东北森林的山珍要数人参的话，那么迪庆高原森林的宝货就要算种类繁多的野生菌了。据说迪庆的食用、药用真菌多达 130 多种，占全国同类菌种的 1/5。

虫草，是一种最为神奇的药物珍品，又称冬虫夏草，是一种奇特的菌与虫的复合体，它的形状半似虫子半似草，是菌种寄生于鳞翅目蝙蝠蛾幼虫体内，使虫子致死而成。虫草一般生长在海拔 3700—5000 米的高山草甸上，向来被当作补精壮髓、保肺益肾的神药。在迪庆，有名的虫草至少可以找到 8 个品种。清代药典《本草纲目拾遗》对其做过详细的记载。长期以来，虫草在市场上一直很抢手。1988 年，医药部门在当地的收购价 1 公斤高达 3000 元，其价值的昂贵，由此可见。

近年来，生长于迪庆高原的另一种被称为"松茸"的食用菌身价逐年倍增，大有后来居上之势。松茸是与松、栎等树种根须共生的真菌，分布于海拔 1600—3500 米的地带。松茸色香味美，营养丰富，并具有强身驱病之效。历来备受高原民族青睐。纳西族将它作为婚宴待客的佳品和上贡朝廷的贡品；藏族则把它切片晒干，以备寒冬食用；日本人对松茸更是情有独钟，在云南大量购买，据说他们的祖先曾把松茸奉为"蘑菇之王"，留下了"海里的鲱鱼籽，陆上的松茸菌"的谚语。日本老百姓甚至把松茸作为献给天皇和贵族的贡品。

迪庆是个奇花异草的世界，每当花季，漫山遍野，灿若云霞的花卉，轮番争奇斗艳，锦毯一般的草原更是分外迷人。云南有 8 大名花，至少有 6 种可以在这里见到，其中，杜鹃花在此得天独厚，品种繁多，格外妖娆。杜鹃在全国有 470 多个品种，在这里就有近 300 种，因此"三江并流"的迪庆被称为杜鹃花卉的摇篮。

迪庆是个真正的动物王国，花团锦簇的原始森林之中，繁衍生息着数不清的珍禽异兽，形成罕见的珍稀动物群落，仅列入国家级珍稀保护动物名单的就有 40 多种，其中滇金丝猴、野驴、雪豹、黑颈鹤、扭角羚、小熊猫等中外驰名，极其罕见，约占我国重点保护动物总数的 25.1%。

[生态问题]

迪庆高原是藏族等多民族的家园，是世界少有的较多保持原生自然生态的地方，因此被称为"香格里拉"世外桃源。

这个罕见的高原"世外桃源"是藏民族成百上千年与大自然和睦相处，对大自然尊重爱护的结果。

但是，最近几十年，现代化的浪潮席卷迪庆，冲破了田园牧歌的传统堤防，混乱了一些人的心窍。他们开始盲目地扩大生产规模，追求富裕的梦想。于是，美丽的"香格里拉"正面临生态环境恶化的困扰。

森林是迪庆的宝库，但在一个时期人们只知道向它索取，简单地把"林业"与"砍树"画上等号：似乎树砍得越多，林业越能得到发展。

奔驰在迪庆大小公路上的货车，运进来的是生活用品，载走的大部分却是木材。

从 1957 年至 1984 年，仅中甸县就外调木材 233.5 万立方米，相当于每个中甸人调出 21.4 立方米。

（居民住宅周围堆放的木材）

而当地居民私自砍伐的木材更是难以统计。

放眼四周，大凡一座城镇、一个村庄的周围，都立着光秃秃的山峦，而经利斧和大火洗劫之后残存的树桩、荒坡，活像一座座荒凉阴森的坟场。

纳帕海，迪庆高原上众多湖泊中的一个，中甸草原中美丽的湖泊，在藏语中意为"森林中的河"。如今，森林安在。湖周大大小小的山峰都被"剃了光头"。纳帕海的水位正逐年下降，"海"的姿容正在消失。

森林破坏现象甚至扩展到雪线附近。随着森林的逐渐消失，许多珍贵的动植物数量也在急剧减少。

而且，势利之徒纷纷拥进迪庆，珍贵菌类和珍稀花卉惨遭掠夺式的采集。

飞禽走兽的命运也同样如此。

靠山吃山，嗜好打猎，自古天经地义，猎手进山，就不好空手而归。枪响处，大至熊黑，小至野兔，总得倒下几个。于是，市场上经常可以见到各种野味和皮毛，用比内地便宜许多的价钱就可买到金灿灿的小熊猫皮、宝贵的鹿茸以及血淋淋的熊胆。

黑颈鹤，联合国列为濒危物种的珍品，这种美丽温顺的候鸟为中国所独有，是唯一生长在海拔 3000—5000 米高原沼泽地中的高原鹤。

它们的数量比大熊猫还稀少，因此十分珍贵。从前每逢 10 月叶落秋至，黑颈鹤便成群结队从青藏高原飞来，在中甸的水泽湖畔过冬。

由于迪庆生态环境的恶化和人们的残忍捕杀，来此越冬的黑颈鹤已减少到 150 只左右了。

针对如此情况，20 世纪 80 年代初，云南省政府在迪庆高原建立了白茫雪山、咯巴雪山、碧塔海、纳帕海四个自然保护区。并采取退耕还林，造林绿化，迹地更新，封山育林，护林防火，制止乱砍滥伐，改良草场，防治病虫害，保护野生动物等一系列法令和措施。

这些行动表明，生态问题已引起了人们的普遍关注。

环境意识的觉醒、正确的舆论导向和强有力的政策措施，使迪庆这个冰山雪域中的世外桃源迅速地恢复着她的青春魅力。

[纳帕海]

它正在恢复上升的水位，使"海"的姿容再度出现，湖光山色中的烟波浩渺，令人心旷神怡，而波光粼粼之中，仿佛跃动着无限生机。

[碧塔海]

茂密的森林将这个高原湖泊围成一派仙境，在无限静谧中，大自然的天然丽质充分地展示着，它那端庄典雅的神韵里，仿佛包藏了藏民族有史以来的所有神话与传说，而云飞雾绕、湛蓝清澈的湖水中，仿佛正闪烁着藏民族古朴坚毅、宁静致远的精神气质和神圣情怀。

这就是"香格里拉"神秘幻化的缩影，它镶嵌于高山之巅，为藏民族所独有。

如今，从盘亘于西北部的太子雪山卡格博及梅里大雪山起，向东南绵延至金沙江河谷，多样化自然环境和原生生态系统开始回归迪庆高原，世外桃源的奇景又回到这片古老的隐藏的土地。

（同期采访：迪庆州委书记格桑顿珠谈"香格里拉"发展战略。画面：城市建设、公路交通、学校、机场建设）

生存与发展，保护环境与社会进步，现在已成为迪庆州各级领导干部的神圣职责。他们决心把迪庆建成全国最好的藏区之一。从这个生于斯长于斯的藏族干部的口中，我们能感受到他对迪庆高原的深切热爱和崇高的使命感。

迪庆高原，雄伟高壮，神秘莫测。它是高原上最后的绿洲，是藏民族世代相守、相依为命的家园、朋友和爱人。

第二集　多元一体的民族群体

[各式建筑、各式服装]

最让迪庆藏族引以为自豪的事，莫过于他们的先民同青藏高原的藏族有着一样悠久的历史，而且都是黄河中上游古羌人的子孙。至于他们的血统，自然不及西藏藏族那样纯正；他们的文化也像餐桌上的拼盘那样五彩纷呈。

然而，"纯正"可能会陷入孤独，"混合"也可能成为一种优势。

（推出片名：迪庆藏族——第二集：多元一体的民族群体）

[高山深谷]

在长期的历史岁月中，滇西北雄奇险峻的自然环境令人生畏，而迪庆藏族古老丰富而独具特色的文化则鲜为人知。

其实，滇西北迪庆高原是一个民族文化交织融合发展的大舞台。

从很早的时候起，西部羌人部落文化就已进入这里，迪庆藏族文化正是以此地方文化为基础，融合了邻近多种文化因素而形成的。

同样从很早的时候起，在迪庆高原就有一条被称为"茶马古道"的汉藏贸易通道隐藏于崇山峻岭之中。

但这条古道的艰险，在世界上都属罕见。

直到近代，茶马古道进入迪庆的必经之地——十二栏干山，其险峻仍令人惊叹不已，行人到此，莫不股栗心悸，不但不敢俯视谷底，更不敢仰望山巅，只能屏息敛气，鱼贯而行。清康熙六年，江苏人杜昌丁过此，在其《藏行纪程》中描述道："十二栏干为中甸要道，路止尺许，连折十二层而上。两骑相遇，则于山腰脊告避，俟过方行。高插天，俯视山沟深万丈，丽江雪山，巍然对峙。古木苍崖，目不绝赏，然绝险为平生未历。"（字幕）乾隆十三年，山西雁门人张秉彝过此挥笔题诗："问君何故不乘舆，乱石嵚崟路崎岖。问君何故不乘马，迥环曲曲接太虚。谁能攀援不费力，枝头小鸟树头狙。百尺危崖势如坠，千层翠磴带路滑。等闲不敢回头望，深不见底足趑趄。"字里行间所流露的心惊胆战十分真切。

然而，正是这条渡过条条大江、翻越重重雪山的茶马古道，被称为"滇藏民族走廊"曾演出过一幕幕惊心动魄的历史大戏。

[石鼓碑、红军渡江纪念碑、"兴盛番族"匾]

远古至秦汉时期，众多的西北氐羌游牧部落"附落而南"，迁徙云南各地，走的是这条古道；

唐永隆元年、天宝十一年，吐蕃王朝两度南下征服洱海地区，走的是这条古道；

1253年，忽必烈率十万蒙古大军南征大理国，其西路军"元跨革囊"，天降神兵，创下了中国军事交通史的一大奇迹，走的也是这条古道；

1936年，中国工农红军二、六军团在贺龙、萧克率领下北上抗日，在石鼓渡江，翻越雪山，播下革命火种，走的仍然是这条古道。

前人在这条古道上所历尽的艰险已非今人所能想象。1955年后，虽然在悬崖峭壁上凿通了一条通往迪庆的大道，但"行路难"的感叹依然不绝于耳。然而，千百年来，这条古道所起到的人们交往、文化交流的作用和功绩，不可磨灭。

我们脚下这条公路，正是沿着茶马古道修筑，经过40年的不断整修而形成的。如今，它是迪庆经济发展的大动脉。迪庆丰富的矿产、森林、畜牧、药材等资源的开发，文教、科学、卫生事业的发展以及人民生活的提高都与这条公路的建成息息相关。

这条公路不仅是连接通往州内各县各乡镇公路的主干线，而且是通往西藏、四川的重要交通线。

现代交通，更是强有力地促进着人们的交往和不同文化的传播与吸收。

从远古到今天，迪庆高原几度变迁，数易其主，无论是羌人迁徙繁衍后代；唐代吐蕃的南下统治；元代蒙古的扶植安抚；明代丽江纳西族木氏土司的统治；清代西藏地方势力的重返迪庆；还是此后国民党政府对迪庆藏区的控制，以及新中国成立后迪庆藏族自治州的成立，人民当家作主，一系列的历史巨变都在深刻地影响着迪庆藏族的文化。

（同期采访：云南省社会科学院院长何耀华教授谈迪庆藏文化的特点）

迪庆位处滇、川、藏三省（区）交汇处，被称为滇、川、藏大三角地区，茶马古道的沟通、多民族的往来与定居，以及历史舞台上统治者角色的大变化，使迪庆高原成为五方杂处的十字路口，藏文化正是通过无数血与火的战争洗礼，历史文化的反复变迁，不停地与其他民族传统相互影响、相互融合的方式，才求得安身立命之地。

因此，世代在迪庆高原安居的藏民族，拥有了不同于其他藏区的独特于世的藏文化。

[服饰]

藏族服装在中国各民族中，是最具鲜明特色的，厚重、鲜亮、华贵，式样和色彩搭配都极为奇特。因而无论男女服装，一看便知是藏族。但在迪庆，则不一定。

（麻里麻沙人服装，同期采访）

他们住在金沙江边，自称"麻里麻沙族"，实际上他们是纳西族的一个支系。他们能说藏语、纳西语、白话、汉语等，与当地各民族文化多有交融；与藏族文化交融最深，几乎达到不分你我。

他们世世代代，穿着藏族的服装，并深信这种藏装和纳西族羊皮衣一样自古属于自己。

仅从这身服装，你能知道他是"麻里麻沙"人吗？

很显然，在迪庆，藏文化的影响无处不在，同时，各民族的文化又深融于藏文化之中。

迪庆藏族男子大多身材魁梧、性情强悍，他们的传统装束"藏味儿"最浓，与其他藏区的藏民大致相同，无非头戴毡帽或皮帽，身穿肥大的长袍"初巴"，腰系藏式皮革腰包，佩挂银壳或牛角短刀，足蹬长筒靴子。当然，如今男式服装已有很大变化，除部分老年人外，中青年大多改穿汉装，藏装只是在逢年过节喜庆之时穿戴，每家备有一两套藏装备用而已。

迪庆藏族妇女服饰则非常特殊。粗略一看，你竟不知道这究竟属于哪一个民族。她们身穿藏式对襟大褂，头包白族风格的布帕，围腰和羊皮披肩的式样与纳西族的相似；这种百褶裙则与普米族的一模一样。从头到脚，把几个不同民族的装扮都集于一身了。如今汉族服装又大受妇女们的青睐，很多人在民族服装外，套穿汉式皮衣或夹袄，脖绕围巾，更多的人则内穿汉族服装，外套民族服装。文化多元集于一身。

[饮食]

迪庆藏族的饮食颇为独特。

居住高寒山区的藏族以青稞糌粑为主食，以小麦、燕麦、荞麦为辅食；河谷藏区则以苞谷为主食，以青稞、小麦、荞麦、小米为辅。平时每天吃四餐，农忙时吃六餐。

酥油茶为藏家不可缺少的饮料，分为罐罐茶（居扎）和捅搅茶（觉扎）。平时喝罐罐茶，人多时喝桶搅茶。酥油茶的制作是将茶水煮沸，滤入茶桶，放入酥油、香料、食盐，搅拌成水乳交融状即成。喝酥油茶可以消除疲劳，提高体温，振奋精神。按老一辈的规矩，吃酥油茶必须伴以糌粑，否则外人会以为这家人已经穷困不堪了。糌粑以青稞炒熟磨成面粉，是藏家传统的主食。藏家晚饭为"大饭"，即有酒有肉的正餐。

藏家的肉食有琵琶猪肉、牛羊肉。不论杀几头猪，都要腌制成琵琶肉。琵琶肉为整猪去内脏腌制而成，因形似琵琶琴而得名，原为纳西族的传统肉食。琵琶肉易久存，是高原藏家吸收纳西族文化的一个重要范例。每年农历七月以后，藏家开始吃羊肉，八月以后吃牛肉。

迪庆藏区很少种植蔬菜，但藏族腌菜则与丽江粑粑、鹤庆干酒、维西豆腐一样驰名滇西北。

"样"和"伞纳"是藏家节庆不可缺少的食品。"样"以糯米粉做成，"伞纳"以面粉做成，俗称油炸果。尤以僧侣做的"阿达伞纳"为最好最有名，它以粗麦面加干蔓菁水和成，捏成吉祥结状，放入油锅中炸成，"伞纳"保存期长，香味独特，是待客和节日的最佳食品。

如今，迪庆藏族的饮食结构已发生较大变化，主食由单一的糌粑向大米、面粉转变。很多地方吸收汉族饮食习惯，用买来的饼和包子、馒头下酥油茶。高寒坝区则以洋芋与保山、大理等地兑换大米，每年每家要换千把斤大米。由于交通条件的改善，内地新鲜蔬菜大量运销迪庆，即使严冬也能吃上蔬菜，肉食也向吃新鲜肉过渡。

与此同时，迪庆其他民族也接受藏族饮食习惯。一是喝酥油茶，无论到哪个民族家做客，主人都要搬出打酥油茶的器具，弄一碗茶给客人吃；二是普遍吃牛羊肉。人们常开玩笑，把喜吃肉类的滇西北居民叫作"食肉动物"，把离不开新鲜蔬菜的昆明人叫作"食草动物"。

[建筑]

迪庆藏族的建筑，最鲜明地体现多元一体的文化格局。

藏族传统建筑，称为纯藏式土墙碉楼。这种建筑四面冲土为墙，楼分多层，底层喂养牲畜，二楼住人，三楼堆放杂物，顶部为土掌平台，便于晒粮、打粮。碉楼三面多窗，采光面广，门窗上端彩绘斗拱作檐，风格别致，远望尤具特色。

中甸及高寒地区的藏式民居则设计复杂，一律只冲三面上墙，正面完全仿照白族和汉族建筑，改作木制格扇和雕花门窗，所雕图案都是内地常见的松鹤长寿、龙凤呈祥和喜鹊登枝等等。房屋虽仍保持楼分三层的传统格局，但住人的第二层留出了走廊和通道，梁柱造型也大量采用汉族和白族工艺，有些楼房的前檐还设置双层斗拱，兽吻雕梁。故此，中甸藏式民居底层的建筑用语全部为藏语词汇，第二层却全部为汉语词汇，不同建筑文化的结合于此一目了然。

于是，藏民盖房子也因此离不开白族、汉族工匠。即使请藏族木匠施工，他也必须通晓两套以上建筑术语，方能得心应手地工作。

房顶，则多采用纳西族木楞房的做法，以木片代瓦片盖顶，上面再用石块压住。我们原以为木片房顶容易腐坏，须经常更换，后来才知道，木片被火塘烟熏之后，不怕受潮，不怕虫蛀，只要过段时间把朝上的一面翻朝下，也用烟熏一段时间，屋顶便可经得住几十年乃至上百年的风吹雨打。

供人居住的二楼面积十分宽大，里面的布局通常分作四格。火塘和佛堂一左一右各占一格。火塘上架一只大铁三角，上面放置四只连为一体的铁锅或铜锅，一口熬茶，一口烧水，另外两口分煮牛肉和猪肉。火塘旁靠墙的一面是男性家长和客人的座席，座后板壁上绘着象征吉祥的八宝图案。家长侧边为主妇座席，正好对着熬茶铜锅和打酥油茶的器具，打茶做饭十分方便。

房间进口处有一个壁柜式水亭，内置一口巨大铜水缸，水亭外壁十分讲究雕饰，往往尽其精美。

[中柱]

藏族建筑特别讲究用材粗大，其中尤以屋中中柱为最，直径皆在一米以上，一般以两人合抱为标准，柱端雕有云龙，它是家长权威的象征。同时藏民也以中柱的粗细论房子的气魄、牢靠以及主人的贫富。因而，中柱在藏民家中具有举足轻重的地位，在藏民心目中则极为神圣。家里的佛事和社交活动都围绕中柱举行，娃娃满周岁穿新衣要敬宅，过年要用红纸书写"中柱大吉"贴在上面，以示吉祥。

带院落的人家，大多要立一座别致的门楼。若为藏式则朴素庄重，若为白族式的则雕梁画栋，然而无论哪种式样，门头上都挂着用于驱邪的"甲马纸"，上面绘的是汉族的和合二仙。一座小小门楼，把迪庆藏族文化多元和混合的特点表现得极为鲜明。

可以说，迪庆民居是以藏式建筑为主体多种民族文化和工艺结合的建筑体。

[婚姻：民族通婚]

（采访：德钦溜筒江村藏、纳西通婚家庭实录）

这是一个藏族、纳西族通婚的家庭。他们的子女可称藏族，亦可称纳西族。他家的服装有藏族的，也有纳西族的，他家又讲藏语，又讲纳西话，家中陈设也是藏、纳西合璧，另外汉族、白族建筑文化也大量吸收。很显然，这是一个多民族的混合家庭，也是一个多民族文化融为一体的家庭。

在迪庆，无论什么民族，只要男女情投意合即可通婚，在婚姻问题上各民族没有任何限制。

[婚礼]

这是一个典型的传统的藏族婚礼。

无论从说亲、定亲、迎亲到各种仪式都表现得十分传统。尽管如此，在将新娘迎进新郎家仍要请纳西族东巴念经祈福，新房也仍然装饰成汉族式样，门上也要贴汉族"喜"字。

婚姻中的文化融合，具有代代相传的意义。

（婚礼上的讲笑话场面）

在中甸的小餐馆里，一位来自西藏拉萨的高大汉子满面严肃地对我说："这些人算不得道地的藏族。"这是他给本地藏民下的评语。

西藏人因为听不懂他们说的话，不太能接受他们为同胞。他们自己倒满不在乎，依然以藏族自许，并以操一种特殊的文化多元的藏语而自豪。

[藏文中学]

由于远离藏文化中心，与汉、纳西、彝、白、傈僳等民族长期相互依存、相互交往、相互影响、自然同化、文化融合等原因，迪庆藏族的语言与西藏藏语大异其趣。不仅语音差异大，而且向各民族借用的词汇也较多，并已完全藏化。

在现代迪庆藏语中，新的政治、经济、文化等名词，新的家用电器名称，几乎全是借用汉语；在大小中甸借用纳西语更为突出，许多日常用语为纳西话；在地名称呼上，借用彝、白、傈僳等民族词汇也较多。

[康巴艺术节]

在迪庆高原这个民族生息繁衍、奋斗发展、民族和睦、文化交融的大舞台上。藏民族以其悠远的历史、古老的文化、杰出的创造力和宽广的胸怀与各民族和平共处，相互依存、支持；相互学习、吸收；相互沟通、熏陶。于是，他们的语言、习俗自然不可能像西藏藏族那样纯正单一。正因为如此，迪庆的藏文化才有了自己独具的色彩。

这种藏文化是那样生动、鲜活、独具魅力。

（同期采访：云南省社科院院长何耀华教授谈云南藏学研究）

如今，云南藏学研究方兴未艾，研究成果纷纷问世，日益显示出它独树一帜的地位，引起了中外学者的普遍关注，正成为一个新的学术研究热点。

藏文化在迪庆高原雪域中的独特发展使它成为具有世界意义的文化现象。它的文化独特性和文化包容性，举世无双，并且越来越闪烁出耀眼的文明之光。

第三集　崇尚神力的精神世界

迪庆地势高峻，群山林立。大约90%的土地处于海拔3000米以上的高寒地带。愚昧和懒惰的人咒骂高山是贫困之源，而高原各民族的史诗把巍峨的峰峦比喻为孕育生命的母亲和创造财富的巨神。

藏族是雪山的子孙，一生以雪山为伴。他们的历史可以追溯到远古，他们是青藏高原的土著居民，与游牧民族"发羌""唐旄"有渊源。也许，这些祖祖辈辈在迪庆从事农业、定期放牧的藏族，正是听到了雪山的召唤，才不畏险阻和严寒，来到这里安家的吧！

历史岁月的流逝，高山大河的阻隔，迪庆藏族与西藏藏族虽然在生活方式、文化特征上已呈现很大的差异性，但生活的内核依然极为密合，特别在宗教信仰上仍以西藏为中心源头。

（推出片名：迪庆藏族——第三集：崇尚神力的精神世界）

[玛坭堆]

只要一见到玛坭堆，就进入了藏区。玛坭堆用刻有经文的石块垒成，上插经幡，在藏民族的心目中玛坭堆有祈福、避邪的功能。在藏族地区的山顶、村口和路口，多有玛坭堆，它祝福世代居住于此和偶尔路过此地的人们吉祥如意，万事顺遂。

[归化寺]

从迪庆州州府所在地中心镇出发，汽车沿滇藏公路北行，绕过一座山丘，一片布达拉宫式的建筑群瞬间出现在眼前，这就是远近闻名的归化寺，藏名噶丹松赞林寺。

归化寺有着悠久的历史。

唐代，在吐蕃统治滇西北和洱海地区的一百多年中，喇嘛教随之传入。喇嘛教有格鲁巴（黄教派）、宁玛巴（红教派）、噶举巴（白教派）、萨迦巴（花教派）。归化寺与西藏拉萨的噶丹、哲蚌、色拉和日喀则的扎什伦布寺等同为黄教寺院。在整个藏区都具有神圣的地位。

归化寺建于藏历第十一饶迥阴土羊年，即 1679 年，落成于阴铁鸡年，即 1681 年，是经五世达赖阿旺洛桑丹增嘉措向清康熙皇帝奏请敕建的"十三林"之一。

据说，达赖五世掌教期间，藏区灾害持续，七年庄稼无收，众生坠入苦海，以致俗民不守法律，僧侣不守清规。众多僧侣，四处乞食，为非作歹，民心思乱，惶惶不安。两位政教领袖问卜，决定在藏区兴建"十三林"大寺，剃度虔诚僧人，修行布道，广行善事。

（寺内景观）

归化寺建成后，五世达赖赐名"噶丹松赞林"。"噶丹"表示黄教创始人宗喀巴所建的第一座黄教寺院噶丹寺的传承，"松赞林"意为天界三神游戏之地。经多次扩修，归化寺布局层叠而上，仿布达拉宫，规模宏大，占地约500亩。"扎仓""康吉"两主寺耸立中央，辉煌灿烂。大寺供奉金龙牌位。七世达赖格桑嘉措支持归化寺扩建，扩建完成后，特意从布达拉宫库内选出精致无比的释迦牟尼铜像一尊、金银供器全套、唐卡、锦缎法饰等，布施给归化寺。

自康熙二十年，即1681年以来，归化寺一直是迪庆高原特别是中甸地区藏族精神生活的中心。家家户户都以送子弟进寺出家做僧侣为荣。

有位年轻的活佛曾实在地对笔者说："任何真诚的信仰都必须以经济实力作后盾。"这的确是至理名言。一个僧人入寺，生活费用大半得靠家里承担。若到拉萨求学，更需耗费资财。返寺后担任各级职务每一任都要布施成百上千的金钱。而整座寺庙，用于修缮、法事、布施等各种活动的支出更为巨大。因此，藏传佛教的寺院不仅以诵经为务，而且善于利用自己独特的宗教和政治地位，积极地向经济领域渗透。1950年以前，归化寺不仅是云南藏区最大的教主，也是最大的领主。归化寺有权向所属的300多户农奴征收粮款、支派差役，而且经由放债的所得更加可观。有的僧侣因经营有道，成为拥有数十万元资产的巨富。归化寺收藏大量珍贵文物，又是财富集中之地，早期曾数次受到川、滇地区土匪威胁。为此，特别组织了僧侣武装护寺，拥有钢枪500多支，并负责统率教区藏民武装，一时神权、俗权在握，声势极其显赫。

[法事活动、人们敬献]

古往今来，喇嘛在社会上有很高的地位。历史上，喇嘛教除实行政教合一，统治地方之外，还渗透社会生活的各个方面，人民的衣食住行、生老病死，都与宗教相关联。喇嘛为藏胞的出生祝福，解释他们的命运，为他们治病，处理婚姻案件。因此，家有财产者，都入寺敬献许愿，村村寨寨设有经堂，家家户户设有神龛。

（家庭拜佛场面）

汉族的宗教生活，大体上是与世俗生活相分离的。大多数人平日关心的是油盐柴米，到了患病灾异，才去庙里烧香磕头。

藏族却不然，他们的日常起居，无时无刻不笼罩在宗教的气氛中，但他们的宗教信仰，又为世俗欲望所渗透，一言以蔽之，圣与俗的交织正是藏族宗教文化的最突出特点之一。

除了寺院中严格规定的宗教制度外，没有剃度入寺的俗民，每天也要在自家的佛堂点灯拜佛，定时到各大小佛寺进香，布施僧众，参加法会。

（转经、转寺场面）

还有一项经常性的活动，称为"转经"。

"转经"不仅是到庙里拉着比人还高的木制经筒绕几圈，而且还包括"转寺"和"转山"。

[太子雪山]

在藏民的心中，一座神山就是一个神台，一所经堂。围着它转圈子，也可以积功积德。

迪庆藏族所转的神山，有大理佛教圣地鸡足山和德钦县的太子雪山。

这就是著名的太子雪山，它横亘于滇、藏交界处，是怒江和澜沧江的分水岭，云南省境内的海拔最高点。主峰卡格博海拔 6740 米，与之相伴的 13 座 6000 米以上的大雪山直插天际，十余条冰川如瀑布飞悬，真是雄伟高壮、气势磅礴。

云南省省委书记令狐安曾骑马登上太子雪山的明永冰川,感慨万端,作诗赞道:三山并肩立,三江比翼流,冰封横霄汉,雄浑壮全球。

每年秋季,许多云南、四川、西藏,甚至青海的藏民都要携带全家,长途跋涉,来朝拜太子雪山。他们用马驮着小孩、帐篷和粮食,大人则徒步而行,围绕这座神山转圈。平均每天走 40 多公里,朝行夜宿,要半个多月才能转回始点。当走到山下一片翠竹林时,每人都为自己和留在家里的亲人砍一棵竹子带回去,作为朝圣者的标志。

据说,太子雪山属羊,适逢羊年,朝山者人山人海,山道上人群络绎不绝,蔚为壮观。

有些藏民甚至以磕长头的苦行方式转山,一步一滴血印,一步一声赞诵,其虔诚之心,艰苦之情,是非常人所能想象的。

藏族人民如此虔诚的信仰,并非凭空产生。在藏族生存的极为壮丽也极为险峻的环境中,藏传佛教早已经孕育磨砺成为藏文化的核心内容,囊括了政治、经济、文学艺术等一切方面,深刻地影响着藏民的生活。

[藏医]

[同期采访:活佛(医生)谈藏医药是宗教文化的精华之一]

千百年来,藏医、藏药一直掌握在喇嘛手中,对藏族地区人民的生活一直起着重要作用,做着不可磨灭的贡献。

藏医、藏药所达到的极高境界,直到今天也很少有人能测知底蕴。

[察尿诊病法]

只要一看尿,就能准确察知病人所患疾病。这种方法,备受现代医疗界推崇。这位活佛就曾多次到昆明的大医院展示察尿诊病法。

[藏药]

藏药的神奇功效现在已广为人知，过去，藏药药方从来秘而不宣，如今运用藏药方制出的藏红花、珍珠丸等药品，正在造福人类。

（同期采访：迪庆州州委书记格桑顿珠谈我党宗教政策）

他说，凡是很好地执行党的宗教政策，迪庆社会就稳定，经济就发展，反之，则混乱就停滞。

如何处理好藏区宗教信仰与社会发展的关系，直接影响着迪庆经济文化的发展。

1966 年至 1976 年，迪庆藏族的宗教生活遭到破坏，归化寺毁成一片废墟，普通僧侣遭到批斗，社会一片混乱。1978 年以后，党的宗教政策得到正确执行，信教自由得到保护，社会出现安定祥和的局面，经济得到了迅速发展。

1984 年，云南省人民政府拨款 80 多万元人民币重建归化寺。信教群众踊跃捐助建筑材料、粮油、现款和义务劳力，大寺迅速从废墟中复建起来。过去，住寺喇嘛的饮用水要由半公里外的山下背回，仅大殿厨房每天就得有 5 名喇嘛专门背水，一天背 10—20 趟。如今，由中甸县政府从 5 公里外的姑都未尼用钢管引来了山泉水，并修了 100 多立方米的蓄水池，解决了 300 多年来的寺院用水问题。

归化寺恢复了正常的宗教活动，住寺僧众已达到 500 多人。

[格冬节跳神娱神]

1984 年，正月十五米郎钦波祈愿法会和冬月二十六的格冬节霸唱会开始恢复。

这个规模巨大、影响深远、最具神秘色彩的活动，生动地展示生命的价值意义，并形象地展现出农、牧业生产情景，对生产活动具有指导意义。

它是神圣的，又是世俗的，它深刻表达着藏族的生命观和文化观，于是它具有永恒的生命力和艺术魅力。

几位迪庆藏族学者反复告诉我们：真正的佛教信仰都可以归结为"施舍"二字。藏族把这两个字不仅贯彻到了他们的日常生活，而且贯彻到了生命本身和灵魂深处。

他们活在人间的时候，辛勤劳动，把收获的粮食和积蓄的钱财布施给寺庙，以表达对佛的虔诚；他们死后也不在世间留下任何东西，就连自己的肉体也可以施舍给天上的鹰鹫和水里的鱼虾。施舍得越彻底，灵魂才能越快地摆脱旧的躯壳，超生到西方极乐世界。

换一种角度讲，藏族并没有把世上的万物按优劣强弱分为不同等级，它们既共栖共存，又相互转化，如此轮回不已。藏族的生活正是力求顺应自然的本性，并以回归自然为目的。

这是一种怎样的信仰和人生呵！

雄伟的高山，长流的江河，朴真的自然，也许正是一种形象无声的回答。

1983 年 6 月 23 日